Steffen Furche

Das Gesamtgrundpfandrecht in der Insolvenz

Steffen Furche

Das Gesamtgrundpfandrecht in der Insolvenz

unter besonderer Berücksichtigung seiner Entstehung

W DE G
RECHT

2005
De Gruyter Recht · Berlin

Dr. *Steffen Furche*, Rechtsanwalt in Dresden

⊗ Gedruckt auf säurefreiem Papier, das die US-ANSI-Norm über Haltbarkeit erfüllt.

ISBN-13: 978-3-89949-258-3
ISBN-10: 3-89949-258-7

Bibliografische Information Der Deutschen Bibliothek

Die Deutsche Bibliothek verzeichnet diese Publikation in der Deutschen Nationalbibliografie; detaillierte bibliografische Daten sind im Internet über <http://dnb.ddb.de> abrufbar.

Printed in Germany

Datenkonvertierung/Satz: Werksatz Schmidt & Schulz, Gräfenhainichen
Druck und Bindung: Hubert & Co. Göttingen
Einbandgestaltung: Christopher Schneider, Berlin

Vorwort

Diese Dissertation war Gegenstand einer Promotion, die durch den Dekan der Juristischen Fakultät der Technischen Universität Dresden im April 2003 zugelassen wurde. Die Verteidigung fand im Februar 2004 statt. Das Manuskript wurde im November 2002 abgeschlossen.

Mein Dank gilt in ganz besonderer Weise Herrn Professor Dr. Dietmar Schanbacher, der die Arbeit betreut und mit ganzer Kraft zum sehr guten Ergebnis dieser Untersuchung beigetragen hat. Die zahlreichen instruktiven und angenehmen Gespräche mit Herrn Professor Dr. Dietmar Schanbacher gaben mir sehr hilfreiche Anregungen zur umfassenden Ausarbeitung des insgesamt relevanten Stoffes und halfen mir insbesondere in den für die Auslegung der wichtigsten Bestimmungen so wesentlichen Tiefen des römischen Rechts. Über die Dissertation hinaus habe ich für meinen weiteren juristischen Lebensweg vieles sowohl im Kreditsicherungs- und Insolvenzrecht, als auch allgemein zur Lösung von rechtlichen Problemen von Herrn Professor Dr. Schanbacher gelernt, wofür ich ihm zu außerordentlichem Dank verpflichtet bin.

Ich danke schließlich ganz herzlich meiner Ehefrau Astrid Furche, die eine geduldige Zuhörerin war, mir zu vielen Gesichtspunkten aus der Bankpraxis argumentativ fördernd zur Seite stand, die Korrektur der Arbeit maßgeblich unterstützte und die mich gelegentlich daran erinnert, dass die Rechtswissenschaft nicht alles ist.

Dresden, im August 2005
Dr. Steffen Furche

Inhaltsverzeichnis

2. Teil: Insolvenz

Literaturverzeichnis

Arndts	Lehrbuch der Pandekten, 8. Auflage, 1874
Bankrecht und Bankpraxis	Loseblatt, Stand: 04.01. Dezember 2001, Band 2, Teil 4 Kreditsicherung; Band 5, Teil 15 Insolvenzverfahren
Bänder	Kollision zwischen Vertragshypothek und Zwangshypothek für dieselbe Forderung, Bank-Archiv 35 (1935/1936), S. 352–355
Baron	Die Gesammtrechtsverhältnisse im Römischen Recht, 1864
ders.	Pandekten, 1893
Basty	Der Bauträgervertrag, 2. Auflage, 1995
Baur	Anmerkung zu BGH, Urt. v. 8.6.1962 – V ZR 171/61 – ZZP 76 (1963), 96–99
Baur/Stürner	Sachenrecht, 17. Auflage, 2000
Becher	Die Bewegungsvorgänge bei der Gesamthypothek, Diss. Köln, 1976
Bergemann/Kernstein/Kiebler/Kollmer	Geld- und Vermögensanlagen II, Wertpapiere und sonstige Geldanlagen, 9. Auflage, 1999
Beseler	Beiträge zur Kritik der römischen Rechtsquellen, IV., 1920
Biermann	Pfandrechte und Hypotheken bei Gesamtschulden, Gesamtforderungen und gemeinschaftlichen Forderungen, Archiv für Bürgerliches Recht, 40. Band, 1914, S. 318ff.
Biermann	Kommentar zum Bürgerlichen Gesetzbuch, I. 3 Das SachenR 2. Auflage, 1903
ders.	Die „Einheitlichkeit" der Gesamthypothek, Recht 1905, S. 265–268
Bork	Einführung in das neue Insolvenzrecht, 2. Auflage 1998
Böther/Oetter/Stein/Wannhoff	Praxis der Bauträgerfinanzierung, 1998
Breuer	Insolvenzrechts-Formularbuch, 1. Auflage, 1998
Breutigam/Blersch/Goetsch	Insolvenzrecht, Berliner Praxiskommentar, 1998 (Loseblatt)
Brinck	Die Bezahlung der Hypothekenforderung und der Grundschuld sowie die Hypothek und die Grundschuld am eigenen Grundstück in ihrer praktischen Bedeutung, 1907
Brinz	Lehrbuch der Pandekten, 2. Auflage, 1879
Brox	Allgemeiner Teil des Bürgerlichen Gesetzbuchs, 25. Auflage, 2001
Bruck	Die Eigentümerhypothek, 1903

Bülow	Recht der Kreditsicherheiten, Sachen und Rechte, Personen 5. Auflage, 1999
Bundesministerium	Erster Bericht der Kommission für Insolvenzrecht, 1985 der Justiz (Hrsg.)
Canaris	Bankvertragsrecht Erster Teil, 3. Auflage, 1988
Clemente	Recht der Sicherungsgrundschuld, 3. Auflage, 1999
Daubermann	Die Sachgesamtheit als Gegenstand des klassischen römischen Rechts, vornehmlich unter dem Blickwinkel von Veränderungen in ihrer Zusammensetzung, Diss. Heidelberg, 1993
Demelius	Das Pfandrecht an beweglichen Sachen nach österreichischem bürgerlichen Recht I, 1897
Demharter	Grundbuchordnung, 23. Auflage, 2000
Denck	Gestattung des Fruchterwerbs und Konkurs des Gestattenden, JZ 1981, 331–336
Dernburg	Das Pfandrecht nach den Grundsätzen des heutigen römischen Recht; Erster Band, 1860; Zweiter Band, 1864
ders.	Das bürgerliche Recht des Deutschen Reichs und Preußens, Dritter Band, Das Sachenrecht, 1898
Dernburg/Sokolowski	System des Römischen Rechts, Pandekten, 1912
Drewicz-Tulodziecka/ Soergel/Stöcker	Mehr Rechtssicherheit für die Hypothek in Polen, WM 2002, S. 891–896
Dürrschmidt	Zur Lehre von den Verbandhypotheken der deutschen Rechte – Mit besonderer Berücksichtigung der bayerischen Gesetzgebung, 1856
Ehmann	Die Gesamtschuld, 1972
Eckardt	Vorausverfügung und Sequestration – Eine Besprechung des Urteils des Bundesgerichtshofs vom 20. März 1997, ZIP 1997, 957–966
Eickmann	Immobiliarvollstreckung und Insolvenz, RWS-Skript 220, 1998
ders.	Konkurseröffnung und Grundbuch – Ein Beitrag zu Zweifelsfragen über Prüfungsrecht und Prüfungspflicht des Grundbuchamtes, Rpfleger 1972, 77–81
Endemann	Lehrbuch des Bürgerlichen Rechts, Einführung in das Studium des Bürgerlichen Gesetzbuchs, 7. Auflage 1900
Enneccerus/Nipperdey	Lehrbuch des Bürgerlichen Rechts, Allgemeiner Teil des Bürgerlichen Rechts, Erster Band, Zweiter Halbband, 15. Auflage, 1960
Erbe	Die Fiduzia im Römischen Recht, 1940
Erman	Bürgerliches Gesetzbuch, Hand-Kommentar, Band II, 9. Auflage 1993, Band II, 10. Auflage 2000

Ertl	Verdeckte Nachverpfändung und Pfandfreigabe von Grundstücken, DNotZ 1990, 684–708
Esterhues	Die Gesamtgrundschuld nach dem Bürgerlichen Gesetzbuch, Diss. Münster (Westf.), 1956
Flume	Zur Problematik des verlängerten Eigentumsvorbehalts, NJW 1959, 913–922
Gaberdiel	Kreditsicherung durch Grundschulden, 6. Auflage, 2000
Ganter	Die nachträgliche Übersicherung eines Kredites, ZIP 1994, 257–264
Gerhardt, W.	Grundpfandrechte im Insolvenzverfahren, RWS-Skript 35, 8. Auflage, 1999
ders.	Insolvenzverfahren und Einzelzwangsvollstreckung, in: Festschrift Einhundert Jahre Konkursordnung, 1977, S. 111 ff.
ders.	Zur Anfechtbarkeit eines durch Vormerkung gesicherten Anspruchs im Konkurs, Zugleich eine kritische Auseinandersetzung mit dem Urteil des BGH vom 24. 3. 1988 - XI ZR 118/87, ZIP 1988, 749–754
ders.	Die Verfahrenseröffnung nach der Insolvenzordnung – Verfügungsbeschränkungen im Eröffnungsverfahren –, ZZP 109 (1996), 415–427
Gierke	Deutsches Privatrecht, Zweiter Band, Sachenrecht, 1905
Glück	Pandecten-Commentar, Band XVIII, 1816
Göppert	Über einheitliche, zusammengesetzte und Gesamtsachen nach römischem Recht, 1871
Gradenwitz	Einführung in die Papyruskunde, Band I, 1900
ders.	Archiv für Papyrusforschung, 1903
Grützmann	Mehrere Einzelhypotheken für dieselbe Forderung, JW 1923, 267–271
Haarmeyer/Wutzke/Förster/Hintzen	Zwangsverwaltung Zwangsversteigerungsgesetz (§§ 146–161) und Zwangsverwalter VO, 1. Auflage, 2000
Hachenburg	Beiträge zum Hypotheken- und Grundschuldrecht des Entwurfs eines bürgerlichen Gesetzbuchs für das Deutsche Reich (Zweite Lesung), 1895
Haegele/Schöner/Stöber	Grundbuchrecht, 11. Auflage, 1997
Hahnzog	Rechtsstellung des Zessionars künftiger Forderungen, Diss. München, 1962
Häsemeyer	Insolvenzrecht, 2. Auflage, 1998
ders.	Anmerkung zu BGH, Urteil vom 20. 3. 1997 – XI ZR 71/96 –, ZZP 111 (1998), 83–88
Heck	Grundriß des Sachenrechts, 2. Neudruck der Ausgabe 1930, 1970

Heidelberger	Kommentar zur Insolvenzordnung, 1. Auflage, 1998; 2. Auflage, 2001
Henckel	Insolvenzanfechtung in: Insolvenzrecht im Umbruch: Analysen und Alternativen /Würzburger Arbeitstagung der Zivilprozessrechtslehrer zum Referentenentwurf einer Insolvenzordnung, 1991
Hess	Kommentar zur Konkursordnung, 6. Auflage, 1998
ders.	Kommentar zur Insolvenzordnung mit EGInsO, Band 1 Insolvenzordnung, 1. Auflage, 1999; 2. Auflage, 2001
ders.	Das Insolvenzeröffnungsverfahren nach der Insolvenzordnung, FLF 1995, S. 8–12
Hess/Pape	InsO und EGInsO, Grundzüge des neuen Insolvenzrechts, RWS-Skript Nr. 278, 1995
Hesse/Saage/Fischer	Grundbuchordnung, nebst Ausführungsverordnung, Grundbuchverfügung, den wichtigsten ergänzenden Vorschriften, Kommentar, 4. Auflage, 1957
v. Heymann/Rösler	Immobilienfinanzierungen unter Berücksichtigung der Makler- und Bauträgerverordnung (MaBV), WM 1998, S. 2456–2462
Hitzig	Griechisches Pfandrecht, 1895
Hopt	Vertrags- und Formularbuch zum Handels-, Gesellschafts-, Bank- und Transportrecht, 2. Auflage, 2000
Huber	Die Sicherungsgrundschuld, Abhandlungen zum Arbeits- und Wirtschaftsrecht, Band 15, 1965
Hubernagel	Doppelwirkungen und Konkurrenzen, AZP 137, S. 205–237
Hübner	Grundzüge des Deutschen Privatrechts, 4. Auflage, 1922
Huth	Kreditsicherungsrecht im Lichte der neuen Insolvenzordnung, Diss. Würzburg, 2000
Jauernig	Bürgerliches Gesetzbuch mit Gesetz zur Regelung des Rechts der Allgemeinen Geschäftsbedingungen, 9. Auflage, 1999
Jaeger	Insolvenzordnung, Großkommentar, Erster Band §§ 1–55, 1. Auflage 2004
ders.	Konkursordnung, Großkommentar, §§ 1–42, Register, 9. Auflage, 1997, Konkursordnung mit Einführungsgesetzen, Erster Band, §§ 1–70 KO, 8. Auflage, 1958
Jakobs/Schubert	Die Beratung des BGB, §§ 1018–1296, in systematischer Zusammenstellung der unveröffentlichen Quellen, 1991

Jung	HessRspr 17, 12
Kaser	Das Römische Privatrecht, 2. Auflage, 1975
Kießling/Singhof	Verfügungsbeschränkungen in der vorläufigen Insolvenz – insbesondere zu Grundlagen und Wirkungen besonderer Verfügungsverbote und Zustimmungsvorbehalte –, DZWIR 2000, 353–363
Kilger/K.Schmidt	Insolvenzgesetze KO/VglO/GesO, 17. Auflage 1997
Kirchhof	Die Rechtsprechung des Bundesgerichtshofs zum Insolvenzrecht, WM Sonderbeilage 2/2005, S. 2–56
ders.	Anfechtbarkeit von Sachensicherheiten insbesondere der Banken in der Insolvenz des Kunden, ZInsO 2004, S. 465–470
Kleiner	Bedeutung und Probleme der Sicherungsmaßnahmen während des Konkurseröffnungsverfahrens (§ 106 KO), 1993
Koch	Die Sequestration im Konkurseröffnungsverfahren, 1982
Kohler	Das Verfügungsverbot gemäß § 938 Abs. 2 ZPO im Liegenschaftsrecht: eine Untersuchung zum System der Immobiliarrechtssicherung, Diss. Köln, 1983
Kölner Schrift	zur Insolvenzordnung Das neue Insolvenzrecht in der Praxis, 2. Auflage, 2000
Kuhn/Uhlenbruck	Konkursordnung, Kommentar, 11. Auflage, 1994
Kümpel	Der Bestimmtheitsgrundsatz bei Verfügungen über Sammeldepotguthaben, WM 1980, 422ff.
Lang	Die Gesammthypothek, AcP, 89 (1899), 251ff.
Lange	Mehrere Grundpfandrechte an verschiedenen Grundstücken für dieselbe Forderung, Diss. Erlangen, 1935
Levy	Hypothek und Bruchteilseigentum am Grundstück im Verhältnis zueinander, Gruchot, Beiträge, 59. Jahrgang, S. 87ff., 301ff., 876ff.
Lieb	Das künftige Recht als Rechtsfigur des Privatrechts, Diss. Tübingen, 1962
Lwowski	Das Recht der Kreditsicherung, 8. Auflage, 2000
Manigk	PW. XX/1 (1941) 1261f.
Marcusen	Die Correalhypothek im modernen Rechte – Eine rechtsvergleichende Studie, Zeitschrift für Vergleichende Rechtswissenschaft, 13. Band, 1899, S. 220ff.
Medicus	Schuldrecht I Allgemeiner Teil, 6. Auflage, 1992

ders.	Kreditsicherung durch Verfügung über ein künftiges Recht, JuS 1967, 385–393
von Meibom	Deutsches Hypothekenrecht nach den Landesgesetzen der größeren deutschen Staaten Band II, Mecklenburgisches Hypothekenrecht, 1871, Band III, Bayerisches Hypothekenrecht, 3. Auflage, 1896 (Regelsberger), Band IV, Das Königlich Sächsische Hypothekenrecht nach dem Bürgerlichen Gesetzbuche für das Königreich Sachsen, 1875, (Siegmann), Band VIII, Das Preußische Hypothekenrecht, Erste Abtheilung, Die allgemeinen Lehren des Grundbuchrechts, 1877 (Dernburg/Hinrichs), Zweite Abtheilung, 1891, (Dernburg)
Metz	Wann entsteht eine Gesamthypothek auf Miteigentumsanteilen an einem Grundstück?, Diss. Gießen, 1935
Mezger	Die Teilbetragshypothek unter besonderer Berücksichtigung der Höchstbetragshypothek: Ein Beitrag zur Lehre von der Bestellung mehrerer Hypotheken für eine Forderung oder einen Forderungskreis, 1933
Molinaeus	Extricatio labyrinthy dividui et individui, 1681
Motive	zu dem Entwurf eines Bürgerlichen Gesetzbuchs für das Deutsche Reich, Band III, Sachenrecht, 1888
Mugdan	Die gesamten Materialien zum Bürgerlichen Gesetzbuch für das Deutsche Reich, Band 3, Sachenrecht, 1899, Neudruck 1979
Müller	WürttZ 1907, 39
Münchener Kommentar	zur Insolvenzordnung Band 1 Einleitung §§ 1–102 Insolvenzrechtliche Vergütungsverordnung, 1. Auflage, 2001 Band 2 §§ 103–269, 1. Auflage, 2002
Münchener Kommentar	zum Bürgerlichen Gesetzbuch, Band 6, Sachenrecht (§§ 854–1296), 3. Auflage, 1997
Münchener	Vertragshandbuch, Band 4 Bürgerliches Recht 2. Halbband, 4. Auflage, 1998
Nardi	Studi sulla ritenzione in dir. rom. I (1947), 234 ff.
Nobbe	Aktuelle Entwicklungen zu Sicherungsübereignung und Globalzession im Lichte des AGB-Gesetzes, ZIP 1996, 657–665
Nußbaum	Deutsches Hypothekenwesen, 1913
Obermüller	Insolvenzrecht in der Bankpraxis, 6. Auflage, 2002
Obermüller/Hess	InsO Eine systematische Darstellung des neuen Insolvenzrechts, 3. Auflage, 1999

Oepen/Rettmann	Das Schicksal von Grundstücksübereignungen in einem Konkurs- bzw. Insolvenzverfahren über das Vermögen des Veräußerers, KTS 1995, 609ff.
Olshausen	„Verfügung" statt „Rechtshandlung" in § 81 InsO oder: Der späte Triumph des Reichstagsabgeordneten Levin Goldschmidt, ZIP 1998, 1093–1099
Otto/Schilling/Sintenis	Das Corpus Juris Civilis, Zweiter Band, 1831
Palandt	Bürgerliches Gesetzbuch, Kommentar, 23. Auflage, 1964, 61. Auflage, 2002
Planck	Kommentar zum BGB, Band III, Sachenrecht, 5. Auflage, 1933
Pohlmann	Befugnisse und Funktionen des vorläufigen Insolvenzverwalters, 1998
Polster	Die Eintragung mehrerer Sicherungshypotheken für denselben Forderungskreis, Bank-Archiv 20 (1921), S. 329–333
Predari	Einiges zur Lehre vom Gesamtgrundpfand nach deutschem und schweizerischem Rechte, Gruchot Beiträge, 69, S. 421ff.
Protokolle	der Kommission für die zweite Lesung des Entwurfs des Bürgerlichen Gesetzbuchs, Band III., Sachenrecht, 1899
Rabel	Grundzüge des römischen Privatrechts in: Holtzendorff/Kohler, Enzyklopädie der Rechtswissenschaft I, 1915
RGRK	Das Bürgerliche Gesetzbuch mit besonderer Berücksichtigung der Rechtsprechung des Reichsgerichts und des Bundesgerichtshofes, Band III, 1. Teil, §§ 854–1011, 12. Auflage, 1979; Band III, 2. Teil, Anh. § 1011: ErbbauVO; §§ 1018–1203; Anh. § 1203: SchiffsRG, 12. Auflage, 1996, Band III, 2. Teil, 11. Auflage, 1963, Band III, 3. Teil, §§ 1204–1296; WEG, 12. Auflage, 1996
Regelsberger	Pandekten, Band I, 1893
Reisach	Bauträgerrecht und Bauträgerfinanzierung, 1. Auflage, 1998
Rellermeyer	Objektive Bezugsgrößen für die Bewertung von Kreditsicherheiten – Ist das Wirksamkeitserfordernis des Bundesgerichtshofs erfüllbar, Teil II, WM 1994, 1053–1062
de Retes	De dividuis et individuis obligationibus commentarius, Praeludium quartum, § XXVIff. in: Meermann, Novus Thesaurus juris civilis et canonici tom. VII (1753)

Rimmelspacher	Anmerkung zum Urt. des XI. Zivilsenates des BGH vom 17.1.1995 – XI ZR 192/93, JZ 1995, 678–681
Schimansky/Bunte/ Lwowski	Bankrechts-Handbuch, 2. Auflage, 2001, Band II, §§ 69–103
Schmidt, K./Bitter	Doppelberücksichtigung, Ausfallprinzip und Gesellschafterhaftung in der Insolvenz – Eine Analyse der §§ 43, 52, 93 InsO und § 32a Abs. 2 GmbHG, ZIP 2000, 1077–1089
Schmidt/Schischkoff	Philosophisches Wörterbuch, 1969
Schönke/Schröder	Strafgesetzbuch, Kommentar, 25. Auflage, 1997
Schubert	Die Vorlagen der Redaktoren für die erste Kommission zur Ausarbeitung des Entwurfs eines Bürgerlichen Gesetzbuches, Sachenrecht, Band 1, Teil 1 Allgemeine Bestimmungen, Besitz und Eigentum, 1982, Reinhold Johow, Band 2, Teil 2 Beschränkt dingliche Rechte und materielles Zwangsversteigerungsrecht, 1982 Reinhold Johow
Schulz	Das Gesamtpfand an Grundstücken, Diss. Breslau, 1914
Schulz	Einführung in das Studium der Digesten, 1916
Schumacher	Die Sicherung der Konkursmasse gegen Rechtsverluste, die nicht auf einer Rechtshandlung des Gemeinschuldners beruhen, Diss. Göttingen, 1975
Schürmer	Zur Auslegung des § 867 Abs. II C.P.O. Kein Verteilungszwang beim Zusammentreffen einer Vertragshypothek mit einer Zwangshypothek, Recht 1902, S. 384–385
Schuster	Die Gesamthypothek nach deutschem und schweizerischem Rechte, Diss. Heidelberg, 1930
Schwintowski/Schäfer	Bankrecht, Commercial Banking – Investment Banking, 1. Auflage, 1997
Serick	Eigentumsvorbehalt und Sicherungsübertragung, Band II, Die einfache Sicherungsübertragung – Erster Teil, 2. Auflage, 1986 Band IV, Verlängerungs- und Erweiterungsformen des Eigentumsvorbehalts und der Sicherungsübereignung – Erster Teil Verlängerungsformen un Kollisionen, 1. Auflage, 1976
Siebenhaar/Siegmann	Kommentar zum Bürgerlichen Gesetzbuch für das Königreich Sachsen, Band 1, 2. Auflage, 1869
Simeon	Recht und Rechtsgang im Deutschen Reiche, Lehrbuch des Bürgerlichen Rechtes, Erster Band, Zweite Hälfte, 1921
Sintenis	Handbuch des gemeinen Pfandrechts, 1836

ders.	Das praktische Gemeine Civilrecht, Band 1, 2. Auflage, 1860
Smid	Funktion des Sequesters und Aufgaben des Insolvenzgerichts in der Eröffnungsphase nach der verabschiedeten Insolvenzordnung (InsO), WM 1995, 784–790
Soergel	Kommentar zum Bürgerlichen Gesetzbuch mit Einführungsgesetz und Nebengesetzen, Band 4/1, Schuldrecht III/1 (§§ 516–651) Gesetz zur Regelung der Miethöhe, Verbraucherkreditgesetz, 12. Auflage, 1998 Band 6, Sachenrecht §§ 854–1296, WEG, ErbbauVO, SchiffsG 12. Auflage, 1990
Sokolowski	Die Philosophie im Privatrecht, 1907, Neudruck 1959
von Staudinger	Kommentar zum Bürgerlichen Gesetzbuch mit Einführungsgesetz und Nebengesetzen Erstes Buch Allgemeiner Teil §§ 21–103, 13. Bearbeitung, 1995 Zweites Buch Recht der Schuldverhältnisse §§ 535–563 (Mietrecht 1), 13. Bearbeitung 1995 Drittes Buch Sachenrecht, 2. Teil, §§ 1018–1296, SchiffsrechteGesetz WEG, 11. Auflage, 1963 §§ 1113–1203, 12. Auflage, 1981 §§ 1113–1203, 13. Bearbeitung, 1996 §§ 1204–1296; §§ 1–84 SchiffsRG, 13. Bearbeitung, 1997
Stein/Jonas/Münzberg	Kommentar zur Zivilprozeßordnung, Band 7, Teilband 1 §§ 864–945, 21. Auflage, 1996
Steinlechner	Das Wesen der Juris Communio und Juris Quasi Communio, Erste Abtheilung: Revision der Lehre von der Theilbarkeit und Untheilbarkeit auf dem Rechtsgebiete, 1876
Stöber	Zwangsvollstreckung in das unbewegliche Vermögen, 6. Auflage, 1992
Thieme	Grundbuchordnung, Kommentar, 4. Auflage, 1955, Nachtrag Stand 1. 1. 1958
Thomas/Putzo	Zivilprozessordnung mit GVG, den Einführungsgesetzen, EuGVÜ und AVAG, 24. Auflage, 2002
von Tuhr	Der Allgemeine Teil des Deutschen Bürgerlichen Rechtes, Band II, 1910–1918, Nachdruck 1957
Turnau/Förster	Hypothekenwesen
Uhlenbruck	Probleme des Eröffnungsverfahrens nach dem Insolvenzrechts-Reformgesetz 1994, KTS 1994, 169–183
Voet	Commentarius ad pandectas, 1778
Vorentwürfe	Die Vorlagen der Redaktoren für die erste Kommission zur Ausarbeitung des Entwurfs eines

Bürgerlichen Gesetzbuches, Teil 1 Allgemeine Bestimmungen, Besitz und Eigentum, Verfasser: Reinhold Johow, 1982 Teil 2 Beschränkt dingliche Rechte und materielles Zwangsversteigerungsrecht, Verfasser: Reinhold Johow, 1982

v. Wächter — Ueber Theilung und Theilbarkeit der Sachen und Rechte, Archiv für die civilistische Praxis, XXVII, S. 155ff.

ders. — Erörterungen aus dem Römischen Deutschen und Württembergischen Privatrecht, 1. Heft, 1845

Wacke — Ungeteilte Pfandhaftung, Index: Quaderni camerti di studi romanistici Facolta Giuridici – 3 (1972), S. 454ff.

Wallner — Die Insolvenz des Urhebers, Unter besonderer Berücksichtigung der Verträge zur Überlassung von Software, Diss. Dresden, 2002

Weiss — Pfandrechtliche Untersuchungen, Band I, 1909

Weitnauer — Anmerkung zu BayObLG, Beschl. v. 28.5.1973 – BReg. 2 Z 14/73, DNotZ 1974, S. 82–90

Westermann — Verdeckte Nachverpfändung von Grundstücken, NJW 1970, 1023–1029

Westermann — Sachenrecht, 7. Auflage, 1998

Westphal — Versuch einer systematischen Erläuterung der sämtlichen Römischen Gesetze vom Pfandrecht, 1791

Windscheid/Kipp — Lehrbuch des Pandektenrechts, Erster Band, 8. Auflage, 1900 Erster Band, 9. Auflage, 1906

Wilhelm — Sachenrecht, 1993

Wieczorek/Rössler — Zivilprozeßordnung und Nebengesetze, Kommentar, Dritter Band §§ 511–703a, 2. Auflage, 1988

Wolf — Die dinglichen Gesamtrechte, Diss. Tübingen, 1965

Wolf — Sachenrecht, 18. Auflage, 2002

Wolff/Raiser — Sachenrecht, 10. Auflage, 1957

Wörbelauer — § 878 BGB und der Konkurs des Grundpfandrechts-Schuldners, DNotZ 1965, 580–595

Zeller/Stöber — Kommentar zum Zwangsversteigerungsgesetz, 15. Auflage, 1996

Zöller — Zivilprozessordnung, Kommentar, 23. Auflage, 2002

Einleitung

I. Gesamtgrundpfandrecht und Insolvenz

In der Insolvenz des Sicherungsgebers stellt sich regelmäßig die Frage nach der Insolvenzfestigkeit der Rechtsbegründung. Auch beim Grundpfandrecht ist sie nur zu bejahen, wenn es wirksam entstanden und seine (Insolvenz)Anfechtung ausgeschlossen ist.

Für beides kommt es entscheidend auf die Art und Weise seiner sachenrechtlichen Begründung an.

Denn das Insolvenzrecht als zivilrechtliches Haftungsinstrumentarium knüpft an die außerinsolvenzrechtliche Struktur des maßgeblichen Rechtes an[1].

Obwohl jedes Grundpfandrecht durch einen mehraktigen Erwerbstatbestand[2] gekennzeichnet ist, lässt sich die Entstehung des Einzelpfandrechtes noch relativ einfach in das System der insolvenzrechtlichen Verfügungs- und Erwerbsverbote sowie der Insolvenzanfechtung einordnen. Die Mehraktigkeit infolge der Einigung, Eintragung, Briefübergabe[3] und Valutierung wurde durch den Gesetzgeber meist bedacht.

Anders ist es beim Gesamtgrundpfandrecht. Zur erwähnten Mehraktigkeit tritt bei ihm die Vielheit der beliehenen Grundstücke hinzu.

Die Einordnung des Gesamtgrundpfandrechtes in das System des Insolvenzrechtes gibt zur Ergründung seiner wirklichen Struktur Anlass.

1 Motive, III, S. 684 zu § 1078 E I: „... dem Konkurse aber an sich ein Einfluß auf den Inhalt des dinglichen Rechtes nicht beiwohnt ...".
2 *Jauernig-Jauernig*, BGB, 9. Aufl., Vorbem. § 104 Anm. 1.b) Rdn. 2.
3 In der Kreditsicherungspraxis wird die Briefübergabe aber regelmäßig durch die sog. Aushändigungsvereinbarung nach § 1117 Abs. 2 BGB ersetzt: *Obermüller*, Insolvenzrecht Bankpraxis, 6. Aufl., Rdn. 6.167, S. 998f.

II. Der Begriff des Gesamtpfandrechtes / des dinglichen Gesamtrechtes

1. Das Wesen des Gesamtpfandes

Der Realkreditgeber, dem zur Sicherung seiner Forderung mehrere Beleihungsobjekte angeboten werden, hat zwei Möglichkeiten der Kreditsicherung.

Einmal kann er seine Forderung aufteilen. Jedem Teil ordnet er dann eine Sache als Sicherheit zu. Das geschieht in Gestalt mehrerer Einzelpfandrechte.

Will der Gläubiger das Risiko einer ihm nachteilhaften Wertminderung des einzelnen Grundstückes vermeiden, wird er sich für die zweite Alternative entscheiden. Sie ist durch die Zuordnung aller Beleihungsobjekte zu jedem Teil der (ganzen) Forderung gekennzeichnet[4].

Bei dieser Gestaltung spricht das Schrifttum teils vom dinglichen Gesamtrecht[5]. Das Gesetz gebraucht den Wortlaut der Gesamthypothek (§ 1132 Abs. 1 Satz 1 BGB), der Gesamtgrundschuld (§§ 1132 Abs. 1 Satz 1, 1192 Abs. 1 BGB) und des Gesamtpfandrechtes (§§ 1222, 1273 Abs. 2 Satz 1 BGB).

Gemeinsam und gleichzeitig wesensimmanent ist diesen Instituten, dass mehrere für sich selbständige Sachen oder Rechte zur Absicherung ein und derselben Forderung dienen[6].

Die ungeteilte Zuordnung mehrerer Haftungseinheiten zur ganzen Forderung ist nicht ungewöhnlich. In der Kreditsicherungspraxis begegnet man ihr bspw. bei der sicherungshalben Globalabtretung oder der (Raum)Sicherungsübereignung einer Vielzahl beweglicher Sachen. Auch bei der Haftung von Rechtssubjekten kommt sie vor. Bei einer Mitbürgschaft nach § 769 BGB kann sich der Gläubiger zur

[4] Motive, III, S. 668.
[5] *Wolf*, Gesamtrechte, S. 1f.
[6] *Schimansky/Bunte/Lwowski-Merkel*, BRH II, 2. Aufl., § 94 Rdn. 14, 169.

Befriedigung seiner ganzen Forderung an jeden Bürgen halten. Schließlich darf der Gläubiger bei der Gesamtschuld nach § 421 Satz 1 BGB – dem schuldrechtlichen Pendant zum dinglichen Gesamtrecht – jeden Schuldner in voller Höhe in Anspruch nehmen.

Während bspw. bei den letzten vier Instituten die ungeteilte Zugriffsmöglichkeit auf jede einzelne Haftungseinheit Ausdruck einer Vielheit von Rechten ist, fließt sie beim begrenzt dinglichen Verwertungsrecht nach überwiegender Meinung[7] aus einem einzigen dinglichen Organismus.

Konsequenz dieser Annahme ist die einheitliche Rechtsentstehung[8]. Sie wird nach h. M.[9] aus der Singularbezeichnung des Rechtes in §§ 1132 Abs. 1 Satz 1, 1222 BGB gefolgert.

Obwohl z. B. bei der Sicherungsübereignung einer Sachgesamtheit angesichts des Institutes auch nur von einer Übertragung die Rede ist, führt sie beim Pfandrecht zum sog. Einheitsgedanken. Mit ihm werden auf „sekundärer Ebene" nahezu alle Rechtsfragen zum Gesamtpfand gelöst.

Der Einheitsgedanke, der dem Spezialitätsprinzip zu widersprechen scheint, wirft Probleme auf, die in der Insolvenz des Sicherungsgebers in besonderer Weise ersichtlich werden.

Es fragt sich, ob der Gläubiger zur Begründung seiner Rechtsposition abwarten muss, bis das letzte Grundstück in den Haftungsverband gelangt ist. Dann stünden insolvenzrechtliche Erwerbsverbote, die nur die Verschmälerung der Masse vermeiden sollen, der Belastung der Immobiliarmasse auch dann entgegen, wenn nur noch die Eintragung

7 Statt vieler: *Becher*, Bewegungsvorgänge, S. 6f. m. w. N.

8 OLG *München*, Urt. v. 3. 8. 1965 – 4 U 409/64 –, DNotZ 1966, 371, 372; OLG *Düsseldorf*, Beschl. v. 4. 4. 1973 – 3 W 5/73 –, DNotZ 1973, 613.

9 *Jauernig-Jauernig*, BGB, 9. Aufl., § 1132 Anm. 4a Rdn. 5; MünchKomm-*Eickmann*, BGB, 4. Aufl., § 1132 Rdn. 14; *Obermüller*, Insolvenzrecht Bankpraxis, 6. Aufl., Rdn. 6.180; *Palandt-Bassenge*, BGB, 61. Aufl., § 1132 Rdn. 5; *Planck-Strecker*, BGB, 5. Aufl., § 1132 Anm. 4; *Soergel-Konzen*, BGB, 12. Aufl., § 1132 Rdn. 10; *Staudinger-Scherübl*, BGB, 12. Aufl., § 1132 Rdn. 6; *Staudinger-Wolfsteiner*, BGB, 13. Aufl., § 1132 Rdn. 8; *Westermann*, Sachenrecht, § 108 III., S. 778.

auf einem massefremden Grundbuchblatt ausstand. Auch Anfechtungsregelungen führten auf die gleiche Art und Weise zu einer erheblichen Erweiterung der Rückgewähr.

Solchen Gefahren beugt die Formularpraxis der Kreditinstitute durch Einzelpfandrechtsvereinbarungen auf dem Entstehungswege vor, obwohl ein Gesamtpfand beabsichtigt ist[10].

Für das Entstehungsstadium führte das in der Rechtswirklichkeit zu einem „faktischen Aussterben" des Gesamtgrundpfandrechtes.

Das regt zum Überdenken der Struktur des Gesamtpfandes an; wurde doch der Gesamthypothekar geschichtlich betrachtet stets außergewöhnlich privilegiert.

So wurde der Gesamtrechtsgläubiger infolge der Zuordnung aller Grundstücke zur ganzen Forderung und des hierdurch ausgelösten freien Wahlrechtes gelegentlich mit Recht als „hypothekarischer Pascha"[11] bezeichnet, der „über den Grundstücken thront"[12]. Einigen bedeutenden Pfandrechtlern[13] des 19. Jh. erschien diese Hervorhebung durch die schon in den meisten Partikularrechten vorhandenen Regelungen des Korrealgrundpfandrechtes, die im römischen Recht ihren Ursprung fanden, wiederum so weitgehend, dass ein realkreditfeindlicher Charakter diskutiert wurde. Die wenigen Partikularrechte, die die Korrealhypothek verboten, beneidete man hierum[14].

So führte *Dernburg*[15] zum preußischen Hypothekenrecht aus:

> *„Die Hypothekenrechte mehrerer deutscher Staaten schließen Korrealhypotheken durchaus aus. Sie sind hierum wohl zu beneiden. Aber diese Ausschließung hängt mit der geschichtlichen Entwicklung der Verhält-*

[10] *Wenzel* in BuB, 4.01, Rdn. 4/2093, 4/2144.

[11] *Heck*, Grundriß des Sachenrechts, § 94 I 4.

[12] *Baur/Stürner*, Sachenrecht, § 43 I. 3., S. 499 Fn. 1.

[13] *Dernburg* in *v. Meibom,* Deutsches HypR VIII 2, Preußisches HypR, S. 169 Fn. 1.

[14] *Dernburg* in *v. Meibom,* Deutsches HypR VIII 2, Preußisches HypR, S. 169 Fn. 1.

[15] *Dernburg* in *v. Meibom,* Deutsches HypR VIII 2, Preußisches HypR, S. 169 Fn. 1.

nisse des Grundbesitzes und mit der ganzen Anlage ihres Hypothekenwesens zusammen. Gegenüber den gegebenen Verhältnissen Preußens wäre eine solche Ausschließung kaum möglich. Insbesondere würde sie Parcellierungen auf das äußerste erschweren. Der Vorschlag des Entwurfs von 1864, die Korrealhypotheken zu beseitigen, erschien daher unausführbar".

Gleichwohl sind nahezu alle geschichtlichen Versuche[16] gescheitert, die generell oder nur in bestimmten Situationen eine Beschränkung der Machtstellung des Gläubigers zum Schutze der Eigentümer der vom ungeteilten Pfandnexus ergriffenen Grundstücke, etwaiger nachstehender dinglich Berechtigter oder ungesicherter Gläubiger zum Gegenstand hatten[17].

2. Die Struktur des Gesamtgrundpfandrechtes

Denkbar sind drei Konstruktionen des Gesamtgrundpfandrechtes.

Einmal kann es sich um ein einziges dingliches Recht handeln. Dieses gewährleistete eine Zuordnung von mehreren Sachen zu einem Subjekt.

Zum anderen kommt eine der Anzahl der im Pfandverband befindlichen Primärhaftungsobjekte entsprechende Vielheit von dinglichen Rechten in Betracht.

Schließlich ist es nicht von vornherein ausgeschlossen, dass ein Mischmodell die richtige Antwort auf die Strukturfrage ist. Denkbar wäre z. B. ein Nebeneinander von Gesamtrecht und Einzelrecht. Das Gesamtrecht könnte die Summe aller Einzelrechte darstellen.

Bei der Beantwortung der Strukturfrage spielt nicht nur der Wortlaut des Gesetzes und die Bedeutung der Einheits- und Vielheitstheorie eine Rolle. Maßgeblich sind darüber hinaus der Regelwille der am Sicherungsgeschäft beteiligten Parteien sowie die Folgerungen aus den Strukturprinzipien und Sachenrechtsgrundsätzen.

16 Überbl. zu den Partikularrechten bei: *Johow*, Vorentwürfe, 2, S. 628ff.; *Schulz*, Gesamtpfand an Grundstücken, S. 9ff.

17 *Dürrschmidt*, Verbandhypotheken, S. 1 bis 158.

Schließlich kommt es entscheidend auf die Gesetzgebungsgeschichte der §§ 1132, 1222 BGB an.

Bei der rechtsgeschichtlichen Betrachtung des Gesamtpfandrechtes gewinnen einmal seine partikularrechtlichen Vorläufer an Bedeutung. Zum anderen fragt sich, welche Bedeutung der auf das römische Recht zurückreichenden *indivisa pignoris causa* für die Strukturfrage zu Teil wird. Diese Rechtsfigur wird gelegentlich in der Rechtsprechung[18] und im Schrifttum[19] zur Lösung gesamtrechtsbezogener Fragen als Maßstab betrachtet. Überwiegend jedoch ist sie zum Gesamtgrundpfandrecht kein geläufiger Begriff mehr[20].

Wäre sie dem Gesamtpfand immanent und führte sie zu einer Unteilbarkeit des Pfandrechtes an mehreren Sachen, spräche das einmal für den Einheitsgedanken. Zum anderen wäre die durch ihn favorisierte einheitliche Entstehung naheliegend aber nicht denknotwendig. Denn ein einziges oder einheitliches Recht muss nicht einheitlich entstehen.

Beträfe die Rechtsfigur indes nicht das Recht, sondern etwa die Haftung der Sachen für die Forderung, wäre eine Folgerung z. B. für die Qualität des Rechtsverhältnisses oder die Art der Entstehung nicht angebracht. Der Grundsatz beschriebe in diesem Fall nicht den Weg zum Recht, vielmehr nur den Anspruch aus ihm. Dann ließe sich das dingliche Gesamtrecht vergleichbar seinem schuldrechtlichen Korrelat, der Gesamtschuld, auslegen.

3. Verhältnis zum Verbot der Doppelsicherung

Steht die Teleologie des § 1132 BGB fest, scheint ein dem Hypothekenrecht immanentes Phänomen die nach dem Sachenrecht zulässigen Typen von vorherein zu begrenzen.

18 *BGH*, XI. Zivilsenat, Urt. v. 17. 1. 1995, BGHZ 128, 295, 300 = JZ 1995, 677, 678; OLG *Königsberg* OLGE 5, 157; *BGH* BB 1966, 179.

19 RGRK-*Kregel*, BGB, § 1222 Rdn. 2; *Schimansky/Bunte/Lwowski-Merkel*, BRH II, 2. Aufl, § 93 Rdn. 277; *Staudinger-Wiegand*, BGB, § 1222 Rdn. 2.

20 Der Grundsatz findet in den führenden deutschen Sachenrechtslehrbüchern keinen Niederschlag: *Baur/Stürner*, Sachenrecht, § 43; *Westermann*, Sachenrecht, § 108; *Wolff/Raiser*, Sachenrecht, § 148; kritisch: *Wacke*, Ungeteilte Pfandhaftung, S. 485 f.

Hierbei handelt es sich um das hypothekenrechtliche Doppelsicherungsverbot.

Im Gegensatz zur nicht akzessorischen Gattung des Sicherungsgrundpfandrechtes, der Sicherungsgrundschuld, soll es das Hypothekenrecht verbieten, für ein und dieselbe Forderung zwei selbständige Hypotheken zu bestellen[21, 22].

Einige[23] meinen, eine solche Sicherung sei gerade wegen des in § 1132 Abs. 1 BGB zum Ausdruck kommenden Typenzwanges ausgeschlossen.

Es fragt sich folglich, ob auf dem Weg zur richtigen Strukturform Folgerungen aus dem – oder für das Verbot der Doppelsicherung zu ziehen sind.

Anhand der Vielfalt der Begründungsansätze zum Doppelsicherungsverbot ist es nicht auszuschließen, dass es nicht wirklich dem Hypothekenrecht eigen ist.

Weil bei der Sicherungsgrundschuld mehrere Einzelpfandrechte für dieselbe Forderung möglich sind, liegt es nahe, seine Rechtfertigung in der hypothekentypischen Akzessorietät zu suchen[24]. Dann dürfte es aber auch keine mehreren Bürgschaften für ein und dieselbe Forderung geben.

Bei der Sicherungsgrundschuld spricht die mangelnde Existenz des Doppelsicherungsverbotes zunächst für ein Nebeneinander von Gesamtrecht und mehreren Einzelrechten für dieselbe Forderung. Eine sichere Abgrenzung beider Erscheinungsformen, die auf dasselbe wirtschaftliche Ergebnis hinauslaufen, wird weder in der Rechtspre-

21 *Erman-Räfle*, BGB, 9. Aufl., § 1113 Rdn. 7; *Erman-F. Wenzel*, BGB, 10. Aufl., § 1113 Rdn. 6 „unabhängig davon, ob es ein solches Verbot tatsächlich gibt“; *Palandt-Bassenge*, BGB, 61. Aufl., § 1113 Rdn. 13; *Planck-Strecker*, BGB, § 1113 Anm. 5k m.w.N., § 1132 Anm. 1b; *Soergel-Konzen*, BGB, § 1113 Rdn. 22; *Staudinger-Wolfsteiner*, BGB, 13. Aufl., § 1113 Rdn. 37.

22 *RGZ* 131, 21; 132, 136; *KG* JW 1930, 3859; HRR 1933 Nr. 198.

23 Statt vieler: *Lange*, Mehrere Grundpfandrechte für dieselbe Forderung, S. 12.

24 *Baur/Stürner*, Sachenrecht, S. 373.

chung noch im Schrifttum vertreten. Soll nicht gerade im letzteren Fall die Haftungsfolge des §§ 1132 Abs. 1 Satz 1, 1192 Abs. 1 BGB gelten?

Das nicht von der Hand zu weisende Bedürfnis der Erlangung einer Zwangssicherungshypothek für eine bereits durch eine Vertragshypothek gesicherte Forderung[25] lässt das Doppelsicherungsverbot fragwürdig erscheinen.

III. Ähnliche Phänomene

Dem geltenden Recht sind ähnliche Sicherungs-Phänomene bekannt, die sich durch die ungeteilte Zuordnung mehrerer Haftungseinheiten zur ganzen Forderung auszeichnen.

Neben der bereits erwähnten Mitbürgschaft nach § 769 BGB wird diesen z. B. in Gestalt:

1. der Globalabtretung nach § 398 BGB,
2. des Vermieterpfandrechtes nach § 559 Satz 1, 1222, 1257 BGB,
3. des Gastwirtpfandrechtes nach §§ 704 Satz 1, 1222, 1257 BGB,
4. der Sicherungsübereignung von Sachgesamtheiten nach §§ 929 Satz 1, 930 BGB,
5. des Haftungsverbandes des Grundpfandrechtes nach §§ 1120, 1192 Abs. 1 BGB,
6. der Verpfändung eines Wertpapierdepots im jeweiligen Bestand nach §§ 1292, 1258, 1222, 747 BGB i.V.m. § 9 DepotG

gesetzlicher Ausdruck verliehen.

Es fragt sich, was diese Institute vom Gesamtgrundpfandrecht unterscheidet und ob die Unterschiede eine andere Behandlung in Punkto Spezialität der Verfügung und des durch sie entstandenen Rechtes erlauben.

Der Unterschied in der Qualität des Rechtsobjektes ist offenbar nicht geeignet, eine verschiedene Rechtsstruktur zu begründen. Denn sowohl für Grundstücke als auch für bewegliche Sachen und Rechte ist

[25] Erstmals zugelassen durch: *RGZ* 98, 107.

das dingliche Gesamtrecht infolge der §§ 1132 Abs. 1, 1222 BGB zugelassen.

Ferner ist es kaum vorstellbar, dass einerseits die gesetzliche – und andererseits die rechtsgeschäftliche Begründung des Sicherungsrechtes zu einer wesentlich anderen Struktur führen können. Bei den gesetzlichen Pfandrechten (z. B. §§ 559, 704 BGB) gilt schließlich gleichermaßen die Bestimmung des § 1222 BGB, § 1257 BGB.

Bei den Vollrechtsübertragungen liegen so viele Verfügungen und Rechte vor, wie Rechtsobjekte vom Haftungsverband erfasst sind. Deshalb liegt es nahe, den Strukturunterschied in der Art des dinglichen Rechtes zu suchen.

Andererseits ist es kaum einsehbar, dass das begrenzt dingliche Pfandrecht eine andere Struktur haben soll, als die sicherungshalbe Begründung des Eigentumsrechtes. Denn das Pfandrecht stellt nur einen Ausschnitt aus dem Eigentumsrecht dar. Das abgeleitete Recht dürfte partiell qualitativ und auch quantitativ kein Mehr und kein Weniger darstellen. Es ist kein beschränktes, sondern ein beschränkt dingliches Recht.

Ein Strukturwiderspruch würde sich ergeben, wenn der in §§ 1132, 1222 BGB zum Ausdruck kommende Gedanke gleichermaßen auf die Sicherungsübereignung oder Sicherungsabtretung von Rechtsobjektsvielheiten Anwendung findet. Das ist deshalb zweifelhaft, weil die für die ungeteilte Pfandhaftung prägende Aufrechterhaltung des Gesamtpfandverbandes bis zur endgültigen Forderungserfüllung bei den Vollrechtsübertragungen durch die höchstrichterliche Freigaberechtsprechung durchbrochen wird.

Der Unterschied von Grundstückshaftung und Zubehörhaftung beim Grundpfandrecht liegt nur in der qualitativen Abstufung des Pfandverbandes. Grundstücke machen den Primärhaftungsverband aus. Dagegen gehört das Zubehör und der Mietzins zum Sekundärhaftungsverband. Das Zubehör ist aus Gründen der wirtschaftlichen Einheit mit dem Primärhaftungsobjekt dem Pfandverband zugeordnet worden[26].

[26] *Staudinger-Wolfsteiner*, BGB, 13. Aufl., § 1120 Rdn. 1.

Mit dem Zubehör eines Einzelpfandrechtes wird im Schrifttum teils argumentiert, um die These der mangelnden Spezialität des dinglichen Rechtes nachzuweisen. Doch selbst, wenn dem so wäre, zeigt das Pfandrecht am Zubehör doch deutlich, dass ein einheitliches oder einziges Recht nicht auch einheitlich entstehen muss.

Der Struktur und der Entstehung des Vermieterpfandrechtes kommt für die Ergründung der Dogmatik der Gesamthypothek eine besondere Bedeutung zu. Es wurde vertreten, dass sich aus ihm in Rom die *hypotheca* entwickelte[27].

IV. Praktische Bedeutung des Gesamtgrundpfandrechtes

1. Die durch den Gesetzgeber bedachte Bedeutung

Der Gesetzgeber des BGB sah es als wichtige Aufgabe an, „die Interessen des Grundbesitzes zu pflegen und zu fördern"[28]. Deshalb privilegierte er in besonderer Weise den Realkredit[29]. Den gelegentlichen Bestrebungen, die Korrealhypothek abzuschaffen, wurde durch die Aufgabe des Gesetzgebers entgegengetreten,

> *„den Eigenthümern kleinerer Grundstücke die Ausnutzung des Realkredites durch Zulassung der Korrealhypothek"*

zu ermöglichen[30]. Gerade in Gegenden mit zersplitterten Grundbesitz war die Korrealhypothek ein praktisch bedeutsames Mittel, um Kredit zu erlangen[31]. Das erkannten selbst ihre Gegner an. Sie räumten ein, dass der zersplitterte Grundbesitz in vielen Landesteilen Gesamthypotheken trotz ihrer Schattenseiten erforderlich machte[32]. Durch die mangelnde Zulassung des Gesamtgrundpfandrechtes wäre die Parzellierung erschwert worden[33].

27 *Dernburg*, Pfandrecht I, S. 51–62.
28 Motive, III, S. 599.
29 Motive, III, S. 599.
30 Motive, III, S. 686.
31 *Johow*, Vorentwürfe, 2, S. 633.
32 *Dernburg*, BgR dt Reich und Preußen, S. 40f.; *ders.* in *v. Meibom,* Deutsches HypR VIII 2, Preußisches HypR, S. 169 Fn. 1.
33 *Dernburg* in *v. Meibom,* Deutsches HypR VIII 2, Preußisches HypR, S. 169 Fn. 1.

Darin bestand jedoch nicht die einzige Funktion der Gesamtgrundpfandrechts-Regelung.

§ 1132 BGB sollte im Interesse des Realkredites weiter eine Verschlechterung der Rechtsstellung des Gläubigers im Falle der nachträglichen Teilung des Beleihungsobjektes vermeiden[34].

Jedes infolge der – ohne Zustimmung des Gläubigers möglichen – Teilung entstehende selbständige Grundstück sollte dem Gläubiger wie vor der Teilung voll und ganz haften.

Dasselbe Verhältnis, das durch diese Teilung entstand, sollte schließlich durch einen von Anfang an auf mehrere Grundstücke gerichteten Begründungsakt erreicht werden können[35].

2. Die heutige Bedeutung

Mit den Vorstellungen des Gesetzgebers deckt sich im Wesentlichen die heutige praktische Bedeutung des Gesamtgrundpfandrechtes.

Es entsteht dann, wenn zur Sicherung derselben Forderung mehrere Grundstücke verpfändet werden. Dabei ist es gleichgültig, ob die belasteten Grundstücke einem oder mehreren Eigentümern gehören[36].

Meist kommt das Gesamtgrundpfandrecht in Betracht, wenn die Forderung so hoch ist, dass das Pfandrecht an einem Grundstück dem Kreditgeber nicht ausreicht und eine Verteilung der Forderung nicht zweckmäßig ist.

Einmal ist das häufig in Realteilungsgebieten der Fall. Die Zersplitterung des Grundbesitzes ergibt sich dort meist aufgrund der herkömmlichen Aufteilung des Grundvermögens unter mehreren Miterben durch Erbgang[37].

34 Motive, III, S. 686.
35 Motive, III, S. 686.
36 *Palandt-Bassenge*, BGB, 61. Aufl., § 1132 Rdn. 3.
37 *Baur/Stürner*, Sachenrecht, S. 373.

Zum anderen wählen Kreditinstitute häufig zur Sicherung von Unternehmenskrediten das Gesamtgrundpfandrecht. Befindet sich der beliehene Grundbesitz teils im Unternehmen und teils in der Vermögenssphäre eines Teilhabers und sind letzterem Privat- oder Förderkredite, die nur auf seine Person lauten können, gewährt worden, ist ein Gesamtpfand zweckmäßiger. Das nach Leichtigkeit strebende Kreditinstitut hat weniger Arbeit, wenn es den der Gesamtkreditsumme entsprechenden Grundschuldbetrag auf jedem Grundbuchblatt eintragen lässt. Über eine entsprechende Sicherungszweckerklärung werden dann alle Beleihungsobjekte mit allen Forderungen verbunden.

Nicht selten werden in der Kreditbranche solche Sicherungsmodelle gewählt, um andere Kreditgeber als Konkurrenten fern zu halten[38].

Das Gesamtgrundpfandrecht kommt auch dort praktisch sehr häufig vor, wo es weniger vermutet wird. Weil das kleinste denkbare Primär-Beleihungsobjekt nach § 1114 BGB ein ideeller Bruchteil ist, liegt die für § 1132 Abs. 1 Satz 1 BGB kennzeichnende Objektsvielheit zur Sicherung derselben Forderung schon dann vor, wenn das Grundstück mehreren zu Bruchteilen gehört[39]. Bestellen etwa zwei Ehegatten zur Sicherung eines Wohnungsbaukredites an ihrem Einfamilienhaus-Grundstück eine vermeintliche Einzel-Sicherungsgrundschuld, entsteht automatisch ein Gesamtgrundpfandrecht[40]. Das folgt aus dem in § 1132 Abs. 1 BGB zum Ausdruck kommenden Typenzwang i. S. e. Haftungszuordnung.

Wird über das Vermögen eines Ehegatten das Insolvenzverfahren eröffnet, gehört nur die eine Hälfte zur Masse. Ist das Pfandrecht insofern nach §§ 81, 91 InsO unwirksam oder nach §§ 129 ff. InsO zurückzugewähren, bleibt es an der übrigen Hälfte nach § 139 BGB bestehen.

38 *Staudinger-Wolfsteiner*, BGB, 13. Aufl., Vorbem zu §§ 1191 ff. Rdn. 39.

39 *RGZ* 146, 365; *BGH* NJW 1961, 1352; OLG *Hamburg* MDR 1960, 504; *Metz*, Gesamthypothek auf Miteigentumsanteilen, S. 3 f.; *Staudinger-Wolfsteiner*, BGB, 13. Aufl., § 1132 Rdn. 17; a. A. noch *RG* JW 1910, 473; OLG *Breslau* OLGR 25/255.

40 *BGH* NJW 1983, 2449, 2450; OLG *Oldenburg* ZIP 1996, 175, 176; *Gaberdiel*, Kreditsicherung durch Grundschulden, 5. Aufl., S. 127; *Wenzel* in BuB, 4.01, Rdn. 4/1816.

Die durch § 1114 BGB bedingte automatische Gesamtgrundpfandrechtsentstehung wird besonders bei der Bauträgerfinanzierung praktisch[41] bedeutsam[42]. Der Bauträger, der zur Finanzierung seines Projektes Kredit benötigt, stellt dem Kreditinstitut zunächst ein Einzelpfandrecht am erworbenen Grundstück zur Verfügung[43]. Im Laufe der Finanzierung und Bebauung teilt er es in mehrere „Eigentumswohnungen“ und „Reihenhäuser“ auf, die ein Gesamtpfand zur Entstehung bringen[44]. In der Kreditsicherungspraxis[45] wird von einem sog. Globalgrundpfandrecht gesprochen[46].

Auch außerhalb der Bauträgerfinanzierung kommt diese nachträgliche Gesamtgrundpfandrechtsbegründung von Gesetzes wegen vor. Das ist dann der Fall, wenn das belastete Grundstück zerlegt wird[47]. Dabei ist unbeachtlich, ob das neue Teilstück nach § 4 Abs. 1 GBO auf demselben Grundbuchblatt gebucht wird oder nach §§ 2 Abs. 3, 3 Abs. 1 Satz 1 GBO auf ein neues Grundbuchblatt übertragen wird[48].

Schließlich entsteht ein Gesamtgrundpfandrecht, wenn im Wege der offenen oder verdeckten Nachverpfändung – sog. Pfanderstreckung – für dieselbe Forderung ein weiteres auf demselben oder einem anderen Grundbuchblatt gebuchtes Grundstück zur Verfügung gestellt wird[49].

41 *Schimansky/Bunte/Lwowski-Merkel*, BRH II, 2. Aufl, § 94 Rdn. 170: „Hauptanwendungsfall ist die Bauträgerfinanzierung“.

42 *Böther/Oetter/Stein/Wannhoff*, Praxis der Bauträgerfinanzierung, S. 82f.; *Wenzel* in BuB, 4.01, Rdn. 4/1816.

43 *Reisach*, Bauträgerfinanzierung, S. 95f.

44 *BGH* WM 1992, 605; OLG *Oldenburg* ZIP 1996, 175, 176.

45 Finanzierung des Käufers: *Basty*, Bauträgervertrag, Rdn. 406.

46 *Böther/Oetter/Stein/Wannhoff*, Praxis der Bauträgerfinanzierung, S. 82f., 97; *v. Heymann/Rösler*, Immobilienfinanzierungen, WM 1998, 2460; *Lwowski*, Recht der Kreditsicherung, 8. Aufl., Rdn. 803; *Reisach*, Bauträgerfinanzierung, S. 95; *Schimansky/Bunte/Lwowski-Merkel*, BRH II, 2. Aufl, § 94 Rdn. 170, 175.

47 Motive, III, S. 668.

48 *BayObLG* JW 1927, 275; *Staudinger-Wolfsteiner*, BGB, 13. Aufl., § 1132 Rdn. 15.

49 *Staudinger-Wolfsteiner*, BGB, 13. Aufl., § 1132 Rdn. 11ff.

1. Teil: Die außerinsolvenzrechtliche Entstehungsdogmatik des Gesamtgrundpfandrechtes

A. Der Standpunkt der Rechtsprechung sowie der Rechtslehre zur Frage der Entstehungsdogmatik

Zunächst stellt sich die Frage nach den in der Rechtsprechung und der Rechtslehre zur Entstehung des Gesamtgrundpfandrechtes vertretenen Standpunkten.

I. Die höhergerichtliche und höchstrichterliche Rechtsprechung

In der älteren Vergangenheit haben sich drei Gerichtsentscheidungen mit Entstehungsfragen des Gesamtgrundpfandrechtes beeinflusst durch insolvenzrechtliche Verfügungsbeschränkungen beschäftigt.

Hierbei handelt es sich um die Rechtsprechung des *BGH*[50], des OLG *München*[51] und des OLG *Düsseldorf*[52].

1. Die Entscheidung des V. Zivilsenates des BGH

Der *BGH*[53] nahm Stellung zur Entstehung einer Gesamthypothek für den Fall eines Rechtsmangels bei einem Verfügungstatbestand und machte Ausführungen grundsätzlicher Bedeutung zum Willen der Vertragsparteien.

Anlässlich eines Vorlegungsverfahrens beurteilte der V. Zivilsenat des *BGH* folgenden Sachverhalt:

Zwei Auflassungsempfänger, die Beteiligten zu 1) und zu 2), bewilligten vor ihrer Eintragung als Eigentümer im Grundbuch zugunsten

[50] *BGH*, Beschl. v. 3. 7. 1974 – V ZB 15/72 –, DNotZ 1975, 152ff.
[51] OLG *München*, Urt. v. 3. 8. 1965 – 4 U 409/64 –, DNotZ 1966, 371f.
[52] OLG *Düsseldorf*, Beschl. v. 4. 4. 1973 – 3 W 5/73 –, DNotZ 1973, 613f.
[53] *BGH*, Beschl. v. 3. 7. 1974 – V ZB 15/72 –, DNotZ 1975, 152ff.

der Beteiligten zu 3) eine Sicherungshypothek an deren je für sich erworbenen Miteigentumsanteilen.

Das Grundpfandrecht diente der Absicherung von Ansprüchen der Beteiligten zu 3) aus deren Geschäftsbeziehungen mit der Beteiligten zu 2).

Die Eintragungsbewilligungen der Beteiligten zu 1) und 2) nahm der Notar in einer einzigen notariell beglaubigten Urkunde auf. Diese enthielt keine Erklärungen der Beteiligten zu 3).

Der Beteiligten zu 3) wurde weder durch die Beteiligten zu 1) und 2) noch durch den Notar die notariell beglaubigte Urkunde ausgehändigt. Der Notar war zudem nicht angewiesen, etwaige Urkunden für sie in Empfang zu nehmen. Er leitete die die Bewilligungen enthaltenen Urkunden direkt an das Grundbuchamt weiter und beantragte die Grundpfandrechtseintragung sowie die Eigentumsumschreibung.

Nach Eingang der Anträge beim Amtsgericht – Grundbuchamt – legte das Amtsgericht – Konkursgericht – der Beteiligten zu 2) in einem gerichtlichen Vergleichsverfahren ein allgemeines Verfügungsverbot auf. Schließlich wurde über das Vermögen der Beteiligten zu 2) das Anschlusskonkursverfahren eröffnet.

Das Grundbuchamt wies deshalb den Antrag auf Eintragung der Hypothek insgesamt zurück. Es lehnte insbesondere die Eintragung eines Einzelpfandrechtes auf dem Miteigentumsanteil des Beteiligten zu 1) ab. Begründet wurde dies mit dem ursprünglichen Willen der Parteien, ein Grundpfandrecht an beiden Miteigentumsanteilen zu bestellen.

Dagegen wandte sich die Beteiligte zu 3).

Das mit der weiteren Beschwerde befasste OLG *Köln* ging rechtsirrtümlich von der Bindungswirkung des § 873 Abs. 2 BGB aus. Deshalb legte es dem *BGH* die Frage vor, „ob die durch den Auflassungsempfänger vor seiner Eintragung als Eigentümer im Grundbuch erklärte Bestellung eines Grundpfandrechtes dadurch unwirksam wird, dass der Auflassungsempfänger in der Verfügung beschränkt wird, nachdem die Erklärung für ihn bindend geworden und der Eintragungsantrag beim Grundbuchamt gestellt worden ist."

Diese Frage wollte das OLG entgegen der Rechtsprechung des *BayObLG*[54] verneinen.

Der *BGH* betrachtete die Bedenken des Grundbuchamtes gegen die Eintragung einer Einzelhypothek als unbegründet.

Er stellte zunächst klar, dass den Voraussetzungen an eine bindende dingliche Einigungserklärung nicht Rechnung getragen war. Folglich war der zur Beurteilung der Verfügungsberechtigung entscheidende Zeitpunkt nicht nach § 878 BGB, § 873 Abs. 2 BGB auf die vor dem Verfügungsverbot stattgefundene Einigung vorzuverlegen. Zum grundsätzlich maßgeblichen Zeitpunkt der bevorstehenden Eintragung des Grundpfandrechtes fehlte daher der Beteiligten zu 2) die Verfügungsberechtigung. Zur Beurteilung des Sachverhaltes war deshalb die Vorlegungsfrage nicht erheblich.

Die Anwendbarkeit des § 873 Abs. 2 BGB verneinte der Senat, weil die ersten drei Varianten des § 873 Abs. 2 BGB die Erklärungen aller Parteien erfordert hätten. Die nach § 873 Abs. 2 Var. 1–3 BGB entscheidenden Urkunden und Erklärungen enthielten indes nicht die Erklärung auch der Beteiligten zu 3).

Statt einer notariellen Beurkundung im Sinne des § 873 Abs. 2 Var. 1 BGB waren ferner die Erklärungen der Beteiligten zu 1) und 2) nur notariell beglaubigt.

Die fehlende Aushändigung der – hierfür ausreichenden (§ 29 Abs. 1 S. 1 GBO) – notariell beglaubigten Bewilligungen konnte schließlich nicht durch eine entsprechende Empfangsvollmacht des Notars überwunden werden. Denn der erkennende Senat sah auf der Grundlage der Grundakten keine Anhaltspunkte für eine stillschweigend oder durch schlüssiges Handeln erteilte Vollmacht der Beteiligten zu 3) an den Notar, für sie die Bewilligungen in Empfang zu nehmen.

[54] *BayObLG* v. 2.12.1960, NJW 1961, 783.

Auf dieser Grundlage beurteilte der Senat die Frage, wie sich rechtshindernde Einwendungen beim Verfügungstatbestand eines Haftungsobjektes – hier in Gestalt einer „unwirksamen Eintragungsbewilligung“ [55] – auf den Entstehungstatbestand des übrigen Gesamtrechtes auswirken.

Als Beurteilungsmaßstab legte der Senat § 139 BGB zugrunde.

Die Anwendbarkeit des § 139 BGB im Sachenrecht unterstellt, qualifizierte der Senat die Hypothekenbestellung an den beiden Miteigentumsanteilen als einheitliches Rechtsgeschäft im Sinne des § 139 BGB. Begründet wurde die Einheit nicht mit der Struktur des Gesamtgrundpfandrechtes. Vielmehr wurde sie im Wege der Vermutung [56] hergeleitet, die daraus resultierte, dass die Eintragungsbewilligungen der beiden Auflassungsempfänger in einer einzigen Urkunde enthalten waren.

Ob die von Gesetzes wegen grundsätzlich angeordnete Gesamtunwirksamkeit eintritt oder aber ein abgrenzbarer Teil des Rechtsgeschäftes wirksam bleibt, beurteilte der *BGH* entscheidend anhand des Willens der an dem Rechtsgeschäft Beteiligten.

Ein für die Geltungserhaltung sprechender Wille könne sich aus der aus den gesamten Umständen zu entnehmenden Abwägung der in dem Rechtsgeschäft gestalteten Interessen ergeben [57]. Dabei sei davon auszugehen, dass der Erklärende seine Entscheidung in vernünftiger Abwägung der in Betracht kommenden Verhältnisse getroffen hätte [58].

Bei der Ermittlung des wirklichen Parteiwillens ließ sich der Senat vom Wesen der Gesamthypothek nach §§ 1132 Abs. 1, 1114 BGB sowie vom Sicherungszweck leiten.

[55] *BGH*, Beschl. v. 3. 7. 1974 – V ZB 15/72 –, DNotZ 1975, 152, 153.
[56] *BGH*, Urt. v. 22. 5. 1970 – V ZR 130/67 –, NJW 1970, 1414, 1415.
[57] Unter Hinw. auf: *Erman*, BGB, 5. Aufl., § 139 Anm. 10.
[58] *BGH*, Urt. v. 9. 1. 1957 – V ZR 218/55, LM, Nr. 13 zu § 139 BGB.

Im Einzelnen führte er hierzu aus:

„*Unter Berücksichtigung dieser Grundsätze spricht für die Wirksamkeit der Bestellung der Hypothek an dem Miteigentumsanteil des Beteiligten zu 1), daß Zweck der Bestellung der Hypothek die Sicherung von Ansprüchen der Beteiligten zu 3) aus deren Geschäftsbeziehungen mit der Beteiligten zu 2) war und daß es sich um eine Gesamthypothek handelte, die der Beteiligten zu 3) gemäß § 1132 Abs. 1 BGB die Möglichkeit gab, wegen der gesicherten Ansprüche in vollem Umfang entweder den einen oder den anderen Miteigentumsanteil in Anspruch zu nehmen. Wird aber eine solche Hypothek bestellt, so zeigt sich in dieser Bestellung der den allseitigen Interessen entsprechende Wille, daß der Gläubiger auf jeden Fall in jeden Anteil soll vollstrecken dürfen. Bei der Gewährung einer solchen Sicherheit kann es daher weder für den jeweils betroffenen Miteigentümer noch für den Gläubiger vernünftigerweise eine Rolle spielen, aus welchem Grunde später nur der eine Miteigentumsanteil in Anspruch genommen werden kann. Daraus ist zu entnehmen, daß die Hypothek an dem Miteigentumsanteil des Beteiligten zu 1) auch dann bestellt worden wäre, wenn die Beteiligten damals die Möglichkeit der Unwirksamkeit der Bestellung der Hypothek an dem Miteigentumsanteil der Beteiligten zu 2) bedacht hätten*“[59].

2. Entscheidung des IV. Zivilsenates des OLG München

Das OLG *München*[60] beurteilte einen Sachverhalt, der Gesichtspunkte der insolvenzrechtlichen Anfechtung und die Frage der Entstehung des Gesamtgrundpfandrechtes betrifft.

Der Entscheidung lag nachstehender Sachverhalt zugrunde:

Der Kläger war ein Konkursverwalter über das Vermögen einer Eigentümerin mit mehreren Grundstücken. Er machte gegen die Beklagte, die über eine Gesamtgrundschuld an einer großen Anzahl von Grundstücken der Insolvenzschuldnerin verfügte, Anfechtung der *gesamten* Grundschuldbestellung nach § 30 Nr. 2 KO geltend. Die belasteten Grundstücke waren in Grundbüchern, geführt bei fünf verschiedenen Grundbuchämtern, eingetragen.

59 *BGH*, Beschl. v. 3.7.1974 – V ZB 15/72 –, DNotZ 1975, 152, 154.
60 OLG *München*, Urt. v. 3.8.1965 – 4 U 409/64 –, DNotZ 1966, 371 f.

Die der Beklagten durch die spätere Insolvenzschuldnerin bewilligte Grundschuld wurde an einigen Grundstücken vor der durch Zahlungsunfähigkeit der Insolvenzschuldnerin offenkundig gewordenen Zahlungseinstellung und vor Stellung des Antrages auf Eröffnung des gerichtlichen Vergleichsverfahrens eingetragen. An der Mehrheit der Grundstücke erfolgte die Grundpfandrechtseintragung nach diesen Ereignissen.

Später wurde unter Ablehnung des Vergleichsantrages das Anschlusskonkursverfahren eröffnet.

Der Kläger vertrat die Ansicht, das vollumfängliche Gesamtrecht unter Einschluss aller haftenden Grundstücke sei von der Rückgewähr nach §30 KO umfasst. Bei dem die Haftungsmasse schmälernden Gesamtgrundpfandrecht handele es sich um ein nicht aufspaltbares Rechtsverhältnis. Anknüpfungspunkt für die Beurteilung der Insolvenzanfechtung sei der Entstehungszeitpunkt des jeweiligen Rechtes. Dieser aber falle beim Gesamtgrundpfandrecht auf den Zeitpunkt der Grundschuldeintragung auf dem Grundbuchblatt des letzten haftenden Grundstückes. Demnach habe die Entstehung des gesamten Rechtes zeitlich nach den im Sinne von § 30 KO maßgeblichen Ereignissen, nämlich nach Beantragung der Eröffnung des Verfahrens sowie nach Zahlungseinstellung, stattgefunden.

Demgegenüber stand die beklagte Sicherungsgrundschuldgläubigerin auf dem Standpunkt, die bewilligte Gesamtgrundschuld sei nach dem hypothetischen Willen der am Rechtsgeschäft beteiligten Personen als eine Reihe von Einzelgrundschulden aufzufassen. Das Gesamtrecht sei insofern unanfechtbar entstanden, als es auf einigen Grundstücken vor den nach § 30 KO entscheidenden Ereignissen eingetragen wurde.

Das vorinstanzliche Landgericht qualifizierte das zu beurteilende Recht der Beklagten als „zusammmengesetztes Rechtsgeschäft“, aus welchem das Recht erst mit Eintragung auf dem letzten Grundbuchblatt entstanden ist. Damit folgte die Kammer der Rechtsansicht des Klägers und verurteilte die Beklagte insgesamt zum Verzicht. Der erkennende Senat bestätigte die Entscheidung der Vorinstanz.

Der Senat lehnte das Argument der Gesamtrechtsgläubigerin ab, auf der Grundlage von §§ 139, 140 BGB sei im Rahmen der Entstehung des Gesamtrechtes aufgrund des hypothetischen Willens der Parteien ein Stufenerwerb anzunehmen. Die einheitliche Struktur des Gesamtgrundpfandrechtes führe nicht dazu, dass die sukzessive vor den anfechtungsrechtlich maßgeblichen Ereignissen (Antrag, Zahlungseinstellung) eingetragenen Rechtspositionen einer Anfechtung standhalten.

Ohne sich mit der entsprechenden Anwendbarkeit von § 139 BGB oder dem hinter § 139 BGB stehenden Gedanken auseinander zusetzen, wurde die Argumentation der Beklagten deshalb verworfen, weil es streitgegenständlich an einem nichtigen Teil eines Rechtsgeschäftes fehlte.

Das OLG *München* führte zu den Voraussetzungen der §§ 139, 140 BGB im Einzelnen aus:

> *„Ein nichtiges Rechtsgeschäft oder ein nichtiger Teil eines Rechtsgeschäfts (§§ 140, 139 BGB) liegen nämlich überhaupt nicht vor. Der Wille der Parteien war auf die Entstehung einer Gesamtgrundschuld gerichtet und ist wirksam erklärt worden, ohne daß Umstände erkennbar wären, die das Geschäft ganz oder zum Teil nichtig gemacht hätten; die Gesamtgrundschuld ist auch entstanden, das Rechtsgeschäft also voll durchgeführt worden.*
> *Nur wenn die Gesamtgrundschuld auf einzelnen Grundstücken etwa nicht eingetragen worden wäre oder wenn etwa die Einigung hinsichtlich einiger vorhergesehener Grundstücke mangelhaft gewesen wäre oder das zusammengesetzte Rechtsgeschäft anderweit hinsichtlich einzelner der mit der Gesamtgrundschuld zu belastenden Grundstücke nicht zum Tragen gekommen wäre, könnte man fragen, ob gemäß § 139 BGB nicht wenigstens auf den restlichen Grundstücken eine Gesamtgrundschuld als entstanden anzusehen sei. Von alledem ist hier keine Rede, die wirksam entstandene Gesamtgrundschuld kann nicht unter Anwendung von §§ 139, 140 BGB in Einzelgrundschulden aufgelöst werden.“*[61]

Anschließend nahm der Senat zur Frage Stellung, in welcher Form und zu welchem Zeitpunkt eine Gesamtgrundschuld im Sinne von

[61] OLG *München*, Urt. v. 3. 8. 1965 – 4 U 409/64 –, DNotZ 1966, 371, 372.

§ 30 Nr. 2 KO als „Rechtshandlung erfolgt“[62] ist. Als maßgeblichen Zeitpunkt erachtete der Senat die Eintragung des Pfandrechtes auf dem letzten Grundstück. Er begründete die Erforderlichkeit der Vollendung des letzten Verfügungstatbestandes für die Entstehung des gesamten Rechtes mit der Einheitlichkeit des Rechtes.

Unter Bezugnahme auf die Rechtsprechung des *BGH*[63] sowie die überwiegende Ansicht im Schrifttum[64] argumentierte das OLG *München* folgendermaßen:

> *„Zu folgen ist dem Erstgericht auch in seiner Ansicht über die Entstehung der Gesamtgrundschuld überhaupt. Eine gedankliche Aufteilung des einheitlichen Rechtes in verschiedene Einzelgrundschulden kann auch nicht mit Rücksicht auf § 878 BGB, §§ 7, 15 KO erfolgen. Auch im Zeitpunkt der Eintragung der Gesamtgrundschuld auf dem letzten in Betracht kommenden Grundbuchblatt wird die Verkürzung der Masse noch von dem Willen der am Rechtsgeschäft Beteiligten getragen. Die mit der verschieden schneller Arbeit verschiedener Grundbuchämter verbundenen Gefahren nimmt der Gläubiger auf sich, wenn er sich an Stelle einzelner Grundschulden eine Gesamtgrundschuld bestellen läßt; ob der Gläubiger durch rechtzeitige Rücknahme des Eintragungsantrages hinsichtlich einzelner Grundstücke (z. B. nach Kenntniserlangung von der Konkurseröffnung, wenn vorher schon bei anderen Grundstücken eingetragen worden war) überhaupt eine teilweise Gesamthypothek oder Gesamtgrundschuld auf den Grundstücken erwerben könnte, hinsichtlich derer das Recht schon eingetragen wurde, ist zweifelhaft.“*[65]

3. Entscheidung des III. Zivilsenates des OLG Düsseldorf

Dem Beschluss des OLG *Düsseldorf*[66] sind Feststellungen zum Entstehungszeitpunkt einer Gesamtgrundschuld und daraus abzuleitende verfahrensrechtliche Folgerungen zu entnehmen.

[62] Heute spricht die InsO vom Zeitpunkt der Vornahme der Rechtshandlung, § 140 Abs. 1 InsO.

[63] *BGH* NJW 1964, 1277.

[64] Verw. auf: *Palandt-Hoche*, BGB, 23. Aufl., § 1132 Anm. 4a; *Staudinger-Scherübl, Riedel*, BGB, 11. Aufl., § 1132 Rdn. 1 und 3 m. w. N.

[65] OLG *München*, Urt. v. 3. 8. 1965 – 4 U 409/64 –, DNotZ 1966, 371, 372.

[66] OLG *Düsseldorf*, Beschl. v. 4. 4. 1973 – 3 W 5/73 –, DNotZ 1973, 613f.

Die Entscheidung beruhte auf nachstehendem Sachverhalt:

Der Notar begehrte vom Grundbuchamt einen Änderungseintrag aufgrund der Abänderung der Einigung zur Bestellung einer Gesamtgrundschuld in eine Einzelgrundschuld.

Die Beteiligten zu 1) und zu 2) waren jeweils zur Hälfte Miteigentümer zweier (besonders ausgestalteter) Miteigentumsanteile. Diese bestanden einmal im Wohnungseigentum[67] und zum anderen in einem Teileigentum (Tiefgarage)[68]. Auf beiden Anteilen bewilligten die Beteiligten zu 1) und 2) der Beteiligten zu 3) eine Grundschuld zur Absicherung derselben Forderung.

Anschließend wurde der Notar beauftragt, die Gesamtgrundschuld zunächst nur im Wohnungsgrundbuch durch Einzelantrag zur Eintragung zu bringen. Das Grundbuchamt vollzog die Einzeleintragung. Es vermerkte nicht die Mithaftung der Teileigentumseinheit im Grundbuch.

Die Parteien hatten Zweifel an der Entstehung der nunmehr zunächst gewollten Einzelgrundschuld nur am Wohnungseigentum. Denn die ursprüngliche Bewilligung beinhaltete auch das Teileigentum als Pfandgegenstand. Auf diesem fehlte es indes an der Eintragung.

Um diesen Unsicherheiten aus dem Wege zu gehen, änderten die beiden Eigentümer zu notariellem Protokoll die ursprüngliche Bewilligung dahingehend ab, dass die Grundschuld nur auf dem Wohnungseigentum eingetragen werden solle.

Deshalb ersuchte der Notar das Grundbuchamt um Änderung des Grundbuches durch Bezugnahme auf die neue Eintragungsbewilligung oder Eintragung eines Änderungsvermerkes.

Das Grundbuchamt wies beide Anträge zurück.

Auch die beiden Vorinstanzen lehnten die Eintragungen ab.

[67] § 1 Abs. 2 WEG.
[68] § 1 Abs. 3 WEG.

Der erkennende Senat ließ die Eintragung aus Klarstellungsgründen zu.

Das OLG *Düsseldorf* begründete seine Entscheidung mit dem Entstehungszeitpunkt einer Gesamtgrundschuld nach § 1132 BGB (§ 1192 Abs. 1 BGB).

Unter Bezugnahme auf die damals bereits ergangene Rechtsprechung des OLG *München*[69] und Teile der Rechtslehre[70] führte das Gericht aus:

> *„Eine Gesamtgrundschuld gemäß § 1132 BGB ist erst wirksam entstanden, wenn das Verfügungsgeschäft hinsichtlich aller Grundstücke vollendet, d. h. wenn die Grundschuld auf allen Grundstücken eingetragen ist, für die sie bestellt wurde."*[71]

Im Falle der Eröffnung des Konkursverfahrens über das Vermögen der beiden Eigentümer müsse die Grundschuldgläubigerin – entgegen der Auffassung der Vorinstanzen – mit der Anfechtung des Gesamterwerbes rechnen, solange die Grundschuld nicht auch, wie ursprünglich vertraglich vorgesehen, auf dem Teileigentum zur Eintragung gelangt sei. Hierzu stellte der Senat fest:

> *„Wird z. B. über das Vermögen der Grundstückseigentümer vor Eintragung der Grundschuld auf dem letzten der zu belastenden Grundstücke das Konkursverfahren eröffnet, so ist der Erwerb der Grundschuld auch bezüglich jener Grundstücke nach den §§ 29ff. KO anfechtbar, auf welchen sie bereits vor Konkurseröffnung eingetragen war."*[72]

Der Senat stützte sich auf die ursprüngliche Eintragungsbewilligung und führte aus, dass die Eintragung einer Grundschuld nur am Wohnungseigentum nicht allein aus dem zunächst separaten Eintragungsantrag nur im Wohnungsgrundbuch zu entnehmen sei. Denn ein derartiger Antrag sei ausschließlich (grundbuchverfahrensrechtlicher) formeller Natur und könne andere Gründe als die materiell-rechtliche Entstehung der Grundschuld nur am Wohnungseigentum haben.

[69] OLG *München*, Urt. v. 3.8.1965 – 4 U 409/64 –, DNotZ 1966, 371f.

[70] *Staudinger-Scherübl*, BGB, 11. Aufl., § 1132 Rdn. 3; *Westermann*, Sachenrecht, § 109 III.

[71] OLG *Düsseldorf*, Beschl. v. 4.4.1973 – 3 W 5/73 –, DNotZ 1973, 613, 614.

[72] OLG *Düsseldorf*, Beschl. v. 4.4.1973 – 3 W 5/73 –, DNotZ 1973, 613, 614.

Mindestens, so das Gericht,

> „*ist zweifelhaft, ob die Beteiligten zu 1) und 2) die Eintragung als Einzelgrundschuld wollten, wenn oder solange es an der Eintragung auf dem Teileigentum fehlte. Deshalb war es sinnvoll, wie geschehen, die Bewilligung entsprechend zu ändern. Dies diente mindestens der Klarstellung (nämlich eines wirklichen zunächst auf die Entstehung einer Einzelgrundschuld an dem Wohnungseigentum gerichteten Willen der Beteiligten).*“[73]

Deshalb bestätigte das Gericht den Sinn der später durch die Eigentümer erfolgten Änderungsvereinbarung.

Vor diesem Hintergrund stellte sich schließlich dem Senat die Frage, ob trotz der (materiell) eindeutigen Änderungsvereinbarung für eine (formelle) Modifizierung des Grundbuches ein Rechtsschutzbedürfnis bestand. Eine Antwort schuldete der Senat auch wegen des ohnehin fehlenden Mithaftvermerkes nach § 48 Abs. 1 GBO bei der bereits eingetragenen Grundschuld im Wohnungsgrundbuch.

Diese Zweifel überwandte der Senat einerseits mit dem Hinweis, dass die Eintragung im Wohnungsgrundbuch nur auf die Bewilligung zur Eintragung einer Gesamtgrundschuld Bezug nahm.

Andererseits verwies der Senat auf die nur deklaratorische Bedeutung des Mithaftvermerkes nach § 48 Abs. 1 GBO.

4. Zusammenfassung

Nach Ansicht des IV. Zivilsenates des OLG *München* sowie des III. Zivilsenates des OLG *Düsseldorf* setzt die Entstehung des Gesamtgrundpfandrechtes die Verwirklichung des letzten Verfügungstatbestandes voraus[74]. Eine gedankliche Aufteilung des Entstehungsvorganges in mehrere Einzelpfandrechte lehnten die Senate ab. Eine derartige Abhängigkeit der Entstehung jeglicher Rechtsposition von der Erfüllung des Belastungstatbestandes an allen ursprünglich

[73] OLG *Düsseldorf*, Beschl. v. 4.4.1973 – 3 W 5/73 –, DNotZ 1973, 613, 614.
[74] OLG *München*, Urt. v. 3.8.1965 – 4 U 409/64 –, DNotZ 1966, 371f.; OLG *Düsseldorf*, Beschl. v. 4.4.1973 – 3 W 5/73 –, DNotZ 1973, 613f.

beabsichtigten Haftungsobjekten ist der höchstrichterlichen Rechtsprechung nicht zu entnehmen. Für den Fall eines Rechtsmangels in Ansehung eines Verfügungstatbestandes lässt der *BGH* das Pfandrecht vielmehr *insoweit* entstehen, als es die Belastungsvoraussetzungen zulassen. Nach dem BGH könne es nämlich weder für den Eigentümer noch für den Gläubiger vernünftigerweise eine Rolle spielen, aus welchem Grund später nur ein Grundstück in Anspruch genommen werden kann. Hierzu steht die Ansicht des OLG *Düsseldorf* im Gegensatz, sofern es Zweifel an der *gewollten* Entstehung eines Einzelpfandrechtes hat, solange es an der Eintragung auf dem anderen Teil fehle. Auf der anderen Seite trifft die *BGH*-Entscheidung keine Aussage zum konkreten Entstehungszeitpunkt sowie zur spezifischen Art der Entstehung des Gesamtrechtes. Eine diesbezügliche Aussage war der *BGH* nicht schuldig. Denn an noch keiner einzelnen Haftungseinheit war der Verfügungstatbestand vollständig verwirklicht. Vielmehr stand gerade die Frage zur Beurteilung, ob der Sicherungsnehmer über einen Anspruch auf Vollendung nur eines Verfügungstatbestandes in Gestalt der Eintragung einer als ursprüngliches Gesamtrecht bewilligten Einzelhypothek verfügte. Als dogmatische Grundentscheidung kann der Rechtsprechung des *BGH* jedoch entnommen werden, dass Mängel beim Verfügungstatbestand nur bezüglich eines einzelnen Haftungsgegenstandes nicht auf die Entstehung des Gesamtrechtes im übrigen Einfluss haben. Die *BGH*-Rechtsprechung führt zur Schlussfolgerung, dass das Gesamtgrundpfandrecht immer insoweit entsteht, als dessen Entstehungsvoraussetzungen erfüllt sind. Wenigstens lautet nach dem *BGH* so der Wille der Vertragsparteien. Im Rahmen des § 139 BGB hat der *BGH* daher den Verfügungstatbeständen zu den einzelnen selbständigen Haftungsgegenständen die rechtliche Selbständigkeit mit Blick auf die Entstehung des Pfandrechtes zuerkannt. Weil diese Entscheidung nur den Fall betrifft, der sich durch eine rechtshindernde Einwendung auszeichnet, lässt sie sich nicht unmittelbar auf Fallgestaltungen ohne Mängel zu einzelnen Verfügungstatbeständen verallgemeinern.

II. Die Ansicht der Rechtslehre

Den vorzufindenden Stellungnahmen in der Rechtslehre ist nicht immer eindeutig zu entnehmen, in welcher Struktur das Gesamtgrundpfandrecht entsteht.

Vielfach[75] erachten die Autoren die Feststellung, die Gesamthypothek oder aber die Gesamtgrundschuld entstehe erst dann, wenn das Verfügungsgeschäft zum letzten Haftungsobjekt abgeschlossen ist, als ausreichend.

In dieser allgemeinen Form lässt sich diese Aussage nicht beanstanden. Denn soweit mit ihr die Entstehung im anfänglich vereinbarten Haftungsumfang gemeint ist, ist kein anderer Zeitpunkt vorstellbar.

Wenige äußern sich zu den Folgerungen aus den vor diesem Zeitpunkt liegenden Ereignissen, nämlich der „Entwicklungsfähigkeit" des Gesamtgrundpfandrechtes. Dabei ist gerade die Klärung dieser Frage vor dem Hintergrund des Ranginteresses des Eigentümers sowie des Sicherungsinteresses des Gläubigers von entscheidender Bedeutung.

So entsteht beispielsweise nach der Ansicht von *Nußbaum*[76] die Gesamthypothek erst mit Erfüllung des letzten Verfügungstatbestandes. Der Autor erklärt andererseits explizit, dass zuvor vollzogene Eintragungen auf einzelnen mithaftenden Grundstücken erst dann Wirksamkeit entfalten, wenn die Eintragungen auf allen mithaftenden Grundstücken erfolgt sind.

Baur/Stürner[77] hingegen befürworten die Entstehung nach dem jeweiligen Haftungsbestand des Pfandrechtes. Auf der anderen Seite kann nach diesen Autoren das Pfandrecht in der mit Blick auf seinen Gegenstand quantitativ ursprünglich gewollten Gestalt auch erst dann entstehen, wenn alle Grundstücke wirksam in den Haftungsverband einbezogen wurden.

Die Darstellungen[78], die die Entstehung an den letzten Begründungsakt knüpfen und sich im Übrigen der Stimme enthalten, sprechen für die Verneinung jeglicher zuvor entstandenen Rechtspositionen.

[75] So die überwiegend vorzufindene Darstellungsart, die gleichzeitig der h.A. entspricht; statt vieler: MünchKomm-*Eickmann*, BGB, 3. Aufl., § 1132 Rdn. 14.
[76] *Nußbaum*, Dt. HypWesen, S. 87.
[77] *Baur/Stürner*, Sachenrecht, § 43 I. 3. und Fn. 3.
[78] S. u., 1., S. 27ff.

1. Die einheitliche Entstehung des dinglichen Gesamtrechtes

Die deutlich überwiegende Ansicht in der Rechtslehre[79] lässt die so genannte „ursprüngliche" Gesamthypothek oder Gesamtgrundschuld erst in dem Augenblick entstehen, in dem das Verfügungsgeschäft bezüglich aller Grundstücke erfüllt ist. Sie knüpft an den letzten Begründungsakt an.

Soweit in der Rechtslehre dieser Standpunkt begründet wird, ist der Hinweis auf die Struktur des Gesamtpfandes als ein einziges einheitliches Recht ersichtlich[80]. Dieses könne nur einheitlich an allen belasteten Grundstücken begründet werden[81].

Für den Fall von „Unregelmäßigkeiten" bei einzelnen Verfügungstatbeständen wenden die Autoren[82] in Anlehnung an die erwähnte Entscheidung des V. Zivilsenates des *BGH*[83] § 139 BGB an.

[79] *Becher*, Bewegungsvorgänge, S. 14; *Drewicz-Tulodziecka/Soergel/Stöcker*, WM 2002, 891, 895: für die polnische Gesamthypothek; *Esterhues*, Gesamtgrundschuld, S. 2; *Jauernig-Jauernig*, BGB, 9. Aufl., § 1132 Anm. 4 a; MünchKomm-*Eickmann*, BGB, 3. Aufl., § 1132 Rdn. 14; *Nußbaum*, Dt. HypWesen, S. 87; *Obermüller*, Insolvenzrecht Bankpraxis, 6. Aufl., Rdn. 6.180; *Palandt-Bassenge*, BGB, 61. Aufl., § 1132 Rdn. 5; *Planck-Strecker*, BGB, 5. Aufl., § 1132 Anm. 2. a) und 4., die sich jedoch zur exakten Entstehungsdogmatik äußern, wo aber interessanter Weise im Rahmen der Rechtsentstehung die Fälle gleichbehandelt werden, in denen „für dieselbe Forderung an mehreren Grundstücken, sei es gleichzeitig oder nacheinander, Hyp. bestellt wird"; RGRK-*Mattern*, BGB, § 1132 Rdn. 18; *Schuster*, Gesamthypothek, S. 26f.; *Simeon*, Recht und Rechtsgang, S. 221, dem jedoch nicht im unmittelbaren Zusammenhang mit der Rechtsentstehung nur zu entnehmen ist, dass die Gesamthypothek der Eintragung auf sämtlichen für sie verpfändeten Grundstücken bedarf; *Soergel-Konzen*, BGB, 12. Aufl., § 1132 Rdn. 10; *Staudinger-Scherübl*, BGB, 12. Aufl., § 1132 Rdn. 6; *Staudinger-Wolfsteiner*, BGB, 13. Aufl., § 1132 Rdn. 8; *Westermann*, Sachenrecht, 7. Aufl., S. 778.

[80] Statt vieler: *Becher*, Bewegungsvorgänge, S. 14/15.

[81] Statt vieler: RGRK-*Mattern*, BGB, § 1132 Rdn. 17.

[82] *Jauernig-Jauernig*, BGB, 9. Aufl., § 1132 Anm. 4a; MünchKomm-*Eickmann*, BGB, 3. Aufl., § 1132 Rdn. 14; RGRK-*Mattern*, BGB, § 1132 Rdn. 18; *Soergel-Konzen*, BGB, 12. Aufl., § 1132 Rdn. 10; *Staudinger-Wolfsteiner*, BGB, 13. Aufl., § 1132 Rdn. 8.

[83] *BGH*, Beschl. v. 3.7.1974 – V ZB 15/72 –, DNotZ 1975, 152ff.

Dieser gelange einerseits zur Anwendung, sofern in Ansehung eines Grundstückes die Belastung aufgrund einer rechtshindernden Einwendung unwirksam ist[84].

Andererseits[85] wird die Anwendbarkeit von § 139 BGB auch dann vertreten, wenn nur die Eintragung zu einen Haftungsobjekt unterbleibt.

Zu welchem Zeitpunkt das Pfandrecht im Falle der Unwirksamkeit eines Belastungstatbestandes exakt entstehen soll, beantworten die Autoren nicht. Ferner werden selten die Folgen aus der Anwendbarkeit des § 139 BGB dargestellt.

Insoweit tritt *Wolfsteiner*[86] mit einem konkreten Ergebnis in den Vordergrund. Nach dessen Ansicht ist auf der Grundlage des Parteiwillens

> *„immer anzunehmen, daß die Hypothek insoweit die Entstehungsvoraussetzungen gegeben sind auch entstehen soll*[87]*; das gegenteilige Verständnis – Entstehung erst wenn alle Tatbestände gegeben sind – darf keinesfalls im Wege der Auslegung gewonnen werden, sondern bedarf ausdrücklicher Erklärung (insoweit verfehlt OLG München*[88]*; OLG Düsseldorf*[89]*. Richtig BGH*[90]*)"*[91].

Zur Begründung führt *Wolfsteiner* aus:

> *„Man wird sich kaum einen Fall vorstellen können, in dem es wirklich dem (wahren oder mutmaßlichen) Willen der Parteien entspricht, das Entstehen der Hypothek bis zur letzten Einigung und bis zur letzten Eintragung aufzuschieben; in der wirklichen Welt – die sich in der Eintragungspraxis der Grundbuchämter freilich nur selten widerspiegelt – läßt kein Gläubiger den Spatzen fahren, weil er die Taube noch nicht bekommen hat"*[92].

[84] RGRK-*Mattern*, BGB, § 1132 Rdn. 18.
[85] MünchKomm-*Eickmann*, BGB, 3. Aufl., § 1132 Rdn. 14.
[86] in: *Staudinger*, BGB, 13. Aufl., § 1132 Rdn. 8.
[87] in: *Staudinger*, BGB, 13. Aufl., § 1132 Rdn. 8.
[88] OLG *München*, Urt. v. 3.8.1965 – 4 U 409/64 –, DNotZ 1966, 371 f.
[89] OLG *Düsseldorf*, Beschl. v. 4.4.1973 – 3 W 5/73 –, DNotZ 1973, 613 f.
[90] *BGH*, Beschl. v. 3.7.1974 – V ZB 15/72 –, DNotZ 1975, 152 ff.
[91] *Staudinger-Wolfsteiner*, BGB, 13. Aufl., § 1132 Rdn. 8.
[92] *Staudinger-Wolfsteiner*, BGB, 13. Aufl., § 1132 Rdn. 8.

Aufgrund dieses klaren Standpunktes bereitet es im Gegensatz zur Darstellung der Vorauflage[93] Schwierigkeiten, die Ansicht von *Wolfsteiner* diesem Lager oder der nachstehend dargestellten Meinung zuzuordnen.

2. Die stufenweise Entwicklung des dinglichen Gesamtrechtes

Teilweise[94] wird in der Rechtslehre die sukzessive Entstehung des Gesamtgrundpfandrechtes vertreten. Nach dieser Ansicht entsteht das Grundpfandrecht am einzelnen Grundstück regelmäßig schon mit der Eintragung auf dessen Grundbuchblatt[95].

Eine Wirksamkeitsabhängigkeit bereits vollzogener Eintragungen von der Eintragung auf dem letzten Grundbuchblatt schließen die Vertreter dieser Ansicht aus. Hiernach stellt das dingliche Gesamtrecht ein entwicklungsfähiges Recht dar. Die Begründung des Grundpfandrechtes geschehe aufgrund der speziellen Verfügungstatbestände immer insoweit, als sachenrechtlich wirksam selbständige Belastungsobjekte in den Haftungsverband eingetreten sind.

Die Autoren begründen ihren Standpunkt hauptsächlich mit dem sachenrechtlichen Spezialitätsprinzip.

Eine einprägsame Darstellung der Entstehung der Gesamthypothek wurde von *Lang*[96] vertreten. Zur Entstehungsdogmatik meinte er:

> *„Hinsichtlich der Entstehungsthatsachen ist jede der mehreren Zweighypotheken als selbständig zu beurtheilen; mit dem Augenblick, in dem sie zur Entstehung gelangt und in den gesamthypothekarischen Verband eingetreten ist, verliert sie ihre rechtliche Selbständigkeit"*[97].

93 *Staudinger-Scherübl*, BGB, 12. Aufl., § 1132 Rdn. 6.

94 *Baur/Stürner*, Sachenrecht, S. 439; *Lang*, Gesamthypothek, S. 251, 255; *Marcusen*, Correalhypothek im modernen Rechte, S. 221, 232; *Predari*, Gesamtgrundpfand nach deutschem und schweizerischem Rechte, S. 421, 422.

95 *Baur/Stürner*, Sachenrecht, S. 439.

96 *Lang*, Gesamthypothek, S. 251, 255.

97 *Lang*, Gesamthypothek, S. 251, 255.

B. Herleitung der Entstehungsdogmatik zum dinglichen Gesamtrecht

Die Beurteilung der vertretenen Standpunkte setzt die Herleitung der Entstehungsdogmatik zum dinglichen Gesamtverwertungsrecht an einer Vielheit von Immobiliarhaftungsobjekten unter Berücksichtigung der herkömmlichen Auslegungsmethoden voraus.

I. Folgerungen aus dem Wortlaut und der Systematik des Gesetzes

Es stellt sich zunächst die Frage, welchen Einfluss sowohl der Wortlaut des § 1132 Abs. 1 S. 1 BGB als auch dessen Regelungsstandort auf die Beantwortung der Entstehungsfrage haben.

1. Der Wortlaut des Gesetzes

Wenn auch nicht alle Vertreter der einheitlichen Rechtsentstehung[98] ihren Standpunkt mit der Einheitstheorie begründen, so verweisen sie doch auf den Wortlaut des § 1132 Abs. 1 S. 1 BGB, der von „einer" Hypothek spricht.

Die Frage ist daher, ob dem Wortlaut tatsächlich der Rückschluss auf die Rechtsentstehung mit Abschluss des letzten Begründungsaktes entnommen werden kann.

Der Begriff der Gesamthypothek nach § 1132 Abs. 1 S. 1 BGB ist gekennzeichnet durch *eine* Hypothek für *die* Forderung an *mehreren* Grundstücken. Diese Legaldefinition der Gesamthypothek vorangestellt, legte der Gesetzgeber zugleich in § 1132 Abs. 1 S. 1 a. E. BGB die Rechtsfolge eines derartigen Grundpfandrechtes fest, nämlich die Haftung eines jeden Grundstückes für *die ganze* Forderung. Für die Grundschuld gilt dasselbe, sofern sich nicht daraus etwas anderes ergibt, dass die Grundschuld wegen ihrer Abstraktheit (besser[99]:

[98] *Schuster*, Gesamthypothek, S. 26; *Soergel-Konzen*, BGB, § 1132 Rdn. 10.

[99] Denn alle dinglichen Pfandrechte sind abstrakt i.S. einer Unabhängigkeit des Sicherungsrechtes von dem Grundgeschäft; zur Terminologie: *Schimansky/Bunte/Lwowski-Ganter*, BRH II, § 90 Rdn. 25ff., S. 2028 und 2029.

wegen ihres fiduziarischen / nicht akzessorischen Charakters) keine Forderung voraussetzt (vergleiche § 1192 Abs. 1 BGB).
Der Wortlaut der Gesamthypothek beinhaltet somit die drei Komponenten des Pfandrechtes (Rechtsverhältnis), der zu sichernden Forderung wegen der es begründet wird (Anlass) sowie der Grundstücke (Haftungsobjekt).

Das maßgebliche Rechtsverhältnis sprach der Gesetzgeber im Singular aus. Das spricht zunächst für eine einheitliche Entstehung zu einem einzigen Zeitpunkt. Gleichwohl relativiert sich dieses Argument durch die mangelnde Denknotwendigkeit, ein einheitliches Recht könne nur zu einem einzigen Zeitpunkt entstehen. An späterer Stelle wird aufzuzeigen sein, dass dem geltenden Sachenrecht einheitliche dingliche Rechte bekannt sind, die in Ansehung verschiedener Objekte zu unterschiedlichen Zeitpunkten entstehen.

Dass die Singular-Bezeichnung bei der wörtlichen Auslegung nicht überbewertet werden darf, zeigt der ähnliche Wortlautgebrauch des Gesetzgebers in den Materialien. Bei der Erläuterung des für § 1132 BGB ursächlichen Grundsatzes sprach die erste Kommission in den Motiven zu § 1071 E I auch von „einer Hypothek für jede Theilforderung, wenn die Forderung geteilt wird“ [100]. Nicht eine, sondern mehrere Hypotheken sind indes das Resultat der Forderungsteilung, § 1151 BGB [101].

Die vollständige Heranziehung des Wortlautes zeigt indes, dass der Gesetzgeber offenkundig vom Bestehen des Pfandrechtes ausgegangen ist. Die dem Wortlaut zu entnehmende Einheitlichkeit kann bei wörtlicher Auslegung folglich erst dann angenommen werden, wenn die Hypothek i.S.v. § 1132 Abs. 1 S. 1 BGB *„besteht“*. Das ist dann der Fall, wenn die in der Norm angesprochene Mehrheit von Grundstücken vom Pfandnexus ergriffen wurde.

Die Voraussetzung des „Bestehens“ für die Anwendbarkeit des § 1132 Abs. 1 S. 1 BGB reglementierte der Gesetzgeber nicht unbesehen.

[100] Motive, III, S. 668.
[101] Näheres hierzu unten, S. 37, 111f., 154f., 170f.

Hiergegen spricht schon der identische Eingangswortlaut des vom Wesen her vergleichbaren § 1222 BGB. Dieser geht auch davon aus, dass das Pfandrecht bereits besteht.

Der Wortlaut bestätigt den Standpunkt von *Lang*[102], soweit er von der Einheit des Verwertungsrechtes erst in dem Augenblick ausgeht, als es bereits zur Entstehung gelangt ist. Auf die Entstehungsdogmatik lässt er aber keine Rückschlüsse zu.

Die Wortlautargumentation erweist sich deshalb als unergiebig.

2. Der Regelungsstandort des § 1132 BGB

Mit dem soeben betrachteten Wortlaut des Gesetzes steht die systematische Stellung des § 1132 BGB im Einklang.

Die Gesamtpfandrechtsregelung befindet sich an einer Stelle, die in keinem Zusammenhang mit den in §§ 873, 1113, 1117 BGB geregelten Belastungsvoraussetzungen steht. Die Regelung fand erst Niederschlag, nachdem schon detailliert der Inhalt des Verwertungsrechtes geregelt war. Das entspricht der Regelungssystematik des Gesetzgebers des BGB, erst die Voraussetzungen des Rechtes zu definieren, ehe auf den Inhalt des Rechtes eingegangen wird.

Die systematische Stellung und der Wortlaut des § 1132 BGB rechtfertigen folglich eher die Annahme, als wollte der Gesetzgeber nur die Folgen eines *bereits entstandenen* Pfandrechtes an mehreren Grundstücken, mithin den Anspruch „aus" der Hypothek, regeln.

Eine Aussage für die konkrete Entstehungsart lässt sich hieraus nicht herleiten.

Ergebnis: Das spricht dafür, weder aus dem Wortlaut noch aus dem Regelungsstandort des § 1132 Abs. 1 BGB Rückschlüsse auf die Entstehung des Gesamtgrundpfandrechtes zu ziehen.

[102] *Lang*, Gesamthypothek, S. 251, 255.

II. Die Bedeutung der Einheits- und Vielheitstheorie für die Entstehung des dinglichen Gesamtrechtes

Das OLG *München*[103] und die überwiegend vorzufindende Ansicht in der Rechtslehre[104] begründen ihre Entstehungsdogmatik mit der *einheitlichen* Natur des Gesamtgrundpfandrechtes. Es liegt deshalb nahe, die Lösung der Entstehungsfrage in dem Theorienstreit zu suchen, der zur strukturellen Einordnung des Gesamtrechtes nach § 1132 BGB vorzufinden ist. Diesem wird teilweise[105] nur noch rechtshistorische Bedeutung beigemessen.

Die Kontroverse bestehen bei der Gesamthypothek gleichermaßen wie bei der Gesamtgrundschuld[106].

Die Bedeutung und die sich gegenüberstehenden Argumente sind vergleichbar, was auf die Rechtsähnlichkeit beider Rechtsfiguren zurückzuführen ist[107]. In beiden Fällen ist es die identische Mehrzahl der Haftungsobjekte und das gleiche einmalige Befriedigungsrecht, wodurch die nachfolgende Problematik dieselbe ist.

1. Der Einheitsgedanke

Nach der heute überwiegenden Meinung, der sogenannten *Einheitstheorie*[108], stellt das Gesamtgrundpfandrecht ein (einziges) einheitliches Pfandrecht an mehreren Grundstücken[109] dar.

[103] OLG *München*, Urt. v. 3. 8. 1965 – 4 U 409/64 –, DNotZ 1966, 371 f.

[104] *Becher*, Bewegungsvorgänge, S. 14; *Esterhues*, Gesamtgrundschuld, S. 2; *Jauernig-Jauernig*, BGB, 9. Aufl., § 1132 Anm. 4a; MünchKomm-*Eickmann*, BGB, 3. Aufl., § 1132 Rdn. 14; *Nußbaum*, Dt. HypWesen, S. 87; *Obermüller*, Insolvenzrecht Bankpraxis, 6. Aufl., Rdn. 6.180; *Palandt-Bassenge*, BGB, 61. Aufl., § 1132 Rdn. 5; *Planck-Strecker*, BGB, 5. Aufl., § 1132 Anm. 2. a)/ 4.; RGRK-*Mattern*, BGB, § 1132 Rdn. 18; *Schuster*, Gesamthypothek, S. 26/ 27; *Simeon*, Recht und Rechtsgang, S. 221; *Soergel-Konzen*, BGB, 12. Aufl., § 1132 Rdn. 10; *Staudinger-Scherübl*, BGB, 12. Aufl., § 1132 Rdn. 6; *Staudinger-Wolfsteiner*, BGB, 13. Aufl., § 1132 Rdn. 8; *Westermann*, Sachenrecht, S. 778.

[105] MünchKomm-*Eickmann*, BGB, 3. Aufl., § 1132 Rdn. 6.

[106] *Esterhues*, Gesamtgrundschuld, S. 9–13.

[107] *Esterhues*, Gesamtgrundschuld, S. 9.

[108] Diese wird vertreten von: *Becher*, Bewegungsvorgänge, S. 7 Fn. 2; *Biermann*,

Begründet wird diese Ansicht entscheidend mit dem Wortlaut der Legaldefinition des § 1132 Abs. 1 Satz 1 BGB, wo von *einer* und nicht von mehreren Hypotheken die Rede ist[110].

Weiterhin spricht nach der heute herrschenden Meinung die Systematik der Befriedigungsregelungen nach §§ 1172ff. BGB gegen eine Vielzahl von Rechtsverhältnissen[111].

Ferner würde bei Verneinung eines einheitlichen Rechtes nach Ansicht einiger Vertreter[112] dieses Standpunktes die Verteilungsregelung in § 1132 Abs. 2 BGB kaum noch sinnvoll erscheinen, qualifizierte man das dingliche Gesamtrecht von Anfang an als eine Vielzahl von Einzelrechtsverhältnissen. Denn, so insbesondere *Westermann*[113], wo ohnehin schon Teilrechte entstehen, gäbe es nichts mehr aufzuteilen.

Auch ein Verstoß der Einheitstheorie gegen den sachenrechtlichen Spezialitätsgrundsatz wird von deren Vertretern nicht anerkannt[114]. Einen Grundsatz mit dem Inhalt, dass dingliche Rechte immer nur an *einem* Gegenstand (besser: Objekt) möglich sind, mithin jeder Sache ein separates dingliches Recht entspreche[115], existiere nicht[116]. Aus Kreisen der Einheitstheorie wird betont, dass es die Bestimmtheit des Gegenstandes und die Beschränkung des Verfügungsgeschäftes auf

BGB, 2. Aufl., § 1132 Anm. 1; MünchKomm-*Eickmann*, BGB, 3. Aufl., § 1132 Rdn. 14; *Nußbaum*, Dt. HypWesen, § 16 II., S. 87; *Palandt-Bassenge*, BGB, 61. Aufl., § 1132 Rdn. 2; *Planck-Strecker*, BGB, 5. Aufl., § 1132 Anm. 4; RGRK-*Mattern*, BGB, § 1132 Rdn. 18; *Staudinger-Scherübl*, BGB, 12. Aufl., § 1132 Rdn. 6; *Westermann*, Sachenrecht, S. 775.

109 Zum Gesamtpfandrecht an beweglichen Sachen: *Staudinger-Wiegand*, BGB, 12. Aufl., § 1222 Rdn. 1, wo widersprüchlich einerseits von einem Pfandrecht und später von sämtlichen Pfandrechten die Rede ist.

110 *Becher*, Bewegungsvorgänge, S. 7; *Schuster*, Gesamthypothek, S. 33.

111 MünchKomm-*Eickmann*, BGB, 3. Aufl., § 1132 Rdn. 6; *Schulz*, Gesamtpfand an Grundstücken, S. 60.

112 MünchKomm-*Eickmann*, BGB, 3. Aufl., § 1132 Rdn. 6; *Westermann*, Sachenrecht, S. 775.

113 *Westermann*, Sachenrecht, S. 775.

114 *Becher*, Bewegungsvorgänge, S. 6; *Metz*, Gesamthypothek auf Miteigentumsanteilen, S. 15 a. E.

115 Statt vieler: *Wolff/Raiser*, Sachenrecht, S. 612 Fn. 3 m. w. N.

116 *Metz*, Gesamthypothek auf Miteigentumsanteilen, S. 15 a. E.

einen bestimmten Gegenstand zulassen, dass das entstandene Recht mehrere selbständige Sachen erfasst[117]. Beiden Prinzipien werde auch die einheitliche Interpretation des Gesamtrechtes gerecht.

Westermann[118] hebt hervor, dass unter Zugrundelegung des gegenteiligen Standpunktes jede Einzelhypothek in so viele Rechtsverhältnisse aufgeteilt werden müsste, wie mithaftende Zubehörgegenstände nach § 1120 BGB (§ 1192 Abs. 1 BGB) zu verzeichnen sind.

2. Der Vielheitsgedanke

Der gegenteilige, heute als Mindermeinung zu bezeichnende Standpunkt, der im 19. Jh. und auch noch in der ersten Hälfte des 20. Jh. zumindest gleichbedeutend neben der Einheitstheorie stand[119], wird durch die sogenannte Vielheitstheorie[120] vertreten.

Nach ihr setzt sich das Gesamtrecht aus so vielen Rechten zusammen, wie Grundstücke haften, wobei die einzelnen Rechtsverhältnisse durch ein gemeinsames Band der gesetzlichen Zweckgemeinschaft miteinander verbunden werden[121].

Zur Begründung stützt sich diese Ansicht insbesondere auf den angesprochenen Spezialitätsgrundsatz und betont, dass dingliche Rechte jeweils nur an einem Gegenstand bestehen können[122].

117 *Becher*, Bewegungsvorgänge, S. 6/7; *Westermann*, Sachenrecht, S. 775.

118 *Westermann*, Sachenrecht, S. 775.

119 *Dürrschmidt*, Verbandhypotheken, S. 15; *v. Meibom* in *v. Meibom*, Deutsches HypR II, Mecklenburgisches HypR, S. 114 Fn. 10; *Regelsberger* in *v. Meibom*, Deutsches HypR III, Bayerisches HypR, S. 265.

120 Als Vertreter der Vielheitstheorie werden angesehen: *Dürrschmidt*, Verbandhypotheken, S. 14f., der allerdings nur von mehreren Rechten unter einem Verband ausgeht; *Lang*, Gesamthypothek, S. 251, 255, der indes *wirtschaftlich* betrachtet von einem einheitlichen Recht spricht; *Marcusen*, Correalhypothek, S. 221, 232; *Predari*, Gesamtgrundpfand, S. 421, 422; *Regelsberger* in *v. Meibom*, Deutsches HypR III, Bayerisches HypR, S. 265; *Wolf*, Gesamtrechte, S. 60; *Wolf*, Sachenrecht, Rdn. 636, der von mehreren Hypotheken bzw. Grundschulden ausgeht, die zu einer Zweckgemeinschaft zusammengefügt sind; *Wolff/Raiser*, Sachenrecht, § 148 I., Fn. 3, S. 612.

121 *Wolf*, Gesamtrechte, S. 77.

122 *Wolff/Raiser*, Sachenrecht, S. 612 Fn. 3.

Ein weiteres Argument der Vielheitslehre ist das Gesetz selbst, welches in § 1175 Abs. 1 Satz 2 BGB den Verzicht auf die Gesamthypothek an nur einem der Grundstücke gestattet[123].

Schließlich wird von Vertretern des Vielheitsgedankens oftmals die Ähnlichkeit des dinglichen Gesamtrechtes mit dem schuldrechtlichen Gesamtrecht, der Gesamtschuld nach § 421 BGB, in den Vordergrund gehoben[124]. Bei dieser die Vielheit[125] anzunehmen und das dingliche Gesamtrecht als Einheit einzustufen sei ein Strukturwiderspruch[126].

3. Begriffsdarstellungen ohne Standpunkt

Einige Darstellungen[127] zum Gesamtgrundpfandrecht enthalten gar keinen Hinweis auf die eine oder andere Theorie. Ihnen ist zumeist nur die Einheitlichkeit des Gesamtgrundpfandrechtes zu entnehmen, was nicht zwingend mit der Verneinung mehrerer Einzelgrundpfandrechte unter einem Verband einhergeht. Mit ihr kann auch die mit der Gesamtschuld zu vergleichende einheitliche Erfüllungsgemeinschaft/Zweckrichtung gemeint sein.

4. Stellungnahme

Eine Auseinandersetzung mit den Argumenten beider Theorien wird zeigen, inwieweit der eine oder andere Gedanke überhaupt geeignet ist, Schlussfolgerungen zur Entstehungsdogmatik zu ziehen.

Das Wortlautargument

Der Einheitsgedanke vermag für seine Begründung den Wortlaut des Gesetzes abstrakt in Anspruch zu nehmen. Gesetzesvorschriften, die Aufschluss über den (quantitativen) Begriff des dinglichen Gesamt-

123 *Lang*, Gesammthypothek, S. 251, 295.

124 *Wolff/Raiser*, Sachenrecht, S. 612 Fn. 3; Zur Vergleichbarkeit von Gesamtschuld und Gesamthypothek: *Staudinger-Wolfsteiner*, BGB, 13. Aufl., § 1132 Rdn. 3.

125 *BGH*, Urt. v. 4. 3. 1959 – V ZR 181/57 –, NJW 1959, 984, 985 = *BGHZ* 29, 363, 365.

126 *Wolff/Raiser*, Sachenrecht, S. 612 Fn. 3.

127 *Baur/Stürner*, Sachenrecht, § 43 I. 1., S. 438; *Endemann*, Lehrbuch des Bg. Rechts II, S. 490; *Gierke*, Deutsches Privatrecht II, S. 935.

rechtes geben können, sind insbesondere: § 1132 Abs. 1 Satz 1 BGB; §§ 59 Abs. 1 Satz 1, 64 GBO sowie §§ 50 Abs. 2 Nummer 2, 63 Abs. 2 Satz 2, 64 Abs. 3 ZVG. § 1132 Abs. 1 Satz 1 BGB spricht beispielsweise von *einer* Hypothek, die an mehreren Grundstücken besteht.

§ 59 Abs. 1 Satz 1 GBO ordnet an, dass durch das Grundbuchamt über *eine* Gesamthypothek auch nur ein Hypothekenbrief erteilt werden soll. Besonders deutlich ist der Wortlaut von § 63 Abs. 2 Satz 2 ZVG, der das sogenannte Gruppenausgebot zur Verfügung stellt, wenn in demselben Zwangsversteigerungsverfahren einige Grundstücke mit *einem und demselben Recht* belastet sind. Schließlich erklärt § 64 Abs. 3 ZVG die Vorschriften der Gesamthypothek für entsprechend anwendbar, sofern die Grundstücke mit *einer und derselben Grundschuld oder Rentenschuld* belastet sind.

In Ansehung der Einheitstheorie ist im Rahmen der wörtlichen Auslegung auf der anderen Seite nicht der Einwand von *Esterhues*[128] auszuschließen, wonach die zuvor dargestellten Normen nur Institutsbezeichnungen enthalten, die keinen Rückschluss auf den Begriff des dinglichen Gesamtrechtes zulassen. Tatsächlich lässt sich mit *Esterhues* der Standpunkt vertreten, dass es sich beim dinglichen Gesamtrecht (nur) insofern um ein einheitliches Rechtsinstitut handelt, als es im BGB eine einheitliche Regelung gefunden hat, wie jedes andere Rechtsinstitut auch, sei es ein sachenrechtliches (etwa Eigentum oder Besitz), schuldrechtliches (etwa Kauf) oder familienrechtliches Institut (Verlöbnis oder Ehe). Das wird durch den deutlicher für eine Institutsbezeichnung sprechenden Wortlaut des § 1222 BGB bestätigt. Diese Argumentation ist im Grundsatz nicht zu beanstanden, wenngleich man das Institut „dingliches Gesamtrecht" systematisch nicht mit den zuvor dargestellten Instituten auf eine (horizontale) Ebene stellen kann. Insofern würden sich mehr die Institute Hypothek, Grundschuld, Rentenschuld oder gar Grundpfandrecht anbieten, die den Oberbegriff für das dingliche Gesamtrecht darstellen, welches sich nur in seiner Vielzahl selbständiger Belastungsobjekte von den übergeordneten (Singular)Institut/en unterscheidet.

Der Wortlaut des Gesetzes spricht daher zwar überwiegend für den Einheitsgedanken, um ein eindeutiges Argument handelt es sich dabei

[128] *Esterhues*, Gesamtgrundschuld, S. 11.

angesichts der Möglichkeit einer Institutsbezeichnung nicht. Auch die Bezeichnung durch die Kommission[129] selbst zeigte, dass es nicht entscheidend auf den Wortlaut ankommen kann (s. o., I. 1., S. 21).

Ferner wurde oben bereits dargelegt, dass die unmittelbare wörtliche Auslegungsmethode möglicherweise beim bereits entstandenen Pfandrecht zu brauchbaren Ergebnissen führt. Zum Entstehungsvorgang selbst erlaubt der Wortlaut aber keine Konsequenz. Denn er unterstellt das Bestehen des Pfandrechtes.

Die Befriedigungssystematik

Eine weniger überzeugende Argumentation zugunsten der Einheitstheorie ist in der Heranziehung der Regelungen des Befriedigungsmechanismus bei der Gesamthypothek zu sehen. Angesprochen sind damit insbesondere die beiden Regelungen § 1173 BGB und § 1174 BGB. Zwar ist den Vertretern des Einheitsgedankens darin zuzustimmen, dass aus den beiden Vorschriften eine einheitliche Regelung des dinglichen Gesamtrechtes betreffend aller Grundstücke hervorgeht, gleichviel ob die Befriedigung des Gläubigers von einem der Eigentümer oder vom persönlichen Schuldner ausgeht. Die Vertreter der Einheitstheorie verkennen indes, dass diese einheitliche Regelung ausschließlich dem einmaligen Befriedigungsrecht und dem sogenannten Vervielfältigungsverbot zu verdanken sind. Dieses soll die Eigentümer als Ausgleich für die außerordentlichen Vorteile des Gesamtgrundpfandrechtsgläubigers vor einer doppelten Inanspruchnahme bewahren. Mit der Frage der rechtlichen Qualifikation des oder der Pfandrechtsverhältnisse in quantitativer Hinsicht haben die beiden Befriedigungsregelungen nichts zu tun.

Nur eine Argumentation gegen das selbständige Schicksal einzelner „Zweiggrundpfandrechte", wie sie durch Vertreter der Vielheitstheorie oftmals bezeichnet werden[130], würde sich als geeignet erweisen, den Vielheitsgedanken in seiner Grundlage zu schwächen. Gerade aber das Gegenteil, nämlich die Selbständigkeit einzelner Rechtsverhältnisse, lässt sich dem System der §§ 1173 und 1174 BGB entnehmen. So ist das Schicksal des hypothekarischen Rechtsverhältnisses

[129] Motive, III, S. 668 versus § 1151 BGB.

[130] *Regelsberger* in *v. Meibom*, Deutsches HypR III, Bayerisches HypR, S. 265.

zwischen Grundpfandrechtsgläubiger und befriedigenden Eigentümer beispielsweise ein anderes als das Grundpfandrechtsverhältnis zu den übrigen Eigentümern, die nicht aktiv wurden. Das Grundpfandrecht auf dem Grundstück des erfüllenden Eigentümers bleibt vollumfänglich erhalten – und hat nur die Gestalt eines Fremdrechtes verloren –, während es an den übrigen Grundstücken ähnlich den Konsequenzen einer Aufhebung (vergleiche § 1183 S. 1 BGB, § 875 BGB) erlischt. Die gleiche Unterschiedlichkeit kommt in der die Befriedigung des Grundpfandrechtsgläubigers durch den persönlichen Schuldner regelnden Vorschrift des § 1174 Abs. 1 BGB zum Ausdruck. Nur wird hier die Aufrechterhaltung des einen Rechtsverhältnisses (sogar als übergegangenes Fremdrecht) im Vergleich zu den übrigen von einer Rechtsbeziehung des Schuldners zu dem jeweiligen Eigentümer im Innenverhältnis (Regressmöglichkeit) abhängig gemacht. Die beiden Vorschriften zeigen daher, dass das dingliche Gesamtrecht zwar einheitlich in dem Sinne ist, als alle Zugriffsrechte dergestalt reglementiert werden, dass eine doppelte Inanspruchnahme der verschiedenen Sicherungsgeber vermieden wird. Auf der anderen Seite kommt in ihnen deutlich zum Ausdruck, dass jedes einzelne Befriedigungsrechtsverhältnis einen eigenen Weg gehen kann (Erlöschen oder Eigentümergrundpfandrecht oder Übergang als Fremdrecht zur Sicherung eines Regressanspruches), mithin als in gewissem Maße selbständig zu betrachten ist. Deshalb spricht sich die Befriedigungssystematik einseitig weder zugunsten des Einheits- noch des Vielheitsgedankens aus.

Die Verteilungsregelung

Kein Argument der Einheitstheorie ist ferner der Hinweis auf den Sinn der Verteilungsregelung in § 1132 Abs. 2 BGB. Denn diese führt nicht dazu, dass das Gesamtrecht in mehrere Einzelrechte aufgeteilt wird, die für den identischen Teil der jeweiligen zu sichernden Forderung haften. Dann würde automatisch wieder eine Gesamthypothek entstehen. Die Aufteilung führt vielmehr zu unterschiedlichen dinglichen Rechten für voneinander zu unterscheidende Forderungen oder Teile solcher. Dies aber würde auch unter Zugrundelegung des Vielheitsgedankens noch einen Sinn machen, zumal dort die mehr oder weniger selbständigen „Zweighypotheken" gleichermaßen wie beim Einheitsgedanken ein und dieselbe Forderung sichern.

Der Verzicht auf das Pfandrecht an einem Grundstück

Ein nachhaltiges Argument in der Hand der Vielheitstheorie ist die gesetzliche Verzichtsmöglichkeit des Gläubigers auf sein Zugriffsrecht an nur einem der Grundstücke des Gesamthaftungsverbandes mit den Wirkungen einer Grundpfandrechtsaufhebung nach § 1175 Abs. 1 S. 2 BGB. Denn eine Aufhebung wäre nur insgesamt denkbar, sofern es sich beim dinglichen Gesamtrecht nur um ein einziges Recht handeln würde. Dennoch relativiert sich diese Argumentation systematisch durch die Ausgangsnorm des Verzichtes nach § 1175 Abs. 1 S. 1 BGB, die den klassischen Grundpfandrechtsverzicht (mit der Konsequenz der Entstehung eines Eigentümergesamtgrundpfandrechtes) regelt. Deshalb vermag auch § 1175 BGB keinen eindeutigen Aufschluss über die Einheitlichkeit oder die Vielheit zu geben. Diese Vorschrift regelt vielmehr zwei unterschiedliche Lebenssachverhalte. Der eine (§ 1175 Abs. 1 Satz 1 BGB) spricht für die Einheitlichkeit, der andere (§ 1175 Abs. 1 Satz 2 BGB) in Fortführung des Rechtsgedankens des § 1132 Abs. 1 Satz 2 und Abs. 2 BGB für ein gewisses Maß an Selbständigkeit der einzelnen Zugriffsrechte und daher für den Vielheitsgedanken. Weil die das Erlöschen einzelner Zugriffsrechte regelnde Vorschrift des § 1175 Abs. 1 Satz 2 BGB im Wege der Spiegelbildbetrachtung von besonderer Bedeutung für die hier zu beurteilende Entstehungsdogmatik ist, soll auf sie an späterer Stelle ausführlicher eingegangen werden.

Das Spezialitätsprinzip

Dem den Spezialitätsgrundsatz streng verfolgenden Vielheitsgedanken lässt sich entgegen halten, dass sich ein Einzelgrundpfandrecht kraft gesetzlicher Definition seines Haftungsverbandes oftmals – gerade bei gewerblich genutzten Grundstücken – auf eine Vielzahl selbständiger beweglicher Sachen erstreckt. Gleichwohl bleibt es bei dem einen Primärpfandrecht. Zu Recht kritisieren die Vertreter der Einheitstheorie, dass einer Vielzahl von Sachen nicht immer eine Vielzahl dinglicher Rechte gegenüber stehen muss. Das wird an einer Singularhypothek mit mehreren auf dem Grundstück befindlichen (Eigen)-zubehörstücken deutlich. Das Einzelgrundpfandrecht in diesem Fall entsprechend der Anzahl haftender Zubehörstücke in mehrere Pfandrechte zu zerspalten, entspräche einer unnatürlichen vom Gesetzgeber nicht beabsichtigten Betrachtungsweise.

Allerdings lassen sich die primär haftenden Grundstücke bezüglich des sie ergreifenden Pfandrechtes nicht unbedingt mit dem sekundären Haftungsverband nach §§ 1120ff. BGB vergleichen. Das wird schon anhand der Tatsache deutlich, dass der Gesetzgeber beispielsweise an einer beweglichen Sache (Zubehör) kein Pfandrecht nach §§ 1113, 1191 BGB zugelassen hat. Zudem wird man zwischen gleichberechtigt nebeneinander stehenden Grundstücken (oder Anteilen nach § 1114 BGB) und anderen vom Pfandnexus ergriffenen Vermögenswerten unterscheiden müssen, die der Gesetzgeber nur aus wirtschaftlichen Wertungsgesichtspunkten dem Primärhaftungsobjekt zuordnete.

Die Struktur eines entstandenen (bestehenden) Singularpfandrechtes, das zudem Zubehörstücke nach §§ 1120 BGB ergreift, bestätigt *insofern* zwar andeutungsweise den Einheitsgedanken. Die Vielheitstheorie mit Blick auf mehrere haftende Primärobjekte vermag dadurch indes nicht befriedigend widerlegt zu werden.

Andererseits vollzieht sich gerade die Entstehung eines Grundpfandrechtes an mehreren Zubehörstücken im Einklang mit der sachenrechtlichen Spezialität der Verfügung. Das spricht *insofern* für den sich auf das Spezialitätsprinzip berufenden Gedanken an die Vielheit der Rechte im Gesamtrecht.

Eignung der Gedanken zur Lösung von Rechtsfragen

Die Auseinandersetzung mit den Argumenten der einen oder anderen Theorie zeigt deutlich, dass keiner beider Gedanken die Unanfechtbarkeit für sich in Anspruch zu nehmen vermag. Vielmehr betreffen die einzelnen Argumente zum großen Teil unterschiedliche Rechtsfragen die sich nicht gegenseitig beeinflussen. Die richtige Antwort auf die eine Frage rechtfertigt *insofern* den Vielheitsgedanken, die andere den Einheitsgedanken.

So spricht zwar der Wortlaut des Gesetzes einerseits für die Einheit. Auf der Grundlage der wörtlichen Auslegung ist es aber unvertretbar, Rückschlüsse auf die Entstehung zu ziehen, wenn der Gesetzgeber deutlich zum Ausdruck bringt, dass er vom Bestehen des Gesamtrechtes ausgeht und zum selben Recht einmal im Singular und an anderer Stelle im Plural sowie bei eindeutiger Vielheit im Singular formuliert. Insofern ist durchaus eine dem Spezialitätsprinzip entsprechende separate Entstehung denkbar, die dem Vielheitsgedanken entspricht. Diese Art von Vielheit wird durch den Eintritt mehrerer Zubehörstücke in den Haftungsverband eines Singularpfandrechtes bestätigt. Andererseits ersieht man hieraus augenscheinlich, dass ein einziges Recht wenigstens sekundär eine Vielzahl von Objekten zu ergreifen vermag. Dies wiederum spricht für den Einheitsgedanken.

Die Theorien sind kritisch zu betrachten, weil sie nur ein mittelbares Beurteilungsinstrument darstellen, dass aus der Summe von Antworten auf voneinander unabhängige Einzelfragen gebildet wurde. Ein solches Beurteilungsinstrument birgt die Gefahr in sich, die Lösung eines Problems, so auch die Beantwortung der Entstehungsfrage, auf mittelbarem Wege von Einzelfragen abhängig zu machen, die in keinem Zusammenhang mit ihm stehen. Gewissermaßen stellt der eine oder andere Gedanke als Konsequenz der richtigen Lösung eines Einzelproblems nur die **sekundäre** Ebene dar, während die Lösung eines Problems selbst beziehungsweise einer einzelnen Rechtsfrage auf der **primären** Ebene nur durch das Gesetz selbst stattfinden sollte.

Zu Recht weist *Biermann*[131] deshalb darauf hin, dass die jeweilige Betonung der Einheits- oder Vielheitstheorie nicht als eine praktische Folgen zeigende Theorie in Erscheinung treten dürfe. Vielmehr sei sie lediglich als eine zusammenfassende Kennzeichnung dieser Folgen ohne jede praktische Bedeutung einzustufen.

Auf dieser Vorgehensweise aufbauend beschäftigte sich *Esterhues*[132] mit vier Einzelfragen zur Gesamtgrundschuld, um unter anderen die Bedeutung der Einheits- und Vielheitstheorie beurteilen zu können. Es standen Fragen zur Beurteilung von deren Antwort in der Literatur und der Rechtsprechung eine Stellungnahme zugunsten der einen oder anderen Theorie abhängig gemacht wird. Die vier Fragen hatten erstens: die Abtretung eines einzelnen Zugriffsrechtes, zweitens: die Belastung eines einzelnen Zugriffsrechtes, drittens: die Verkehrsfähigkeit sowie viertens die Möglichkeit unterschiedlicher Zahlungs- und

131 *Biermann*, Pfandrechte bei Gesamtschulden, S. 318, 339.

132 *Esterhues*, Gesamtgrundschuld, S. 38/39.

Kündigungsbedingungen und sonstiger unterschiedlicher Ausgestaltungen des Inhaltes der Gesamtgrundschuld zum Gegenstand. Im Ergebnis gelangte der Autor in seiner Diss. zu der Erkenntnis, dass die Unterscheidung zwischen Einheit und Vielheit nicht richtig ist. Als Konsequenz stellte er lediglich heraus, dass die Gesamtgrundschuld so viele Zugriffsrechte beinhaltet, wie es der Anzahl der Grundstücke entspricht, die mit ihr belastet sind. Die Selbständigkeit der Rechte stellte er insofern fest, als sie verschieden gestaltet sein können. Die Einheit traf für die Gesamtgrundschuld insofern zu, als der Gläubiger – vergleichbar der Gesamtschuld – nur einmal Befriedigung verlangen kann. Ist er befriedigt, gestaltet sich das Schicksal des dinglichen Rechtes einheitlich.

Für die Herleitung der Entstehungsdogmatik darf daher weder die Einheitstheorie noch die Vielheitstheorie eine konstitutive Rolle spielen. Die Antwort auf die Entstehungsfrage ist vielmehr auf der Grundlage der herkömmlichen Lösungsmöglichkeiten wie der wörtlichen, teleologischen und historischen Auslegung sowie der Heranziehung anerkannter Sachenrechtsgrundsätze zu ermitteln.

Insofern wird sich erweisen, welche Bedeutung die von den einzelnen Vertretern aufgeführten Argumente *unmittelbar* für die Entstehung des Gesamtrechtes haben. Systematisch wird z. B. zu untersuchen sein, ob sich der von den Vertretern der Vielheitstheorie herangezogene Austritt eines Haftungsobjektes (§ 1175 Abs. 1 Satz 2 BGB) spiegelbildlich gleichermaßen vollzieht, wie sein Eintritt in den Gesamthaftungsverband.

Selbst für den Fall der Festlegung auf eine Theorie spricht ein einheitliches Recht denknotwendig genauso wenig gegen eine sukzessive Entwicklung, wie die Vielheit für eine Entstehung erst am Ende.

Modifizierter Einheitsgedanke

Eine zusammenfassende Kennzeichnung der Struktur des Gesamtpfandes wird folglich am nächsten durch den *„modifizierten Einheitsgedanken"* gewährleistet. Dieser stellt eine interessengerechte Entscheidung des Theorienstreites dar. Die Modifizierung der grundsätzlichen Struktur rechtfertigt sich insofern, als die an vielen Stellen überwiegende Einheit des Gesamtrechtes teilweise durch eine selbständige Entwicklungsmöglichkeit einzelner Zugriffsrechte gekennzeichnet ist. Nur dieser Gedanke vermeidet die Versuchung, die Einheit oder Vielheit des dinglichen Gesamtrechtes zur Begründung einzelner Fragen als primär entscheidungsrelevant einzustufen.

Unsicherheiten und Widersprüchlichkeiten der beispielsweise bei *Schuster*[133] zu verzeichnenden Art können so vermieden werden. Vor dem Hintergrund der dogmatischen Einstufung der quantitativen Natur des Rechtsverhältnisses spricht der Autor einerseits vom Nichtvorliegen mehrerer einzelner selbständiger Hypotheken zur Begründung der Einheit des dinglichen Gesamtrechtes. Andererseits ist im darauf folgenden Satz von mehreren einzelnen Zweighypotheken die Rede, die wegen der Einheitlichkeit gleichartig sein müssen[134]. Im Zusammenhang mit der Rechtsentstehung in Ansehung der Vielheit der Belastungsobjekte wird einerseits die Entstehung jeweils einer Einzelhypothek oder eines Gesamtrechtes mit weniger haftenden Objekten befürwortet, sofern auf dem einen oder anderen Grundstück die Eintragung nicht erfolgt. Andererseits soll die Gesamthypothek erst dann entstehen, wenn der Eintrag bezüglich aller in Betracht kommenden Grundstücke vollzogen ist[135].

Ergebnis: Der Theorienstreit zur strukturellen Einordnung des Gesamtgrundpfandrechtes ist folglich nicht geeignet, die Entstehungsfrage zu beantworten.

III. Der Regelwille der Parteien

Trotz des das Sachenrecht stark beeinflussenden Typenzwanges fragt sich, auf welche Entstehungsart der regelmäßige Willen der Vertragsparteien gerichtet ist.

Dieser kann sich aus einer ausdrücklichen vertraglichen Regelung ergeben, sofern die Parteien die Entstehungsfrage bedacht haben.

133 *Schuster*, Gesamthypothek, S. 26f., 33f.
134 *Schuster*, Gesamthypothek, S. 33.
135 *Schuster*, Gesamthypothek, S. 26.

Fehlt es an dieser, ist der hypothetische Willen der Parteien durch ergänzende Auslegung der dinglichen Einigung bzw. des Sicherungsvertrages nach §§ 133, 157 BGB zu ermitteln.

1. Die Praxis der Sicherungsverträge

Die Verträge in der Kreditsicherungspraxis enthalten durchweg Regelungen zur Entwicklung des Gesamtgrundpfandrechtes.

Hierdurch vermeiden die Parteien präventiv Streitigkeiten der den drei Gerichtsentscheidungen[136] zugrundeliegenden Art.

a) Die Formulare des Bank-Verlages

Die Grundschuld-Bestellungsurkunde des Bank-Verlages[137] enthält unmittelbar nach der Bewilligung und der Zwangsvollstreckungs-Unterwerfung beispielsweise nachstehende Geschäftsbedingung:

> *„II. Entstehung der Grundschuld bei mehreren Pfandobjekten*
>
> *Falls der belastete Grundbesitz aus mehreren Pfandobjekten besteht und die Eintragung der Grundschuld nicht an allen Pfandobjekten zugleich, d. h. an demselben Tage, erfolgt, erklärt der Besteller: Die Grundschuld soll in diesem Fall an denjenigen Pfandobjekten, an denen sie jeweils eingetragen wird, bereits mit der Eintragung unabhängig vom weiteren Vollzug der Urkunde entstehen.“*[138]

b) Die Formulare des Deutschen Sparkassen Verlages

Im Grundschuld-Formular[139] des Deutschen Sparkassen Verlages (siehe Anlage[140]) heißt es unter Punkt:

> *„5. Anträge*
>
> *5.1.2 Falls der Grundbesitz aus mehreren Pfandobjekten besteht und die gleichzeitige Eintragung nicht möglich ist, wird getrennte Eintragung*

[136] S. o., S. 14ff.

[137] Abgedruckt bei: *Schimansky/Bunte/Lwowski-Merkel*, BRH II, 2. Aufl., Anh. 1 zu § 94, S. 2314f.; *Baur/Stürner*, Sachenrecht, Anh. 4, S. 837f.

[138] *Schimansky/Bunte/Lwowski-Merkel*, BRH II, Anh. 1 zu § 94, S. 2315.

[139] Nr. 192 060.000 (Fassung Juli 98).

[140] Abgedruckt mit Zustimmung des Deutschen Sparkassen Verlages.

bewilligt und beantragt. Jede weitere Eintragung soll eine Einbeziehung in die Mithaft für die bereits eingetragene Grundschuld darstellen, so daß dadurch eine Gesamtgrundschuld entsteht.“ [141]

c) Weitere Formulare

Ein weiteres Formular der Bestellung einer Buchgrundschuld [142] enthält unter der Überschrift:

„I. Bestellung einer Grundschuld“

folgende Vereinbarung:

„7. Falls mehrere Pfandobjekte belastet werden und die Grundschuld nicht an allen zugleich, d. h. an demselben Tage eingetragen wird, soll sie an denjenigen Pfandobjekten, an denen sie jeweils eingetragen wird, bereits mit der Eintragung unabhängig vom weiteren Vollzug der Urkunde entstehen.“ [143]

Die Vertragspraxis kennt folglich nur die separate Entstehung des Pfandrechtes zu jedem einzelnen Belastungsobjekt [144].

Eine Abhängigkeit der Rechtsentstehung von der Einbeziehung eines weiteren Grundstückes in die Mithaft soll gerade vermieden werden [145].

Die Banken erreichen dieses Ergebnis durch eine dingliche Entstehungsabrede.

Die Sparkassen gelangen zu diesem Ziel mittels getrennter verfahrensrechtlicher Anträge (§ 13 GBO) und Bewilligungen (§ 19 GBO) unter sukzessivem Zusammenschluss der Einzelrechte zum Gesamtrecht.

[141] S. 2 des Formulars Nr. 192 060.000 (Fassung Juli 98), siehe Anlage.

[142] *Hopt*, Vertrags- und Formularbuch, 2. Aufl., Formular VI.H.10, S. 1055f.

[143] *Hopt*, Vertrags- und Formularbuch, 2. Aufl., Formular VI.H.10, S. 1056.

[144] MünchVertrHdb-*Schmidt*, 4/2, X 30 Anm. 24: „… sollte in keinem Formular die Klausel fehlen, wonach … Entstehung der Grundschuld nicht vom Vollzug am letzten Pfandobjekt abhängig sein soll“; *Obermüller*, Insolvenzrecht Bankpraxis, 6. Aufl., Rdn. 6.182, S. 1006.

[145] *Schimansky/Bunte/Lwowski-Merkel*, BRH II, Anh. 1 zu § 94, Anm. 9, S. 2317.

Bei zeitverschiedener Eintragung entsteht danach die Grundschuld schon bei der ersten Eintragung auf dem (den) dabei belasteten Grundstück(en). Sie wird bei der späteren Eintragung auf die dann mitbelasteten Grundstücke erstreckt[146].

2. Ergänzende Vertragsauslegung

Für die „Lückenschließung“ kommt es entscheidend darauf an, was die Parteien bei einer vertraglichen Regelung gewollt hätten, wenn sie den nicht bedachten Umstand berücksichtigt und hierbei die Gebote von Treu und Glauben bedacht hätten[147].

Maßgeblich ist nicht der wirkliche Wille, sondern die Entscheidung, die in vernünftiger Abwägung der in Betracht kommenden Verkehrssitten, Motive und Interessenlage getroffen worden wäre[148].

Vor diesem Hintergrund spricht zunächst die heutzutage gängige Vertragspraxis für eine Sukzessiventstehung. Im Kreditgewerbe sind die zuvor zitierten Regelungen so selbstverständlich geworden, dass von einem Geschäftsbrauch mit hinreichender Festigkeit und regelmäßiger Befolgung gesprochen werden kann[149]. Das rechtfertigt die Annahme einer auf die Entstehung nach dem jeweiligen Haftungsverband gerichteten Verkehrssitte.

Weiterhin spricht die Motivation der an der Grundpfandrechtsbestellung Beteiligten gegen den Erwerb jeglicher Rechtsposition erst mit Abschluss des letzten Begründungsaktes. Zumeist sind Gesamtgrundpfandrechte Mittel zur Kreditsicherung. Dem Gläubiger kommt es deshalb hauptsächlich auf die Versicherung des den Anlass für das Pfandrecht bildenden Kredites an. Das Vertrauen in die künftige Liquidität des Schuldners wird durch das Vertrauen in den Wert des Grundbesitzes als Äquivalent ersetzt. Sofern die Zahlungsfähigkeit des Schuldners nicht ausreicht, die Darlehensvaluta zurückzuführen, wird der Verwertungserlös aus der Realisierung der Sicherheit auf die

[146] *Gaberdiel*, Kreditsicherung durch Grundschulden, 5. Aufl., Rdn. 8.2.1 f.
[147] *Brox*, BGB AT, § 6 II. 3 Rdn. 138.
[148] *Palandt-Heinrichs*, BGB, 61. Aufl., § 133 Rdn. 7/9.
[149] *Palandt-Heinrichs*, BGB, 61. Aufl., Einl. v. § 1 Rdn. 24.

Verbindlichkeit des Schuldners angerechnet. Im Stadium der Verwertungsreife wird der Gläubiger nach allgemeiner Erfahrung jede Erfüllung entgegen nehmen, die schon möglich ist; mithin das nehmen, was er bekommen kann. Es ist daher konsequent diese Wertung, die dem Zweck des Realkredites entspricht, mit der Entstehungsstruktur des Gesamtpfandrechtes in Einklang zu bringen. Nur diese Betrachtungsweise wird durch das schon seit jeher[150] anerkannte Wesen des Pfandrechtes i. w. S. bestätigt. Im Unterschied zu allen anderen Rechten an Sachen besteht es nicht um seiner selbst Willen, sondern verfolgt einen außerhalb seiner selbst liegenden Zweck, nämlich die Erfüllung eines anderen Rechtes; der den Anlass für das Pfandrecht bildenden Forderung[151]. Das bedeutet, dass der Wille des Gläubigers regelmäßig darauf gerichtet ist, „das an Rechtsposition zu nehmen, was er schon bekommen kann". Vernünftigerweise korrespondiert hierzu der Wille des Sicherungsgebers, dem Sicherungsnehmer das zur Verfügung zu stellen, was das geltende Recht schon gestattet. Deshalb wird im Schrifttum zu Recht vertreten, auch ohne eine ausdrückliche Vereinbarung der Sukzessiv-Klausel, entstehe das Gesamtrecht nach dem Willen der Parteien insoweit, als dessen Entstehungsvoraussetzungen erfüllt wurden[152].

Auch die Interessenlage und das spezifische Wesen des Gesamtpfandrechtes stimmen mit dieser Sichtweise überein. Anders als bei der Versicherung verschiedener Forderungsteile durch unterschiedliche Einzelpfandrechte entspricht es dem Wesen des Gesamtpfandrechtes, jedes Grundstück einzeln für den ganzen gesicherten Anspruch zu verwerten (§ 1132 Abs. 1 Satz 2 BGB). Der Gläubiger braucht bei der Verwertung eines der Grundstücke grds. keine Rücksicht auf die Interessen anderer Eigentümer oder Berechtigter nehmen[153]. Darin kommt nicht nur eine gewisse Selbständigkeit der dinglichen Zugriffsrechte, sondern auch die Unabhängigkeit der einzelnen Verfügungs-

150 *Windscheid-Kipp*, Pandektenrecht I, S. 1006.

151 *Dernburg-Sokolowski*, System des Römischen Rechts, S. 477; *Windscheid-Kipp*, Pandektenrecht I, S. 1006.

152 *Clemente*, Recht der Sicherungsgrundschuld, 3. Aufl., Rdn. 152; *Gaberdiel*, Kreditsicherung durch Grundschulden, 5. Aufl., S. 146; *Wenzel* in BuB, 4.01, Rdn. 4/1817 unter Berufung auf: *BGH* WM 1974, 972, 973; a. A.: *Reithmann* in WuB I F 3. Grundpfandrechte bis 1985 unter I 2.

153 *BGHZ* 99, 371 = WM 1987, 358.

tatbestände bei der Rechtsentstehung zum Ausdruck. Der *BGH*[154] verdient deshalb Zustimmung, wenn er annimmt, dass es bei der Gewährung einer solchen Sicherheit weder für den betroffenen Sicherungsgeber noch für den Gläubiger vernünftigerweise eine Rolle spielen kann, aus welchem Grunde später nur das eine Grundstück in Anspruch genommen werden kann[155]. Auch die Begründung des *BGH*[156], die sich auf die absolute Vollstreckungsmöglichkeit in jedes einzelne Haftungsobjekt stützt, wird am nächsten dem Wesen des Gesamtpfandes gerecht.

Es ist daran zu denken, den mutmaßlichen Willen des Sicherungsgebers davon abhängig zu machen, ob weitere Eigentümer ihre Grundstücke für dieselbe Forderung als Pfand geben. Für ein nachvollziehbares und legitimes Interesse des Sicherungsgebers an einer Abhängigkeit der Rechtsentstehung seiner Sicherheit vom Hinzutreten eines weiteren Grundstückes kommt es darauf an, ob er im Falle der Inanspruchnahme seines Grundstückes eine Regressmöglichkeit gegen den weiteren Eigentümer hat. Nur in diesem Fall kann sich der Sicherungsgeber nach Treu und Glauben auf eine innere Abhängigkeit seiner Pfandgewährung von der Stellung eines weiteren Pfandes berufen, die eventuell auch auf die Entstehung ausstrahlen kann. Denn einerseits würde die Hypothek, soweit er Ausgleich verlangen kann, nach § 1173 Abs. 2 1. HS BGB auf ihn übergehen und als Fremdrecht den Regressanspruch sichern, sofern er den Gläubiger befriedigt. Bei der Sicherungsgrundschuld wird dieses Ergebnis durch einen Anspruch auf Abtretung aus dem Sicherungsvertrag (§§ 241, 305 BGB) erreicht. Andererseits lässt sich an eine Analogie des in AGB neuerdings[157] nicht mehr[158] abdingbaren § 776 Satz 1 BGB denken, sofern der Gläubiger das Pfandrecht an einem anderen Grundstück, zu dessen Eigentümer ein Regressverhältnis besteht, durch Verzicht aufgeben würde.

Fehlt es an einer besonderen Vereinbarung zwischen den Sicherungsgebern, scheidet ein Rückgriff unter ihnen aus. Denn das Gesamt-

[154] *BGH*, Beschl. v. 3.7.1974 – V ZB 15/72 –, DNotZ 1975, 152, 154.
[155] Zustimmend: *Staudinger-Wolfsteiner*, BGB, 13. Aufl., § 1132 Rdn. 8.
[156] *BGH*, Beschl. v. 3.7.1974 – V ZB 15/72 –, DNotZ 1975, 152, 154.
[157] *BGH* NJW 2000, 1566; 2580, 2583; *Palandt-Sprau*, BGB, 61. Aufl., § 776 Rdn. 5.
[158] Zur früher bejahten Abdingbarkeit: *BGH* NJW 1992, 2286.

grundpfandrecht ist von Gesetzes wegen regresslos[159]. Regelmäßig spricht das Ergebnis der Ermittlung des hypothetischen Willens daher gegen eine Abhängigkeit der einzelnen Zugriffsrechte in der Entstehung überhaupt. Erst recht ist dies der Fall, wenn alle Grundstücke demselben Eigentümer gehören.

Doch selbst für den Fall des Innenausgleiches unter verschiedenen Eigentümern aufgrund besonderer Abrede verneint der *BGH*[160] die Entstehungsabhängigkeit, wenn ein Rechtsmangel vorliegt. Denn für den *BGH* war die Frage nach der Regressmöglichkeit nicht erheblich. Ob die mangelnde Relevanz der Regressmöglichkeit für die Frage der Entstehung im Falle eines Mangels richtig ist[161], kann auf sich beruhen, zumal sie für den Entstehungstatbestand ohne Rechtsmängel bedeutungslos ist. Denjenigen[162], die im Falle eines Rechtsmangels und der bestehenden Regressmöglichkeit die Entstehungsabhängigkeit derart eng ziehen, dass nach § 139 BGB Gesamtunwirksamkeit angenommen wird, ist aber entgegenzuhalten, dass sie den Sicherungsgeber im Falle der Unwirksamkeit eines Verfügungstatbestandes besser stellen als für den Fall seiner Inanspruchnahme.

Das ist eine unnötige und zudem realkreditfeindliche Privilegierung des Eigentümers. In jedem Falle müsste bei Anwendbarkeit des § 139 BGB eine geltungserhaltende Reduktion auf den Teil stattfinden, in dessen Höhe der betroffene Eigentümer definitiv im Innenverhältnis hätte nicht zurückgreifen können.

Wenn es aber mit dem *BGH* angesichts des Wesens des Gesamtpfandes für den Willen der Parteien keine Rolle spielt, ob das Pfandrecht im Falle des Mangels an einem Objekt überhaupt noch entsteht, ist eine Entstehungsabhängigkeit erst recht für einen mangelfreien Gesamtverfügungstatbestand zu verneinen. Denn hier wird dem Sicherungsgeber nicht einmal ein eventuell zu bejahendes Regressrecht entzogen. Für die willentliche Entstehungsprozedur kann daher im Falle

159 H.M. statt vieler: *BGH* NJW 1976, 2132, 2133; 2340, 2341; *Westermann*, Sachenrecht, S. 779; a.A. *Ehmann*, Gesamtschuld, S. 325ff.; *Weitnauer*, DNotZ 1974, 82, 85; *Wilhelm*, Rdn. 833ff., 852.

160 *BGH*, Beschl. v. 3.7.1974 – V ZB 15/72 –, DNotZ 1975, 152ff.

161 A.A.: *BGH*, Beschl. v. 3.7.1974 – V ZB 15/72 –, DNotZ 1975, 152, 153.

162 *Becher*, Bewegungsvorgänge, S. 24f.

des einwandfreien Verfügungstatbestandes in einer eventuellen Regress- oder Freigabemöglichkeit nach § 776 Satz 1 BGB analog kein Abhängigkeitsargument gesehen werden. Dem Anliegen des Sicherungsgebers ist vielmehr auch dann hinreichend Rechnung getragen, wenn das Pfandrecht an den Grundstücken der anderen Eigentümer irgendwann überhaupt entsteht. Eine Entstehungsabhängigkeit der einzelnen Zugriffsrechte des Gläubigers ist dafür keine Voraussetzung.

Diese Wertungen ließ das OLG *München*[163] zu Unrecht außer Betracht, wenngleich es zu Recht feststellte, dass ein nichtiges Rechtsgeschäft oder ein nichtiger Teil eines Rechtsgeschäftes nach § 139 BGB streitgegenständlich nicht vorlagen. Den durch die Beklagte zu ihrer Verteidigung vorgetragenen hypothetischen Willen der Parteien hätte das OLG *München* aber im Rahmen der ergänzenden Vertragsauslegung nach §§ 133, 157 BGB berücksichtigen müssen.

Die Rechtsprechung des OLG *München* führt in Anbetracht der Entscheidung des *BGH*[164] zu einer willkürlichen Besserstellung des Gläubigers, dessen Gesamtverfügungstatbestand Mängel verzeichnet. Sofern die letzte Verfügung der Wirksamkeit ermangelt und im übrigen die Verfügungen vor den für eine Insolvenzanfechtung entscheidenden Ereignissen vollendet wurden, muss eine Rückgewähr insgesamt nicht mehr befürchtet werden. Der Gläubiger, dessen Kreditsicherung vollumfänglich im Einklang mit dem geltenden Recht entstanden ist, muss auf alles verzichten.

Auf den noch deutlicheren Widerspruch der Rechtsprechung des OLG *Düsseldorf*[165] wurde oben[166] bereits hingewiesen.

Diese Widersprüche ließen sich vermeiden, würde man gleichermaßen in Situationen mit und ohne Rechtsmängeln bei den einzelnen Verfügungstatbeständen mit dem *BGH* eine willentliche Entstehungsabhängigkeit verneinen. Es kann vernünftigerweise keinen Unterschied bilden, wenn einerseits die Eintragung wegen eines Mangels

[163] OLG *München*, Urt. v. 3.8.1965 – 4 U 409/64 –, DNotZ 1966, 371f.
[164] *BGH*, Beschl. v. 3.7.1974 – V ZB 15/72 –, DNotZ 1975, 152ff.
[165] OLG *Düsseldorf*, Beschl. v. 4.4.1973 – 3 W 5/73 –, DNotZ 1973, 613f.
[166] S.o., S. 24f.

nicht mehr erfolgen wird oder sich im anderen Falle aus sonstigen Gründen die Eintragung nur verzögert[167].

Deshalb spricht kein Argument für eine Rechtsentstehung erst am Ende, sofern die Parteien diesen Umstand nicht bedacht und deshalb nicht ausdrücklich geregelt haben. Weder der Sicherungsgeber noch der Sicherungsnehmer haben vernünftigerweise ein Interesse an der Verzögerung jeglicher Rechtsentstehung erst mit Vollendung der letzten Verfügung, so dass auch im Wege der ergänzenden Vertragsauslegung die Sukzessiventstehung das Ergebnis ist.

Ergebnis: Der Wille der Parteien ist deshalb immer auf eine sukzessive Entstehung des Gesamtgrundpfandrechtes nach der jeweiligen Einbeziehung der Pfandobjekte in den Haftungsverband gerichtet. Nur die gegenteilige Auslegung bedarf besonderer Anhaltspunkte oder Abreden im Einzelfall.

IV. Die Beeinflussung der Entstehungsdogmatik durch die Strukturprinzipien des dinglichen Rechtes und die Sachenrechtsgrundsätze

Es fragt sich, ob die Strukturprinzipien des dinglichen Rechtes und die allgemein anerkannten Sachenrechtsgrundsätze Aufschluss über die Beurteilung des Gesamtverfügungstatbestandes geben.

1. Das Zusammenspiel der Prinzipien und Grundsätze

Die im Vergleich zum Einzelpfandrecht beim Gesamtgrundpfandrecht und beim Gesamtpfandrecht zu verzeichnende Besonderheit der mehreren Bezugsobjekte wird durch zwei das Sachenrecht tragende Säulen aufgegriffen. Beiden ist die Zuordnung des Rechtsverhältnisses zu einem konkreten Bezugsobjekt als Grundlage der Wirkung gemeinsam[168]. Es handelt sich um den Sachenrechtsgrundsatz der

[167] *Hopt-von Heymann*, Vertrags- und Formularbuch, 2. Aufl., S. 1059, Anm. 19.
[168] MünchKomm-*Quack*, BGB, 3. Aufl., Einleitg. § 854 Rdn. 54; *Westermann*, Sachenrecht, S. 16.

Bestimmtheit/Spezialität und das Wesensmerkmal des dinglichen Rechtes, die **Absolutheit**.

Vor allem der Spezialitätsgrundsatz, der als Unterfall unstreitig die **Spezialität der Verfügung** beinhaltet[169], kann sich eignen, die Unsicherheiten bei der Entstehung des dinglichen Gesamtrechtes in Anbetracht der Vielheit der Belastungsobjekte aufzulösen.

Unter Spezialität der Verfügung ist zu verstehen, dass sich eine sachenrechtliche Verfügung immer nur auf eine einzelne Sache und nicht auf mehrere Sachen, Sachgesamtheiten oder sonstige Vermögensmassen beziehen kann[170]. Umgekehrt entspricht jeder Sache eine Verfügung.

Wo eine Verfügung stattfindet, muss es aber auch einen Verfügungserfolg geben.

Im Gegensatz zur Spezialität der Verfügung, die durch die Rechtslehre überwiegend einheitlich beurteilt wird, wird die Geschlossenheit bei der Betrachtung des Verfügungserfolges unter dem Blickwinkel der Spezialität innerhalb der Rechtslehre nicht mehr gewährleistet. Es fragt sich deshalb, ob der Spezialitätsgrundsatz auch die Komponente der **Spezialität des Verfügungserfolges**, des entstandenen Rechtes, enthält. Wenn das zu bejahen ist und die Spezialität des Rechtsverhältnisses mit der zu ihm führenden Verfügung korrespondiert, beinhaltete dieser Grundsatz die Aussage, dass jedem Objekt, jedem Grundstück, ein dingliches Recht entspricht[171].

Das würde für sich allein jedoch nicht zwingend für eine Sukzessiventstehung und gegen eine Entstehung erst am Ende sprechen. Denn es ist durchaus denkbar, dass Vertragsparteien mehrere Rechtsverhältnisse so eng miteinander verbinden, dass sie auch eine einheitliche Entstehung wünschen. Allerdings bedarf es hierfür eines vernünftigen Grundes.

[169] Statt vieler: *Baur/Stürner*, Sachenrecht, § 4 III. 2., S. 32.

[170] Statt vieler: *Palandt-Heinrichs*, BGB, 61. Aufl., Überbl. vor § 90 Rdn. 5; *Soergel-Mühl*, BGB, 12. Aufl., Einl. § 854 Rdn. 17 und 31; *Staudinger-Dilcher*, BGB, 12. Aufl., Vorbem. zu § 90 Rdn. 17; *Westermann*, Sachenrecht, S. 20.

[171] A. A. *Westermann*, Sachenrecht, 5. Aufl., S. 775.

Auf der anderen Seite muss, was oben[172] bereits dargelegt wurde, selbst ein einziges einheitliches Recht nicht auch einheitlich entstehen. Es kann sich vielmehr auch sukzessiv entwickeln.

Ob die Spezialität des Verfügungserfolges Resultat des Verfügungstatbestandes in Ansehung jedes einzelnen in den Haftungsverband eintretenden Grundstückes ist, vermag nicht aus sich selbst heraus oder mit dem Wesen eines abstrakten Bestimmtheitsgrundsatzes beantwortet zu werden. Vielmehr bedarf es hierzu einer konkreten Betrachtung der aus dem entstandenen dinglichen Recht fließenden *wesentlichen* Befugnisse, die gegenüber jedermann durch den Gesamtgrundpfandrechtsberechtigten geltend gemacht werden können. Sind diese etwa Ausdruck des Gesamtrechtes und nur in der Gesamtheit geltend zu machen, so spräche das für ein einheitliches dingliches Recht in seiner Gesamtheit, welches einheitlich zur Entstehung gelangen kann. Eine Sukzessiventstehung hingegen und eine trotz des einheitlichen Funktionszusammenhanges zu verzeichnende Spezialität des Verfügungserfolges wäre das Ergebnis einer separaten Ausübungsmöglichkeit der absoluten Schutz- und Abwehrrechte sowie des mit der Begründung des Rechtes beabsichtigten Rechtserfolges in Abstraktion zu dem Recht an den übrigen haftenden Einheiten. Denn die selbständige und abgeschlossene Funktion der aus dem dinglichen Recht erwachsenen Befugnisse spricht für eine Abstraktion des jeweiligen als Quelle dieser Befugnisse zu bezeichnenden Rechtsverhältnisses selbst. Weiterhin setzt die Teilentstehung voraus, dass keine Gründe vorliegen, die die dinglichen Rechte bei ihrer Entstehung voneinander abhängig machen.

Hierdurch zeigt sich der fließende Übergang vom Spezialitätsprinzip zum Prinzip der Absolutheit. Beide gehen von der Beherrschung eines konkreten Bezugsobjektes durch ein Rechtssubjekt auf der Grundlage des Rechtsverhältnisses aus[173]. Deshalb ist der Mindermeinung[174], die nicht einmal einen nur mittelbaren Zusammenhang zwischen dem sachenrechtlichen Prinzip der Spezialität/Bestimmtheit und dem Wesensmerkmal dinglicher Rechte, der Absolutheit, sieht,

[172] S. o., S. 30f., 36f., 237f.

[173] MünchKomm-*Quack*, BGB, 3. Aufl., Einl. § 854 Rdn. 54; *Westermann*, Sachenrecht, S. 16.

[174] *Staudinger-Seiler*, BGB, 12. Aufl., vor § 854 Rdn. 54 und 55.

kein Vorzug zu geben. Der Rückschluss von den aus dem Recht fließenden absoluten Rechten auf die Quantität des Rechtsverhältnisses in Ansehung der Bezugsobjekte und letztendlich auf die damit einhergehende Spezialität des Verfügungserfolges ist gerechtfertigt[175]. Die hauptsächliche Komponente des Rechtes ist es, dieses tatsächlich auszuüben und mit ihm Konflikte und Abgrenzungen zu anderen am Rechtsverkehr beteiligten Subjekten und Rechten zu lösen. Ein Recht wäre nichts wert und würde leer laufen, könnte man es aktiv und passiv nicht durchsetzen. Das Recht wird schließlich durch seine Befugnisse geprägt.

Ehe das Gesamtgrundpfandrecht in die Systematik von Spezialität und Absolutheit eingeordnet wird, fragt sich, ob allgemein aus der **Natur des Grundpfandrechtes als beschränkt dingliches Recht** Schlussfolgerungen auf seine Entstehung bei mehreren Objekten zu ziehen sind.

Als allgemeiner Teil erfordert ein Eingehen auf die Auswirkungen der Spezialität und Absolutheit schließlich die **Definition** des für beide Prinzipien als Ausgangspunkt erforderlichen **Bezugsobjektes**.

Angesichts der oben herausgefundenen Möglichkeit der Institutsbezeichnung darf die nachstehende Betrachtung nicht einseitig den Wortlaut der *einen* Hypothek des § 1132 Abs. 1 Satz 1 BGB zugrunde legen.

2. Folgerungen aus der Natur des beschränkt dinglichen Rechtes

Die Herleitung des Einflusses der Strukturprinzipien des dingliches Rechtes sowie der Sachenrechtsgrundsätze auf die Entstehungsdogmatik des Gesamtgrundpfandrechtes wird bestimmt durch den Standort des Grundpfandrechtes im Lager der beschränkt dinglichen Rechte.

Deshalb fragt sich, ob aus dem allgemeinen Wesen und der Struktur des beschränkt dinglichen Rechtes Schlussfolgerungen für die Entste-

[175] Zutreffend: *Wolf*, Gesamtrechte, S. 50f.

hung eines dinglichen Verwertungsrechtes an mehreren Sachen gezogen werden können.

Das allgemeine Wesen des beschränkt dinglichen Rechtes – gleichviel ob Nutzungs-, Verwertungs- oder Erwerbsrecht – ist gekennzeichnet durch seinen vom Vollrecht abgeleiteten Charakter[176]. Denn jedes beschränkt dingliche Recht setzt zunächst die Existenz des Vollrechtes voraus, von dem es partiell seinen Rechtsinhalt ableiten kann[177]. Das Resultat der Begründung des beschränkt (bzw. beschränkten[178]) oder begrenzt dinglichen Rechtes ist die Abspaltung eines Teiles des Vollrechtes in dem Sinne einer partiellen Zuordnung dieses Rechtsinhaltes an ein weiteres Rechtssubjekt und des insofern zu verzeichnenden vollumfänglichen Verlustes beim Vollrechtsinhaber. Im Ergebnis bedeutet die Begründung eines beschränkt dinglichen Rechtes daher die doppelte aufgeteilte Zuordnung des ursprünglich in seiner Gesamtheit bestehenden Rechtes in Gestalt des Ausschnittes der das begrenzt dingliche Recht kennzeichnenden Befugnis des Vollrechtes zum Zwecke der Zuordnung an einen neuen Rechtsträger[179]. Der Inhalt des auf diese Art ausgeschnittenen Rechtsverhältnisses darf demnach in der Hand des neuen Rechtsträgers qualitativ und quantitativ kein Mehr und kein Weniger darstellen, als dem verfügenden Vollrechtsinhaber insofern zustand.

Das Rechtsverhältnis, von dem das dingliche Verwertungsrecht in Gestalt der Hypothek und der Sicherungsgrundschuld seine Existenz herleitet, ist das Eigentumsrecht nach § 903 Satz 1 BGB als das umfassenste und unbeschränkteste dingliche Herrschaftsrecht über die Sache[180].

Gegenstand der in der Pfandrechtsbestellung zu sehenden Verfügung ist genau genommen nicht die im Eigentum des Verfügenden stehende Sache – auch nicht das Eigentumsrecht als solches –, sondern das partielle Recht, die im Eigentum eines Rechtssubjektes stehende Sache zu verwerten und unter gewissen Bedingungen – §§ 21 Abs. 2,

[176] *Baur/Stürner*, Sachenrecht, S. 3, 19f.

[177] Statt vieler: *Palandt-Bassenge*, BGB, 61. Aufl., Einf. v. § 854 Rdn. 5.

[178] Zur Terminologie: *Jauernig-Jauernig*, BGB, 9. Aufl., Vorbem. § 854 Anm. I. 3.

[179] *Palandt-Bassenge*, BGB, 61. Aufl., Einl. v. § 854 Rdn. 6; *Wallner*, Insolvenz des Urhebers, S. 36, Fn. 94 m.w.N.

[180] *Palandt-Bassenge*, BGB, 61. Aufl., Einf v. § 854 Rdn. 5.

148 Abs. 1 Satz 1 ZVG – die Früchte zu ziehen[181]. Gegenstand jeglichen Pfandrechtes ist folglich ein Teil des Eigentumsrechtes. Die gegenteilige Ansicht[182], die die Sache selbst als unmittelbaren Gegenstand des Pfandrechtes ansieht, verkennt den Abspaltungscharakter des beschränkt dinglichen Rechtes. Nur Bezugspunkt/Rechtsobjekt beider Rechtsbeziehungen ist das Grundstück[183].

Gegenstand des Eigentumsrechtes aber ist stets die einzelne Sache und nie eine Sachgesamtheit oder eine sonstige Vielheit von Rechtsobjekten als solche[184]; auch nicht etwa mehrere Grundstücke in ihrer Gesamtheit, die von einem Eigentümer rechtlich beherrscht werden. Für das Eigentumsrecht wird ferner der Spezialitätsgrundsatz dergestalt, dass jeder einzelnen Sache auch ein separates Herrschaftsrecht entspricht, einhellig durch die Rechtsprechung und die Rechtslehre anerkannt[185]. Auch die zu diesem Rechtserfolg führende Verfügung wird einheitlich mit dem Grundsatz der Spezialität der Verfügung in dem Sinne beantwortet, dass jeder einzelnen Sache auch eine sachenrechtliche Verfügung entspricht[186]. Selbst bei der Übereignung von Sachgesamtheiten, wo die einzelnen zur Gesamtheit gehörigen Sachen in der Regel miteinander im engen Funktionszusammenhang stehen, führt der Grundsatz der Spezialität der Verfügung zur Annahme einer der Vielheit der übereigneten Sachen entsprechenden Vielheit der einzelnen Verfügungstatbestände. Sie stehen nicht derart in Abhängigkeit zueinander, dass die Rechtsentstehung mittels Verwirklichung des Verfügungstatbestandes in Ansehung einer Sache durch die Vollendung des Verfügungstatbestandes im Hinblick auf eine andere zur Sachgesamtheit gehörige Sache beeinflusst wird. Das würde beim Eigentumsrecht dem Grundsatz der Spezialität und dem Typenzwang zuwiderlaufen. Hierzu steht nicht die in der Kreditsicherungspraxis als Regeltatbestand vorkommende Raumsicherungsübereignung jeder Art von Sachgesamtheit im Widerspruch. Bei dieser ist zwar lediglich ein Vertrag und die einmalige qualitative Bezeichnung

[181] *Metz*, Gesamthypothek auf Miteigentumsanteilen, S. 21 bis 24.
[182] *Levy*, Hypothek und Bruchteilseigentum, S. 93/94.
[183] *Wolf*, Gesamtrechte, S. 37 Fn. 113.
[184] *Palandt-Bassenge*, BGB, 61. Aufl., Einf. v. § 854 Rdn. 1/4.
[185] Statt vieler: *Serick*, Eigentumsvorbehalt und Sicherungsübertragung II, S. 148 m. w. N.
[186] Statt vieler: *Staudinger-Dilcher*, BGB, 12. Aufl., Vorbem. zu § 90 Rdn. 17.

der Gesamtheit als solche für eine rechtswirksame Übertragung des Eigentums ausreichend und eine einheitliche Begründung des Eigentumsrechtes am im Raum befindlichen Inventar oder Warenlager gewährleistet. Das ist aber – beispielsweise wie beim römischen Generalpfandrecht – nur eine Frage des tatsächlichen Zufalls. Mit der einmaligen Sammelbezeichnung ist nur eine besondere Ausprägung des Bestimmtheitsgrundsatzes im Sinne einer ausreichenden Konkretisierung des Verfügungsgegenstandes angesprochen. Diese Frage der Bezeichnung des Verfügungsgegenstandes ist von der Spezialität der Verfügung und der Spezialität des Verfügungserfolges abzugrenzen.

Die originäre und derivative Sukzessiventstehung des Eigentumsrechtes und die Vielheit der Rechte ist mit der herrschenden Meinung beim Vollrecht deshalb einfach zu beantworten, weil sich die Rechtslehre beim Ursprungsrecht darin einig ist, dass einer Spezialität der Verfügung im Ergebnis die Spezialität des entstandenen Rechtes als Verfügungserfolg entspricht[187].

Obwohl das begrenzt dingliche Verwertungsrecht nur einen Ausschnitt zu dem in jeder Hinsicht der Spezialität zugeneigten Vollrecht darstellt und Verfügungsgegenstand das Eigentums*recht* als solches ist, gelangt die überwiegende Ansicht zu einer Entstehung des Gesamtpfandrechtes, die der Konstituierung gerade der Gesamtheit der Grundstücke als Rechtsgegenstand unter Verneinung einer selbständigen Bedeutung der Einzelverfügungstatbestände gleich steht. Die Identität des durch den Eigentümer ausgeschnittenen Rechtes mit seiner früheren Rechtsposition wird so ohne Grund nicht mehr gewährleistet.

Dieser Bruch mit dem Wesen des begrenzt dinglichen Rechtes ist weder mit dem Wortlaut der Gesamtpfandrechtsregelung noch mit der in der Ungeteiltheit der Pfandhaftung zum Ausdruck kommenden Erfüllungsgemeinschaft der im Gesamtrecht vereinigten Verwertungsrechte, die auch dem Gesamtschuldverhältnis trotz einer Vielheit von haftenden Personen immanent ist, zu begründen.

[187] Statt vieler: *Serick*, Eigentumsvorbehalt und Sicherungsübertragung II, § 21 I. 1., S. 148.

Ergebnis: Der Abspaltungscharakter des beschränkt dinglichen Rechtes spricht daher abstrakt für die Kongruenz der Rechtsentstehung von Vollrecht und beschränkt dinglichem Verwertungsrecht. Die Natur des beschränkt dinglichen Rechtes geht für sich allein sogar soweit, dass die Selbständigkeit des Rechtsverhältnisses in Ansehung jeder einzelnen Sache nicht nur bis zum Eintritt in den Haftungsverband und erst wieder ab ordnungsgemäßen Austritt aus ihm (§ 1175 Abs. 1 Satz 2 BGB) gewährleistet ist. Sie verlangt vielmehr auch die Selbständigkeit während der Zugehörigkeit zum Pfandverband.

3. Folgerungen aus der Gegenstandslehre

Die sachenrechtliche Zuordnung[188] setzt einen konkreten Gegenstandsbegriff (Objektsbegriff) voraus, der als Grundlage der Spezialität und Absolutheit sowie als zentraler Bestandteil der dinglichen Rechtsbeziehung an Bedeutung gewinnt[189].

Im Gegensatz zur früher sehr kontrovers diskutierten Gegenstandslehre[190, 191] hat sich im geltenden Sachenrecht des Bürgerlichen Gesetzbuches ein klarer und einheitlicher Gegenstandsbegriff durchgesetzt. Bezugsobjekt des Sachenrechtes können heute nur einzelne Rechte und Sachen sein[192]. Für die entscheidende Objektsdefinition heißt das, dass stets die einzelne Sache Objekt des Rechtes ist, nicht aber die Sachgesamtheit oder eine sonstige Vielheit von Sachen oder Vermögensmasse als solche[193]. Obwohl die §§ 92 Abs. 2, 260 Abs. 1 und 1035 BGB den Sachinbegriff erwähnen, zieht daraus weder die Rechtsprechung noch die Rechtslehre Schlussfolgerungen für die

188 Zum Begriff der Zuordnung: *Westermann*, Sachenrecht, S. 10; a. A.: h. M. statt vieler m. w. N. *Soergel-Mühl*, BGB, 12. Aufl., Einl. SachenR Rdn. 8.

189 MünchKomm-*Quack*, BGB, Einl. SachenR Rdn. 54; *Soergel-Mühl*, BGB, 12. Aufl., Einl. SachenR Rdn. 6/7.

190 Überblick zur abstrakten Gegenstandslehre bei: *Baron*, Gesammtrechtsverhältnisse, S. 1–84.

191 Überblick zu der Gegenstandsdiskussion am Beispiel der Sachgesamtheit bei: *Dernburg*, Pfandrecht I, S. 453 Fn. 1; *Windscheid-Kipp*, Pandektenrecht I, S. 691/692 Fn. 5.

192 RGRK-*Pikart*, BGB, 12. Aufl., § 929 Rdn. 19.

193 Statt vieler: *Palandt-Bassenge*, BGB, 61. Aufl., Einl. v. § 854 Rdn. 5; RGRK-*Pikart*, BGB, 12. Aufl., § 929 Rdn. 19.

Rechtsobjektsdefinition[194]. Nur vereinzelt wurde noch Anfang des 20. Jahrhunderts der Wortlaut dieser Normen als Argument für eine teilweise Anerkennung der Sachgesamtheit bzw. Gesamtsache als Rechtsobjekt verwandt[195]. Das war auf die noch nicht in Vergessenheit geratene, sehr intensiv geführte Gegenstandsdiskussion in der Pandektenrechtswissenschaft und die Vorbildfunktion einiger Partikularrechte, z. B. Preuß. ALR. I 2 § 32 und § 62 Sächs. BGB, zurückzuführen[196].

Es fragt sich, inwieweit dieser Gegenstandsbegriff die Dogmatik des Gesamtgrundpfandrechtes, insbesondere die Entstehungsfrage beeinflusst.

Zunächst veranlasst die heutige Gegenstandslehre aufgrund der natürlichen Betrachtungsweise zu einer Vielheit von unter dem Gesamthaftungsverband vereinigten Rechtsverhältnissen, die unabhängig voneinander zur Entstehung gelangen können. Eine nähere Betrachtung des Einflusses der Objektsdefinition auf die Entstehung des Gesamtgrundpfandrechtes zeigt aber, dass die Wechselwirkung zwischen Rechtsobjekt und dem an ihm haftenden Rechtsverhältnis bislang nicht hinreichend geklärt ist.

Es wird vertreten, die zum geltenden deutschen Recht nunmehr einheitlich beantwortete Frage nach dem möglichen Objekt dinglicher Rechte, habe (überhaupt) keinen Einfluss auf die Art des Gesamtrechtsverhältnisses[197]. Die heutige Gegenstandslehre gestatte die Einheitlichkeit des Gesamtrechtsverhältnisses ebenso wie den Vielheitsgedanken[198]. Die Festlegung des Objektes sage abstrakt nur etwas aus über den Bezugspunkt des Rechtes als solchen, nicht aber das Rechtsverhältnis, das die Sache einem Rechtssubjekt vermögensrechtlich zuordnet. Diese Meinung sucht ihre Bestätigung darin, dass selbst Vertreter der Einheitstheorie – im übrigen auch der einheitlichen Rechtsentstehung – vom heutigen Gegenstandsbegriff ausgehen. So erkennt bspw. *Westermann* zwar nur die Einzelsache als zulässiges

[194] *Daubermann*, Sachgesamtheit, S. 11.
[195] *Gierke*, Deutsches Privatrecht II, S. 53 Fn. 20.
[196] *Gierke*, Deutsches Privatrecht II, S. 53 Fn. 20.
[197] *Wolf*, Gesamtrechte, S. 44.
[198] *Wolf*, Gesamtrechte, S. 82: für das Pfandrecht an beweglichen Sachen.

Objekt des dinglichen Rechtes an[199]. Der Autor stuft aber das Gesamtgrundpfandrecht als einziges Recht an mehreren Einzelsachen ein[200]. Dadurch, so die Meinung von *Wolf*[201], werde die gegenständliche Problematik nur erweitert.

Dieser Ansicht ist im Kern zuzustimmen. Die Verneinung der Sachgesamtheit als Rechtsobjekt spricht für sich allein betrachtet nicht unbedingt gegen ein einheitliches Recht an mehreren einzelnen Sachen. Das Gesamtrecht besteht dann eben sowohl auf der Grundlage des Einheitsgedankens als auch nach dem Vielheitsgedanken nur an einzelnen mehreren Sachen, nicht aber an der Sachgesamtheit oder einem vergleichbaren Denkgebilde[202]. Abstrakt betrachtet lässt folglich die Statuierung der Einzelsache nach § 90 BGB als einzigen Gegenstand des Rechtes offen, ob mehrere Einzelsachen Gegenstand desselben Rechtes sein können.

Abstrakt ist diese Betrachtung deshalb, weil sie das mangelnde Vorhandensein eines Einflusses / einer Wechselwirkung zwischen Rechtsobjekt und Recht bzw. umgekehrt voraussetzt.

Es fragt sich aber, ob eine solche losgelöste Betrachtung des Rechtsobjektes tatsächlich dem geltenden Recht entspricht.

Die Frage ließe sich einfach beantworten, wenn dem geltenden deutschen Sachenrecht eine Wechselwirkung dergestalt, dass bei mehreren Belastungsobjekten jedem selbständigen Objekt auch ein selbständiges dingliches Recht entspricht, bekannt wäre[203].

Im weniger nach Spezialität strebenden römischen Recht war dieser Grundsatz unter der Bezeichnung „*singularum rerum dominium*“[204]

[199] *Westermann*, Sachenrecht, S. 20.
[200] *Westermann*, Sachenrecht, S. 775.
[201] *Wolf*, Gesamtrechte, S. 44: für das Grundpfandrecht.
[202] *Westermann*, Sachenrecht, S. 775.
[203] Verneinend: *Westermann*, Sachenrecht, S. 775.
[204] Dieser Grundsatz ist auf die Vielheit des Gegenstandes gerichtet und bedeutet nur, dass ein Gegenstand einem Recht entspricht – *singularum rerum dominium* –, während mehrere Gegenstände gleichviele Rechte bedingen. Er bedeutet nicht, dass an einer Sache / einem Rechtsobjekt auch nur eine Rechtsposition möglich ist. So sind an einer Sache / einem Gegenstand etwa ein

fest verankert[205]. Jede Meinung der abstrakten Gegenstandslehre erkannte ihn an[206]. Die Vielseitigkeit und Unübersichtlichkeit der gemeinrechtlichen Gegenstandslehre war nur auf die unterschiedliche Definition des Rechtsobjektes zurückzuführen.

Für das Sachenrecht des Bürgerlichen Gesetzbuches ist der Grundsatz nicht mit Sicherheit nachgewiesen und kann daher zunächst keine unmittelbare Anwendung finden. Obwohl das germanische Recht stets mehr als das römische Recht den Spezialitätsgrundsatz zur Beurteilung des dinglichen Rechtes an einer Sache zugrunde legte, gibt es keine konkreten Nachweise für eine Übernahme des Grundsatzes im Rahmen der Rezeption oder eine Berücksichtigung beim Entwurf des BGB[207].

Das Zusammenspiel zwischen Rechtsobjekt und Recht kann deshalb nicht ohne weiteres so ausgelegt werden, dass jeder Einzelsache ein dingliches Recht entspricht.

Die Frage ist jedoch, ob aus anderen Kriterien eine Wechselwirkung zwischen Rechtsobjekt und Recht oder umgekehrt entnehmbar ist.

Ein abstraktes Nebeneinander von Recht und Objekt ohne jeden Einfluss ist sehr unwahrscheinlich, zumal es gerade die Aufgabe des dinglichen Rechtes ist, einer Sache mit Hilfe einer Rechtsbeziehung zu einem Subjekt einen konkreten Standort bzw. eine exakte Zuordnung zu geben[208]. Zudem wird der Sache innerhalb des Sachenrechtes eine zentrale und prägende Bedeutung zugestanden[209]. Unabhängig von der konkreten Objektsdefinition, die je nach dem Stand der rechtsgeschichtlichen Entwicklung unterschiedlich ausgelegt werden konnte,

Eigentumsrecht einer Person und mehrere begrenzt dingliche Rechte – etwa Haftungsrechte – einer weiteren Person denkbar. Zum Grundsatz vergleiche statt vieler: *Brinz*, Lehrbuch der Pandekten, S. 475; *v. Wächter*, Erörterungen, S. 18.

205 *Steinlechner*, Juris Communio/Juris Quasi Communio, S. 44.

206 *Baron*, Gesammtrechtsverhältnisse, S. 200–202 (Gesamtpfandrecht); *Dernburg*, Pfandrecht I, S. 511 (am Bsp. der Generalhypothek); *Steinlechner*, Juris Communio/Juris Quasi Communio, S. 37 Fn. 2, S. 44.

207 *Wolf*, Gesamtrechte, S. 13/45.

208 *Westermann*, Sachenrecht, S. 16.

209 *Soergel-Mühl*, BGB, 12. Aufl., Einl. SachenR Rdn. 6, 7, 17.

sah bspw. *Steinlechner*, der sehr ausführlich die Dogmatik von Recht und Objekt untersuchte, den Zusammenhang folgendermaßen:

> *„Ein Recht ist nicht denkbar ohne ein Objekt, und jedes Recht, das in abstracto einen bestimmten Inhalt hat, erhält seine concrete Gestalt, seine Individualität erst durch das bestimmte Objekt, auf welches es gerichtet ist*[210].
>
> *Z. B. das Eigenthum ist begrifflich immer dasselbe, die totale Herrschaft über eine Sache; in concreto gestaltet sich diese Herrschaft nach der Natur des beherrschten Gegenstandes*[211].
>
> *Mit einem Wort: **ein Recht ist dieses nur durch dieses Objekt***[212].
>
> *Die Theilung des Rechts … entspringt nur aus dem Zusammenhang des Rechts mit seinem Objekt, kraft dessen einem selbständigen Objekt auch ein selbständiges Recht entspricht …*[213]*."*

Ausweislich der Motive sah der Gesetzgeber den Zusammenhang zwischen Objekt und Recht folgendermaßen:

> *„Die Regelung der dinglichen Rechte in dem Entwurfe wird ergeben, daß man <u>ein</u> solches <u>Recht</u> immer nur an <u>einer einzelnen Sache</u> erwerben kann."*[214]

Der Gesetzgeber sprach von einem dinglichen Recht, dass immer nur an einer einzelnen Sache erworben werden kann. Mit der Bezeichnung „der dinglichen Rechte" waren alle Rechte angesprochen; auch das Gesamtgrundpfandrecht. Das ist mit der Tatsache begründbar, dass die durch den Gesetzgeber zitierte Objektsdefinition in Gestalt eines allgemeinen Teiles für alle dinglichen Rechte vorweg genommen wurde.

Der Wortlaut der Motive spricht für die Anerkennung des Grundsatzes „ein Objekt; ein Recht". Er schließt aber nicht die Möglichkeit aus, dass der Gesetzgeber die Betonung nur auf die einzelne Sache legen wollte und der Bezeichnung des Rechtes keine Bedeutung oder nur eine Art Institutsbezeichnung beimessen wollte.

210 *Steinlechner*, Juris Communio/Juris Quasi Communio, S. 37.
211 *Steinlechner*, Juris Communio/Juris Quasi Communio, Fn. 2 auf S. 37.
212 *Steinlechner*, Juris Communio/Juris Quasi Communio, S. 37 a. E.
213 *Steinlechner*, Juris Communio/Juris Quasi Communio, S. 44.
214 Motive, III., S. 28f.

Der Einfluss der Rechtsobjektsdefinition auf das an ihm haftende dingliche Rechtsverhältnis kann deshalb nur noch in der Begründung gesucht werden, mit der das geltende Sachenrecht nur die Einzelsache als Objekt anerkennt. Sie erklärt besonders anschaulich, weshalb eine losgelöste Betrachtung von Objekt und Recht nicht dem Wesen / der Funktion des Sachenrechtes entspricht.

Ansatzpunkt der Ablehnung jeder Art von Gesamtheit als solcher, gleichviel ob *universitas rerum, – facti*[215], *– iuris*[216], *– personarum*[217] oder auf die Natur – Herde, Schwarm – oder den Menschen – Warenlager, Inventar, Bibliothek, Briefmarken- oder Gemäldesammlung – zurückzuführen[218] oder als Komplementärsachen einzustufen[219], ist das heutige Verständnis von dinglichen Rechten.

Die heute ganz herrschende Meinung begreift das Wesen jeglichen dinglichen Rechtes als Befugnis einer Person zur unmittelbaren Herrschaft über eine Sache[220]. Eine Beherrschung ist aber stets nur in Ansehung eines physisch beherrschbaren Ganzen möglich[221]. Das kann nach heutigem Verständnis eine Einzelsache, eine zusammengesetzte Sache oder eine sog. Mengensache wie bspw. eine Sand-, Kies-, Getreide- oder Kohlenmenge sein[222]. Alle Erscheinungsformen sind für mehrere unter einem Gesamtgrundpfandrecht vereinigte Grundstücke auszuschließen[223].

Schon für die römischen Juristen war das Argument der Beherrschbarkeit das wesentliche Kriterium für die Bildung des Gegenstandes eines Rechtes. Sie ließen sich trotz der Vorgaben der stoischen Philo-

215 Hierzu: *Staudinger-Dilcher*, BGB, 12. Aufl., Vorbem. zu § 90 Rdn. 15.

216 Hierzu: *Wolf*, Gesamtrechte, S. 7.

217 Zu dieser Unterscheidung: *Arndts*, Pandekten, S. 53; *Baron*, Gesammtrechtsverhältnisse, S. 1–84; *Gierke*, Deutsches Privatrecht II, S. 50; *Wolf*, Gesamtrechte, S. 7.

218 *Dernburg*, Pfandrecht I, S. 452.

219 Zum Begriff: *Staudinger-Dilcher*, BGB, 12. Aufl., Vorbem. zu § 90 Rdn. 15.

220 *Palandt-Bassenge*, BGB, 61. Aufl., Einf. v. § 854 Rdn. 2.

221 So schon: *Dernburg*, Pfandrecht I, S. 453.

222 RGRK-*Pikart*, BGB, 12. Aufl., § 929 Rdn. 19; *Serick*, Eigentumsvorbehalt und Sicherungsübertragung II, S. 148.

223 Zur anderen Sichtweise im gemeinen Recht wegen der fehlenden Grundbuchblätter: *Regelsberger*, Pandekten I, S. 369.

sophie, die die Sachen (*corpora*) in drei Klassen einteilte, nicht auf falsche Wege leiten[224]. Während die erste Klasse *„corpora unita“* – einheitliche Körper – und die zweite Klasse *„corpora composita“* – zusammengesetzte Körper – von *Pomponius* als Gegenstand eines dinglichen Rechtes akzeptiert wurden, war das für die dritte Klasse *„corpora ex distantibus“* nicht der Fall[225]. In die letzte Klasse wurden Körper eingereiht, die aus mehreren nicht verbundenen Teilen bestanden und unter einem einheitlichen Begriff zusammengefasst wurden (Sachgesamtheit)[226].

Hingegen existiert die Sachgesamtheit oder eine sonstige Vermögensmasse nur in den Gedanken des Menschen[227]. Beherrschen (zugreifen) kann er daher nur die (auf die) unter ihr vereinigte Einzelsache. Jeder einzelnen Sache entspricht eine einzelne faktische Herrschaftsbeziehung. Widerspiegelt das Recht aber gerade diese Herrschaft, kann aus der Sicht der Gegenstandslehre nur jedem beherrschbaren Objekt, jeder Sache, sinnvollerweise ein Recht entsprechen. Denn jedes Recht verkörpert wiederum eine Herrschaftsbeziehung.

Diese Wechselbeziehung steht mit den von *Dernburg* Mitte des 19. Jh. aufgeworfenen und berechtigten Fragen zur Sachgesamtheit im Einklang:

> *„Nach der Natur der Dinge ist die factische Herrschaft des Menschen stets nur an den einzelnen Stücken möglich, aus welchen die Gesammtheit besteht, direct an der Einheit des Ganzen ist sie nicht denkbar; diese besteht ja nur im menschlichen Geist. Sollte es sich nun mit dem dinglichen Recht anders verhalten? Was ist dies anders als das Recht auf eine bald unbeschränkte bald mehr oder minder begränzte factische Herrschaft? Wie aber ist ein solches Recht denkbar an einem Object, das eben nie in unserer factischen Herrschaft stehen kann?“*[228]

Schon die gemeinrechtliche Gegenstandsdiskussion am Beispiel der Sachgesamtheit[229] deutete aus der Sicht der heutigen ex-post-Betrach-

[224] *Dernburg*, Pfandrecht I, S. 453f.
[225] *Daubermann*, Sachgesamtheit, S. 11; *Dernburg*, Pfandrecht I, S. 453f.
[226] *Dernburg*, Pfandrecht I, S. 453f.
[227] Zutreffend: *Dernburg*, Pfandrecht I, S. 453.
[228] *Dernburg*, Pfandrecht I, S. 453.
[229] Überblick zu den vertretenen Ansichten bei: *Windscheid-Kipp*, Pandektenrecht I, S. 691, 692 Fn. 5.

tung an, dass sich das Herrschaftsargument der nur die Einzelsache favorisierenden Meinung[230] durchsetzen wird[231]. Die gegenteilige Ansicht[232], die sich im wesentlichen auf die *vindicatio gregis*[233] zu stützen versuchte und dem Prinzip der Kongruenz zwischen Klagegegenstand und Gegenstand des Rechtes zur Beurteilung des Rechtsobjektes den Vorrang einräumte, setzte sich nicht durch. Die Befürworter der Einzelsache[234] hielten ihr nachvollziehbar entgegen, dass die *vindicatio gregis* nur eine Lösung des römischen Rechtes auf die mit der *pluris petito*[235] umschriebene Eigenart des älteren römischen Zivilprozesses darstellte. Die *vindicatio gregis* verkörperte nur ein effektives Mittel zur zivilprozessualen Durchsetzung eines Herausgabeanspruches bei einer Sachgesamtheit. Sie ließ keinen Rückschluss auf den materiell-rechtlichen Gegenstand des dinglichen Rechtes zu. Das hat *Daubermann*[236] überzeugend nachgewiesen. Die die Sachgesamtheit verneinende Meinung machte sich erfolgreich eine Erörterung von *Pomponius*[237] zu eigen. In dieser sprach der Jurist aus, dass nur an den einzelnen Tieren einer Herde Besitz möglich sei und dementsprechend nur an ihnen der Tatbestand der Ersitzung verwirklicht werden könne. Diese Sichtweise steht mit der heutigen Gegenstandslehre im Einklang. Es ist erst recht keine rechtliche Herrschaft

[230] Statt vieler: *Dernburg*, Pfandrecht I, S. 453, 458; *Göppert*, Gesamtsachen, S. 59ff., 58ff.; *v. Wächter*, Erörterungen, S. 17ff.

[231] Seit wann die rechtsgeschichtliche Lehre überwiegend den Standpunkt einer Verneinung der Sachgesamtheit einnahm, wird nicht einheitlich beurteilt. Hierzu einerseits: *Dernburg*, Pfandrecht I, S. 453 und Fn. 1, der den Anschein erweckt, die Verneinung der Sachgesamtheit als Rechtsobjekt sei von Anfang an die Regel gewesen, gegen die sich immer wieder vereinzelnd Gegner fanden; andererseits: *Windscheid-Kipp*, Pandektenrecht I, S. 691 Fn. 5, der davon ausgeht, dass die früher h. M. die Gleichstellung von Sachgesamtheiten mit den körperlichen Einzelsachen als Rechtsobjekt befürwortete und sich erst in der neueren Zeit – etwa Anfang bis Mitte des neunzehnten Jahrhunderts – die Auffassung der Verneinung einer Sachgesamtheit als Rechtsobjekt im römischen Recht durchsetzte.

[232] Z. B.: *Sintenis*, Civilrecht I, S. 430ff.

[233] Zum Inhalt der *vindicatio gregis*: *Windscheid-Kipp*, Pandektenrecht I, 9. Aufl., S. 692 Fn. 6.

[234] *Dernburg*, Pfandrecht I, S. 453, 458; *Göppert*, Gesamtsachen, S. 59ff.; *v. Wächter*, Erörterungen, S. 17ff.

[235] *Dernburg*, Pfandrecht II, S. 457.

[236] Sachgesamtheit, S. 148.

[237] libro 30 ad Sabinum l. 30 § 2 D. de usurp. et usuc. 41,3; dargestellt bei: *Dernburg*, Pfandrecht I, S. 454.

– Eigentum/Pfand – denkbar, woran nicht einmal die tatsächliche Sachherrschaft – Besitz – möglich ist. Umgekehrt sollte auch jeder Besitzbeziehung eine Rechtsbeziehung entsprechen.

Damit definiert das geltende Sachenrecht das dingliche Recht vom Objekt aus.

Die früher zur abstrakten gemeinrechtlichen Gegenstandslehre vertretene Ansicht von *Steinlechner*[238] fand keine Bestätigung. Er definierte den Gegenstand / das Objekt umgekehrt aus der Perspektive des Rechtes. Bezog sich das Recht, wie etwa die Korrealhypothek oder das Generalpfand ungeteilt auf mehrere Einzelobjekte, waren nicht diese als solche, sondern in ihrer Gesamtheit der einzige Gegenstand des Rechtes[239].

Nur eine vermittelnde Ansicht[240] erkannte zusätzlich zur Gesamtheit die Einzelsachen als Objekte an. Ein Recht bestand damit an der Gesamtheit aller Objekte und im Gesamtrecht waren mehrere Einzelrechte enthalten, die die Einzelsachen zum Gegenstand hatten.

Diese Ansichten sind heute nicht mehr vertretbar. Das Recht wird von der Einzelsache her qualifiziert und das Verständnis der dinglichen Rechte spricht für so viele Rechte, wie Herrschaftsbeziehungen vorhanden sind, es sei denn ein Nebenobjekt wird dem Hauptobjekt durch Gesetz zugeordnet.

Die Ansichten zur gemeinrechtlichen abstrakten Gegenstandslehre, von denen sich die von *Dernburg*[241] durchsetzte, bringen in ihrer Gesamtbetrachtung deutlich zum Ausdruck, dass entweder der Gegenstand das Recht oder das Recht den Gegenstand beeinflussen muss.

Erstere Wechselwirkung legte offenbar der Gesetzgeber des Bürgerlichen Gesetzbuches zugrunde.

238 Juris Communio/Juris Quasi Communio, S. 43ff.

239 *Steinlechner*, Juris Communio/Juris Quasi Communio, S. 48 Fn. 2.

240 *Baron*, Gesammtrechtsverhältnisse, S. 65–84 (für Gesamtrechtsverhältnisse allgem.), S. 196–204 (für Gesamtpfandrecht).

241 Pfandrecht I, S. 510f.

Vor dem Hintergrund dieser Gesichtspunkte erweist sich die Argumentation, die Ablehnung der Sachgesamtheit sage nichts über die Art des Rechtes an einer Vielheit von selbständigen Sachen aus, weil selbst der Einheitsgedanke die unter etwaigen Gesamtheiten vereinigten Einzelsachen als Gegenstand des einen Rechtes ansieht, als nicht überzeugend. Vielmehr besteht die Möglichkeit, dass die Vertreter des Einheitsgedankens ein unzutreffendes Verhältnis zwischen Objekt und Recht zugrundelegen.

Unabhängig von den Gründen der heutigen und früheren Objektsdefinition führt die heute überwiegende Meinung der einheitlichen Entstehung zu einer mittelbaren Wiederanerkennung der Sachgesamtheit als Rechtsobjekt. Bei der Entstehung werden die selbständigen Grundstücke wie nur eine als solche funktionierende Vielheit betrachtet, an der erst dann das Verwertungsrecht entsteht, wenn ihr letzter Bestandteil ergriffen wurde. Unter diesem Gesichtspunkt wird die Selbständigkeit der Einzelsache als Objekt zwar formal vertreten aber nicht praktisch durchgeführt. Eine solche Betrachtung gleicht der oben dargestellten Ansicht von *Steinlechner*, die das Objekt mit Hilfe des an ihm haftenden Rechtes definierte, nach dem geltenden Recht aber ausgeschlossen ist[242].

Eine absolut gesicherte Erkenntnis zur Wechselwirkung zwischen Objekt und Recht kann aber nicht allein aus der dogmatischen Betrachtung dieser Beziehung gewonnen werden. Hierzu erweist es sich als sinnvoller und für die Entscheidungsfindung interessengerechter, den Organismus des Rechtes aus den aus ihm fließenden Befugnissen abzuleiten. Sind diese Ausdruck einer Vielheit von Rechten, sollte auch für das vom Eigentumsrecht abgeleitete Pfandrecht der Grundsatz „ein Objekt, ein Recht“ anerkannt werden.

Ergebnis: Zwar lässt abstrakt die Einzelsache als Gegenstand des Rechtes offen, ob mehrere Einzelsachen Gegenstand desselben Rechtes sein können. Der Grund für die heutige Objektsdefinition spricht aber für die Zuordnung eines separaten Rechtsverhältnisses zu jeder Einzelsache.

242 So aber: *Hachenburg*, Vorträge, S. 635f.

4. Folgerungen aus dem Bestimmtheitsgrundsatz/ Grundsatz der Spezialität

Es fragt sich, welche Folgerungen der Bestimmtheitsgrundsatz auf die Entstehung des Gesamtgrundpfandrechtes zulässt.

a) Die für die Entstehung entscheidenden Komponenten der Bestimmtheit

Der Bestimmtheitsgrundsatz, oftmals auch als Grundsatz der Spezialität bezeichnet[243], steht mit der Entstehungsdogmatik des Gesamtgrundpfandrechtes im Zusammenhang, weil er auch die sachenrechtliche Verfügung charakterisiert, in die die Entstehung des Grundpfandrechtes als Belastung des Eigentumsrechtes einzuordnen ist.

Weiterhin kennzeichnet es den Bestimmtheitsgrundsatz, zur Rechtssicherheit und Rechtsklarheit sowie zur Transparenz des dinglichen Rechtsverhältnisses, seine exakte und für jedermann erkennbare Zuordnung zum Rechtsobjekt zu gewährleisten (Individualisierungsfunktion)[244].

Der sachenrechtliche Bestimmtheitsgrundsatz erfasst mehrere Komponenten, die angesichts ihrer Auswirkungen auf die Frage der Entstehung eines Gesamtgrundpfandrechtes einzeln betrachtet werden müssen. Hingegen ist der Rechtsprechung und der Rechtslehre oftmals nur ein einheitlicher Bestimmtheitsgrundsatz zu entnehmen, der nicht seine einzelnen Bestandteile voneinander abgrenzt und sich hauptsächlich mit der Spezialität der Verfügung befasst.

Zur sachenrechtlichen Bestimmtheit wird bspw. die Feststellung getroffen, das dingliche Recht könne nur an einer bestimmten einzelnen Sache bestehen, nicht aber an Sachgesamtheiten oder sonstigen Vermögensmassen als solchen[245].

243 *Wolff/Raiser*, Sachenrecht, § 148 I., Fn. 3, S. 612.

244 *Lwowski*, Kreditsicherung, Rdn. 549ff.

245 *Soergel-Mühl*, BGB, 12. Aufl., Einl. § 854 Rdn. 17, 31; *Staudinger-Dilcher*, BGB, 12. Aufl., Vorbem. zu § 90 Rdn. 17; *Wolf*, Gesamtrechte, S. 42.

Ferner wird für die Übertragung oder Belastung des Eigentumsrechtes bei Sachgesamtheiten oder sonstigen Vielheiten von Sachen eine exakte abgrenzbare Bezeichnung des Verfügungsobjektes verlangt[246]. Diese Ausprägung der sachenrechtlichen Bestimmtheit erlangte für das Pfandrecht im weiteren Sinne in der Kreditsicherungspraxis bei Raumsicherungsübertragungen in besonderer Weise praktische Bedeutung.

Für das Pfandrecht im eigentlichen Sinne wird in Rechtsprechung und Rechtslehre darauf hingewiesen, dass die Pfandrechtsbestellung nur in Ansehung einzelner Sachen geschehen könne. Daraus folge eine der Vielzahl der verpfändeten Sachen entsprechende Vielzahl von Verfügungstatbeständen. Angesichts der zur Rechtsentstehung erforderlichen publizitätswahrenden Traditionsgesichtspunkte nach §§ 1205 Abs. 1 und 2, 1206 BGB wird als Ausfluss der Spezialität weiterhin gefordert, dass jede einzelne Sache separat betrachtet und exakt bezeichnet werden müsse.

Im Zusammenhang mit der Spezialität der Verfügung wird betont, dass das qualitativ zu differenzierende Vermögen einer Person sachenrechtlich nicht uno actu veräußert oder verpfändet werden könne. Stattdessen sei eine Aufteilung der unterschiedlichen Vermögensmassen etwa in Grundstücke, bewegliche Sachen, Forderungen und Patente erforderlich. Schließlich sieht es ein Teil der Lehre als Ausfluss des Spezialitätsgrundsatzes an, dass jedem einzelnen Rechtsobjekt auch ein einzelnes dingliches Recht entspreche. Das wird von Vertretern des Vielheitsgedanken regelmäßig zur Rechtfertigung der einzelnen Zweigrechte im Gesamtpfandrecht verwendet.

Bei Außerachtlassung der Gesichtspunkte, die nicht unmittelbar mit der Bestimmtheit zusammenhängen und nicht entstehungserheblich sind, kann die Betrachtung des Gesamtrechtes aus dem Blickwinkel der Bestimmtheit auf drei entscheidende Punkte reduziert werden.

Abgesehen von der vorangestellten Objektsdefinition fragt sich erstens, welche Folgerungen für die Entstehung des Gesamtpfandes aus der

[246] Bspw. für die Sicherungsübereignung: *Baur/Stürner*, Sachenrecht, S. 623; *Palandt/Bassenge*, BGB, 61. Aufl., § 930 Rdn. 2.

Individualisierung der Rechtsbeziehung, insbesondere aus der konkreten Bezeichnung des Verfügungsobjektes ableitbar sind (b)).

Zweitens kommt es darauf an, ob aus der Spezialität der Verfügung (c)) Konsequenzen für die Rechtsentstehung zu ziehen sind.

Letztlich ist die Frage, ob dem Spezialitätsprinzip zudem die Spezialität des entstandenen Rechtes als Belastungserfolg immanent ist und was das für die Entstehung bedeutet (d)).

b) Die Bestimmtheit im Sinne einer objektiven und abgrenzbaren Bezeichnung des Regelungsgegenstandes

Eine Komponente des Bestimmtheitsprinzips ist das dem Wortlaut dieses Sachenrechtsgrundsatzes entsprechende Erfordernis einer für jedermann klaren und unmissverständlichen Beschreibung des beabsichtigten Rechtsverhältnisses, des Regelungsgegenstandes und der beteiligten Subjekte, um letztendlich Rechtssicherheit zu gewährleisten[247]. Dieses Prinzip, das nicht nur im Sachenrecht gilt, verlangt eine exakte Beschreibung/Individualisierung (Bestimmtheit) des Objektes einer Verfügung. Im Gegensatz hierzu reicht für die Konkretisierung der schuldrechtlichen Verpflichtung die Bestimmbarkeit, weil sie nur eine indirekte oder mittelbare Beziehung zum Bezugsobjekt aufweist[248]. Diese Bestimmtheit des Verfügungsobjektes als allgemeiner Ausfluss der Bestimmtheit des Rechtsverhältnisses ist nicht mit der Spezialität der Verfügung zu verwechseln, die in engem Zusammenhang mit der oben beschriebenen Objektsdefinition steht. Bestimmt bezeichnen müssen die Parteien des Sicherungsgeschäftes nicht nur den regelungsbedürftigen Verfügungsgegenstand. Diese Art von Bestimmtheitsmaßstab ist vielmehr auch auf das Rechtsverhältnis selbst und die beteiligten Rechtssubjekte gerichtet. Die Spezialität der Verfügung, die wie der Individualisierungsmaßstab ein Unterfall des allgemeinen Bestimmtheitsgrundsatzes ist, ordnet nur jedem Objekt einen einzelnen Verfügungstatbestand zu.

247 *Serick*, Eigentumsvorbehalt und Sicherungsübertragung II, § 21 I. 2., S. 150 bis 152.

248 Zutreffend: *Westermann*, Sachenrecht, S. 20.

Eine andere (systematisch/funktionelle) Betrachtung nimmt *Quack*[249] vor, der das „Spezialitätsprinzip" zwar auch als Sonderfall des Bestimmtheitsgrundsatzes ansieht. Dem Sonderfall/Unterfall werden aber nur Fragen der Bestimmtheit des Verfügungsgegenstandes zugeordnet. Das sei sinnvoll, weil sich hieraus die meisten Probleme ergeben[250].

Andere hingegen betrachten die Begriffe Spezialität und Bestimmtheit als völlig synonym[251].

Angesichts einer konkreten Beschreibung des Verfügungsgegenstandes und des dinglichen Gesamtrechtsverhältnisses ergeben sich für das Gesamtgrundpfandrecht regelmäßig keine Probleme. Obwohl im Rahmen der Gesamtrechtsbestellung eine Vielheit von Eigentumsrechten belastet wird und dementsprechend eine Vielzahl der vom Eigentumsrecht des Verpfänders erfassten Rechtsobjekte betroffen ist, ergeben sich nicht die typischen Bestimmtheitsprobleme, die in der Regel bei einer Verpfändung von Vielheiten unterschiedlicher Art (Sachgesamtheiten, Vermögensmassen) in Erscheinung treten[252]. Sie treten heute praktisch nur noch bei den revolvierenden Pfandrechten i. w. S. – Raumsicherungsübereignungen von Inventargegenständen und Warenlagern – auf[253]. Das ist damit zu begründen, dass den Parteien des Sicherungsgeschäftes wegen der besonderen Bedeutung und Werthaltigkeit von Immobilien eine Einzelaufzählung zumutbar erscheint. Zudem funktioniert heute eine „automatische" Erweiterung des Haftungsverbandes durch neu in das Vermögen des Verpfänders eintretene Immobilien aufgrund der grundpfandrechtlichen Entstehungsvoraussetzungen – anders als bei der römischen Generalhypothek – nicht mehr. Das heißt indes nicht, dass der so verstandene Grundsatz der Bestimmtheit der Verfügung, wie er dem Sachenrecht des Bürgerlichen Gesetzbuches immanent ist, die römische General-

[249] MünchKomm-*Quack*, BGB, 3. Aufl., Einl. § 854 Rdn. 50.

[250] MünchKomm-*Quack*, BGB, 3. Aufl., Einl. § 854 Rdn. 55.

[251] Statt vieler: *Baur/Stürner*, Sachenrecht, S. 31; *Soergel-Mühl*, BGB, 12. Aufl., Einl. § 854 Rdn. 31 und 36.

[252] *Wolf*, Gesamtrechte, S. 35f.

[253] *Palandt-Bassenge*, BGB, 61. Aufl., § 930 Rdn. 2ff.; MünchKomm-*Quack*, BGB, 3. Aufl., Einl. § 854 Rdn. 51ff.

hypothek ausgeschlossen hätte, denn es gibt keine deutlichere Mengenbezeichnung als das „gesamte Vermögen“[254].

Der Bestimmtheitsgrundsatz im Sinne einer objektiven und abgrenzbaren Bezeichnung des Regelungsgegenstandes lässt somit keine Schlussfolgerungen auf die Entstehungsdogmatik des Gesamtpfandrechtes zu. Mit ihm steht eine Sukzessiventstehung gleichermaßen im Einklang wie eine einheitliche Rechtsentstehung, sofern nur die Rechtsobjekte und der Inhalt des sich auf sie beziehenden Rechtes in objektiver Weise durch die Parteien des dinglichen Sicherungsgeschäftes exakt festgelegt wurden.

c) Die Spezialität der Verfügung

Es fragt sich, welche Entstehungsart die Spezialität der Verfügung erfordert.

Die Spezialität der Verfügung beinhaltet im Wesentlichen drei Aspekte des sachenrechtlichen Verfügungstatbestandes. Einmal muss der Gegenstand der Verfügung exakt bezeichnet bzw. bestimmt sein, damit der Rechtsverkehr die jeweilige Rechtsbeziehung offen beurteilen kann[255]. Es muss folglich bei der Übertragung des Eigentumsrechtes die jeweilige Sache oder Forderung und beim Pfandrecht das zu belastende Vollrecht als Belastungsgegenstand genau bezeichnet sein. Diese Art der Bestimmtheit, die gerade bei der Verfügung maßgeblich ist, beschreibt das zuvor behandelte Individualisierungsprinzip, dem beim Gesamtgrundpfandrecht regelmäßig Rechnung getragen wird. Der zweite Gesichtspunkt der Verfügungsspezialität wird in der Aufgliederung des Verfügungsgegenstandes nach den jeweiligen Rechtstypen und den hierzu gehörenden Übertragungsformen gesehen[256]. So kann eine Vermögensmasse – zum Beispiel: Unternehmen, Geschäft – nicht im Ganzen veräußert werden. Bei der Übertragung muss vielmehr seine rechtliche Aufgliederung etwa in Grundstücke, Maschinen und Forderungen beachtet werden[257].

[254] MünchKomm-*Quack*, BGB, 3. Aufl., Einl. § 854 Rdn. 52f.; *Regelsberger* in *v. Meibom*, Deutsches HypR III, Bayerisches HypR, S. 125–127

[255] Statt vieler: MünchKomm-*Quack*, BGB, 3. Aufl., Einl. § 854 Rdn. 55.

[256] *Baur/Stürner*, Sachenrecht, § 4 Rdn. 17.

[257] *Baur/Stürner*, Sachenrecht, § 4 Rdn. 17.

Die dritte Komponente der Spezialität der Verfügung beschreibt die konkrete Zuordnung der Verfügung zur einzelnen Sache oder zum einzelnen Recht. Zu diesem Gesichtspunkt wird einhellig vertreten, dass jeder einzelnen Sache eine spezielle Verfügung zuzuordnen ist[258]. Folglich gibt es ebenso viele Verfügungen wie Sachen oder Rechte, die übertragen bzw. belastet werden sollen[259]. Für die Entstehung des Gesamtgrundpfandrechtes kommt es entscheidend auf den letzten Gesichtspunkt der Verfügungsspezialität an. Die Entstehungsart des Gesamtpfandes wird durch diesen Aspekt deshalb maßgeblich beeinflusst, weil die Grundpfandrechtsbestellung eine Verfügung nach § 873 Abs. 1 Var. 2 BGB ist.

Beim Gesamtgrundpfandrecht spricht der Satz eine Sache – eine Verfügung für ebenso viele Verfügungen, wie Grundstücke zur Haftung dienen. Weiter muss die Verfügung beendet und damit insoweit das Pfandrecht entstanden sein, als der (mehraktige) Erwerbstatbestand zum Einzelgrundstück erfüllt ist.

Ein anderer Standpunkt wird von *Westermann*[260] vertreten. Er ist zwar der Ansicht, dass bei der Entstehung der Gesamthypothek zu jedem Grundstück eine einzelne Verfügung stattfindet. Eine eigenständige Bedeutung der Verfügung lässt ihr der Autor aber deshalb nicht zukommen, weil zum Wirksamwerden der Einzelverfügung die Erfüllung aller Verfügungen erforderlich sei[261].

Diese Sichtweise überzeugt nicht.

Teleologie

Sie steht im Widerspruch zu dem hinter der dogmatischen Konstruktion „eine Sache – eine Verfügung" stehenden Sinn und Zweck. Die Verfügung konzentrierte der Gesetzgeber deshalb auf die Einzelsache, weil jeder nach dem Sachenrecht denkbare Verfügungsgegenstand angesichts der an ihm bestehenden Rechte ein unterschiedliches

258 Statt vieler: *Westermann*, Sachenrecht, S. 775.

259 *Lange*, Mehrere Grundpfandrechte für dieselbe Forderung, S. 32; Wolff/Raiser, Sachenrecht, § 148 I., Fn. 3, S. 612.

260 *Westermann*, Sachenrecht, S. 775.

261 *Westermann*, Sachenrecht, S. 16 und 20.

Schicksal erfahren kann. Der Rechtsverkehr muss beurteilen können, ob zu einer bestimmten Sache schon der Rechtserwerb oder Belastungsvorgang abgeschlossen ist, ohne dass dabei der Blick auf eine andere Sache oder ein anderes Herrschaftsrecht an dieser erforderlich ist. Vor dem Hintergrund der sachenrechtlichen Konkretisierung des Rechtsverhältnisses wird nahezu einhellig – teils nur mit anderer Umschreibung – gefordert, dass das, was gegenüber jedermann absolute Geltung entfalten soll, auch für jedermann in dem Sinne bestimmt sein muss, dass das Bestehen bzw. Nichtbestehen des absoluten Rechtes einer Person in Bezug auf *eine* Sache in jeder Hinsicht objektiv entscheidbar sein muss[262]. Dieser objektiven und an der Beherrschungsfunktion des Sachenrechtes orientierten eindeutigen Beurteilbarkeit des Rechtsverhältnisses würde es widersprechen, wenn der Rechtsverkehr mehrere selbstständige Sachen im Zusammenhang betrachten müsste, nur um das Bestehen des Rechtes an einer einzelnen Sache zu beurteilen. Eine andere Sichtweise wäre nur gerechtfertigt, wenn sich die Verfügungsgegenstände infolge der Verfügungen zu einem einheitlich beherrschbaren Ganzen zusammenfügen. Letzteres ist etwa bei der Übertragung des Eigentums an einer Sache durch zwei Miteigentümer an einen einzelnen Erwerber der Fall.

Zwei Beispiele zeigen, was durch den betreffenden Aspekt der Verfügungsspezialität vermieden werden soll und welche Unsicherheiten für den Rechtsverkehr der Wirksamkeitsaufschub bedingt.

(1) Verzicht als Entstehungsvoraussetzung

Weil die Vertreter des einheitlichen Entstehungsgedankens nur im Rahmen von § 139 BGB eine Eigenständigkeit des Rechtes am einzelnen Grundstück anerkennen, nicht aber auch sonst bei der Entstehung, wird die unlösbare Frage aufgeworfen, wann das Gesamtgrundpfandrecht zur Entstehung gelangt, wenn zu einzelnen Grundstücken hindernde Einwendungen zu verzeichnen sind. Es besteht lediglich Einigkeit darüber, dass das Recht als Einzel- oder Gesamthypothek auch dann noch entstehen kann, wenn an einem anderen Grundstück die Eintragung nicht erfolgt[263]. Die Nichtbelastung eines

[262] MünchKomm-*Quack*, BGB, 3. Aufl., Einl. § 854 Rdn. 61.

[263] *Planck-Strecker*, BGB, 5. Aufl., § 1132 Anm. 2. a) a. E.; *Schuster*, Gesamt-

Teiles der Grundstücke könne den Erwerb im übrigen nicht hindern[264]. Einige machen die Entstehung im Übrigen davon abhängig, ob mehrere Eigentümer oder ein und derselbe die Sicherheit bestellen (s. o.)[265].

Wird etwa beim letzten Grundstück das Pfandrecht nicht eingetragen, weil Kontroverse mit dem Grundbuchamt bestehen und ist im Augenblick nicht sicher, ob das Pfandrecht an diesem Grundstück überhaupt noch zur Entstehung gelangt, steht der Rechtsverkehr infolge des Einheitsgedankens vor der bei Befolgung des Spezialitätsprinzips unnötigen Frage, welcher Zeitpunkt für das Wirksamwerden (z. B. § 140 Abs. 1 InsO) maßgeblich ist. Im Interesse der Klarheit, so ein Vertreter der einheitlichen Entstehung[266], müsse für die Entstehung des gesamten Pfandrechtes genau feststehen, dass einzelne Grundstücke von der Belastung frei bleiben. Weil das in der Praxis nahezu nie mit Sicherheit der Fall sein wird, müssen die Leichtigkeit des Rechtsverkehrs verkomplizierende Gestaltungserklärungen konstruiert werden, die zu fraglichen Grundstücken jeglichen Zweifel beseitigen[267]. Bei offener Eintragung an einem Grundstück bliebe deshalb nichts anderes übrig, als der Verzicht des Gläubigers, eine Hypothek am fehlenden Grundstück erwerben zu wollen[268]. Nur auf diese Art und Weise könne das Gesamtrecht endgültig entstehen. Denn zu diesem Zeitpunkt stehe fest, welche Grundstücke in den Haftungsverband endgültig einbezogen worden sind[269].

Ein derartiges Verzichtserfordernis als Mittel der Erlangung des Rechtes verdeutlicht den falschen Weg, der durch den Bruch mit der Spezialität der Verfügung eingeschlagen wird.

hypothek, S. 26; *Wolf*, Gesamtrechte, S. 56 Fn. 175; *Wolff/Raiser*, Sachenrecht, § 148, S. 613 Fn. 11; Zur Inkongruenz zwischen tatsächlicher Eintragung im Grundbuch als Gesamtgrundpfandrecht und durch die dingliche Einigung beabsichtigter Entstehung mehrer Einzelpfandrechte im Falle der Sicherungsgrundschuld und umgekehrt, vergleiche: *Esterhues*, Gesamtgrundschuld, S. 4 bis 7.

264 Statt vieler: *Lwowski*, Kreditsicherung, Rdn. 800, unter Hinw. auf § 139 BGB.

265 *Becher*, Bewegungsvorgänge, S. 23 und 24.

266 *Schuster*, Gesamthypothek, S. 26 und 27.

267 *Schuster*, Gesamthypothek, S. 27.

268 *Schuster*, Gesamthypothek, S. 27.

269 *Schuster*, Gesamthypothek, S. 27.

Die Abhängigkeit der Pfandrechtsentstehung von der Belastung des letzten Grundstückes nötigt den Gläubiger nachzuweisen, auf welche Grundstücke sich die Einigung nach § 873 Abs. 1 BGB bezogen hat und dass der Verfügungstatbestand zum letzten Grundstück erfüllt wurde. Wie der erwähnte Verzicht führt eine solche Sichtweise zum negativen Nachweis des Gläubigers, dass weitere Grundstücke nicht zum Eintritt in den Gesamthaftungsverband beabsichtigt sind. Gerade das soll infolge des durch die Spezialität der Verfügung bedingten Blickes allein auf eine Sache vermieden werden.

Auch bei versteckten Rechtsmängeln, die erst später zu Tage treten und zu einer Grundbuchberichtigung führen, fragt sich welcher Verfügungsakt maßgeblich sein soll. Wäre die letzte Verfügung unwirksam, müsste eine dem geltenden Recht zuwiderlaufende Verfügung für andere rechtmäßige Verfügungen entscheiden.

(2) „Unabhängige" Pfandrechtsbestellungen

Ein weiteres Beispiel zeigt, dass der Bruch mit der Spezialität zu einer willkürlichen Ungleichbehandlung von vergleichbaren Pfandrechtsbestellungen führt. Der Gläubiger, der sich im Widerspruch zu der durch den Gesetzgeber vorgesehenen Prozedur nach § 48 Abs. 1 Satz 1 GBO mehrere Pfandrechte durch nichts voneinander wissende Eigentümer in unterschiedlichen Grundbuchbezirken[270] für dieselbe Forderung bestellen lässt, wird besser behandelt als der Gläubiger, der von Anfang an alle beabsichtigten Haftungsobjekte in eine Urkunde mit aufnimmt. Letzterer, der sich an das Recht hält, wird mit einer Entstehung erst am Ende „bestraft". Ersterer erlangt schon zuvor Einzelpfandrechte, die sich infolge der ungeteilten Pfandhaftung später sukzessiv in den einheitlichen Pfandverband einfügen. Die mehreren Einzelverpfändungen sind nicht wegen des Verbotes der Doppelsicherung unzulässig[271]. Vielmehr entsteht nach überwiegender Ansicht automatisch ein „Gesamtgrundpfandrecht"[272]; besser: die Haftungsfolge des § 1132 BGB. Andererseits erlaubt die nach herrschender

[270] Hierzu: *Haegele/Schöner/Stöber*, GrundbuchR, Rdn. 2253ff.
[271] S.u. VI., S. 184 ff. (201 f., 215).
[272] Statt vieler: *Schulz*, Gesamtpfand an Grundstücken, S. 80.

Meinung[273] nur deklaratorische Natur des Mithaftvermerkes nach § 48 Abs. 1 Satz 1 GBO diese Art von Zusammenfügung[274]. Schließlich steht bei vereinbarten Briefrechten § 59 Abs. 1 und 2 GBO dieser Entstehungsdogmatik nicht entgegen. Denn einerseits schließt § 59 GBO bei wörtlicher Auslegung nicht die zunächst mögliche Erteilung mehrerer Einzelbriefe aus, die endlich zu einem einheitlichen Brief verbunden werden können[275]. Andererseits darf teleologisch die GBO als rein formelles Gesetzeswerk nicht das materielle Grundpfandrecht beeinflussen. Umgekehrt ist § 59 GBO im Lichte der richtigen Entstehungsdogmatik des dinglichen Gesamtrechtes auszulegen[276]. Für die Zulässigkeit einer derartigen anfänglichen Bestellung, die auch aus Unerfahrenheit der Beteiligten erfolgen kann, spricht, dass die Rechtsstellung sowohl des Gläubigers als auch des Sicherungsgebers durch die Mitbelastung der anderen Liegenschaften nur verbessert wird und ein Gesamtpfandrecht unabhängig von der Kenntnis der einzelnen Verpfändungen untereinander entstehen kann[277].

Der unterschiedliche Entstehungszeitpunkt in beiden Situationen kann nur mit subjektiven Unterschiedlichkeiten begründet werden. Das aber widerspricht der sachenrechtlichen Bestimmtheit. Denn der Bestimmtheitsgrundsatz verlangt eine objektive anhand rein äußerlicher Kriterien mögliche Beurteilbarkeit des Verfügungstatbestandes und des hierdurch bedingten Bestehens des dinglichen Rechtes[278].

Mehraktige Verfügung versus Mehrere Verfügungen

Eine Koppelung mehrerer Verfügungstatbestände in dem Sinne, dass zu mehreren Grundstücken zwar mehrere Verfügungen anerkannt werden, diese aber erst mit Abschluss der letzten Belastung Wirksamkeit erlangen, ist dem geltenden Sachenrecht nicht bekannt. Es kennt lediglich mehraktige Verfügungstatbestände[279], nicht aber Verfügungstatbestände, die wiederum aus mehreren Verfügungen bestehen.

[273] Für die Gesamtgrundschuld: *Esterhues*, Gesamtgrundschuld, S. 2f.
[274] Zur gesetzlich vorgesehenen Prozedur: *Haegele/Schöner/Stöber*, GrundbuchR, Rdn. 2259.
[275] *Haegele/Schöner/Stöber*, GrundbuchR, Rdn. 2260.
[276] *Esterhues*, Gesamtgrundschuld, S. 25f.
[277] *Merkel* in *Schimansky/Bunte/Lwowski*, BRH II, § 93 Rdn. 122.
[278] *BGH* NJW 68, 392, 393.
[279] *Westermann*, Sachenrecht, S. 21.

So beinhalten die meisten sachenrechtlichen Zuordnungsgeschäfte mit Rücksicht auf das Publizitätsprinzip ein Willens- und ein Vollzugsmoment. Dem Willensmoment wird durch eine Willenserklärung (vgl. § 959 BGB) oder einen Vertrag (vgl. §§ 873, 929 BGB) Rechnung getragen. Die äußerliche Dokumentation dieses rechtsgeschäftlichen Willens erfolgt durch einen Vollziehungstatbestand, der in einer Übergabe (vgl. §§ 929, 1205 BGB), in einer Eintragung im Grundbuch (vgl. §§ 873, 925 BGB) oder in einer Anzeige (vgl. § 1280 BGB) bestehen kann.

Die einzelne Verfügung an einem Grundstück würde auch keinen Sinn mehr machen, wenn der durch sie bezweckte Rechtserfolg, um dessen Willen die Verfügung überhaupt stattfindet, erst dann eintritt, wenn außerhalb dieser Verfügung liegende Umstände verwirklicht sind. Die Mehraktigkeit kann sich immer nur auf ein Belastungsobjekt beziehen. Sie kann dogmatisch dadurch ausgelöst werden, dass wie etwa bei der durch Vertragsschluss bedingten Entstehung einer Forderung im Rahmen einer Globalabtretung das Beleihungsobjekt erst später zu Tage tritt oder es zwar schon vorhanden ist, aber hierzu weitere Publizitätsmerkmale erfüllt werden müssen. Keine dieser Situationen verkörpert die Bestellung des Pfandrechtes an mehreren Sachen.

Beherrschungsgedanke

Zudem sprechen das Prinzip der Absolutheit und die Beherrschungsfunktion des Sachenrechtes nicht nur für mehrere Verfügungen. Sie bedingen auch ihr abgeschlossenes Wirksamwerden. Denn anders als es spiegelbildlich auf der Rechtssubjektseite Konstruktionen gibt, die mehrere selbstständige und auch selbstständig bleibende Rechtssubjekte mittels einer zugelassenen gesellschaftsrechtlichen Form innerhalb eines Rechtsträgers zusammenfassen, ist die Schaffung einer derartigen Einheit der Rechtsobjektseite dem Sachenrecht fremd. Eine solche Einheit auf der Objektseite die ein aliud zu den unter der Einheit versammelten Einzelobjekten darstellt, ist die Sachgesamtheit oder der Vermögensbegriff, den das Sachenrecht als Objekt nicht akzeptiert. Das Sachenrecht lässt, um es spiegelbildlich mit der Rechtssubjektseite zu veranschaulichen, nur Vereinigungen zu, die keine eigene Rechtspersönlichkeit haben. Das ist darauf zurückzuführen, dass für die Rechtssubjektseite im Gegensatz zum Objekt nahezu jede denkbare Konstruktion möglich ist, wenn sie vom Gesetzgeber gewollt ist. Das Gesellschaftsrecht knüpft im Gegensatz zum Sachenrecht mehr an ideelle/geistige und gedankliche Gesichtspunkte an. Das Sachenrecht hingegen geht von der faktischen Beherrschbarkeit einer Sache aus[280]. Im Sachenrecht wird der Bezugspunkt durch die Sache definiert. Mehrere von einem Pfandrecht zur Sicherung derselben Forderung erfasste Sachen sind jedoch nicht einer einheitlichen oder zusammengesetzten Sache vergleichbar. Das käme der oben[281] erörterten Definition des Objektes aus der Perspektive des Rechtes gleich, die das geltende Recht indes nicht kennt.

Gegenstand der Verfügung

Für das Wirksamwerden der Verfügung schon mit Abschluss der Belastung beim einzelnen Grundstück spricht der tatsächliche Gegenstand der Grundpfandrechtsbelastung. Wie oben[282] dargelegt ist genaugenommen nicht die Sache selbst der für die Verfügung maßgebliche Bezugspunkt. Gegenstand der Grundstücksbelastung ist vielmehr das aus dem Eigentum des Sicherungsgebers folgende Recht, sein Grundstück zu verwerten. Dieser Gegenstand stellt ein Minus zum Eigentumsrecht dar. Eine hierauf bezogene Verfügung kann folglich unter dem Blickwinkel der Spezialität nicht anders dogmatisch gestaltet sein, als sie sich für das originäre Vollrecht darstellt. Bei der Übertragung mehrerer Eigentumsrechte an mehreren Grundstücken auf einen Erwerber ist jedoch in Ansehung der Verfügungsspezialität allgemein anerkannt, dass eine der Grundstücksvielheit entsprechende Vielheit von selbstständig wirksam werdenden Verfügungen der Fall ist. Deshalb muss auch die Verfügung am Weniger den selben Weg gehen.

Schuldrecht pro Sachenrecht

Angesichts der Bestimmtheit ist allgemein anerkannt, dass bei sachenrechtlichen Geschäften weitaus mehr Voraussetzungen Rechnung zu tragen ist als im Schuldrecht. Weil die schuldrechtliche Verpflichtung

280 *Soergel-Mühl*, BGB, 12. Aufl., Einl. § 854 Rdn. 6.
281 3., S. 59ff. (68).
282 2., S. 55ff.

der Sache noch nicht so nahe steht, mithin keine abschließende Zuordnung zur Folge hat, reicht im Schuldrecht die Bestimmbarkeit. Im Sachenrecht wird Bestimmtheit gefordert. Selbst im weniger nach Spezialität strebenden Schuldrecht sind sich Rechtsprechung[283] und Lehre[284] darin einig, dass die Gesamtschuld einzeln und abstrakt zu jedem Schuldner begründet wird. A maiore ad minus sollte das im Sachenrecht zutreffen. Der beim schuldrechtrechtlichen Gesamtrecht insofern herrschende Vielheitsgedanke ist daher auch für die sachenrechtliche Verfügung beim Gesamtpfand gerechtfertigt.

Gesamtgrundpfandrecht und Gesamtpfandrecht

Wie schon erwähnt kennt auch das Pfandrecht an beweglichen Sachen die Konstruktion des Gesamtpfandes nach § 1222 BGB. Die bei dieser Rechtsfigur teils noch mögliche Verpfändung von Sachgesamtheiten spricht gegen eine Unterscheidung zwischen anfänglichem – und nachträglichem Gesamtpfand und gegen eine Entstehung erst mit letzter Verfügung. Deutlich wird das bei der Verpfändung eines Depots oder einer räumlich revolvierenden Sachgesamtheit[285]. Infolge der durch den Gesetzgeber enumerativ angeordneten Typenfixierung ist eine unterschiedliche Einordnung des Gesamtpfandes nach anfänglich und nachträglich nicht gerechtfertigt. Zudem gibt der Wortlaut einmal der die Entstehung regelnden §§ 1113ff. BGB und schon gar nicht des die Ungeteiltheit der Pfandhaftung regelnden § 1132 BGB für diese Unterscheidung nichts her. Vielmehr begründet sie einen Strukturwiderspruch zur beim Gesamtpfandrecht nach § 1222 BGB nicht mehr vertretenen Verschiedenartigkeit.

Spezialität der Verfügung beim Untergang

Für das abgeschlossene Wirksamwerden der Einzelverfügungen spricht schließlich spiegelbildlich § 1175 Abs. 1 Satz 2 BGB[286]. Ohne einen dahin lautenden Willen des Gesetzgebers[287] ist es nicht erklär-

283 *BGHZ* 108, 183; 137, 77, 82.

284 *Palandt-Heinrichs*, BGB, 61. Aufl., § 421 Rdn. 9; *Medicus*, Schuldrecht AT, § 69 II. 3., S. 366f.

285 S. u., VII. 5., S. 239ff.

286 Näheres hierzu u., V. 5. a) bb), S. 168f.

287 Protokolle, II, S. 637, s. o. z. B. für die Übertragung oder Belastung eines einmal entstandenen Gesamtpfandes; s. u. VI. 2. a) bb) (3) a. E., S. 196f.

lich, warum im selben Bereich der Verfügung der Austritt speziell geschehen soll und der Eintritt nicht.

Es gibt folglich keinen Grund, beim Gesamtgrundpfandrecht einerseits die Spezialität der Verfügung zu jedem Grundstück anzuerkennen, auf der anderen Seite aber das Wirksamwerden jeder Verfügung von der letzten abhängig zu machen.

Ergebnis: Das schließt zwar nicht aus, dass sich die Summe der einzelnen schon separat wirksam gewordenen Verfügungen zu einem Rechtsgebilde zusammen schließt, das etwas anderes ist, als die bloße Summe mehrerer Einzelhypotheken. Gleichwohl muss ein solches einheitliches Recht nicht einheitlich entstehen. Blieben die Rechte auch nach den einzelnen Verfügungen selbstständig, spräche das erst recht für die durch die Spezialität der Verfügung bedingte Teilentstehung.

d) Die Spezialität des durch die Verfügung entstandenen Rechtes

Die Frage ist, ob sich beim Rechtsverhältnis selbst der für die Verfügung fraglos existierende Spezialitätsgrundsatz fortsetzt.

Bei der Verfügung erfordert er so viele einzelne Verfügungstatbestände, wie selbständige Primärhaftungsobjekte durch das Gesamtpfandrecht belastet werden sollen.

Das spricht für sich allein betrachtet gegen eine Entstehung erst am Ende.

Für den Fall der Anerkennung des Grundsatzes beim entstandenen Gesamtgrundpfandrecht als Erfolg der Verfügung bedeutete das die Existenz von so vielen Einzelrechten, wie Pfandobjekte/Grundstücke vom Verwertungsrecht ergriffen sind.

Das wird von *Westermann* verneint[288]. Er vertritt die Auffassung, dass ein Spezialitätsgrundsatz mit dem Inhalt, jeder Einzelsache müsse auch ein einzelnes dingliches Recht entsprechen, dem geltenden Sachenrecht nicht immanent sei. Das Sachenrecht kenne nur die

288 *Westermann*, Sachenrecht, S. 775.

Spezialität der Verfügung. Gegen diese werde bei der Gesamtpfandrechtsbestellung nicht verstoßen, weil sie so viele Verfügungen erfordere und beinhalte, wie Grundstücke oder Bruchteile nach § 1114 BGB haften. Dass die Spezialität des Rechtes selbst dem Sachenrecht des BGB unbekannt sei, werde schon am Beispiel der sich oftmals auf mehrere Zubehörstücke erstreckenden Einzelhypothek deutlich[289]. Existierte ein solcher Grundsatz, müsste selbst die Einzelhypothek in so viele Rechte zerteilt werden, wie Inventargegenstände auf dem belasteten Grundbesitz vorhanden sind[290].

Angesichts dieser Zubehörargumentation wird die Frage aufgeworfen, ob die Lösung des Spezialitätsproblems für das Recht selbst überhaupt zur Beantwortung der Entstehungsfrage geeignet ist. Schon oben wurde die Feststellung getroffen, dass selbst für den Fall der Annahme eines einzigen Rechtes an mehreren Einzelsachen und damit der Verneinung der Spezialität des Rechtes eine Sukzessiventstehung keinesfalls ausgeschlossen ist. Das wird gerade bei der Erfassung mehrerer Einzelzubehörstücke durch ein einziges Grundpfandrecht deutlich.

Selbst wenn das Gesamtpfandrecht wirklich nur ein einziges Recht sein sollte, liegt es nahe, dass es sich so zusammenfügen kann, wie es sich spiegelbildlich nach § 1175 Abs. 1 Satz 2 BGB auflöst.

Umgekehrt ist für den Fall der Annahme der Spezialität des Rechtes nicht gesagt, dass mehrere Zweigrechte nicht etwa durch Parteiabrede (§ 873 Abs. 1 BGB) zu einem einheitlichen Zeitpunkt insgesamt entstehen sollen. Das wird vernünftigerweise aber nur dann zutreffen, wenn hierzu ein nachvollziehbares und legitimes Interesse wenigstens einer Vertragspartei des Sicherungsgeschäftes ersichtlich wird. Generell wird deshalb davon auszugehen sein, dass mehrere Rechte einzeln entstehen.

Dass die Spezialität des Rechtes scheinbar keinen sicheren Rückschluss auf die Entstehung zulässt, kann auch daran liegen, dass die Entstehung sachnäher durch die Spezialität der Verfügung charakterisiert wird. Denn die Belastung eines Grundstückes und damit auch

289 *Staudinger-Scherübl*, BGB, 12. Aufl., § 1132 Rdn. 2.

290 So auch: *Metz*, Gesamthypothek auf Miteigentumsanteilen, S. 15 a. E.

der Zeitpunkt der Vollendung des Belastungstatbestandes ist nach der Legaldefinition des § 873 Abs. 1 BGB eine Frage der Verfügung.

Zur Beantwortung der Entstehungsfrage ist es gleichwohl förderlich, die Natur des Gesamtgrundpfandrechtes unter dem Gesichtspunkt der Spezialität des Rechtes selbst zu klären.

Sollte sich nämlich herausstellen, dass jedem einzelnen Grundstück ein einzelnes Verwertungsrecht im Gesamtverband entspricht, liegt eine Einzelentstehung sehr nahe. Denn die oben herausgearbeitete Interessenlage vor dem Hintergrund des Wesens des Gesamtpfandes und des Pfandrechtes i. w. S. überhaupt zeigte, dass kein vernünftiger Grund für eine Entstehungsverknüpfung vorliegt.

Andererseits wäre bei Nichtbestätigung der Spezialität des Rechtes weiter zu überprüfen, ob der einheitliche Organismus des Rechtes nicht aufgeteilt zur Entstehung gelangen kann.

Mit der Spezialität des Rechtes selbst wäre aber nicht der Rückschluss gerechtfertigt, dass dann ein dingliches Gesamtrecht als wesensverschiedenes Gebilde im Vgl. zu mehreren Einzelrechten ausgeschlossen ist. Das wiederum ist nur eine Frage der Definition des Gesamtgrundpfandrechtes. Ein solcher Ausschluss des Gesamtrechtes infolge der Spezialität ist nur dann die richtige Konsequenz, wenn die Besonderheit des Gesamtpfandes allein darin erblickt würde, dass es sich um ein einziges Recht handele. Läge die Eigenart jedoch wie bei der Gesamtschuld nur in der Zusammenfassung mehrerer Einzelrechte aufgrund der einheitlichen Zweckrichtung, erlangte es dennoch eine eigene Bedeutung und liefe der Spezialität des Verfügungserfolges nicht zuwider.

Gegen eine zwingende Übertragung/Erweiterung des Spezialitätsgedankens von der Verfügungsebene auf das entstandene Recht als Verfügungserfolg spricht das Vorhandensein von Situationen in der Rechtswirklichkeit, die trotz einer Mehrheit von Verfügungen zu einem einzigen Recht führen.

Insofern eröffnet sich der Gedanke an den sukzessiven Eintritt verschiedener Einzelzubehörstücke in den Haftungsverband einer Singularhypothek[291] oder die Veräußerung eines Grundstückes durch zwei hälftige Bruchteilseigentümer an einen Erwerber, der als Ergebnis der beiden Verfügungen ein Eigentumsrecht am Grundstück erwirbt[292]. Eine ähnliche Situation ist für das Grundpfandrecht im Konsolidations-Tatbestand des § 1178 Abs. 1 Satz 1 BGB zu sehen.

Allerdings stellen derartige Konstellationen zu vernachlässigende Ausnahmen dar, die nicht verallgemeinerungsfähig und schon gar nicht mit einem Pfandrecht an mehreren Grundstücken oder beweglichen Sachen zu vergleichen sind.

Zubehörhaftung

So ist die Haftung der Zubehörstücke für die Einzelhypothek nach § 1120 BGB nur darauf zurückzuführen, dass der Gesetzgeber bestimmten an sich zwar selbständigen und sonderrechtsfähigen Inventargegenständen eine rechtlich unselbständige Bedeutung beigemessen hat. Denn sie dienen dem Zweck der Hauptsache und das Grundstück selbst würde ohne sie möglicherweise einen wesentlichen Teil seines wirtschaftlichen und funktionellen Wertes verlieren. Ausschließlich wegen dieser Zweckbestimmung ordnete der Gesetzgeber die Zubehörstücke dem Haupthaftungsobjekt zu[293], so dass sich das dingliche Verwertungsrecht hierauf erstrecken kann. Zudem ist die Argumentation von *Westermann*[294, 295] deshalb nicht überzeugend, weil bei der Beurteilung des dinglichen Grundpfandrechtes nur gleiche, nicht aber ungleiche Rechtsobjekte miteinander verglichen werden können. Insofern betont *Wolf*[296] zu Recht, dass an einem Zubehörstück gar keine Hypothek oder Grundschuld durch den Gesetzgeber zugelassen wurde. Zudem ist durch die Rechtslehre noch nicht hinreichend geklärt worden, ob alle Zubehörstücke tatsächlich von einem einzelnen Recht erfasst werden, oder ob nicht etwa mehrere Einzelpfandrechte nach §§ 1204, 1222 BGB analog zu bejahen sind. Denn der Gläubiger vermag in Anbetracht jedes einzelnen

291 *Westermann*, Sachenrecht, S. 775.

292 *Baur*, ZZP 76, S. 98 Fn. 4, das grundsätzlich entstehende Alleineigentum erweist sich als ein einziges Recht.

293 *Staudinger-Wolfsteiner*, BGB, 13. Aufl., § 1120 Rdn. 1.

294 *Westermann*, Sachenrecht, S. 775.

295 Siehe auch: *Staudinger-Scherübl*, 12. Aufl., § 1132 Rdn. 2.

296 *Wolf*, Gesamtrechte, S. 29f., 208 Fn. 581a.

Zubehörstückes etwa sein absolutes Abwehrrecht nach § 1135 BGB i. V. m. § 1134 BGB gegenüber jedermann geltend zu machen, ohne dass dabei eine Abhängigkeit des Rechtes an anderen mithaftenden Gegenständen zu bejahen wäre. Im übrigen kann schon anhand der das jeweilige dingliche Recht prägenden Befugnis beurteilt werden, warum bei einer Einzelhypothek mit noch so vielen Zubehörgegenständen nur ein *Grund*pfandrecht zu bejahen ist. Denn in ein Zubehörstück kann der Grundpfandrechtsberechtigte nicht die Duldung der Zwangsvollstreckung in das Grundstück betreiben oder die Zwangsversteigerung oder Zwangsverwaltung beantragen. Die öffentliche Verwertung des Grundbesitzes bezieht das Zubehör nur ein, §§ 20 Abs. 1, 55 Abs. 1 ZVG, § 1120 BGB – Eigenzubehör –; § 55 Abs. 2 ZVG – Fremdzubehör –.

Veräußerung zweier Miteigentumsanteile

Im Falle der Vereinigung mehrerer Miteigentumsanteile von unterschiedlichen Rechtsträgern in einer Person versteht sich gerade mit letzterer Begründung von selbst, warum ein einziges Recht das Ergebnis mehrerer Verfügungen darstellt. Ohne Vorliegen besonderer Umstände des Einzelfalles (zum Beispiel Vorliegen von Wohnungseigentum) besteht für den Erwerber – aber auch für die Rechtsordnung – kein vernünftiges Interesse, sein Eigentumsrecht an einer einzigen Sache in unterschiedliche Bruchteile aufzugliedern. Macht er etwa subjektiv dingliche Rechte aus seinem Vollrecht geltend, kann er dies nur in Ansehung des gesamten Grundstückes tun.

Der oben beim Gegenstandsbegriff erläuterte Beherrschungsgedanke verlangt zu einer Sache grds. nur ein dingliches Recht. Beim Gesamtgrundpfandrecht hingegen ist es wie bei der Spezialität der Verfügung dargestellt im Interesse der Objektivität des Sachenrechtes und der Rechtssicherheit sinnvoll, jedem Grundstück ein Recht zuzuordnen.

Konsolidation

Schließlich kann dem § 1178 Abs. 1 Satz 1 BGB keine Vorbildfunktion zugesprochen werden. Im Grundstücksrecht gilt vielmehr der Grundsatz des § 889 BGB.

Prinzipiell kann daher aus diesen Sondersituationen nicht gefolgert werden, dass die Spezialität nur im Bereich der Verfügung, nicht aber beim Verfügungserfolg Geltung entfaltet.

Für den Normalfall, in dem es nach der Verfügung bei der Gestalt des ursprünglichen Rechtsobjektes bleibt und das zu beurteilende dingliche Rechtsverhältnis auch an jedem Objekt als Singularrecht vom Gesetzgeber zugelassen wurde, hängt die Bewährung des Spezialitätsprinzips in dem Sinne, dass jedem Rechtsobjekt ein dingliches Recht entspricht, maßgeblich von den Befugnissen ab.

Die aus dem Recht fließenden dinglichen Befugnisse, wegen derer das Recht ausschließlich konstituiert wurde, können einmal zu jedem einzelnen Rechtsobjekt in Unabhängigkeit vom Rechtsverhältnis in Ansehung des übrigen Primärhaftungsverbandes funktionieren.

Zum anderen können die Befugnisse nur Ausdruck der einheitlichen Gesamtheit sein.

Mit der Feststellung mehrerer separater Befugnisse wäre auf die Spezialität des Rechtserfolges zu schließen und demnach mit Sicherheit ferner auf die Sukzessiventstehung der im Gesamtrecht unter einer Erfüllungsgemeinschaft vereinigten Einzelrechte. Dann wäre es unter Ausschluss jeden Zweifels für das Pfandrecht nicht nachweisbar, dass die Gültigkeit eines Rechtsverhältnisses von der Erfüllung von Rechtsentstehungstatsachen eines anderen Rechtsverhältnisses abhängig ist.

Um aber die oben angesprochene Entstehung eines von der Summe mehrerer Einzelpfandrechte völlig unterschiedlichen Rechtsgebildes auszuschließen, wird die nachstehende Betrachtung erforderlich. Diese zeigt, dass die Spezialität des Verfügungserfolges nicht aus sich heraus beantwortet werden kann und veranschaulicht den fließenden Übergang sowie den oben beschriebenen gemeinsamen Ausgangspunkt von Spezialität und Absolutheit.

5. Folgerungen aus der Absolutheit des Gesamtgrundpfandrechtes

Die Frage ist, für welche Struktur des Gesamtpfandrechtes an Grundstücken die aus ihm entspringenden absolut wirkenden Befugnisse des Gläubigers sprechen.

a) Folgerungen aus der Struktur des Verwertungsrechtes

Die aus der Hypothek und der Sicherungsgrundschuld fließende wesensspezifische Befugnis, deren Qualität einen Rückschluss auf den Organismus des für sie verantwortlichen Rechtes zulassen muss, ist das Recht des Gläubigers, im Rahmen eines hoheitlich geordneten Zwangsversteigerungs- (§§ 15ff. ZVG) oder Zwangsverwaltungsverfahrens (§§ 146ff. ZVG) die Verwertung des haftenden Grundstückes zum Zwecke der Forderungserfüllung zu betreiben. Beim Antrag ist ein Hinweis auf die Mithaft nicht erforderlich[297].

Die entscheidende Grundlage für die Art der Inanspruchnahme der mehreren Grundstücke ist das Wahlrecht des Gläubigers nach § 1132 Abs. 1 Satz 2 BGB. Diese Vorschrift beschreibt die Befugnis des Gläubigers folgendermaßen:

§ 1132 Abs. 1 Satz 2 BGB:

> *„Der Gläubiger kann die Befriedigung nach seinem Belieben aus jedem der Grundstücke ganz oder zu einem Teile suchen."*

Das Gesetz bringt mit dem Wahlrecht zum Ausdruck, dass der Gläubiger zu jedem haftenden Grundstück über eine einzelne Verwertungsbefugnis verfügt. Er ist weder gezwungen, auf eine gleichmäßige Inanspruchnahme des gesamten Grundbesitzes zu achten[298]. Noch muss er sich durch einen Eigentümer die Einrede der Teilung oder Mithaft anderer Grundstücke entgegenhalten lassen[299]. Die Gesamthypothek wird bei der Versteigerung nur eines der haftenden Grundstücke voll[300] – ohne Rücksicht auf die Mithaft anderer Grundstücke

[297] *Zeller/Stöber*, ZVG, § 44 Rdn. 5 Anm. 5.9.
[298] *Stöber*, Zwangsvollstreckung, Rdn. 259.
[299] *Staudinger-Wolfsteiner*, BGB, 13. Aufl., § 1132 Rdn. 52.
[300] Ausnahme: § 64 ZVG, *Zeller/Stöber*, ZVG, § 63 Rdn. 2.

– in das geringste Gebot aufgenommen[301]. Nach Zuschlag kann durch Verteilung des Rechtes das Beschlagnahme-Grundstück in Einzelhaftung genommen werden, § 1132 Abs. 2 BGB[302].

Auch bei der Zwangsverwaltung setzt sich diese Unabhängigkeit fort[303].

Im Wesentlichen vollzieht sich diese Verwertungsprozedur in zwei Stufen. Zunächst ist der Gläubiger auf die Erlangung eines dinglichen Duldungstitels nach § 1147 BGB beziehungsweise § 1192 Abs. 1 BGB angewiesen. Steht ihm dieser zur Verfügung, kann er auf der zweiten Stufe die Zwangsversteigerung oder Zwangsverwaltung nach Maßgabe der Vorschriften des ZVG einleiten[304].

Haften dem Gläubiger mehrere Grundstücke, kann er sich in Konsequenz seines Wahlrechtes nach § 1132 Abs. 1 Satz 2 BGB aussuchen, bezüglich welches Grundstückes er den jeweiligen Eigentümer verurteilen lassen möchte, die Zwangsvollstreckung wegen seiner Forderung zu dulden.

Insofern ergibt sich in keiner Weise eine Abhängigkeit der Rechtsdurchsetzung von etwaigen Verwertungsrechten bezüglich anderer mithaftender Grundstücke, so dass das prägende Verwertungsrecht nicht Ausfluss eines wesensverschiedenen Gesamtrechtes sein kann.

Der Gläubiger ist nicht etwa auf eine notwendige gemeinschaftliche Klage gegen alle Sicherungsgeber angewiesen (§ 62 Abs. 1 2. Alt. ZPO[305]). Genauso wenig könnte das streitige Rechtsverhältnis in Ansehung aller Beklagter nur einheitlich festgestellt werden (§ 62 Abs. 1 1. Alternative ZPO[306]), sofern sich der Gläubiger für eine gleichzeitige Duldungsklage gegen die Eigentümer entschieden hätte,

[301] *Stöber*, Zwangsvollstreckung, Rdn. 259; *Zeller/Stöber*, ZVG, § 44 Rdn. 5 Anm. 5.9.

[302] *Stöber*, Zwangsvollstreckung, Rdn. 259.

[303] *Haarmeyer/Wutzke/Förster/Hintzen*, Zwangsverwaltung, § 156 Rdn. 4 a.E.; *Stöber*, Zwangsvollstreckung, Rdn. 656.

[304] *Staudinger-Wolfsteiner*, BGB, 13. Aufl., § 1147 Rdn. 34.

[305] Sog. notwendige Streitgenossenschaft aus materiellem Grunde.

[306] Sog. notwendige Streitgenossenschaft aus prozessualem Grunde.

denn es gibt keine Grundlage für eine Rechtskrafterstreckung. Vielmehr vermag sich der Lebenssachverhalt in Ansehung der unterschiedlichen Streitgenossen auf der Passivseite so unterschiedlich gestalten, dass der Gläubiger bezüglich des einen Eigentümers durchdringt und bezüglich des anderen nicht. Würde das dingliche Gesamtrecht tatsächlich eine Ausnahme vom oben aufgestellten Grundsatz dergestalt darstellen, dass die eine Rechtsbeziehung an einem Rechtsobjekt zugunsten einer solchen an mehreren selbständigen Objekten aufgelöst würde, wäre eine einheitliche Sachentscheidung die denknotwendige Konsequenz. Umgekehrt spricht eine nur einfache Streitgenossenschaft für eine selbst innerhalb des Gesamtrechtes übrig gebliebene separate dingliche Rechtsbeziehung zu jedem vom Gesetz zugelassenen Primärhaftungsobjekt, die zivilprozessual zwar durch identische Anträge, indes durch unterschiedliche Lebenssachverhalte gekennzeichnet ist. Deshalb müsste sich der Gläubiger nicht den Einwand der anderweitigen Rechtshängigkeit nach § 261 Abs. 3 Nr. 1 ZPO oder gar den Einwand der entgegenstehenden Rechtskraft nach § 322 Abs. 1 ZPO entgegenhalten lassen, sofern er bereits eine Duldungsklage rechtshängig gemacht oder gar erfolgreich durchgesetzt hat und bezüglich eines weiteren Grundstückes gerichtliche Schritte einzuleiten gedenkt. Dem steht nicht die Begründung einer einheitlichen örtlichen Zuständigkeit für den Fall, dass der Gläubiger alle Grundstücke in Anspruch nehmen sollte[307], entgegen[308].

Auch die in der Kreditsicherungspraxis eine Klage nach § 1147 BGB vermeidende dingliche Zwangsvollstreckungsunterwerfung auf der Grundlage von § 794 Abs. 1 Nummer 5 ZPO kann zu einem haftenden Grundstück erklärt werden und zum anderen nicht. Unterwerfen sich mehrere Eigentümer der Zwangsvollstreckung in ihren Grundbesitz, handelt es sich nicht um eine einzige Vollstreckungsgrundlage, sondern um so viele Titel, wie Erklärende bzw. Grundstücke vorhanden sind[309].

Die Selbständigkeit des Verwertungsrechtes bezüglich jedes einzelnen Grundstückes ist es auch, die das Verwertungsrecht in Ansehung des

[307] *Thomas/Putzo*, ZPO, 24. Aufl., § 36 Rdn. 19.
[308] *RGZ* 143, 295.
[309] *BGHZ* 26, 344, 348.

Eigentumsrechtes eines Sicherungsgebers von der Eröffnung des Insolvenzverfahrens über das Vermögen eines weiteren Sicherungsgebers unberührt lässt.

Wäre die Verwertungsbefugnis zu jedem mithaftenden Grundstück nur Ausdruck eines einzigen dinglichen Gesamtrechtes, müsste etwa das Einstellungsrecht des Insolvenzverwalters (§ 30d ZVG) einen Einfluss auf nicht von der Insolvenzmasse und vom Insolvenzbeschlag ergriffene Grundstücke haben. Ebenso müssten folgerichtig Prozesse nach § 1147 BGB unterbrochen (§ 240 ZPO) werden, die nicht die Insolvenzmasse berühren. Denn ein einziges Recht kann nur einheitlich geltend gemacht werden.

Die aus dem Gesamtgrundpfandrecht fließende und dieses prägende Verwertungsbefugnis spricht folglich gegen ein einziges Recht.

Der Rückschluss auf ein einziges Recht wäre nur gerechtfertigt, wenn die auf dieses zurückzuführende Rechtsdurchsetzung auch einheitlich erfolgen würde. Das ist bspw. im schweizerischen Recht durch Art. 816 Abs. 3 ZGB angeordnet, der im Gegensatz zu § 1132 Abs. 1 Satz 2 BGB die gleichzeitige Verwertung aller Grundstücke verlangt[310].

b) Folgerungen aus der Vermutungsregelung

Es fragt sich, welche Folgerungen sich aus der Vermutungsregelung des § 891 BGB herleiten lassen.

§ 891 BGB ist geeignet, über die Struktur des dinglichen Rechtes Aufschluss zu geben, zumal der Zweck der Vermutungsregelungen der §§ 1006, 891 BGB gerade darin besteht, die Durchsetzung des Rechtes zu gewährleisten und zu erleichtern[311].

Auf der Grundlage von § 891 Abs. 1 BGB – Positivvermutung –, wird vermutet, dass jemanden ein Recht zusteht, sofern es für ihn im Grundbuch eingetragen ist.

[310] *Wolf*, Gesamtrechte, S. 48 Fn. 144.
[311] *Palandt-Bassenge*, BGB, 61. Aufl., § 1006 Rdn. 1.

Nach einhelliger Ansicht ist dabei als Grundlage der Vermutung zwar die Summe aller Spalten eines Grundbuchblattes, mithin das gesamte Grundbuchblatt, auf dem das Grundstück gebucht ist, geeignet. Das Grundbuchblatt stellt andererseits aber auch die Grenze dar, um auf ihm vollzogene Eintragungen als positiv richtig zu vermuten[312].

Das bedeutet, dass ein Gesamtgrundpfandrecht als solches nie nach § 891 Abs. 1 BGB vermutet werden kann, sofern die belasteten Grundstücke auf unterschiedlichen Blättern oder gar Büchern verschiedener Grundbuchbezirke eingetragen sind und das Gesamtpfand tatsächlich ein einziges Recht darstellte.

Sofern es als einziges Recht an mehreren Objekten eingestuft wird und jegliches Recht erst dann zur Entstehung gelangt, sobald die Vollendung der letzten Objektsverfügung nachgewiesen ist, muss die Positivvermutung nach § 891 Abs. 1 BGB gleichermaßen betrachtet werden. Das bedeutete, dass ein Blick auf das Blatt eines einzigen vom Pfandverband ergriffenen Grundstückes das Bestehen des Pfandrechtes im übrigen nachzuweisen geeignet sein müsste.

Das aber ist denknotwendig ausgeschlossen.

Denn selbst wenn ein Mithaftvermerk nach § 48 GBO auf diesem Grundbuchblatt enthalten ist, schließt dieser nicht aus, dass das Pfandrecht auf dem in Bezug genommenen Blatt tatsächlich nicht eingetragen wurde. Nur die Eintragung auf dem anderen Blatt als solche ist in der Lage, eine Vermutung für das Pfandrecht insofern zu liefern. Jedes Grundbuchblatt führt zu einer separaten Vermutung. Andernfalls würde die nicht tragbare Rechtsfolge eintreten, dass eine Vermutung (§ 891 BGB) und damit ein Redlichkeitserwerb (§ 892 BGB) eines Pfandrechtes möglich wären, dass zwar durch ein anderes Grundbuchblatt erwähnt wurde, tatsächlich aber nicht eingetragen war. Deshalb fordert auch die ganz herrschende Meinung, einen gutgläubigen Erwerb stets nur in Ansehung der einzelnen Sache zuzulassen[313].

312 *Palandt-Bassenge*, BGB, 61. Aufl., § 891 Rdn. 3.
313 Statt vieler: *Staudinger-Dilcher*, BGB, 12. Aufl., Vorbem. zu § 90 Rdn. 17.

Es kommt folglich gar nicht darauf an, ob dem Mithaftvermerk nach § 48 GBO eine konstitutive[314] oder nur deklaratorische[315] Bedeutung zuerkannt wird und ob der Anwendungsbereich neben konstitutiv eingetragenen Tatsachen[316] zudem für deklaratorische Eintragungen[317] eröffnet ist. Denn diese Eintragungen können denknotwendig jedenfalls nur von dem Blatt einen Rückschluss auf die tatsächliche materielle Rechtslage an dem Grundstück zulassen, das gerade auf diesem Blatt eingetragen ist. Nicht denkbar ist eine Vermutungsverbindung von Blatt zu Blatt. Sie würde die Publizitätswirkungen des Grundbuches übergebühr erweitern. Die Grenze bildet das einzelne Blatt. Diese Erkenntnis ist für das subjektiv dingliche Recht, bei dem gleichermaßen eine Verbindung von Blatt zu Blatt denkbar wäre, längst gesichert[318]. Bei ihm kommt es zur Beurteilung der Vermutung immer nur auf das Blatt des belasteten Grundstückes an[319]. Eintragungen auf anderen Blättern, die gleichwohl durch das Grundbuch des belasteten Grundstückes und das an ihm haftende Recht genannt werden, können nicht das Recht insofern vermuten. Als Beispiel ist die Grunddienstbarkeit zu nennen, die auf dem herrschenden Grundstück eingetragen ist, nicht aber auf dem dienenden Grundbesitz. Obwohl die Eintragung auf dem herrschenden Grundstück das Blatt des dienenden Grundstückes in Bezug nimmt und auch das dingliche Recht an ihm bezeichnet, kann das Recht am dienenden Grundstück nicht nach § 891 Abs. 1 BGB vermutet werden. Das ist allein mit der Begrenzung der Vermutungswirkung auf das einzelne Blatt und das auf ihm eingetragene einzelne Grundstück, der Maßgeblichkeit allein des Blattes des Belastungsobjektes sowie der dort nicht erfolgten Eintragung zu begründen. Das hat im Beispielsfall zur Folge, dass ein lastenfreier Redlichkeitserwerb des dienenden Grundstückes möglich ist. Umgekehrt reicht zum gutgläubigen Erwerb der Dienstbarkeit allein die Eintragung auf dem herrschenden Grundstück nicht aus[320].

314 So etwa: *Staudinger-Wolfsteiner*, BGB, 13. Aufl., § 1132 Rdn. 9.
315 So die h.M.: statt vieler: MünchKomm-*Eickmann*, BGB, § 1132 Rdn. 47; OLG *Düsseldorf*, Beschl. v. 4.4.1973 – 3 W 5/73 –, DNotZ 1973, 613f.
316 *Wolf*, Gesamtrechte, S. 57.
317 Motive, III, S. 151.
318 *Palandt-Bassenge*, BGB, 61. Aufl., § 891 Rdn. 3, § 892 Rdn. 11.
319 *BayObLG* NJW-RR 1987, 789.
320 *BayObLG* NJW-RR 1987, 789.

Wird dennoch die Unterscheidung zwischen deklaratorischen und konstitutiven Charakter des Mithaftvermerkes als entscheidungserheblich zugrunde gelegt, würde damit auch die Unmöglichkeit der Vermutung eines Gesamtrechtes einhergehen, so es tatsächlich ein einziges Recht an mehreren Grundstücken wäre[321].

Soweit nämlich der Standpunkt vertreten wird, § 891 BGB beziehe sich nur auf Eintragungen konstitutiver Natur, könnte auch auf diesem Wege keine Verbindung zu den weiteren mithaftenden Grundstücken hergestellt werden.

Insofern verneint *Wolf* zu Recht die Möglichkeit der Vermutung des Gesamtrechtes als solchen mit nachstehender Begründung:

> *„Der Mithaftvermerk des § 48 GBO weist lediglich zum Schutz der Eigentümer sowie Gleich- und Nachberechtigter auf die Besonderheit hin, daß alle Hypotheken nur die Erzielung ein und desselben Betrags sicherstellen sollen. Der Mithaftvermerk verlautbart also nicht unmittelbar selbst das Bestehen eines dinglichen Rechtes sondern verweist nur auf einen Eintrag über ein dingliches Recht. Die Gesamthypothek als solche ist … im Grundbuch nicht eingetragen."*[322]

Selbst bei Maßgeblichkeit des Mithaftvermerkes im Rahmen von § 891 Abs. 1 BGB, ist nicht der fragwürdige aber durch den einheitlichen Entstehungsgedanken verursachte[323] Nachweis geführt, dass nicht noch andere Grundstücke existieren, die anfänglich nach dem Willen der Parteien in den Gesamtpfandverband eintreten sollen. Denn der Wortlaut des § 891 Abs. 1 BGB ermöglicht keine Negativvermutung und § 891 Abs. 2 BGB ist weder unmittelbar noch analog anwendbar, zumal er ein zunächst im Grundbuch eingetragenes Recht voraussetzt. Das hat *Wolf*[324] zutreffend nachgewiesen. Auch über die Bezugnahme auf die Eintragungsbewilligung nach § 1115 Abs. 1 2. HS BGB kann der durch die h.A. ausgelöste Negativnachweis über § 891 Abs. 1 BGB allgemeingültig nicht erbracht werden, weil selbst mehrere anfängliche Grundpfandrechte für ein und die-

[321] *Wolf*, Gesamtrechte, S. 57.

[322] *Wolf*, Gesamtrechte, S. 57.

[323] Hierzu und zu anderen verursachten Unsicherheiten der einheitlichen Entstehung, s.o., S. 75ff.

[324] Gesamtrechte, S. 57f.

selbe Forderung, die nicht unzulässig sind, sondern nur wegen ihrer Erfüllungsgemeinschaft in die Gattung des Gesamtgrundpfandrechtes fallen, durch unterschiedliche Bewilligungen unabhängig voneinander erfolgen können.

Soll nicht dem Gesamtrechtsinhaber die Erleichterung seiner Rechtsdurchsetzung mit Hilfe der Vermutungsregelung des § 891 Abs. 1 BGB verwehrt werden, muss folglich die Spezialität des Gesamtpfandes unterstellt werden. Die Publizitätsvorschriften der §§ 891 und 892 BGB beweisen, dass der Gesetzgeber jedem Grundstück ein dingliches Recht zuordnen wollte.

c) Folgerungen aus dem Grundbuchberichtigungsanspruch

Der mit negatorischen Charakter ausgerüstete Grundbuchberichtigungsanspruch nach § 894 BGB, der für dingliche im Grundbuch eingetragene Rechte nur eine besondere Form der aus dem absoluten Recht fließenden Störungsbeseitigung (§ 1004 Abs. 1 Satz 1 BGB) durch Berichtigungsbewilligung darstellt[325], spricht ferner dafür, dass trotz der Gesamtrechtskonstruktion nach § 1132 BGB der das Sachenrecht kennzeichnende Grundsatz der Zuordnung jeweils eines dinglichen Rechtsverhältnisses zu einem Rechtsobjekt nicht außer Kraft gesetzt wird.

Auch im Rahmen der Grundbuchberichtigung ist das Rechtsverhältnis nur in Ansehung des betroffenen Grundstückes nachzuweisen. Die Vermutungsregelung des § 891 BGB greift nicht bezüglich des Gesamtrechtes[326]. Ist das Recht des Gläubigers durch eine Falscheintragung bei mehreren Haftungsobjekten beeinträchtigt, muss der Grundpfandrechtsberechtigte in Gestalt von genauso vielen Grundbuchberichtigungsansprüchen der Störung entgegentreten. Eine notwendig einheitliche Sachentscheidung ist kein Erfordernis; vielmehr kann der Gläubiger mit Blick auf die Störungsbeseitigung an dem einen Grundstück Erfolg haben und am anderen nicht.

Wird bspw. ein Grundstück des Haftungsverbandes auf ein durch das Grundbuchamt neu angelegtes Blatt übertragen und dabei versehent-

[325] *Baur/Stürner*, Sachenrecht, S. 173.
[326] S. o., S. 91 ff.

lich das daran haftende Grundpfandrecht durch Nicht-Mitübertragung auf das neue Blatt gelöscht (§ 46 Abs. 2 GBO), muss der betroffene Gläubiger nur zu diesem Grundstück nachweisen, dass die Löschung nicht auch eine materiell-rechtliche Grundlage hat (z. B.: § 1175 Abs. 1 Satz 2 BGB). Geschah die Löschung an mehreren Grundstücken, können die einzelnen Zweigrechte dadurch materiellrechtlich abschließend gestaltet werden, dass bei einem Grundstück der Eigentümer ein zweites Mal einem redlichen Dritten ein erstrangiges Grundpfandrecht bestellt oder ein inzwischen eingetragener Zwangssicherungshypothekar sein Recht an einen redlichen Dritten rechtsgeschäftlich abgetreten hat. Hingegen kann beim anderen Grundstück der Redlichkeitserwerb der besseren Rangstelle deshalb scheitern, weil der zweite Erwerber vom bereits bestehenden erstrangigen Recht positive Kenntnis hatte oder im zweiten Falle es beim nur hoheitlichen Erwerb des Sicherungsgrundpfandrechtes geblieben ist. Der gutgläubige Erwerb bestimmt sich jeweils für das einzelne Grundstück[327]. Eine geordnete Beurteilung dieser unterschiedlichen Schicksale kann nur durch die oben dargestellte Abstraktion erreicht werden.

d) Folgerungen aus sonstigen Schutz- und Abwehrrechten

Die vorstehenden Ausführungen gelten sinngemäß für die spezifisch dem Gläubiger zur Verfügung stehenden Schutz- und Abwehrrechte aus §§ 1134 Abs. 1 und 2, 1135 BGB für die Fälle einer die Sicherheit gefährdenden Verschlechterung des Haftungsobjektes durch Einwirkungen Dritter oder des Sicherungsgebers und der nicht ordnungsgemäßen Verschmälerung oder Verschlechterung des in den Zubehörstücken zu sehenden Sekundärhaftungsverbandes.

Ergebnis: Die aus dem Gesamtgrundpfandrecht fließende wesenstypische Verwertungsbefugnis und die aus ihm erwachsenen absoluten Schutz- und Abwehrrechte lassen den Rückschluss zu, dass die Quelle dieser dinglichen Befugnisse durch spezielle Rechtsverhältnisse an den einzelnen Grundstücken geprägt wird. Diese sind nur aufgrund ihrer selben Zielrichtung in einem einheitlichen Gesamtpfandverband vereinigt.

[327] *Staudinger-Dilcher*, BGB, 12. Aufl., Vorbem. zu § 90 Rdn. 17.

Auf der Grundlage der Betrachtung der aus dem Gesamtrecht abgeleiteten absoluten Rechte ist mithin die regelmäßige Annahme der Spezialität des dinglichen Rechtsverhältnisses als Erfolg auf die spezielle Verfügung zu jedem haftenden Grundstück bestätigt worden. Anders etwa als das oben angesprochene Beispiel der Entstehung von Alleineigentum in der Hand eines Rechtsträgers durch Verfügungen zweier Bruchteilsberechtigter bleibt das Verwertungsrecht des Grundpfandrechtsberechtigten auch nach Eintritt der mehreren Grundstücke in den Verband der ungeteilten Pfandhaftung zu jedem Haftungsobjekt selbständig. Der Berechtigte ist nicht darauf angewiesen, zu welchem Zweck auch immer (Verwertung, Vermutung, Redlichkeitserwerb, Grundbuchberichtigung, Unterlassung), nur mit der Gesamtheit als solcher zu arbeiten. Die verschiedenen Entwicklungsmöglichkeiten des Verwertungsrechtes erfordern zum Zwecke der durch den Bestimmtheitsgrundsatz verfolgten Rechtsklarheit und Rechtssicherheit die Abgrenzbarkeit der dinglichen Rechte an den Grundstücken. Diese wird auf der Grundlage der dargestellten Befugnisse nur durch einzelne Rechte an einzelnen Sachen gewährleistet.

6. Zusammenfassung

Die Strukturprinzipien und Sachenrechtsgrundsätze sprechen nicht nur für eine aufgeteilte Entstehung. Sie legen gar eine Vielheit von Verwertungsrechten nahe. Die Einzelsache als Objekt lässt zwar offen, wie das Recht an ihr aussehen muss. Die in der Beherrschbarkeit liegende Begründung des möglichen Rechtsobjektes deutet jedoch den Satz „eine Sache, ein Recht" an. Die Vielheit der selbständig wirksam werdenden Verfügungen und des hierdurch entstandenen Rechtes kann aus dem Charakter des beschränkt dinglichen Rechtes entnommen werden. Das „Weniger", das aus dem „Mehr" ausgeschnitten wird und kein aliud darstellt, kann nicht anders aussehen als der Ursprung. Bei der Rechtsentstehung wirkt die Spezialität der Verfügung uneingeschränkt und gestaltet den Belastungsvorgang ebenso wie den Untergang des Rechtes nach § 1175 Abs. 1 Satz 2 BGB. Der gegenteilige Gedanke an die Entstehung erst am Ende birgt zahlreiche Unsicherheiten insbesondere bei Einwendungen und unabhängigen Pfanderstreckungen in sich. Die aus dem Gesamtgrundpfandrecht fließenden absoluten dinglichen Befugnisse sprechen schließlich für eine Vielheit von Rechten, die allerdings ein gleiches Schicksal haben

V. Die teleologische Auslegung des § 1132 BGB

Es fragt sich, inwieweit die Entstehung des Gesamtgrundpfandrechtes durch den Sinn und Zweck des § 1132 BGB beeinflusst wird.

1. Der äußere Eindruck des geltenden Rechtes

Die äußere Betrachtung des § 1132 Abs. 1 BGB erweckt den Anschein, als beabsichtigte der Gesetzgeber weder zur Struktur (Einheit/ Vielheit) noch zur Entstehung des Rechtes eine Aussage zu treffen.

§ 1132 Abs. 1 BGB lautet:

> „*Besteht für die Forderung eine Hypothek an mehreren Grundstücken (Gesamthypothek), so haftet jedes Grundstück für die ganze Forderung.*
>
> *Der Gläubiger kann die Befriedigung nach seinem Belieben aus jedem der Grundstücke ganz oder zu einem Teile suchen.*“

§ 1222 BGB lautet:

> „*Besteht das Pfandrecht an mehreren Sachen, so haftet jede für die ganze Forderung.*“

Die Vorschrift drückt die Art und Weise der Haftung aus, wenn der Tatbestand eines Verwertungsrechtes an mehreren Grundstücken für eine Forderung verwirklicht ist. Die haftungsmäßige Zuordnung aller Beleihungsobjekte zur ganzen gesicherten Forderung führt zu der Annahme, als wollte der Gesetzgeber nur den Anspruch aus der Hypothek regeln. Dafür spricht auch die Systematik des Gesetzes[328]. Ferner steht hiermit der einleitende Wortlaut beider Vorschriften im Einklang. In diesem Falle setzten die Normen die Entstehung vielmehr voraus.

[328] S. o., S. 32.

Andererseits kann aufgrund der auf der Tatbestandsseite zu findenden Legaldefinition nicht ausgeschlossen werden, dass der Gesetzgeber einen eigenen Typus eines Verwertungsrechtes regeln wollte, der mglw. anders als mehrere Einzelrechte für dieselbe Forderung beurteilt werden muss. Dieser Auslegung des gesetzgeberischen Willens entsprechen die Abhandlungen in der Lehre[329], die das Gesamtgrundpfandrecht als „besondere Art" des Pfandrechtes an Grundstücken darstellen.

Es sind aber auch gegenteilige Darstellungsweisen zum Gesamtgrundpfandrecht im Schrifttum[330] vorzufinden. Sie lassen nicht den Rückschluss auf einen besonderen Typus zu, sofern sie das Gesamtgrundpfandrecht nur unter der Rubrik des Gegenstandes oder Sicherungsmittels[331] einer Hypothek mit der Besonderheit der Objektsvielheit behandeln.

2. Gesetzgebungsgeschichte des § 1132 BGB

Ehe § 1132 BGB und § 1222 BGB verabschiedet wurden, haben die Regelungen seit den Vorentwürfen der Redaktoren zum BGB ihren Wortlauten nach wesentliche Änderungen erfahren.

a) Die Vorentwürfe der Redaktoren zum BGB

Zunächst dienten der ersten Kommission zur Ausarbeitung des ersten Entwurfes (E I) eines BGB für das Deutsche Reich die Vorentwürfe der Redaktoren zum BGB als Arbeitsgrundlage.

Das durch *Reinhold Johow* 1880 vorgelegte Buch des Sachenrechtes (§§ 1 bis 565) regelte im (vorletzten) 7. Abschnitt das Pfandrecht[332].

aa) Regelungen

Der 1. Titel dieses Abschnittes, der das Pfandrecht an Grundstücken enthielt, beinhaltete sieben Teile. Die „Begründung der Hypothek"

[329] *Gierke*, Deutsches Privatrecht, § 167, S. 935ff.; *Westermann*, Sachenrecht, S. 774.

[330] *Lwowski*, Kreditsicherung, S. 637/638.

[331] *Lwowski*, Kreditsicherung, S. 637.

[332] Vorentwürfe, 1, S. 11/12.

wurde systematisch im 1. Teil, der „Umfang des Rechtes der Hypothek" im 2. Teil und der „**Anspruch aus der Hypothek**" im 3. Teil geregelt[333].

(1) Die Korrealhypothek fand nur im 3. Teil Niederschlag. Dort hieß es unter:

> *„Siebenter Abschnitt.*
> *Pfandrecht.*
> *Erster Titel.*
> *Pfandrecht an Grundstücken (Hypothek).*
> ***III. Anspruch aus der Hypothek.***
> ***Im Falle der Korrealhypothek.***
> *§ 386.*
> *Wenn die Hypothek auf mehreren Grundstücken eingetragen steht, so kann die Zahlung auch aus einem oder einigen derselben ganz beansprucht werden.*
>
> *Gehören die Grundstücke verschiedenen Personen, so ist die Hypothek insoweit, als der Gläubiger von dem einen Eigenthümer befriedigt worden ist, auf den Grundstücken der übrigen zu löschen."*[334]

(2) Die für die Entstehung der Hypothek entscheidenden Regelungen des 1. Teiles beinhalteten in den §§ 367 bis 382 keine eigene Regelung zur Entstehung der Korrealhypothek.

Vielmehr hieß es in der Grundregelung des § 367 nur:

> *„Die Hypothek entsteht durch die auf Grund der Bewilligung des eingetragenen Eigenthümers erfolgte Eintragung im Grundbuche."*[335]

Im Übrigen enthielt der 1. Titel weitere Entstehungsarten einer Hypothek und in § 376 den Hypothekenbrief.

Nachdem detailliert die Entstehung der Hypothek im 1. Teil geregelt war, leitete der Entwurf zum Umfang der entstandenen Hypothek über. Er fand in § 383 des 2. Teiles folgendermaßen Niederschlag:

333 Vorentwürfe, 1, S. 11/12.
334 Vorentwürfe, 1, S. 78.
335 Vorentwürfe, 1, S. 75.

> *„Für das eingetragene Kapital … haften:*
> *1. das ganze Grundstück … .“*[336]

Daneben wurde der Haftungsverband der Hypothek definiert. Er umfasste insbesondere die Früchte, die Pacht- und Mietzinsen, das Zubehör und Surrogate. Im 2. Teil des § 383 wurden die Enthaftungsvoraussetzungen geregelt.

bb) Begründungen

Zur Begründung des § 386 führte *Johow* aus:

> *„Eine besondere Bestimmung erheischt der … Fall der Korrealhypothek. Die dingliche Natur der Hypothek führt freilich diesen Fall zu einer einfachen Lösung, wenn man lediglich die Rechtskonsequenz walten läßt*[337].
>
> *Nach römischem Recht hat der Gläubiger, welchem für dieselbe Forderung mehrere Gegenstände verpfändet sind, die Wahl, entweder aus allen Gegenständen zugleich oder aus dem einen oder dem anderen allein Befriedigung zu suchen (L. 8 D. de distr. pign. et hyp. (20, 5))*[338].
>
> *Der Grundsatz des römischen Rechts, daß die Sache ganz und in allen ihren Theilen bis zur vollständigen Befriedigung des Gläubigers von der Hypothek ergriffen wird – das … Prinzip pflegte früher als Untheilbarkeit des Pfandrechts bezeichnet zu werden (wegen l. 65 D. de evict. 21, 2) –, gilt auch für die Hypothek des Entwurfs*[339]*. Wenn der Gläubiger berechtigt ist, die Zahlung … aus dem Grundstück zu beanspruchen, so steht die ganze Kapitalkraft desselben zu seiner Verfügung … Veränderungen können die einmal begründete Haftung desselben für die Hypothek ohne Zustimmung des Gläubigers nicht verringern. Wird insbesondere das Grundstück getheilt, so haftet die Hypothek wie bisher an dem Ganzen, nunmehr ungetheilt an den Theilen, welche zu selbständigen Grundstücken erhoben sind*[340].
>
> *Das Verhältnis, welches durch die Zerlegung des mit der Hypothek belasteten Grundstücks in mehrere Grundstücke von selbst sich bildet,*

336 Vorentwürfe, 1, S. 77.
337 Vorentwürfe, 2, S. 627/628.
338 Vorentwürfe, 2, S. 628.
339 Vorentwürfe, 2, S. 630.
340 Vorentwürfe, 2, S. 631.

kann auch durch den hierauf gerichteten Inhalt des Begründungsakts ins Leben gerufen werden[341].

Aus der vorstehenden Auffassung der Korrealhypothek ergeben sich folgende Konsequenzen:

1. Dem Anspruch des Gläubigers haftet jedes einzelne Grundstück, beziehungsweise, wenn die mehreren Grundstücke verschiedene Eigenthümer haben, jeder derselben mit seinem Grundstück auf das Ganze. Oder mit den Worten des Entwurfs: Wenn die Hypothek auf mehreren Grundstücken eingetragen steht, so kann die Zahlung auch aus einem oder einigen derselben ganz beansprucht werden.

2. Der Gläubiger kann die Hypothek auf dem einen Grundstück aufgeben und auf dem anderen behalten. Er kann dies mit demselben Rechte, mit welchem er die lastenfreie Abschreibung einer von dem Stammgrundstücke abveräußerten Parzelle bewilligen kann. Einer besonderen Bestimmung in dem Gesetzbuche bedarf es deswegen nicht[342]*."*

b) 1. Entwurf

Im ersten Entwurf, den die erste Kommission als Abschluss ihrer Arbeit von 1881 bis 1887 vorlegte, war die dem heutigen § 1132 BGB entsprechende Regelung in § 1071 bzw. § 1078 Abs. 1 enthalten.

aa) Regelungen

(1) § 1071 E I lautete:

„Die Hypothek besteht an jedem Theile des belasteten Grundstückes und der mithaftenden Gegenstände und, wenn mehrere Grundstücke mit der Hypothek belastet sind, an jedem Grundstücke für die ganze Forderung.

Die Haftung der Forderung aus einer anderen Versicherung als der Versicherung des Gebäudes erlischt auch dann, wenn das Grundstück unter Vorbehalt der Forderung vor der Beschlagnahme der letzteren veräußert wird, es sei denn, daß die Veräußerung im Wege der Zwangsversteigerung erfolgt."[343]

[341] Vorentwürfe, 2, S. 631.
[342] Vorentwürfe, 2, S. 633.
[343] *Mugdan*, Materialien, S. LXII.

§ 1078 Abs. 1 E I enthielt folgende Regelung:

„Besteht die Hypothek für dieselbe Forderung an mehreren Grundstücken, so kann der Gläubiger nach seiner Wahl aus allen belasteten Grundstücken oder aus mehreren oder aus einem derselben Befriedigung verlangen." [344]

(2) Der 1. Entwurf bestätigte das System der Vorentwürfe zur Hypothek. Die Entstehung der Hypothek wurde am Anfang geregelt (§§ 1062ff. E I). Nachdem die Entstehungsvoraussetzungen geregelt waren, ging der Entwurf in § 1067 E I auf den Haftungsverband einer bereits entstandenen Hypothek ein, ehe in § 1071 E I der Umfang des Pfandrechtes bei einem und bei mehreren Grundstücken angesprochen wurde. Bei den Entstehungsregelungen wurde die Besonderheit der Haftung mehrerer Grundstücke nicht gesondert berücksichtigt.

(3) Die dem heutigen § 1222 BGB entsprechende Vorgängerregelung im E I (§ 1150) lautete:

„Das Pfandrecht besteht an jedem Theile des Pfandes und, wenn mehrere Sachen mit dem Pfandrechte belastet sind, an jeder Sache für die ganze Forderung.

Werden Bestandtheile, insbes. Erzeugnisse von dem Pfande getrennt, so besteht an ihnen das Pfandrecht fort." [345]

(4) Das Regelungssystem des Pfandrechtes an beweglichen Sachen stand mit der Systematik der Hypothek des Entwurfes im Einklang. Zunächst wurde in § 1147 E I die Begründung des Faustpfandes geregelt, danach in §§ 1148, 1149 E I der Umfang und schließlich in § 1150 die Ergreifung des Pfandobjektes. Im Zuge der Begründungsvorschrift fand das Gesamtpfand keine Berücksichtigung.

bb) Motive

(1) Die zusammen mit dem ersten Entwurf zu seiner Begründung 1887 veröffentlichen Motive legten zu § 1071 E I nachstehendes dar:

„Der Grundsatz des römischen Rechtes, daß die Hypothek ihren Gegenstand ganz und in all dessen Theilen bis zur vollständigen Befriedigung

344 *Mugdan*, Materialien, S. LXIV.

345 *Mugdan*, Materialien, S. LXXIX/LXXX.

des Gläubigers ergreift (L. 16 § 8 D. 20,1; l. 65 D. 21,2), folgt aus dem Begriffe des Pfandrechtes und gilt deshalb auch für die eingetragene Hypothek. Er bethätigt sich namentlich dann, wenn das Grundstück, auf welchem die Eintragung erfolgt ist, oder ein mithaftender Gegenstand getheilt oder von vornherein die Hypothek an mehreren Grundstücken bestellt ist. Jeder Theil bz. jeder Gegenstand und jedes einzelne Grundstück haftet für die ganze Forderung. Wird die letztere getheilt, so besteht für jede Theilforderung die Hypothek in ihrem vollen Umfange. – Es kann sich fragen, ob nicht der Grundsatz nach den bisherigen §§ selbstverständlich ist. Bei der Wichtigkeit indessen, welche ihm beiwohnt, erscheint es zweckmäßig, nach dem Vorgange des ALR. I 20 §§ 467, 468, des Code 2114, des sächs. GB. §§ 373ff. und des bayer. Entw. III 355, den Grundsatz im BGB. auszusprechen"[346].

(2) Zur Begründung des § 1150 E I führte die erste Kommission in den Motiven[347] aus:

„Haftung jeden Theiles:

Der Abs. 1 entspricht der ähnlichen für die Hypothek geltenden Vorschrift in § 1071 (vgl. ALR. I 20 §§ 21, 157; sächs.GB. §§ 373, 374; weim. PfandG. § 85 S. 1) und drückt ein allgemein anerkanntes pfandrechtliches Prinzip aus."

c) Zweiter Entwurf

aa) Regelungen

Der die Arbeiten der zweiten Kommission von 1890 bis 1895 abschließende zweite Entwurf regelte die Gesamthypothek in § 1040 und das Gesamtpfandrecht an beweglichen Sachen in § 1129.

(1) Die Überarbeitung der §§ 1071 und 1078 Abs. 1 E I gelangte mit § 1040 E II zu folgendem Ergebnis:

„Besteht für die Forderung eine Hypothek an mehreren Grundstücken (Gesammthypothek), so haftet jedes Grundstück für die ganze Forderung. Der Gläubiger kann die Befriedigung nach seinem Belieben aus jedem der Grundstücke ganz oder zu einem Theile suchen.

346 Motive, III, S. 668; *Mugdan*, Materialien, S. 373.
347 III, S. 805; *Mugdan*, Materialien, S. 449.

Der Gläubiger ist berechtigt, den Betrag der Forderung auf die einzelnen Grundstücke dergestalt (in der Weise) zu vertheilen, daß jedes Grundstück nur für den zugetheilten Betrag haftet. Auf die Vertheilung finden die Vorschriften der … entsprechende Anwendung"[348].

(2) Bei der Regelungssystematik des ersten Entwurfes ist es geblieben.

(3) § 1129 E II erhielt folgenden Wortlaut:

„*Besteht das Pfandrecht an mehreren Sachen, so haftet jede für die ganze Forderung*"[349].

(4) Auch für das Pfandrecht an beweglichen Sachen wurde die Regelungssystematik des ersten Entwurfes beibehalten.

bb) Protokolle

Die 1898 zusammen mit dem zweiten Entwurf veröffentlichten Protokolle der Kommissionssitzungen enthielten folgende Anträge und Stellungnahmen zu den beiden Gesamtpfandrechtsregelungen:

(1) „*Zu §. 1071 (Untheilbarkeit der Haftung) lagen die Anträge vor:*

1. den ersten Theil der Vorschrift zu streichen und den zweiten, falls er nicht im §. 1078 Berücksichtigung findet, zu fassen:

Sind mehrere Grundstücke mit einer Hypothek für dieselbe Forderung belastet, so haftet jedes einzelne dem Gläubiger für die ganze Forderung.

2. Die Vorschrift zu fassen:
Sind mehrere Grundstücke mit der Hypothek belastet, so haftet jedes der Grundstücke für die ganze Forderung.

Die Kommission billigte den §. 1071 seinem sachlichen Inhalte nach und erklärte sich mit der Streichung des ersten Theiles aus den zu §. 1150 entwickelten Gründen einverstanden (vergl. S. 449)"[350].

(2) „*Zu §. 1150 (Pfandrecht an mehreren Sachen) lagen die Anträge vor: …*

[348] *Mugdan*, Materialien, S. LXII.
[349] *Mugdan*, Materialien, S. LXXIX.
[350] Protokolle, III, S. 568.

2. im Abs. 1 die Worte „an jedem Theile des Pfandes und" zu streichen und den Abs. 2 zu fassen:

Das Pfandrecht erstreckt sich auch auf die Erzeugnisse, welche von dem Pfande getrennt werden.

3. hierzu der Unterantrag, bei Streichung der hervorgehobenen Worte des Abs. 1 diesen zu fassen:

Besteht das Pfandrecht an mehreren Sachen, so haftet jede derselben für die ganze Forderung.

Die Anträge 2 und 3 wurden angenommen, der Antrag 1 wurde abgelehnt[351].

Der §. 1150 Abs. 1 bestimmt, daß das Pfandrecht an jedem Theile des Pfandes und, wenn mehrere Sachen mit dem Pfandrechte belastet sind, an jeder Sache für die ganze Forderung bestehe. Seitens des Antragstellers zu 1 wurde vorgeschlagen, den Gedanken, daß das Pfandrecht an jedem Theile der Sache besteht, im Gesetze nicht zum Ausdrucke zu bringen. Die Mehrheit erklärte sich hiermit einverstanden und nahm im Uebrigen den Abs. 1 in der Fassung des Entw. bezw. der nur in redaktioneller Beziehung abweichenden Fassung des Antrags 3 an. Erwogen war:

Der Satz, daß das Pfandrecht an jedem Theile des Pfandes bestehe, folge aus dem Abs. 2 von selbst. Die betreffenden Worte drückten aber dasjenige, was sie ausdrücken wollten, nicht klar aus[352]. *Sie beabsichtigten, der Theorie von der Untheilbarkeit des Pfandrechtes gesetzlichen Ausdruck zu verleihen; eine solche Theorie lasse sich in der vom Entw. beliebten Form nicht entwickeln und gehöre zudem nicht in das B.G.B., sondern in ein Lehrbuch. Im Uebrigen sei der Abs. 1 sachlich zu billigen"*[353].

d) Stellungnahme

Den Materialien kann kein unmittelbarer Hinweis auf die Beeinflussung des Belastungsvorganges durch die §§ 1132, 1222 BGB entnommen werden.

[351] Protokolle, III, S. 449.
[352] Protokolle, III, S. 449.
[353] Protokolle, III, S. 450.

Vieles spricht dafür, dass nur die Befugnis des Gläubigers aus der Hypothek sowie dem Pfandrecht geregelt werden sollte.

aa) Zur Regelungssystematik

Das wird zunächst durch die Systematik der Entwürfe bestätigt. Am deutlichsten ging der Regelungszweck des heutigen § 1132 BGB aus dem System der Vorentwürfe hervor. Die Entstehung war dort materiell schlüssig ganz am Anfang im 1. Teil geregelt. Danach folgten im 2. Teil Vorschriften zum Umfang des entstandenen Rechtes. Hierbei fand die Ergreifung des ganzen Grundstückes bei der Singularhypothek Niederschlag. Erst im Anschluss hieran gingen die Redaktoren im 3. Teil des Hypotheken-Titels auf den Anspruch aus der Hypothek ein. Nur insofern wurde die Regelung der Korrealhypothek für sachdienlich erachtet.

Dieser Systematik folgten der erste und der zweite Entwurf.

Auch für das geltende Hypothekenrecht ist sie noch erkennbar. Zwar ist der erste Titel des achten Abschnittes des Sachenrechts-Buches nicht weiter untergliedert. Die Gesamthypothek ist gleichwohl noch immer nach den Entstehungsvorschriften (§§ 1113ff. BGB) und der Haftungsverbandsbeschreibung (§§ 1120ff. BGB) geregelt. Die gleiche Systematik findet sich für das Mobiliarpfandrecht in den §§ 1204ff. BGB.

Daraus erklärt sich der jeweils einleitende Wortlaut von §§ 1132 Abs. 1 Satz 1, 1222 BGB, der zur Anwendbarkeit das „Bestehen“ voraussetzt[354].

Hätte der Gesetzgeber beim Pfandrecht an mehreren Sachen eine vom Regelfall abweichende Entstehung erst am Ende favorisiert, hätte er zu einer solchen konstitutiven Tatsache eine spezielle Regelung für die Gesamthypothek geschaffen oder wenigstens ein Eingehen in den Begründungen für erforderlich gehalten. Weil es sich insoweit um eine bedeutende Ausnahme vom Spezialitätsprinzip handelt, hat er das schließlich auch bei den Verfügungstatbeständen der

[354] S. o., S. 30, 37.

Übertragung und Belastung getan[355]. Aus der Tatsache, dass das nicht erfolgte und nur eine Regelung zum Umfang der Haftung statuiert wurde, kann nicht die willkürliche Entstehungsverlagerung auf den Abschluss des letzten Begründungsaktes gefolgert werden.

Vor dem Hintergrund dieser Systematik ist der durch den Gesetzgeber in Bezug genommene römisch-rechtliche Grundsatz darauf zu untersuchen, ob er als Wirkungsgrundsatz mehr dem Anspruch aus der Hypothek (Haftung, Pfandklage) zugeneigt ist oder das Rechtsverhältnis selbst bzw. den Weg zu ihm beschreibt.

bb) Zum Grund der Regelungen

Zum Grund der Regelungen kann den drei Erläuterungen zunächst eine Gemeinsamkeit entnommen werden. Sie setzen sich einheitlich[356] mit einem römisch-rechtlichen Prinzip auseinander, das offenbar auf der Grundlage des Pfandrechts-Wesens i.w.S. die Zuordnung des Pfandverbandes zur gesicherten Forderung zu regeln scheint.

Andererseits werfen die Materialien zwei Fragen auf.

Einmal blieb angesichts der unterschiedlichen Bezeichnung des Prinzips offen, welchen Inhalt es wirklich hat.

Zum anderen fragt sich, ob die zweite Kommission an dem angesprochenen Grundsatz festhalten wollte.

Die Bezeichnungsdivergenz

Die Zuordnung des Pfandverbandes zur anlassbildenden Forderung wurde durch die Kommissionen partiell inhaltlich identisch geregelt.

Sowohl in § 1071 Abs. 1 E I[357] (Vorgänger: § 383 Nr. 1 VE[358]) als auch in § 1150 Abs. 1 E I[359] geschah das jeweils im ersten Teil der Vorschrift für den Fall der Haftung nur einer Sache und im zweiten Teil

355 Protokolle, III, S. 537.
356 Motive, III, S. 668; Protokolle, III, S. 450, 568.
357 *Mugdan*, Materialien, 3, S. LXII.
358 Vorentwürfe, 1, S. 77.
359 *Mugdan*, Materialien, 3, S. LXXIX.

für die Haftung mehrerer Grundstücke bzw. beweglicher Sachen. In der gleichen Weise, wie ein einzelnes Pfandobjekt ganz der versicherten Forderung zugeordnet sein sollte, war das auch bei mehreren Sachen beabsichtigt[360]. Bei einer Objektsvielheit sollte die Gesamtheit aller Grundstücke wie bei der Gesamtschuld zur Erreichung desselben Zweckes dienen, so dass jedes einzelne Grundstück für die gesamte Forderung haftete[361]. Die zweite Kommission reduzierte die Vorschriften um den Fall der Haftung der Einzelsache. In den §§ 1040, 1129 E II war folglich nur noch die Haftung mehrerer Sachen geregelt.

Die Vorentwürfe begründeten diese Regelung mit einem Prinzip, das

> „früher als **Untheilbarkeit des Pfandrechts** bezeichnet zu werden pflegte“[362].

Die Motive überschrieben ihre Erörterungen zu § 1071 E I mit der

> **„Untheilbarkeit der hypothekarischen Haftung“**[363].

In den Protokollen war die Rede von der

> **„Untheilbarkeit der Haftung“**[364] und „der Theorie von der **Untheilbarkeit des Pfandrechts**“[365].

Die Beantwortung der Frage, ob das beschriebene Subjekt die Haftung oder das Recht war und die Unteilbarkeit die passende Bezeichnung hierfür darstellte, führt über eine Auseinandersetzung mit dem einheitlich[366] in Bezug genommenen Prinzip.

Insofern erlangt der Inhalt der beiden zur Beschreibung des Prinzips durch die Redaktoren der Vorentwürfe und die erste Kommission erwähnten Quellenaussprüche von *Papinian* (Pap. 8 quaest. D 21, 2,

360 Vorentwürfe, 2, S. 630, 631; Motive, III, S. 668; Protokolle, III, S. 449, 450.

361 Protokolle, III, S. 449.

362 Vorentwürfe, 2, S. 630 Fn. 3

363 Motive, III, S. 668.

364 Protokolle, III, S. 449.

365 Protokolle, III, S. 449/450.

366 Vorentwürfe, 2, S. 630 a.E. und Fn. 3; Motive, III, S. 668; Protokolle, III, S. 450 i.V.m. 568.

65)[367, 368] und *Marcian* (Marc. sing. ad form. hyp. D 20, 1, 16, 8)[369] an Bedeutung.

Das Anliegen der zweiten Kommission

Im Zusammenhang mit der Streichung des jeweiligen ersten Teiles der §§ 1071 Abs. 1 und 1050 Abs. 1 E I brachte die zweite Kommission zum Ausdruck, dass die „Theorie von der Untheilbarkeit des Pfandrechtes nicht in das BGB, sondern in ein Lehrbuch gehöre“[370].

Das kann mglw. darauf hindeuten, dass die zweite Kommission den Grundsatz zwar sachlich billigte[371], an ihm aber i.S.e. gesetzlichen Regelung nicht mehr festhalten wollte. Vielleicht sah die Kommission den Grundsatz nur in den gestrichen Teilen beider Pfandrechte verkörpert und wollte mittels der Streichung von ihm abkehren.

Hiergegen spricht jedoch der Wortlaut der Motive, der von der „Bethätigung“ des Prinzips „namentlich dann“ spricht, „wenn die Hypothek an mehreren Grundstücken bestellt ist“[372]. Wird das durch den im folgenden zu ermittelnden wirklichen Inhalt des beschriebenen Grundsatzes bestätigt, spräche dies trotz der Streichung für ein Festhalten der zweiten Kommission am Prinzip. Denn der jeweils zweite Teil der §§ 1071 Abs. 1 (§ 1132 Abs. 1 Satz 1 BGB), 1150 Abs. 1 (§ 1222 BGB) E I, der auch durch die zweite Kommission mit nur redaktionellen Änderungen gesetzlich verabschiedet wurde, regelt die abstrakte Haftungszuordnung mehrerer Sachen für dieselbe Forderung. Die Streichung wäre dann eher darauf zurückzuführen, dass die Kommission in den betreffenden Worten zu sehr eine Theorie ausgedrückt sah, die für den Gesetzesanwender im Gegensatz zu einer praktischen Folge nicht brauchbar wäre. Insofern müsste sich die zweite Kommission allerdings den Widerspruch vorhalten lassen, dass auch die §§ 1132 Abs. 1 Satz 1, 1222 BGB keine klaren Befugnisse regeln. Diese fanden mit dem freien Wahlrecht und der Vertei-

367 Motive, III, S. 668.
368 Vorentwürfe, 2, S. 630.
369 Motive, III, S. 668.
370 *Jakobs/Schubert*, Beratung des BGB, §§ 1018–1296, S. 520, 521.
371 Protokolle, III, S. 449, 450.
372 Motive, III, S. 668.

lungsmöglichkeit nur für das Grundpfandrecht in § 1132 Abs. 1 Satz 2 und Abs. 2 BGB gesetzlichen Niederschlag.

Für diese Auslegung spricht weiterhin die primäre Begründung der Streichung des ersten Teiles durch die zweite Kommission. Der Gesetzgeber strich den ersten Teil der §§ 1071 Abs. 1, 1150 Abs. 1 E I hauptsächlich deshalb, weil sich nach seiner Auffassung die Ergreifung des ganzen Grundstückes sowie der ganzen beweglichen Sache aus dem jeweils nachfolgenden 2. Abs. der beiden Gesamtpfandrechtsregelungen von selbst ergab[373, 374]. Heute finden sich die den §§ 1071 Abs. 2, 1150 Abs. 2 E I entsprechenden Regelungen in §§ 1120 ff, 1212 BGB[375].

Ob neben dem gestrichenen Teil der beiden Vorschriften mit ihrem übrigen Inhalt der durch die zweite Kommission angesprochenen „Theorie von der Untheilbarkeit des Pfandrechtes“[376] gesetzlicher Ausdruck verliehen wurde, kann nur mit den praktischen Folgen des Grundsatzes beantwortet werden.

Hinweise auf eine andere Struktur des Gesamtpfandes

Hinweise auf eine andere dingliche Struktur des Gesamtpfandrechtes im Vergleich zum Einzelpfandrecht, sind den Begründungen nicht entnehmbar[377].

Gegen die Regelung eines wesensverschiedenen dinglichen Organismus, sprechen einmal die ursprüngliche Form des § 1071 Abs. 1 E I sowie die Begründung der Vorentwürfe[378] und die Erläuterungen in den Motiven[379]. Ebenso wie bei der Haftung einer einzelnen Sache wurde aufgrund desselben Grundsatzes nur die Art der Ergreifung von mehreren Sachen geregelt.

[373] Protokolle, III, S. 449 für das Gesamtpfand an beweglichen Sachen.
[374] Protokolle, III, S. 568 für das Gesamtpfand an Grundstücken.
[375] *Wacke*, Ungeteilte Pfandhaftung, S. 485.
[376] Protokolle, III, S. 449, 450.
[377] Näheres hierzu unten, S. 190ff.
[378] Vorentwürfe, 2, S. 630.
[379] *Mugdan*, Materialien, 3, S. 373.

Zum anderen war die diskutierte Haftungsfolge hauptsächlich dann beabsichtigt, wenn beim Einzelrecht eine Realteilung des Objektes erfolgte. Diese ist indes allein vom Sicherungsgeber abhängig. Es ist nicht anzunehmen, dass er allein ohne Zutun des dinglich Berechtigten das Wesen des Gläubigerrechtes zu verändern vermag.

Drittens geht aus den Materialien deutlich hervor, dass dem Gesetzgeber eine Diskussion um Einheit oder Vielheit nicht sachdienlich erschien[380]. Hätte der Gesetzgeber ein vom Wesen her anderes Institut schaffen wollen, das etwas anderes ist als eine Anhäufung mehrerer Rechte vom bereits geregelten Typus, hätte er hierzu eine Aufklärung für erforderlich erachtet. Diskussionsbedarf sah der Gesetzgeber hauptsächlich zur Beschränkung des Wahlrechtes[381] sowie zum Rückgriff unter mehreren Eigentümern[382]. Der durch die Legaldefinition der Gesamthypothek hervorgerufene Eindruck verliert durch die Ausdrucksweise des Pendantes im Mobiliarbereich an Stärke.

Viertens beweist die gleichfalls im Singular ausgesprochene Bezeichnung des Verwertungsrechtes bei Forderungsteilung, welche Aussagekraft dem Wortlaut der „einen“ Hypothek wirklich zukommt.

Schließlich sollte die Frage aufgeworfen werden, wie die Entstehung zu beurteilen wäre, wenn – wie beinahe geschehen[383] – das einheitlich zugrundegelegte Prinzip keinen gesetzlichen Ausdruck gefunden hätte.

Ergebnis: Die Regelungssystematik aller Entwürfe spricht gegen Rückschlüsse auf die Entstehung aus § 1132 Abs. 1 Satz 1 BGB.

Die Redaktoren der Vorentwürfe und die Kommission für die erste Lesung betrachteten die ***indivisa pignoris causa*** **als einzigen Grund für § 1132 Abs. 1 BGB und § 1222 BGB**. Welche Folgen dieser Grundsatz für die Rechtsentstehung hat, ist bislang ungeklärt.

380 Vorentwürfe, 2, S. 631.
381 Vorentwürfe, 2, S. 628ff.
382 Vorentwürfe, 2, S. 632.
383 Motive, III, S. 668.

Ob ihn auch die Kommission für die zweite Lesung als maßgeblich erachtete und der Grundsatz heute noch bei der teleologischen Auslegung entscheidungserheblich ist, werden die praktischen Folgen zeigen, die aus ihm gewonnen werden.

3. Die „indivisa pignoris causa"

a) Der Gegenstand/Inhalt des Grundsatzes

Die Frage ist, ob der durch die Redaktoren der Vorentwürfe sowie durch die erste und zweite Kommission in Bezug genommene römisch rechtliche Grundsatz *indivisa pignoris causa*[384] eine einheitliche Entstehung des Pfandrechtes erst am Ende verlangt.

Sie ist die zutreffende Schlussfolgerung, sofern der Grundsatz zu einem nicht zerlegbaren Pfandrecht an mehreren Objekten führt, dass entweder nur in seiner Integrität oder gar nicht bestehen kann. Dann muss auch der Entstehungsvorgang als unaufteilbar eingestuft werden.

Dafür spricht der Wortlaut der in der Begründung zu § 386 des Vorentwurfes[385] als früheres Prinzip bezeichneten „*Untheilbar*keit des Pfand*rechtes*". Auch die Protokolle zu § 1150 E I, § 1129 E II[386], die dasselbe Prinzip wörtlich identisch in Bezug nehmen, legen einen unteilbaren Entstehungsvorgang nahe.

Hingegen steht der Grundsatz[387] einer aufgeteilten Pfandrechtsentstehung nicht entgegen, sofern er das Pfandrecht selbst als teilbar akzeptiert und nur die Haftung ungeteilt erfordert. Einmal ließe sich aus einem so verstandenen Grundsatz keine Folgerung für die Rechtsentstehung herleiten, weil die Regelung des Umfanges der Haftung eines Objektes erst dann einen Sinn macht, wenn das Objekt bereits vom Pfandverband ergriffen wurde; das Recht an ihm mithin bereits entstanden ist. Zum anderen kann aus der bloßen ungeteilten Zuordnung mehrerer Haftungsobjekte zu ein und derselben Forderung nicht auf die Einheit des Rechtes geschlossen werden.

384 l. 65 D. de evict. 21, 2.
385 Vorentwürfe, 2, S. 630 Fn. 3.
386 Protokolle, III, S. 450.
387 l. 65 D. de evict. 21, 2.

Für diese Auslegung des hinter § 1132 Abs. 1 Satz 1 BGB stehenden Grundsatzes sprechen die Motive[388] sofern sie den Wortlaut der „Untheilbarkeit der hypothekarischen *Haftung*" gebrauchen. Auch der Wortlaut der Randbemerkung der Protokolle zu § 1071 E I[389] deutet einen dahingehenden Willen des Gesetzgebers an, sofern von „§ 1071 Untheilbarkeit der *Haftung*" die Rede ist.

Diese Wortlautverschiedenheit beim Gesetzgeber selbst erfordert eine Auseinandersetzung mit dem wirklichen Inhalt des römisch rechtlichen Grundsatzes *„indivisa pignoris causa"*.

aa) Ursprung und Ausschnitt aus der Geschichte

Der Grundsatz *indivisa pignoris causa* wurde im klassischen römischen Recht nur einmal wörtlich ausgesprochen[390]. Das geschah in den Digesten systematisch nicht in den vielen Titeln über das Pfandrecht. Vielmehr fand der Grundsatz bei der Lehre von der Eviction Niederschlag, wo *Papinian* die Evictionshaftung zweier Verkäufer mit der *indivisa pignoris causa* begründete, Pap. 8 quaest. D. 21, 2, 65.

Eine geschriebene Rechtsgrundlage für den Pfandrechtsgrundsatz fehlt, was Anlass zur Vermutung gibt, dass es sich bei der ungeteilten Pfandhaftung um reines Juristenrecht handelt[391].

Wacke[392] meint, dass der Grundsatz „durch Auslegung der Klausel *„eamque pecuniam solutam eove nomine statisfactum esse"* der persönlichen Pfandklage sowie der sinngleichen, nur negativ formulierten Klausel *„eamque pecuniam neque solutam neque eo nomine statisfactum esse"* der *actio Serviana* gewonnen wurde".

Auf der Grundlage des Wesens der ungeteilten Pfandhaftung, das sich vereinfacht durch die Haftung der <u>ganzen</u> <u>Pfandsache</u> für die <u>ganze</u> <u>Forderung</u> kennzeichnet[393], leitete der Autor praktische Schluss-

[388] Motive, III, S. 668.
[389] Protokolle, III, S. 568.
[390] *Wächter*, Theilung und Theilbarkeit, S. 188 a. E.
[391] *Wacke*, Ungeteilte Pfandhaftung, S. 479.
[392] Ungeteilte Pfandhaftung, S. 479.
[393] *Dernburg*, Pfandrecht II, S. 29–31.

folgerungen ab und untersuchte die römischen Quellen auf diese Folgen.

Auf diese Weise fand *Wacke*[394] Folgen des Grundsatzes von *Labeo* bis *Diocletian* ohne Gegenstimmen. Im einzelnen wurde er für *Labeo*, *Celsus* und *Marcellus*[395], je zweimal für *Pomponius*, *Papinian* und *Paulus*[396], fünfmal für *Ulpian*[397], ferner für *Marcian* und *Modestin*[398], für *Neraz* und *Scaevola*[399], in den Kaiserkonstitutionen je zweimal für *Septimius Severus*, *Gordian* und *Diocletian*[400] und für *Valerian*[401] mittelbar nachgewiesen.

In Ansehung des Alters der ungeteilten Pfandhaftung sind nur Vermutungen möglich. Fest steht, dass jedenfalls schon *Labeo* im Einklang mit den Folgen des Grundsatzes urteilte. Der Jurist vertrat bspw. den Standpunkt, der Vermieter einer Wohnung könne sein Pfandrecht an allen eingebrachten Sachen des Mieters für den ganzen Mietzins einschließlich künftiger Mietzinsen geltend machen[402].

Teilweise wurde vertreten, der Grundsatz sei keine klassische Neuschöpfung, sondern „durch das Verkaufspfand" aus der Primärepoche „als akzidentelles Element" vom Verfallpfand „nur deshalb" übernommen worden, „weil die ungeteilte Pfandhaftung gleichfalls dem Gläubiger diente"[403].

Diese Ansicht begründet nur eine nicht nachgewiesene Vermutung. Gerade bei der Haftung mehrerer Sachen für dieselbe Forderung ist es für das Verfallpfand ebenso wie für das progressivere Verkaufs-

394 Ungeteilte Pfandhaftung, S. 478f.
395 Lab.-Ulp. D. 43, 32, 1, 4; Cels.-Ulp. D. 10, 2, 18, 4; Marcell.-Ulp. D. 21, 1, 31, 8.
396 Pomp. D. 13, 7, 8 §§ 2–3; Pap. D. 21, 2, 65, Pap.-Ulp. D. 10, 2, 18, 6; Paul. D. 10, 2, 25, 14, D. 45, 1, 85, 6.
397 Ulp. D. 13, 7, 9, 3; D. 20, 1, 19; D. 43, 32, 1, 4; D. 19, 1, 13, 8, D. 21, 1, 31, 8; wohl auch D. 13, 7, 11, 4.
398 Marc. D. 42, 5, 35; Mod. D. 20, 5, 8.
399 Ner.-Ulp. D. 10, 2, 18, 7; Scaev. D. 20, 5, 11 = 20, 5, 14.
400 Sev.-Ant. CI. 8, 30, 1, CI. 8, 40, 2, 1; Gord. CI. 8, 27, 6, CI. 8, 28, 2; Diocl. CI. 8, 31, 2, CI. 8, 27, 16.
401 Val. CI. 8, 31, 1.
402 D. 43, 32, 1, 4 (Ulp. 73 ad ed).
403 *Manigk*, PW. XX/1 (1941) 1262.

pfand kein zwingendes Erfordernis, dass dem Gläubiger sämtliche Sachen zur Erfüllung des letzten rückständigen Forderungsteiles „zufallen“ müssen.

Auch für das hellenische Pfand soll die Ungeteiltheit der Pfandhaftung ein tragendes Prinzip gewesen sein. Das nimmt die überwiegende Meinung[404] an. Eine Meinung[405], die mithilfe des Inhaltes zweier ägyptischer Papyri, aus denen die Reduzierung der Pfandobjekte bei teilweiser Abtragung der Forderung folgt, für die hellenische Periode den Grundsatz widerlegen will, wird mit dem Hinweis entgegengetreten, es handele sich um eine vom Grundsatz abweichende Vereinbarung, die auch in Rom zulässig gewesen sei[406].

bb) Die Aussage der Quellen zur indivisa pignoris causa

Im weitesten Sinne lässt sich die Ungeteiltheit der Pfandhaftung auf eine Reihe von Entscheidungen aus hoch- und spätklassischer Zeit zurückführen. Das belegte die oben[407] angesprochene ausführliche Untersuchung von *Wacke*[408].

Ganz überwiegend[409] wird die Ungeteiltheit der Pfandhaftung indes unmittelbar nur in Pap. 8 quest. D. 21, 2, 65 verkörpert gesehen. Ausweislich der Motive sah die erste Kommission[410] eine weitere unmittelbare Grundlage der ungeteilten Pfandhaftung im 20. Pfandrechtsabschnitt in D. 20, 1, 16, 8[411]. Der Gesetzgeber meinte hierzu:

> *„Der Grundsatz des römischen Rechtes, daß die Hypothek ihren Gegenstand ganz und in all dessen Theilen bis zur vollständigen Befriedigung des Gläubigers ergreift (L. 16 § 8 D. 20,1; l. 65 D. 21,2), folgt aus dem*

404 *Hitzig*, Griechisches Pfandrecht, 1895, S. 135; *Weiss*, Pfandrechtliche Untersuchungen, I, 1909, S. 23; *Wacke*, Ungeteilte Pfandhaftung, Index, S. 481.

405 *Gradenwitz*, Einf. in die Papyruskunde, I, 1900, S. XIV; ders., Archiv für Papyrusforschung, 2, 1903, S. 100.

406 *Wacke*, Ungeteilte Pfandhaftung, S. 481 f. m. w. N.

407 S. o., S. 5 f.

408 Ungeteilte Pfandhaftung, S. 455–478, I.–IV.

409 Statt vieler: *Dernburg*, Pfandrecht II, 1860, § 82 S. 28/29; *Johow*, Vorentwürfe, 2, 630.

410 Motive, III, S. 668; *Mugdan*, Materialien, S. 373.

411 Diesen Quellenausspruch behandelt *Wacke* in seiner Quellenuntersuchung nicht.

Begriffe des Pfandrechtes und gilt deshalb auch für die eingetragene Hypothek"[412].

Papinian drückte den Grundsatz mit folgenden Worten aus:

> Pap. 8 quaest. D 21, 2, 65
> Rem hereditariam pignori obligatam heredes vendiderunt et evictionis nomine pro partibus hereditariis spoponderunt: cum alter pignus pro parte sua liberasset, rem creditor evicit: quaerebatur an uterque heredum conveniri possit? idque placebat propter **indivisam pignoris causam**. nec remedio locus esse videbatur, ut per doli exceptionem actiones ei qui pecuniam creditori dedit praestarentur, quia non duo rei facti pro ponerentur. sed familiae erciscundae iudicium eo nomine utile est: nam quid interest, unus ex heredibus in totum liberaveret pignus an vero pro sua dumtaxat portione? cum coheredis neglegentia damnosa non debet esse alteri.
>
> Eine als Pfand verbindlich gemachte Erbschaftssache haben die Erben verkauft und wegen der Entwehrung nach Verhältnis der Erbschaftsteile (etwas) angelobt; als der eine (Erbe) das Pfand für seinen Teil befreit hatte, so hat der Gläubiger die Sache entwehrt; man fragte ob beide Erben belangt werden können? Und das nahm man wegen des **unteilbaren Rechtsverhältnisses des Pfandes** an, auch schien kein Rechtsmittel Statt zu haben, damit auf die Einrede der bösen Absicht dem, welcher dem Gläubiger das Geld gegeben hat, die Klagen abgetreten würden, weil hier nicht ein Fall aufgestellt würde, wo zwei Korrealschuldner geworden sind, sondern die Erbteilungsklage deshalb wirksam ist; denn welcher Unterschied ist es, ob einer von den Erben das Pfand aufs Ganze befreit hat oder aber nur für seinen Anteil, da die Nachlässigkeit des einen Miterben dem anderen nicht schädlich sein darf?[413]

Der in seiner Echtheit teilweise in Frage[414] gestellte Text, der als einziger ausdrücklich die *indivisa pignoris causa* anspricht, betrifft im wesentlichen zwei Fragestellungen.

Einerseits behandelt er die Eviktionshaftung[415] zweier Erben für eine vom Erblasser verpfändete Sache.

412 Motive, III, S. 668; *Mugdan*, Materialien, S. 373.

413 *Schilling/Sintenis*, Corpus Juris Civilis, II, 1831, S. 584f.

414 *Wacke*, Ungeteilte Pfandhaftung, S. 466.

415 Folglich ist der Ausspruch systematisch zutreffend durch die Kompilatoren in

Andererseits beurteilte *Papinian* die Ausgleichsansprüche eines von ihnen, der die Pfandhaftung für seinen Anteil lösen wollte.

Zum Inhalt der *indivisa pignoris causa* vermag nur die erste Fragestellung Aufschluss zu geben.

Einmal lässt sich aus dem Text folgern, dass es sich um einen Grundsatz handelt, der allein zum Schutze des Gläubigers aufgestellt wurde. Anders kann die Privilegierung des Gläubigers, der die ganze Sache vindizieren konnte, zum Nachteil des einen Verkäufers (früherer Teileigentümer), der seine Schuld tilgte und dennoch aufgrund der Eviktionsversprechen haften musste, nicht ausgelegt werden.

Zum anderen spricht die Quellenaussage für eine Beschreibung allein der Haftung / der Ergreifung des Pfandobjektes durch die *indivisa pignoris causa*[416]. Das rechtfertigt sich aus ihrer Relevanz erst zu dem Zeitpunkt, als der Gläubiger vom Käufer die Pfandsache mit der *actio Serviana in solidum* herausverlangte. Es scheint sich demnach um einen Wirkungs-Grundsatz zu handeln, der wie die Vorentwürfe dies beschrieben, den Anspruch aus der Hypothek regelt und im Verwertungsstadium maßgeblich wird. Das bestätigt die These von *Wacke*, der meint, der Grundsatz sei durch Auslegung der *actio Serviana* gewonnen worden[417].

Die *indivisa pignoris causa* führte unmittelbar nur zur Herausgabe (Haftung) der ganzen Sache, weil ursprünglich die ideellen Bruchteile beider Erben in ihrer Gesamtheit der ganzen gesicherten Forderung zugeordnet waren. Lediglich mittelbar befürwortete *Papinian* als Konsequenz hieraus die Haftung beider Erben aus Eviktionsversprechen gegenüber dem durch die Vindikation geschädigten Käufer. Dass die *indivisa pignoris causa* nicht nur zur Beschreibung der Objektsergreifung im Verhältnis Gläubiger-Käufer, sondern gleichsam als Haftungsgrund im Verhältnis Käufer-Verkäufer als erheblich angesehen

den Titel D 21, 2 – *De evictionibus et duplae stipulatione* – eingestellt worden, obwohl der Text bei Pap. 8. *quaest.* unter *De pignoribus* stand; *Lenel*, Pal. I, Pap. Nr. 155; *Wacke*, Ungeteilte Pfandhaftung, S. 466 Fn. 81.

416 *Wächter*, Theilung und Theilbarkeit, S. 189.

417 *Wacke*, Ungeteilte Pfandhaftung, S. 479.

wurde, ist teilweise kritisiert[418], indes überwiegend bestätigt worden[419].

Schließlich beweist der Quellenausspruch *Papinians*, dass die *indivisa pignoris causa* insbesondere dann zur Anwendung gelangt, wenn im einheitlich derselben Forderung gewidmeten Pfandverband mehrere Pfandobjekte enthalten sind. Der zu entscheidende Lebenssachverhalt betraf einen Haftungsverband, der zunächst nur eine ungeteilte Einzelsache beinhaltete. Die Vielheit der Beleihungsobjekte ist später durch Legalteilung eingetreten. Das zunächst durch den Erblasser dem Gläubiger mittels eines besitzlosen Pfandrechtes, von dem die beiden Erben offenbar nichts wussten[420], zur Verfügung gestellte Beleihungsobjekt teilte sich nach dem XII-Tafelsatz – *nomina sunt ipso iure* – mit dem Erbfall in zwei ideelle Bruchteile auf. Gleiches geschah mit der durch das Pfandrecht gesicherten Forderung des Gläubigers. Beide Erben hafteten – wie für die Eviktionsversprechen *pro partibus hereditariis* – für die Nachlassverbindlichkeit als Teilschuldner. Möglicherweise als Ausgleich für die geteilte Erbenhaftung[421] stellten die römischen Juristen dem Gläubiger einstimmig die ungeteilte Pfandhaftung zur Verfügung. Er sollte durch die Teilung keine Nachteile erfahren und sich wegen seiner ganzen Forderung insgesamt (ungeteilt) an beide Bruchteile halten können, die ausweislich der Quellen jeweils einzelverpfändbar (heute: § 1114 BGB) gewesen wären. Heute entspräche der Fall einer Gesamthypothek oder einem Gesamtpfandrecht, das automatisch dann entsteht, sobald die Sache mehreren in Bruchteilen zusteht.

Der Quellenausspruch bestätigt den Standpunkt der ersten Kommission, die den hinter § 1071 Abs. 1 E I (§ 1132 Abs. 1 Satz 1 BGB) stehenden Grundsatz *„namentlich dann bethätigt"* sah, *„wenn das Grundstück, auf welchem die Eintragung erfolgt ist, oder ein mithaftender Gegenstand getheilt"* werde[422]. Konsequenterweise sah die erste Kom-

418 *Beseler*, Beiträge, IV (1920), S. 319f.

419 *Nardi*, Studi sulla ritenzione in dir. rom. I (1947), S. 235; *Wacke*, Ungeteilte Pfandhaftung, S. 467f.

420 Andernfalls hätten sie sich vermutlich mit den diskutierten Regressansprüchen abgesichert; *Wacke*, Ungeteilte Pfandhaftung, S. 466.

421 So die Meinung von *Wacke*, Ungeteilte Pfandhaftung, S. 479.

422 Motive, III, S. 668.

mission den Anwendungsbereich der *indivisa pignoris causa* zudem dann eröffnet, *„wenn von vornherein die Hypothek an mehreren Grundstücken bestellt ist“*[423].

Andererseits ist die o. dargestellte Begründung[424] der zweiten Kommission zur Streichung des ersten Teiles des § 1071 Abs. 1 E I sowie des § 1150 Abs. 1 E I kritisch zu betrachten. Wie der Ausspruch von *Papinian* belegt, wird mehr durch die ungeteilte Zuordnung einer Objekts<u>vielheit</u> zur ganzen gesicherten Forderung der „in ein Lehrbuch gehörenden“[425] *indivisa pignoris causa* Ausdruck verliehen. Für die Haftung einer ungeteilten Einzelsache (erster Teil der §§ 1071 Abs. 1, 1150 Abs. 1 E I) ist sie eher selbstverständlich. Das spricht für die Fortgeltung der seit jeher in den Gesamtpfandregelungen zum Ausdruck kommenden *indivisa pignoris causa* und steht im Einklang mit der <u>primären</u> Streichungsbegründung[426] durch die zweite Kommission.

cc) Die Folgerungen der älteren Lehre aus der *indivisa pignoris causa*

Die ältere gemeinrechtliche Wissenschaft folgerte aus *„propter indivisam pignoris causam“* bis Anfang des 19. Jh. zwei Gesichtspunkte, die dem gemeinen Pfandrecht nicht eigen waren.

Einmal sah sie als beschriebenen Gegenstand nicht die Haftung, sondern das Pfand*rechts*verhältnis selbst an[427].

Zum anderen charakterisierte sie das Recht nicht als ungeteilt, sondern als *unteilbar*[428].

Auf diese Weise gelangte die ältere gemeinrechtliche Lehre von *de Retes*[429] und *Voet*[430] bis hin zu *Glück*[431] und *Sintenis*[432] zur Irrlehre

423 Motive, III, S. 668.
424 S. o.; V. 2. c) bb), S. 105.
425 Protokolle, III, S. 450.
426 S. o., V. 2. d) bb), S. 108ff.
427 *Wächter*, Theilung und Theilbarkeit, S. 187ff. m. w. N.
428 *Wacke*, Ungeteilte Pfandhaftung, S. 483f. m. w. N.
429 *de Retes*, De dividuis et individuis obligationibus commentarius, Praeludium quartum, § XXVIff. in: *Meermann*, Novus Thesaurus juris civilis et canonici

von der Unteilbarkeit des Pfandrechtes. Sehr deutlich sprach das *Westphal*[433] aus, der meinte: „*indivisa pignoris causa* heißt eben so viel als *individua indoles pignoris*".

Ähnlich wie die spätere französische Regelung Art. 2114 Abs. 2 Code civil[434] das Wesen der „*hypothèque*" mit der Unteilbarkeit umschrieb, wurde für die Hypothek die Unteilbarkeit unter der Bezeichnung „*hypotheca individua est sui natura*"[435] vertreten. Sie wurde auf der Grundlage des römisch rechtlichen Grundsatzes als ein unter allen Umständen einer Teilung und Zerlegung unfähiges Recht angesehen, das nur in seiner Integrität oder gar nicht bestehen konnte[436]. Die Folge dieser Lehre war die ungeteilte Einheitlichkeit auf allen Stufen des Rechtes[437]. Die konsequente Praktizierung der Unteilbarkeit des Pfandrechtes gebot ferner die Unaufteilbarkeit der Verfügung, insbesondere der Entstehung, des Unterganges und der Übertragung.

dd) Keine Reduktion auf *partes pro indiviso*

Nach einer Meinung[438] reduzierte sich der Diskussionsgegenstand der Lehre von der Unteilbarkeit des Pfandrechtes auf die Fähigkeit der *partes pro indiviso*, selbständiger Belastungsgegenstand des dinglichen Pfandrechtes zu sein.

Diese Annahme trifft nicht zu. Selbst wenn die Aufteilung einer einheitlichen Sache in mehrere ideelle Bruchteile als Belastungsgegen-

tom. VII (1753) p. 607f.: „Constitutio pignoris illam habet naturam, ut nisi totum debitum exsolvatur, pignus liberari non potest. Pignus non dividitur pro portionibus hereditariis, quia continent caussam individuam".

430 *Voet*, Commentarius ad pandectas Lib. XX tit. I § 1 i,f. (tom. III, 1778, p. 576): „Quia pignoris causa individua est".

431 *Glück*, Pandecten-Commentar, XVII, 1816, § 1076 III p. 169ff.: „Das Pfandrecht ist ferner seiner Natur nach untheilbar".

432 *Sintenis*, Handbuch des gemeinen Pfandrechts, S. 17ff.

433 *Westphal*, Erläuterung der Römischen Gesetze vom Pfandrecht, 1791, § 33 S. 81ff. (83).

434 S. u., S. 160f.

435 Zur Bezeichnung: *Dernburg*, Pfandrecht II, S. 28 Fn. 1.

436 *Dernburg*, Pfandrecht II, S. 29.

437 *Wacke*, Ungeteilte Pfandhaftung, S. 483f.; *Wächter*, Theilung und Theilbarkeit, S. 188.

438 *Wolf*, Gesamtrechte, S. 9.

stand eines Pfandrechtes zugelassen wird, was kontrovers beurteilt wurde, ist damit noch keine Entscheidung zur Teilbarkeit eines am Bruchteil oder an mehreren Bruchteilen einer einzigen Sache bestehenden Pfandrechtes getroffen. Die irrige Annahme ist nur auf die regelmäßig in der älteren Rechtslehre im Zusammenhang mit der Teilbarkeit der Sachen und Rechte in der Tat diskutierte *partes pro indiviso* zurückzuführen[439].

ee) Die Entwicklung zur Ungeteiltheit (im Interesse des Gläubigers) nur der Haftung

Eine genauere Wortlautanalyse des römisch rechtlichen Grundsatzes[440] und die eingehende Betrachtung der wirklichen Struktur des Pfandrechtes führte die Wissenschaft gegen Anfang des 19. Jh. zur Teilbarkeit des Pfandrechtes[441]. Die Lehre von der Unteilbarkeit des Pfandrechtes wurde uminterpretiert in die Ungeteiltheit der Pfandhaftung[442]. Die Unteilbarkeit wurde aufgegeben, weil sie im Gegensatz zur Servitut seinem Wesen nicht eigen war[443].

(1) 1. Stufe: Die Wortlautanalyse – Unteilbarkeit versus Ungeteiltheit

Zur Wortbedeutung von *indivisus* führte *Wächter*[444] erstmals zutreffend aus, dass sich diese in der *Ungeteiltheit – non divisus* – nicht aber in der Unteilbarkeit erschöpfe. Nur gelegentlich werde dieses Wort gleichgesetzt mit der Unteilbarkeit – *individuus* –[445].

Diese Wortlautinterpretation wurde durch die überwiegende jüngere gemeinrechtliche Lehre geteilt[446].

439 So bspw.: *Wächter*, Theilung und Theilbarkeit, S. 159ff.
440 D XXI. 2. de evict. l. 65.
441 *Dernburg*, Pfandrecht II, S. 29ff.; *Wächter*, Theilung und Theilbarkeit, S. 189ff.
442 Vorentwürfe, 2, S. 630; *Wacke*, Ungeteilte Pfandhaftung, S. 484.
443 *Baron*, Gesamtrechtsverhältnisse, S. 200 Fn. 2; *Dernburg*, Pfandrecht II, S. 28; *Wacke*, Ungeteilte Pfandhaftung, S. 483f.
444 *Wächter*, Theilung und Theilbarkeit, S. 188/189.
445 *Wacke*, Ungeteilte Pfandhaftung, S. 484.
446 Statt vieler: *Baron*, Gesammtrechtsverhältnisse, S. 200 Fn. 2; *Dernburg*, Pfandrecht II, S. 28ff.; *Wacke*, Ungeteilte Pfandhaftung, S. 484 m.w.N.; *Wächter*, Theilung und Theilbarkeit, S. 188ff.

Seitdem ist in der deutschen Pandektistik und Romanistik nur noch von der „ungeteilten" Pfandhaftung die Rede [447].

Damit stand zunächst fest, dass das in den Quellen beschriebene Subjekt nicht schlechthin unteilbar ist, sondern im Interesse des Gläubigers, d. h. mit seinem Willen geteilt werden kann [448].

(2) 2. Stufe: Die Ungeteiltheit nur der Haftung – der Leistung

Auf der zweiten Stufe setzte sich die jüngere Lehre mit der Frage auseinander, ob der Grundsatz die Beschreibung des Rechtes oder nur der Haftung zum Gegenstand hatte.

Das Wesen der Haftung muss nicht identisch sein mit dem Wesen des für sie bzw. die zu erbringende Leistung ursächlichen Rechtes [449]. Mehrere Haftungseinheiten [450] können dem Gläubiger ungeteilt jeweils voll und ganz zur Erfüllung seines einmaligen Leistungsrechtes als wirtschaftliche Einheit haften. Dabei muss nicht das den Gläubiger mit der jeweiligen Haftungseinheit verbindende und zur Haftung führende Rechtsverhältnis selbst von der gleichen Geschlossenheit bzw. Ungeteiltheit geprägt sein. Das wird an der Gesamtgläubigerschaft und der Gesamtschuldnerschaft deutlich, die jeden Teil der Gläubigerseite zur ganzen Leistung berechtigt und jeden Schuldner zur ganzen Leistung verpflichtet. Gleichwohl existieren so viele Rechte, wie Gläubiger und Schuldner vorhanden sind. Das äußerlich als wirtschaftliche Einheit [451] in Erscheinung tretende Gesamtrechtsverhältnis ist demnach vielseitig aufteilbar, obwohl es bei der Gesamtschuld (§ 421 BGB) für den Gläubiger nur einmal aktivierungsfähig und bei der Gesamtberechtigung (§ 428 BGB) für den Schuldner nur einmal passivierungsfähig ist [452]. So kann bspw. ein einziger Gesamtgläubiger seine Forderung unabhängig von den Rechten der anderen Gläubiger abtreten [453, 454]. Auch das Einzelzu-

447 *Wacke*, Ungeteilte Pfandhaftung, S. 484 m. w. N.

448 *Schulz*, Gesamtpfand an Grundstücken, S. 8.

449 *BGH*, Urt. v. 4. 3. 1959 – V ZR 181/57 –, NJW 1959, 984, 985 = *BGHZ* 29, 363, 365.

450 Grundstücke, bewegliche Sachen, Schuldner mit ihren Vermögensmassen.

451 *Lang*, Gesammthypothek, S. 254.

452 *Biermann*, Pfandrechte bei Gesamtschulden, S. 338.

453 *BGH*, Urt. v. 4. 3. 1959 – V ZR 181/57 –, NJW 1959, 984, 985 = *BGHZ* 29, 363, 365.

griffsrecht gegen einen Gesamtschuldner ist einer separaten Zession zugänglich[455].

Dass sich die bei der Lehre von der Eviction ausgesprochene Ungeteiltheit nur auf die Haftung des Pfandverbandes und nicht auf das Pfandrecht bezog, erkannte die gemeinrechtliche Lehre erst gegen Anfang des 19. Jh. Eine Reihe von Quellenaussprüchen im für das Pfandrecht wesentlichen 20. Abschnitt der Digesten sprechen für die Teilbarkeit eines Pfandrechtes[456]. Vieles spricht dafür, dass nur die Haftung im Interesse des Gläubigers ungeteilt sein sollte[457].

Ergreifung der ganzen Sache durch zwei Pfandrechte nicht in Rechtsgemeinschaft stehender Gläubiger

Zur Widerlegung der älteren Lehre von der Unteilbarkeit des Pfandrechtes führte die bahnbrechende Lehre von der Ungeteiltheit der Pfandhaftung[458] eine Entscheidung von *Marcian* im Pfandrechtsbuch auf. Diesem nachstehenden Ausspruch des Juristen in der Einzelschrift über die Pfandklage wird im Rahmen der teleologischen Auslegung von §§ 1132 Abs. 1 Satz 1, 1222 BGB besondere Bedeutung zu Teil, weil sich auf ihn der Gesetzgeber zur Begründung der ungeteilten Pfandhaftung stützte[459].

> *Marc. sing. ad form. hyp. D 20. 1. 16. 8*
> *Si duo pariter de hypotheca paciscantur, in quantum quisque obligatam hypothecam habeat, utrum pro quantitate debiti an pro partibus dimidiis, quaeritur. et magis est, ut pro quantitate debiti pignus habeant obligatum. sed uterque, si cum possessore agat, quemadmodum? utrum de parte quisque an de toto, quasi utrique in solidum res obligata sit? quod erit dicendum, si eodem die pignus utrique datum est separatim: sed si simul illi et illi, si hoc actum est, uterque recte in solidum aget, si minus, unusquisque pro parte.*

454 Die Möglichkeit der selbständigen Abtretbarkeit einer Zweigforderung im Rahmen der Gesamtgläubigerschaft wird durch § 429 Abs. 3 Satz 2 BGB vorausgesetzt.

455 *Esterhues*, Gesamtgrundschuld, S. 17.

456 *Schulz*, Gesamtpfand an Grundstücken, S. 8.

457 *Wächter*, Theilung und Theilbarkeit, S. 189, 190, 191.

458 Statt vieler: *Dernburg*, Pfandrecht II, S. 30.

459 Motive, III, S. 668; s. o., Zitat S. 80.

Nehmen zwei zugleich eine Sache zum Pfand, so fragt sich, inwieweit sie einem jeden haftet, ob in Höhe der jeweiligen Forderung oder zu gleichen Anteilen. Und es spricht mehr dafür, dass die Pfandsache ihnen in Höhe der jeweiligen Forderung haftet. Wenn aber jeder von ihnen gegen den Besitzer klagen will, – in welcher Weise? Jeder bloß zu seinem Anteil oder auf das Ganze, wie wenn jedem die ganze Sache verpfändet wäre? Letzteres ist anzunehmen, wenn das Pfand an demselben Tag beiden unabhängig voneinander bestellt wurde. Wenn aber gleichzeitig dem einen und dem anderen, so muss jeder von ihnen auf das Ganze klagen, falls dies so vereinbart ist, andernfalls jeder auf seinen Anteil.

Der Ausspruch ist in zwei Teile zerlegbar.

Der erste Teil betrifft die Höhe des jeweiligen Pfandrechtes, der zweite Teil die Ergreifung des Pfandobjektes (Umfang), die bei der Klage gegen den Besitzer wesentlich wird.

Die Höhe des Pfandrechtes eines jeden Gläubigers beantwortet *Marcian* mit der jeweiligen Höhe[460] der ihm zustehenden gesicherten Forderung (Akzessorietät).

Bei der Ergreifung des Pfandobjektes unterscheidet der Jurist zwischen der unabhängigen Verpfändung und der gleichzeitigen Belastung zugunsten des einen und des anderen Gläubigers. Im ersten Fall haftet jedem die ganze Sache. Dabei soll es im zweiten Fall bleiben, sofern das zwischen den Parteien so vereinbart war. Fehlte es im zweiten Fall an einer Vereinbarung, sollte eine anteilige Haftung die Folge sein.

Der Ausspruch lässt folgende Schlussfolgerungen für die ungeteilte Pfandhaftung zu:

Einmal betrifft der Grundsatz nicht die Höhe des Pfandrechtes, sondern seinen Umfang. Auf die Höhe kommt es bei der Frage nach der Übersicherung an. Die Art und Weise der Ergreifung des Pfandobjektes ist nur maßgeblich für das Verwertungsstadium (Pfandklage). Der Grundsatz schützt den Gläubiger, denn die ganze Einzelsache lässt

[460] Zur Maßgeblichkeit der Höhe und nicht des Umfanges für die Übersicherung, s. u., S. 222ff.

sich besser verwerten, als ein Bruchteil von ihr[461]. Den Unterschied zwischen Höhe und Umfang hatte auch der Gesetzgeber des BGB vor Augen. Die zitierte Stelle der Motive[462] betraf § 1071 E I, während die Höhe schon in § 1062 E I auf der Grundlage der Akzessorietät geregelt war.

Zum anderen beweist die Verweisung der Motive auf D 20, 1, 16, 8 i. Z. m. der Begründung des § 1071 E I (§ 1132 BGB), dass der durch die Norm zum Ausdruck kommende Grundsatz nicht mit der Natur des Rechtes selbst im Zusammenhang steht. Der Haftungsgrundsatz lässt keinen Schluss auf Teilbarkeit oder Unteilbarkeit eines einheitlichen Pfandrechtes und schon gar nicht auf Einheit oder Vielheit bei mehreren Objekten zu. Das konnte der Gesetzgeber nur so sehen. Denn der zur Erklärung der Ungeteiltheit in Bezug genommene Lebenssachverhalt war nicht nur durch ein geteiltes oder teilbares einheitliches Pfandrecht gekennzeichnet. Vielmehr handelte es sich um zwei gleichrangige und selbständige Pfandrechte zweier nicht in Rechtsgemeinschaft stehender Gläubiger mit unterschiedlichen Forderungen[463]. Der Gesetzgeber ging folglich von der richtigen Interpretation des Grundsatzes aus. Nur die Haftung / die Ergreifung des Pfandobjektes sollte ungeteilt sein. Zum Rechtsverhältnis setzte er den Grundsatz nicht in Bezug.

Die Quellen ließen sogar die Teilbarkeit der Haftung zu, indem mangels Vereinbarung die Klage bei Zusammenverpfändung auf einen reellen Bruchteil gerichtet werden musste. Heute haftet die ganze Sache.

Forthaftung des Gesamtpfandverbandes bis zur endgültigen Erfüllung

Die Ungeteiltheit nur der Haftung folgt weiterhin aus einem palingenetisch zum Bürgschaftsrecht gehörenden Text, in dem die Ungeteiltheit der Pfandhaftung mittelbar verkörpert gesehen wird[464]:

[461] *Wacke*, Ungeteilte Pfandhaftung, S. 487f.
[462] Motive, III, S. 668; s. o., Zitat S. 103f.
[463] Zur Teilbarkeit eines einheitlichen Pfandrechtes bei mehreren in Rechtsgemeinschaft stehenden Gläubigern, s. u., S. 171ff.
[464] *Wacke*, Ungeteilte Pfandhaftung, S. 556f.

Ulp. 21 ad ed. D 20. 1. 19:
Qui pignori plures res accepit, non cogitur unam liberare nisi accepto universo quantum debetur.

Ulpian sprach im 21. Buch zum Edikt aus, dass ein Gläubiger, dem zur Besicherung seiner Forderung mehrere Sachen als Pfand eingeräumt wurden, nicht gezwungen werden kann, auch nur eine davon freizugeben, bevor nicht alles was geschuldet wurde – seine ganze Forderung – erfüllt ist.

Diese Rechtsfolge, die auch aus § 1132 Abs. 1 S. 1 BGB und § 1222 BGB ableitbar ist[465], veranschaulicht für den Fall der Haftung mehrerer Sachen, was mit dem „unteilbaren Rechtsverhältnis des Pfandes" in Pap. 8 quaest. D 21, 2, 65 gemeint war. Wenn dem Gläubiger mehrere Objekte als Pfand zur Verfügung gestellt wurden, sollten sie haften, als handele es sich um eine einzige Sache. Jedes Einzelobjekt sollte wie ein Teil eines einheitlichen Ganzen behandelt werden. Nur zur Haftung, zum Umfang des Rechtes, waren die mehreren Sachen als ungeteilt ergriffen anzusehen[466]. Weil jede Sache in ihrer Gesamtheit total jedem einzigen Teil der abgesicherten Forderung zur Haftung zugeordnet war, konnte der Gläubiger nicht gezwungen werden, den Umfang des Pfandverbandes durch teilweise Pfandentlassung zu verringern. Die Vielheit der Sachen war vielmehr solange ergriffen, bis der kleinste übrig bleibende Teil der Forderung abgetragen war. Es war folglich eine mit der Korrealobligation identische Gesamthaftung beabsichtigt. Das sah der Gesetzgeber genauso, wenn er an zahlreichen Stellen die Wesensgleichheit von Gesamtpfand und Gesamtschuld betonte[467]. Die Protokolle sprechen sogar von einer „Analogie der zur Lehre vom Gesammtschuldverhältnisse getroffenen Bestimmungen"[468].

Das Anliegen dieser Form von Ungeteiltheit war die haftungsmäßige Gleichbehandlung folgender drei Tatbestände, zugunsten des Gläubigers: Erstens war Ausgangspunkt die totale Ergreifung einer einzel-

[465] RGRK-*Kregel*, BGB, § 1222 Rdn. 2, unter Hinw. auf die Ungeteiltheit der Pfandhaftung.
[466] *Dernburg*, Pfandrecht II, S. 28ff.
[467] Z. B.: Vorentwürfe, 2, S. 635; Denkschrift, S. 146; Protokolle, III, S. 625, 626.
[468] Protokolle, III, S. 625.

nen Sache in ihrer Gesamtheit. Zweitens sollte es hierbei bleiben, wenn die Einzelsache nachträglich in mehrere selbständige Sachen geteilt wird. Drittens sollte die totale Gesamthaftung auch dann eingreifen, wenn der Pfandverband von Anfang an geteilt war. In dieser Form legte auch der Gesetzgeber die Ungeteiltheit der Pfandhaftung aus[469].

Die Ergreifung aller Pfandobjekte bis zum Ende könnte zu der Annahme verleiten, dass mehrere Einzelsachen auch bei der Entstehung in ihrer Gesamtheit betrachtet werden müssen. Wenn sie wie eine Einzelsache in den Pfandverband eintreten würden, ließe sich die Entstehung erst mit Abschluss der Verfügung zum letzten Teil vertreten. Wie das belastete Grundstück bei der Einzelhypothek und die belasteten Grundstücke bei der Gesamthypothek mit Erfüllung der Forderung auf einmal von der Belastung freiwerden, so gelangte es / gelangten sie in die Belastung durch das Pfandrecht auf einmal hinein.

Der Rückschluss von der vollumfänglichen Haftung mehrerer Einheiten für den noch so kleinen übrigen Teil der Forderung auf die Art und Entwicklungsfähigkeit des Rechtsverhältnisses an den Gegenständen ist jedoch verfehlt.

Dass alle Gegenstände auf einmal von der Haftung frei werden, wenn die Forderung endgültig erfüllt ist, folgt allein aus dem oben[470] beschriebenen Wesen des Pfandrechtes i. w. S. Es verdankt seine Existenz nur der anlassbildenden Forderung. Erlischt sie durch Erfüllung, verliert auch das Pfand an Bedeutung.

Genauso wenig, wie bei der Gesamtschuld das Erlöschen der Beziehung des Gläubigers zu jedem Schuldner im Falle der vollständigen Befriedigung etwas aussagt über die Einheit oder Vielheit der Gesamtschuld und die unterschiedlichen Entwicklungsmöglichkeiten der einzelnen Forderungen, trifft dies auch für das Pfandrecht an mehreren Objekten zu. Der Unterschied zwischen beiden Rechtsgebilden liegt nur in der Art der Haftungseinheit. Bei der Gesamtschuld

469 Motive, III, S. 668.
470 S. o., S. 47ff.

haften mehrere Personen mit ihren Vermögensmassen. Beim Gesamtpfandrecht haften mehrere Sachen.

Die Teilbarkeit lässt sich nur bei bestehender Forderung beurteilen, die Wesensvoraussetzung für das Pfandrecht ist.

Der Ausspruch von *Ulpian* spricht ferner für die Teilung des Rechtsverhältnisses, wenn sie mit Zustimmung des Gläubigers erfolgt. Denn die Frage nach der Verpflichtung zur teilweisen Pfandfreigabe konnte sich nur stellen, wenn sie überhaupt möglich war. Die auch heute beim Gesamtgrundpfandrecht (§ 1175 Abs. 1 Satz 2 BGB) aber auch beim Gesamtpfandrecht mögliche Teilpfandentlassung würde nicht funktionieren, ordnete das Sachenrecht nicht jeder Einzelsache einen für sich einzeln funktionierenden Organismus eines dinglichen Rechtes zu. Diese Spezialität[471] des Rechtsverhältnisses, die in der gemeinrechtlichen Lehre[472] unter dem Stichwort *„singularum rerum dominium"*[473] beschrieben wurde und jeder Einzelsache ein einzelnes Recht zuordnete[474], spricht gegen die Unteilbarkeit des Pfandrechtes.

Die durch *Ulpian* bestätigte Folge der *indivisa pignoris causa* galt folglich nur für den jeweils aktuellen Bestand des Haftungsverbandes[475] und übte keinen Einfluss auf seine Entwicklung aus. Die Entstehung und der Untergang beurteilten sich nach anderen Regelungen. Für beides kam es maßgeblich auf den Willen des Gläubigers an.

Freies Befriedigungswahlrecht des Gläubigers

Mit dem voranstehenden Quellenausspruch korrespondiert das freie Wahlrecht des Gläubigers, von mehreren Sachen zum Verkauf diejenigen auszuwählen, die zu seiner Befriedigung erforderlich sind (vgl. § 1132 Abs. 1 Satz 2 BGB); ein Ausspruch, in dem die ungeteilte

471 Zur entsprechenden Betrachtung aller im BGB existierenden dinglichen Gesamtrechte: *Wolf*, Gesamtrechte, S. 208 bis 212.

472 *Baron*, Gesammtrechtsverhältnisse, S. 200–202 (Gesamtpfandrecht); *Dernburg*, Pfandrecht I, S. 511 (am Bsp. der Generalhypothek); *Steinlechner*, Juris Communio/Juris Quasi Communio, S. 37 Fn. 2, S. 44.

473 *Brinz*, Pandekten, S. 475; *v. Wächter*, Erörterungen, S. 18.

474 *Steinlechner*, Juris Communio/Juris Quasi Communio, S. 44.

475 So auch: *Wächter*, Theilung und Theilbarkeit, S. 189.

Pfandhaftung verkörpert gesehen wird[476]. *Modestin* erklärte hierzu im vierten Buch der Rechtsregeln:

> *Mod. lib. quarto reg. D 20, 5, 8*
> *Creditoris arbitrio permittitur ex pignoribus sibi obligatis quibus velit distractis ad suum commodum pervenire.*

Diese Erscheinungsform der ungeteilten Pfandhaftung zeigt, dass sich der Grundsatz mit dem Anspruch aus dem Pfandrecht auseinandersetzt und bei der Art der Ergreifung des Pfandobjektes wesentlich wird.

Das freie Wahlrecht des Gläubigers, das heute im Einklang mit dem freien Verteilungs- (§ 1132 Abs. 2 BGB) und Verzichtsrecht (§ 1175 Abs. 1 Satz 2 BGB) steht, setzt die haftungsmäßige Zuordnung aller Sachen für die ganze Forderung voraus. Damit erweist sich das Wahlrecht als Befugnis des Gläubigers aus der ungeteilten Zuordnung aller Einzelsachen für die ganze Forderung.

Die Verkörperung der Ungeteiltheit der Pfandhaftung in diesem Ausspruch zeigt zudem, dass der Grundsatz insbesondere dann zur Anwendung gelangt, wenn mehrere Sachen für dieselbe Forderung haften.

Der Quellenausspruch verkörpert zugleich eine Grenze der *indivisa pignoris causa*, die heute nur für das Pfandrecht und nur für das Verwertungsstadium in § 1230 BGB gesetzlichen Ausdruck findet[477].

Die Teilbarkeit des Pfandrechtes beim Untergang

Im Stadium des Erlöschens des Pfandrechtes trafen die Digesten im 6. Titel des 20. Buches zwar nicht ausdrücklich die Aussage, dass der Gläubiger im Falle der Haftung mehrerer Sachen für dieselbe Forderung nur zu einer Einzelsache die Pfandfreigabe erklären konnte. Diese Möglichkeit muss aber angesichts der nachstehenden Stelle unterstellt werden:

476 *Wacke*, Ungeteilte Pfandhaftung, S. 457.
477 *Wacke*, Ungeteilte Pfandhaftung, S. 457.

Gai. sing. de form. hyp. D 20, 6, 8, 4
Si plures dederint pro indiviso et cum uno creditor paciscatur, ne hypothecae sit, deinde ab eo petat, etiamsi hic cum quo pactus est solidum fundum possideat, pro indiviso quia de parte convenisset, non repellit eum a toto.

Gaius ging in der Einzelschrift über die Pfandklage auf der Tatbestandsseite davon aus, dass der Gläubiger mit einem Eigentümer vereinbaren könne, dass sein Teil nicht mehr der Pfandhaftung unterliegen solle, wenn das gesamte Grundstück durch mehrere (ideelle) Bruchteilseigentümer ungeteilt verpfändet wurde. Das beweist, dass das Pfandrecht beim spiegelbildlichen Erlöschen ein teilbares Recht war. Hätte es nur in seiner Gesamtintegrität funktionieren können, hätte eine Teilpfandentlassung zum Gesamtuntergang des Rechtes führen müssen. Mit der Ungeteiltheit konnte deshalb nur die Haftung gemeint sein.

Die Teilbarkeit des Pfandrechtes bei der Entstehung

Neben der soeben betrachteten Teilbarkeit des Pfandrechtes im Untergangs-Stadium (für das Grundpfandrecht heute: § 1175 Abs. 1 Satz 2 BGB) fragt sich, ob eine vergleichbare Teilbarkeit eines einheitlichen Pfandes auch für die spiegelbildliche Entstehungsseite nachweisbar ist.

Wäre das römische Pfandrecht tatsächlich ein unteilbares Rechtsgebilde gewesen, das entweder nur in seiner gesamten Integrität oder gar nicht existenzfähig war, müsste sich das auch in einem unaufgeteilten Entstehungsvorgang widerspiegelt haben.

Dem römischen Recht war zwar der Begriff und erst recht ein selbständiges Institut des Gesamtpfandrechtes unbekannt[478]. Insbesondere der Begriff der Korrealhypothek war den Quellen fremd[479]. Es existierten aber Pfandrechte i.e.S., die sich unter die wesentliche Erscheinungsform der *indivisa pignoris causa*, die volle Haftung mehrerer Einzelsachen in ihrer Gesamtheit – wie eine einheitliche Sache – für die ganze selbe Forderung, subsumieren lassen. Gemeinsam ist

[478] *Schulz*, Gesamtpfand an Grundstücken, S. 5ff.
[479] *Schulz*, Gesamtpfand an Grundstücken, S. 5; *Wolf*, Gesamtrechte, S. 6ff.

allen Instituten mit den heutigen beiden Gesamtpfandrechten, dass sie im Gegensatz zur römischen Sicherungsübereignung (*fiducia cum creditore*)[480] zur Gruppe der begrenzt dinglichen Haftungsrechte gehören und dem Gläubiger eine Vielheit von Pfandobjekten für dieselbe Forderung zu dienen bestimmt ist.

Vermieterpfandrecht an mehreren Sachen

Hierzu zählte zunächst das Vermieterpfandrecht, dass anfänglich als rechtsgeschäftliches und später als gesetzliches Recht ausgestaltet war[481]. *Neraz* erwähnte es beispielsweise im ersten Buch der Blätter:

> *Ner. 1 membran. D 20, 2, 4*
> *Eo iure utimur, ut quae in praedia urbana inducta illata sunt pignori esse credantur, quasi id tacite convenereit: in rusticis praediis contra observatur.*
>
> *Es ist geltendes Recht, dass Sachen, die auf städtischen Grundstücken eingebracht worden sind, als verpfändet gelten, so als habe man das stillschweigend vereinbart.*

Das mit besonderer Vorbildfunktion für die römische Hypothek ausgestattete Vermieterpfandrecht[482] erforderte zu seiner Entstehung insbesondere das tatsächliche Moment der Einbringung des Pfandobjektes in den Raum[483].

In keinem Falle aber war die Entstehung des Vermieterpfandrechtes etwa von der Einbringung der letzten Sache abhängig. Dann hätte es zu keinem Zeitpunkt entstehen können. Eine Sukzessiventstehung des Gesamtpfandrechtes war daher die einzig denkbare Rechtslage. Der Wille der Vertragsparteien, der von Anfang an auf die Haftungsunterwerfung auch aller zukünftig eingebrachten Sachen im Eigentum des Verpfänders gerichtet war, stand dem nicht entgegen.

Bemerkenswerterweise ist das heutige Schrifttum bei der Entstehungsverzögerung im Gegensatz zum Gesamtgrundpfandrecht für

480 Für die Geltung der *indivisa pignoris causa* bei der *fiducia*: *Wacke*, Ungeteilte Pfandhaftung, S. 459.

481 *Dernburg*, Pfandrecht I, S. 55ff.

482 *Dernburg*, Pfandrecht I, S. 51–62.

483 *Windscheid-Kipp*, Pandektenrecht I, S. 1037.

das dogmatisch identische Gesamtpfand nach § 1222 BGB zurückhaltender[484].

Obwohl das Gesamtpfand nach § 1222 BGB auf denselben Grundsatz wie das des § 1132 BGB zurückzuführen ist, wird beim Vermieterpfandrecht nach § 559 BGB auch heute noch die Entstehung im Einklang mit dem Spezialitätsgedanken befürwortet[485].

Verpfändung noch nicht existenter/künftiger Sachen

Dass das Pfandrecht trotz des Ausspruches in Pap. 8 quaest. D 21, 2, 65 kein starres Recht ist, das nach dem „Alles-oder-Nichts-Prinzip" einer aufgeteilten Entstehung nach den Objekten entgegen steht, weil es angeblich nur in seiner Integrität oder gar nicht bestehen kann, beweist die vielseitige Erweiterungsmöglichkeit des römischen Pfandrechtes auf künftige aber gleichwohl vom anfänglichen Willen der Parteien erfasste Sachen.

Voraussetzung für das Entstehen der Hypothek durch vertragliche Verpfändung war das Eigentum, ein verpfändbarer Gegenstand, der abgeschlossene Pfandvertrag und wegen der Akzessorietät das Bestehen der Forderung[486]. Die Entstehung verlangte ferner die Existenz des Pfandobjektes[487].

Waren einige Sachen noch nicht existent, sollten sie nach dem anfänglichen Willen der Vertragsparteien aber gleichwohl ergriffen werden, so hinderte das nicht die Entstehung des Pfandrechtes insoweit, als der Gegenstand schon vorhanden war. Die zukünftigen Sachen wurden von der Pfandhaftung sukzessive erfasst, sobald sie entstanden waren; dieselbe Entwicklungsflexibilität wie beim Sekundärhaftungsverband einer Hypothek nach §§ 1120ff. BGB, nur das es sich gegenständlich um Primärhaftungsobjekte handelte.

So akzeptierte *Gaius* als künftige sukzessiv verpfändbare Sachen: hängende Früchte, die Leibesfrucht einer Sklavin oder Tierjunge.

[484] Eine ungeteilte Entstehung wird hier nicht gefordert: RGRK-*Kregel*, BGB, 3. Aufl., § 1222 Rdn. 1; *Staudinger-Wiegand*, BGB, 13. Aufl., § 1222 Rdn. 1f.

[485] *Staudinger-Emmerich*, BGB, 12. Aufl., § 559 Rdn. 17.

[486] *Kaser*, Das Römische Privatrecht, 2. Aufl., S. 315.

[487] *Kaser*, Das Römische Privatrecht, 2. Aufl., S. 315.

Gai. sing. de form. hyp. D 20, 1, 15
Et quae nondum sunt, futura tamen sunt, hypothecae dari possunt, ut fructus pendentes, partus ancillae, fetus pecorum et ea quae nascuntur sint hypothecae obligata: idque servandum est, sive dominus fundi convenerit aut de usu fructu aut de his quae nascuntur sive is, qui usum fructum habet, sicut Iulianus scribit.

Für die Entstehungsdogmatik des Pfandrechtes an mehreren Sachen macht es keinen Unterschied, ob es an der Entstehungsvoraussetzung der Existenz der Sache oder der Eintragung des Rechtes im Grundbuch des Grundstückes ermangelt. Entscheidend ist nur, dass es sich in beiden Fällen um spezifisch einzelobjektsbezogene Entstehungsvoraussetzungen handelt, die nachträglich erfüllt werden, wobei der Haftungsverband schon anfänglich durch Parteiabrede konkretisiert wurde. Diese sind von den oben bereits angesprochenen Entstehungsvoraussetzungen abzugrenzen, die für den Gesamtpfandverband entscheidungserheblich sind[488]. Hierzu gehört das Bestehen der zu sichernden Forderung.

Diese abstrakt ausgesprochene sukzessive Erstreckungsmöglichkeit eines einheitlichen Pfandrechtes zur Absicherung derselben Forderung auf künftig existente Pfandobjekte ohne Beeinflussung des Pfandrechtes im übrigen konkretisierten die Digesten im 20. Buch an zwei Stellen:

Die Verpfändung einer Herde

Marc. sing ad form. hyp. D 20, 1, 13
Grege pignori obligato quae postea nascuntur tenentur: sed et si prioribus capitibus decedentibus totus grex fuerit renovatus, pignori tenebitur.

Wenn eine Herde verpfändet worden ist, haften auch die später geborenen Jungtiere. Sogar wenn die Herde nach Abgang aller früheren Tiere vollständig erneuert ist, unterliegt sie der Pfandhaftung.

Die Verpfändung eines Ladens

Scae. 27 dig. D 20, 1, 34
Cum tabernam debitor creditori pignori dederit, quaesitum est, utrum

488 S. o., S. 123f.

eo facto nihil egerit an tabernae appellatione merces, quae in ea erant, obligasse videatur? et si eas merces per tempora distraxerit et alias comparaverit easque in eam tabernam intulerit et decesserit, an omnia quae ibi deprehenduntur creditor hypothecaria actione petere possit, cum et mercium species mutatae sint et res aliae illatae? respondit: ea, quae mortis tempore debitoris in taberna inventa sunt, pignori obligata esse vindentur.

Nachdem ein Schuldner einem Gläubiger seinen Laden verpfändet hatte, stellte sich die Frage, ob er damit gar nichts bewirkt habe oder ob unter der Bezeichnung „Laden" die darin befindlichen Waren als verpfändet zu betrachten seien. Und wenn er diese Waren im Laufe der Zeit veräußerte, dafür neue anschaffte, sie in diesen Laden einbrachte und schließlich starb, ob dann der Gläubiger alle dort befindlichen Waren mit der Pfandklage beanspruchen kann, obwohl sogar die Art der Waren geändert und andere Sachen eingebracht wurden? Er hat gutachtlich entschieden, als verpfändet sei anzusehen, was zur Todeszeit des Schuldners im Laden vorgefunden wird.

Beide Fälle erinnern an die heute in der Kreditsicherungspraxis regelmäßig praktizierte Sicherungsübertragung von Sachgesamtheiten mit wechselnden Beständen. Sie kommen beim Pfandrecht i.e.S. an mehreren beweglichen Sachen praktisch nur nicht mehr vor, weil die dem Leichtigkeitsbedürfnis der Kreditbranche genügende Verpfändung durch Besitzkonstitut anders als beim Pfandrecht i.w.S. (§ 930 BGB) zur Entstehung nicht ausreicht (§§ 1205 Abs. 2, 1206 BGB).

Die durch den ordnungsgemäßen Wegfall eines Tieres der Herde und den Verkauf von Waren eines Warenlagers bedingte Enthaftung des Pfandverbandes und seine sukzessive Erneuerung durch später geborene Jungtiere oder durch den Schuldner hinzuerworbene Sachen des Warenlagers kennzeichnen den primären Haftungsverband als flexible entwicklungsfähige Masse. Folglich war das römische Pfandrecht i.e.S. (Pignus und Hypothek) beim Entstehen und Erlöschen sukzessiv erweiterungs- und verringerungsfähig, obwohl zur Haftung jede Einzelsache jedem Teil der versicherten Forderung zugeordnet war. Denn das Pfandrecht bestand nicht an der Gesamtheit, sondern an den unter ihr vereinigten Einzelsachen[489].

[489] *Dernburg*, Pfandrecht I, S. 458.

Das veranschaulicht, dass die Ungeteiltheit der Pfandhaftung nicht auf der Verfügungsebene, sondern auf der Ebene des jeweils aktuellen Umfanges des Pfandrechtes wirkt[490]. Sie strahlt nicht auf die Entstehung und den Untergang aus. Insofern steht der materielle Gehalt des Grundsatzes im Einklang mit der Regelungssystematik der ungeteilten Pfandhaftung im Vorentwurf, im ersten und zweiten Entwurf zum BGB und im BGB selbst.

Die Generalhypothek

Die Ungeteiltheit der Pfandhaftung kam schließlich in der römischen Generalhypothek deutlich zum Ausdruck[491]. Bei ihr konnte der Gläubiger zur Sicherung seiner ganzen Forderung vollumfänglich auf jeden einzelnen im Haftungsverband befindlichen Vermögenswert, sei es ein Grundstück, eine bewegliche Sache oder ein Recht[492], zugreifen[493]. Jedes Objekt haftete ungeteilt der ganzen Forderung. Zum Zwecke der Haftung wurden alle im Pfandverband befindlichen Vermögensobjekte wie ein einheitliches Ganzes behandelt.

Angesichts der Rechtsentstehungsvoraussetzungen ist kein einfacheres und flexibleres Pfandrecht denkbar, als das römische Generalpfand[494].

Führte die *indivisa pignoris causa* tatsächlich zu einem bei der Entstehung unteilbaren Rechtsverhältnis, hätte der Grundsatz das Generalpfand unmöglich gemacht. Denn die sukzessive Erweiterungsfähigkeit des Pfandrechtes auf zukünftiges Vermögen des Verpfänders – gleich welcher Art – hätte es nie zur Entstehung gebracht, wenn die Ergreifung aller vom anfänglichen Willen der Parteien erfassten Vermögensobjekte Voraussetzung für die Gesamtentstehung gewesen wäre. Das zeigt, dass die These, das Pfandrecht könne nur in seiner ganzen Integrität bestehen, für die Entstehung nicht zutraf. Hier-

490 *Wächter*, Theilung und Theilbarkeit, S. 189.

491 *Regelsberger* in *v. Meibom*, Deutsches HypR III, Bayerisches HypR, S. 127, 265f.

492 *Dernburg*, Pfandrecht I, S. 505 m.w.Anm. zum römischen und modernen Sprachgebrauch im Zusammenhang der Einordnung von Forderungen in das Mobiliarvermögen.

493 *Dernburg*, Pfandrecht I, S. 504f.

494 Motive, III, S. 597.

durch wird die Annahme bestätigt, dass die *indivisa pignoris causa* nur den Umfang der Haftung eines bereits entstandenen Rechtes regelt, nicht aber auf die Struktur des Rechtes und seine Entstehung ausstrahlt.

Die Generalhypothek veranlasst zum Überdenken der aus derselben[495] Haftungszuordnung (§ 1132 Abs. 1 BGB) durch die heute h. M.[496] für die Gesamthypothek gewonnenen Entstehungsprozedur. Die unterschiedliche Entstehung überrascht angesichts der Wesensidentität[497] beider Institute.

Die Generalhypothek ließe sich ihrem Wesen nach ebenso gut als Gesamthypothek bezeichnen und umgekehrt. In der Kreditsicherungspraxis begegnet insbesondere bei der Bauträgerfinanzierung heute noch der Begriff des Globalgrundpfandrechtes[498].

Die für das Gesamtpfandrecht und die ungeteilte Pfandhaftung wesensprägenden Gemeinsamkeiten beider Institute verdrängen ihre Unterschiede.

Gemeinsam ist beiden Pfandrechtskonstruktionen die vollumfängliche Haftung mehrerer Objekte für dieselbe Forderung. Beide Gesamtpfandrechte vereinigen in ihrem Pfandverband Objekte, die je für sich einzelverpfändbar wären.

Die Unterschiede bestehen nur in der qualitativen Zusammensetzung des Haftungsverbandes und in den einzelobjektsbezogenen Belastungsvoraussetzungen, die der Gesetzgeber je nach Art des Pfandobjektes unterschiedlich formalisierte[499].

Während zum einen der Primärhaftungsverband beim Generalpfand durch jegliche vermögenswerte Position gekennzeichnet war, sind bei

495 *Regelsberger* in *v. Meibom*, Deutsches HypR III, Bayerisches HypR, S. 127, 265 a. E.: Geltung der ungeteilten Pfandhaftung für General- und Gesamthypothek.

496 S. o., S. 27 Fn. 79.

497 *Regelsberger* in *v. Meibom*, Deutsches HypR III, Bayerisches HypR, S. 127.

498 *Lwowski*, Kreditsicherung, Rdn. 803.

499 Motive, III, S. 596.

der Gesamthypothek nur Grundstücke als Belastungsobjekt denkbar. Das verdeutlicht, warum das römische Pfandrecht keine Korrealhypothek erforderte. Sie war im vielseitigeren Generalpfandrecht als Minus enthalten.

Zum anderen reichte bei der Generalhypothek ein mündlicher Vertrag aus, um alle gegenwärtig existenten Vermögensobjekte mit dem Pfandrecht zu belasten[500]. Genügend waren die Worte: „Ich verpfände all mein Gut“[501]. Das wäre beim nach Publizität strebenden Grundpfandrecht des BGB nicht denkbar[502].

Bei der Entstehung des Generalpfandrechtes an den einzelnen Vermögenswerten war zeitlich zwischen zwei Vermögensmassen zu unterscheiden. Die eine betraf das gegenwärtige – zum Zeitpunkt der Verpfändung existente – Vermögen. Die andere das zukünftige Vermögen des Verpfänders. Dass das Pfandrecht an der ersten Masse einheitlich entstand, war einmal der Formlosigkeit des besitzlosen Belastungsvorganges und zum anderen der Existenz der Pfandobjekte (im Eigentum des Sicherungsgebers) zu verdanken. Auf eine einheitliche Struktur war die einheitliche Entstehung nicht zurückführbar[503]. Wie das Recht entstand, wenn einigen einzelobjektsbezogenen Belastungsvoraussetzungen noch nicht Rechnung getragen werden konnte, zeigt seine Erstreckung bezüglich der zweiten Vermögensmasse. Sie bildete zwar zusammen mit der ersten eine Haftungseinheit, auf die der Gläubiger ungeteilt zurückgreifen konnte. Indes verlangte diese Art von Ungeteiltheit oder Einheit nicht die Entstehungsabhängigkeit. Diese Entwicklungsprozedur gleicht bei der Entstehung und beim Untergang der des Sekundärhaftungsverbandes einer Hypothek (§§ 1120ff. BGB).

Als einzelobjektsbezogene Belastungsvoraussetzungen sind die Eintragung im Grundbuch bei der Gesamthypothek und die zukünftige Erlangung des Eigentums vergleichbar.

500 *Dernburg*, Pfandrecht I, S. 501.
501 *Dernburg*, Pfandrecht I, S. 501.
502 Motive, III, S. 598.
503 *Regelsberger* in *v. Meibom*, Deutsches HypR III, Bayerisches HypR, S. 265: „Gleichzeitige Entstehung ist kein Erfordernis“ i. Z. m. der ungeteilten Pfandhaftung.

Deutlich wird anhand der Sukzessiverweiterung auch, dass die heute teilweise im Schrifttum bei der Entstehung vertretene Unterscheidung zwischen anfänglichem und nachträglichem Gesamtpfand[504] keine Rechtfertigung findet. Das maßgebliche Abgrenzungskriterium zwischen anfänglich und nachträglich kann nur der aus der dinglichen Einigung (§ 873 Abs. 1 BGB) hervorgehende Wille der Parteien sein. Sollte von der Generalverpfändung das künftige Vermögen erfasst werden, setzte dies einen hierauf gerichteten (anfänglichen) Willen der Parteien des Sicherungsgeschäftes voraus. Überwiegend mit dem Parteiwillen beantwortete nämlich das gemeinrechtliche Schrifttum die anfangs str. Frage nach der Pfanderstreckung auf später durch den Sicherungsgeber erworbene Vermögenswerte[505]. Insofern war jedes Generalpfand, das künftige Vermögenswerte einbezog, ein anfängliches Gesamtpfandrecht.

Die qualitativ sehr unterschiedliche Zusammensetzung des Haftungsverbandes beim Generalpfand verdeutlicht zudem, dass eine Entstehungsabhängigkeit nicht interessengerecht gewesen wäre. Denn es wäre nicht einsichtig, warum mit der rechtswirksamen Belastung eines Grundstückes abgewartet werden soll, bis noch eine bewegliche Sache oder ein Recht hinzu gelangt.

Dass der Streit um die Einheit oder Vielheit insofern nicht weiter hilft und keine praktischen Konsequenzen für die Entstehung hat, zeigt die vergleichbare Diskussion zum Generalpfand. Teils wurde zu diesem Phänomen der Einheits-[506], teils der Vielheitsgedanke[507] vertreten[508]. Beide Ansichten kamen hingegen zum Ergebnis der Sukzessiventstehung in Ansehung künftiger Vermögenswerte. *Steinlechner* gelangte trotz des Grundsatzes *„singularum rerum dominium"*[509] zu einem einheitlichen Recht, weil er den Gegenstand aus der Perspektive des Rechtes definierte[510]. Das ist heute nicht mehr vertretbar. Gegenstand ist stets die Einzelsache nach § 90 BGB.

504 MünchKomm-*Eickmann*, BGB, § 1132 Rdn. 13.
505 Zum Meinungsstand: *Dernburg*, Pfandrecht II, S. 502ff.
506 *Steinlechner*, Juris Communio/Juris Quasi Communio, S. 48 Fn. 2.
507 *Dernburg*, Pfandrecht I, S. 510f.
508 *Wolf*, Gesamtrechte, S. 10 Fn. 27.
509 S. o., S. 61ff.
510 S. o., S. 63.

Sowohl das römische Generalpfand[511] als auch das als Minus hierin enthaltene germanische Korrealpfand[512] waren bei richtiger Auslegung Spezialpfänder[513]. Nur ihre falsche Interpretation führte zu einem Verstoß gegen das Spezialitätsprinzip[514].

Die Besonderheit des Generalpfandrechtes bestand allein in seiner Entstehungsleichtigkeit, seinem Umfang und der Art der Bezeichnung des Verfügungsgegenstandes. Gerade letztere Komponente der sachenrechtlichen Bestimmtheit[515] ist nach den o. g. Kriterien von der Spezialität der Verfügung und des Rechtes abzugrenzen[516]. Deshalb schlug *Regelsberger* die Bezeichnung „generelle Verpfändung" statt „Generalpfand" vor[517]. Der Name war indes schwer zu ändern, zumal er in Kaiser *Justinian* eine Gewährsperson besaß[518]. Zu Recht meinte der Autor i.Z.m. der ungeteilten Haftung:

> *„Das* (besondere) *Wesen der Generalhypothek besteht nicht in der Einheit der Forderung, nicht in der Beschaffenheit des Gegenstandes, nicht in den rechtlichen Wirkungen der Hypothek, sondern lediglich in der Bezeichnung des Pfandgegenstands bei der Pfanderrichtung, und gerade diese Eigentümlichkeit fehlt bei der Gesamthypothek unseres Hyp.-Gesetzes"*[519].

Abgesehen vom qualitativen Umfang des Haftungsverbandes sind im heutigen Sachenrecht dieselben Konstruktionen beim Pfandrecht i.w.S. zu finden. Das trifft in der modernen Kreditsicherungspraxis insbes. für die revolvierenden Vollrechtsübertragungen der Globalab-

511 *Regelsberger* in *v. Meibom*, Deutsches HypR III, Bayerisches HypR, S. 125–127.

512 *v. Meibom* in *v. Meibom*, Deutsches HypR II, Mecklenburgisches HypR, S. 114 Fn. 10.

513 *Regelsberger* in *v. Meibom*, Deutsches HypR III, Bayerisches HypR, S. 125 a. E.

514 *v. Meibom* in *v. Meibom*, Deutsches HypR II, Mecklenburgisches HypR, S. 114 Fn. 10.

515 *Windscheid-Kipp*, Pandektenrecht I, S. 1028f.

516 S. o., S. 69, 71ff.

517 *Regelsberger* in *v. Meibom*, Deutsches HypR III, Bayerisches HypR, S. 126.

518 Const. 9 quae res pignori 8, 16 C. 11 de remiss. pign. 8, 25; Ulp. de pign. 20, 1, 6; *Regelsberger* in *v. Meibom*, Deutsches HypR III, Bayerisches HypR, S. 126 Fn. 1; *Windscheid-Kipp*, Pandektenrecht I, S. 1029 Fn. 1.

519 *Regelsberger* in *v. Meibom*, Deutsches HypR III, Bayerisches HypR, S. 127 a. E.

tretung sowie der Raumsicherungsübereignung von Sachgesamtheiten (Inventar/Warenlager) zu. Auch beim Pfandrecht i.e.S. kommen sie gelegentlich vor; so z.B. bei der Verpfändung eines Depots mit wechselnden Beständen.

(3) Die Begründung der Teilbarkeit durch die jüngere Lehre

Die jüngere gemeinrechtliche Lehre begründete die Abkehr von der Irrlehre der Unteilbarkeit des Pfandrechtes hin zur ungeteilten Haftung des Pfandes[520] mit Argumenten, die nicht immer für die Teilung eines einheitlichen Pfandrechtes sprachen. Zwar war man sich einig, dass das Pfandrecht ein ebenso teilbares Recht wie das Eigentumsrecht war[521]. Die zur Begründung aufgeführten Quellen betrafen aber nicht Situationen, in denen sich ein einheitliches Pfandrecht zur Versicherung derselben Forderung auf eine oder mehrere Sachen bezog.

Die Teilbarkeit des Pfandrechtes begründete die jüngere Lehre[522] zunächst mit der in den Quellen durch *Marcian* ausgesprochenen Möglichkeit der Bestellung eines Pfandrechtes für nur einen Teil der Schuld:

> *Marc. sing. ad form. hyp. D 20. 2. 5. 1*
> *Item: illud, inquit, videndum est voluntate domini induci pignus ita posse, ut in partem debiti sit obligatum.*

Marcian betonte, dass das Pfand nur für einen Teil der Schuld haftet, sofern der Eigentümer dafür seine Einwilligung erklärte.

Aus dieser Stelle der Digesten folgt die Möglichkeit, eine Sache nur zur Absicherung eines bestimmten Forderungsteiles mit einem Pfandrecht zu belasten. Ist er getilgt, verliert auch das Pfand seine Bedeutung. Über die Teilbarkeit gerade dieses Pfandrechtes trifft die zitierte Stelle keine Aussage.

Auch aus Stellen, die die Verpfändung desselben Haftungsverbandes an mehrere Personen ansprachen, wurden Schlussfolgerungen für die

[520] Zum Ausdruck: *Dernburg*, Pfandrecht II, S. 29.
[521] *Wächter*, Theilung und Theilbarkeit, S. 191 oben.
[522] *Wächter*, Theilung und Theilbarkeit, S. 191 1).

Teilbarkeit gezogen[523]. Zur Begründung wurde einmal die nachfolgende Stelle aufgeführt:

> *Ulp. 73 ad Ed. D 20. 1. 10*
> *Si debitor res suas duobus simul pignori obligaverit ita, ut utrique in solidum obligatae essent, singuli in solidum adversus extraneos Serviana utentur: inter ipsos autem si quaestio moveatur, possidentis meliorem esse condicionem: dabitur enim possidenti haec exceptio: ‚si non convenit, ut eadem res mihi quoque pignori essit'. si autem id actum fuerit, ut pro partibus res obligarentur, utilem actionem competere et inter ipsos et adversus extraneos, per quam dimidiam partes possessionem adprehendant singuli.*
>
> *Hat ein Schuldner seine Sachen zwei Gläubigern gleichzeitig dergestalt verpfändet, dass sie jedem von beiden auf das Ganze haften sollen, so kann jeder von ihnen gegen Dritte auf das Ganze mit der servianischen Klage vorgehen. Komme es aber unter ihnen selbst zu einem Rechtsstreit, sei (sagt Julian) die Lage dessen, der besitzt, die bessere. Dem Besitzer wird nämlich die Einrede gewährt: ‚wenn nicht vereinbart ist, dass dieselbe Sache mir ebenfalls verpfändet sein soll'. Wenn jedoch gemeint gewesen sei, dass die Sachen einem jeden zur Hälfte verpfändet sein sollen, greife die analoge Pfandklage sowohl im Verhältnis zwischen ihnen als auch gegenüber Dritten ein; mit ihr könne jeder von ihnen den Besitz an der Hälfte erlangen.*

Zum anderen griff man auf den oben analysierten Ausspruch *Marcians* in der Einzelschrift über die Pfandklage zurück (D 20, 1, 16, 8), um die Teilbarkeit eines Pfandrechtes zu beweisen.

Die beiden Aussagen sind zwar geeignet, die Pfandrechte zweier Subjekte zur Absicherung zweier völlig verschiedener Forderungen einerseits im Falle der Haftung mehrerer Objekte und andererseits für den Fall der Haftung nur einer Sache ihrem Umfang nach zu charakterisieren. Hieraus lassen sich aber keine Folgerungen zur Teilung eines einheitlichen Pfandrechtes für eine Forderung herleiten. Dafür wäre zumindest ein einheitliches Pfandrecht für eine in Ansehung der Forderung im Zusammenhang stehende Gläubigergemeinschaft erforder-

[523] *Dernburg*, Pfandrecht II, S. 30 Fn. 5; *Wächter*, Theilung und Theilbarkeit, S. 191 2) Fn. 53.

lich[524]. Die beiden Stellen sagen nur aus, in welchem Verhältnis zwei gleichrangige Pfandrechte zu befriedigen sind.

In D 20. 1. 10 werden zwei Möglichkeiten aufgezeigt, wie eine Vielzahl von Sachen zwei Gläubigern für ihre beiden Forderungen haften kann. Einmal konnten alle Sachen in ihrer Gesamtheit beiden Gläubigern gleichrangig zugeordnet werden. Im heutigen Sprachgebrauch: zwei gleichrangige Gesamthypotheken am selben Haftungsgegenstand. Zum anderen bestand die Möglichkeit, den Haftungsverband von Anfang an zu teilen. Das entspricht zwei Einzel- oder Gesamthypotheken an unterschiedlichen Sachen. Von Interesse wäre der erste Fall für die Teilbarkeit eines Gesamtpfandrechtes nur gewesen, wenn es sich um ein Gesamtpfand für eine Gläubigergemeinschaft gehandelt hätte.

Der Fall D 20. 1. 16. 8 ist auf der Tatbestandsseite durch ein einzelnes Pfandobjekt zur gleichrangigen Absicherung zweier verschiedener Forderungen zweier Gläubiger gekennzeichnet.

Fraglos gestattet diese Stelle die Aufteilung einer einzigen Sache in zwei reelle Bruchteile als Pfandobjekte zum Zwecke der Haftung/der Pfandklage. Daraus folgerte *Dernburg*[525], „daß dann, wenn Mehreren dasselbe Object gleichzeitig und zusammen verpfändet wird, das Pfandrecht eines jeden nur eine Quote der Sache ergreift“. Denn das Pfandrecht stehe der Annahme nicht entgegen, dass „eine Mehreren in demselben Akt eingeräumte Befugnis als präsumtiv in Theile zerfallend, betrachtet wird, die Belastung also stets die mindest große ist“.

Die Schlussfolgerung von *Dernburg* resultiert aus der früher oft vorgenommenen Gleichsetzung von Pfand und Pfandrecht. Sie übersieht, dass eine Aufteilung des Objektes für zwei unterschiedliche Pfandrechte zweier Subjekte nichts zur Aufteilung eines einzigen Rechtes sagt.

524 Zum einheitlichen Hypothekenrecht für alle Arten von Gläubigermehrheiten s. u., S. 171 ff.

525 *Dernburg*, Pfandrecht II, S. 30.

Eine andere Frage ist, für welche Interpretation ein einheitliches Pfandrecht an mehreren Teilen einer Sache spricht.

Aus der Tatsache, dass ein Pfandrecht an mehreren ideellen Bruchteilen einer Sache bestehen kann, der nachträglichen Einschränkung der Haftung auf nur einen Bruchteil[526] und der Verzichtsmöglichkeit auf einen abtrennbaren Teil des Haftungsverbandes[527] wurde auch die Teilbarkeit des Pfandrechtes gefolgert. Diese Schlussfolgerung ist gerechtfertigt, zumal sie auf der Tatbestandsseite von einem einheitlichen Pfandrecht für einen Gläubiger und dieselbe Forderung ausgeht. Soweit aus mehreren ideellen Bruchteilen die Teilbarkeit eines an ihnen haftenden Pfandrechtes zur Absicherung einer Forderung gefolgert wird, spricht das dafür, dass jedem selbständigen Objekt ein für sich allein funktionierender Organismus eines dinglichen Rechtes zugeordnet wurde[528].

Die Teilbarkeit des Pfandrechtes im Entstehungsstadium versuchte *Wächter*[529] durch das gesetzliche Pfandrecht eines Vermächtnisnehmers an der mehreren Erben zustehenden Erbmasse nachzuweisen[530].

Hinterlasse ein Erblasser mehrere Erben, die ein Vermächtnis zu zahlen haben, so sei dem Vermächtnisnehmer der Nachlass, der den Erben zustehe, verpfändet[531]. Das Pfandrecht hafte aber nur auf dem, was jeder einzelne erbt nur für die Quote, die er zu zahlen habe. Sei die Quote des einzelnen Erben getilgt, so würden die Pfandobjekte, die er erbte, vom Pfandnexus frei. Folglich sei die *hypothecaria actio* genauso geteilt, wie die *personalis actio*, für welche das Pfand haftet[532].

Sintenis[533] wandte gegen die Folgerungen aus dieser Stelle für die Teilbarkeit des Pfandrechtes ein, dass es im Beispielsfall von Anfang an geteilt sei.

526 *Dernburg*, Pfandrecht II, S. 29.
527 *Dernburg*, Pfandrecht II, S. 30.
528 S. o., S. 81ff., 88ff. (96ff.).
529 *Wächter*, Theilung und Theilbarkeit, S. 191 3).
530 C. VI, 43. comm. de legat. est 1. a.
531 *Wächter*, Theilung und Theilbarkeit, S. 191.
532 *Wächter*, Theilung und Theilbarkeit, S. 192.
533 *Sintenis*, Pfandrecht, S. 20.

Die Einwendung von *Sintenis* traf zu. Konkreter hätte sie nur lauten müssen, dass von Anfang an mehrere Pfandrechte zu bejahen waren, weil das Pfandobjekt eines jeden Erben nur seine Schuld absicherte. Die Gesamtforderung des Vermächtnisnehmers erstreckte sich nicht ungeteilt auf die Erbmasse in ihrer Gesamtheit, so dass nicht jeder Erbteil für jeden Teil der Forderung des Vermächtnisnehmers haftete.

Das entspricht der nach geltendem Recht bestehenden Möglichkeit, die zu sichernde Forderung von Anfang an zu teilen und jedem Teil eine Einzelhypothek an nur einem Grundstück zuzuordnen. Sie kann auch nachträglich auf der Grundlage von § 1132 Abs. 2 BGB durch Verteilung eintreten.

Solche Situationen sagen nichts aus zur Teilung eines einzigen Rechtes für eine Forderung.

ff) Der moderne Inhalt der *indivisa pignoris causa*

Bei Zugrundelegung der beschriebenen Struktur war sich das modernere Schrifttum darin einig, dass der durch den Gesetzgeber[534] in Bezug genommene Grundsatz der Teilbarkeit eines Pfandrechtes nicht entgegen stand[535]. Sein Anliegen war nicht die Beschreibung des Rechtes selbst oder seiner Struktur. Die *indivisa pignoris causa* setzt sich vielmehr mit dem Anspruch aus dem Pfandrecht auseinander[536]. Statt der Unteilbarkeit des Pfandrechtes führt sie zur Ungeteiltheit der Pfandhaftung[537].

Getreu der Erkenntnis von *Aristoteles*[538], der „das Ganze für mehr als die Summe seiner Teile" einstufte, ordnet der Wirkungsgrundsatz vereinfacht den ganzen Pfandverband der ganzen Forderung

534 Vorentwürfe, 2, S. 630f.; Motive, III, S. 668; Protokolle, III, S. 449/450 i.V.m. 568.

535 *Baron*, Pandekten, 1893, S. 330; *Demelius*, Pfandrecht an beweglichen Sachen, S. 163ff.; *Dernburg*, Pfandrecht II, S. 28ff.; *Schulz*, Einf. in das Studium der Digesten, S. 88ff.; *Wacke*, Ungeteilte Pfandhaftung, S. 483ff.; *Wächter*, Theilung und Theilbarkeit, S. 188ff.

536 *Wächter*, Theilung und Theilbarkeit, S. 189.

537 *Schulz*, Gesamtpfand an Grundstücken, S. 8.

538 *Schmidt-G./Schischkoff*, Philosophisches Wörterbuch, 1969, S. 187f., Stichwort „Ganzheit"; *Sokolowski*, Philosophie im Privatrecht, I, 1907, S. 407f.

zu[539]. Entsprechend dem Wesen des Pfandrechtes, das seine Existenz nur der Sicherung der anlassbildenden Forderung verdankt, wird der Gesamtpfandverband in seiner Totalität jedem Teil der Forderung zugeordnet[540].

Das hat einmal zur Folge, dass bei Forderungsteilung jedem in Konsequenz der Zerspaltung entstehenden Teil der ganze ursprüngliche Pfandverband verhaftet bleibt[541]. Zum anderen bedingt die totale Gesamtzuordnung das Verhaftetbleiben bis zur endgültigen Forderungserfüllung[542, 543].

Bei der Ergreifung des Pfandobjektes sorgt der Grundsatz für die Totalergreifung dessen, was ordnungsgemäß in den Haftungsverband gelangt und umgekehrt nicht (ordnungsgemäß) ausgeschieden ist.

Einmal ergreift das Recht zur Haftung die ganze Einzelsache.

Zum anderen werden mehrere an sich einzelverpfändbare Objekte, angefangen beim kleinsten Bruchteil (§ 1114 BGB), als gedachte einheitliche Haftungsmasse, wie ein einheitliches Ganzes, mithin wie eine Einzelsache, zur Haftung ergriffen[544]. Zwar betraf der unmittelbare Quellenausspruch *Papinians* nur den Fall der nachträglichen Legalteilung beim ursprünglichen Einzelpfandrecht. Indes eröffnet sich der Anwendungsbereich der *indivisa pignoris causa* gleichermaßen auf einen anfänglich auf mehrere Beleihungsobjekte gerichteten Belastungsvorgang und unabhängig davon, ob es sich um Objekte des Primär- oder Sekundärverbandes handelt oder die spätere Teilung auf Rechtsgeschäft[545] oder Gesetz zurückzuführen ist.

Den Inhalt des nur den Gläubiger hauptsächlich vor Verwertungsrisiken schützenden Grundsatzes[546] umschrieb *Wächter* treffend mit den nachstehenden Worten:

539 *Dernburg*, Pfandrecht II, S. 28/29.
540 *Windscheid/Kipp*, Pandektenrecht I, S. 1016ff., Fn. 3, S. 1016.
541 Motive, III, S. 668.
542 Vorentwürfe, 2, S. 630.
543 Motive, III, S. 668.
544 Vorentwürfe, 2, S. 631; Motive, III, S. 668; Protokolle, III, S. 449 a. E.; *Dernburg*, Pfandrecht II, S. 31; *Windscheid/Kipp*, Pandektenrecht I, S. 1019.
545 Vorentwürfe, 2, S. 631; Motive, III, S. 668.
546 *Wacke*, Ungeteilte Pfandhaftung, S. 479 a. E.

> „*ein einmal* gültig bestelltes *Pfand haftet* ganz *für die* ganze *Schuld, für welche es verpfändet ist, und bleibt so verhaftet, bis die Schuld ganz bezahlt ist, also so lange, als auch nur ein Theil der Schuld noch ungetilgt ist, eben weil das* Pfand selbst *für die ganze Schuld nun einmal verpflichtet ist, oder mit anderen Worten: ein einmal gültig constituirtes Pfand haftet* in seiner ganzen Ausdehnung *für die Schuld für die es bestellt ist,* bis zur völligen *Tilgung der Schuld*"[547].

Wacke meinte zum Inhalt und Geltungsbereich der den Realkredit privilegierenden *indivisa pignoris causa*:

> *„Unsere Vermutung, dass man den Ungeteiltheitsgrundsatz durch Auslegung der in den beiden Pfandklagen enthaltenen Befriedigungsklausel gewonnen hat … , wird bestätigt durch die weitere Beobachtung, dass er bei den Rechtsgeschäften, die mit der Schuldtilgung nicht unmittelbar zusammenhängen, praktisch nicht befolgt wurde. Insbesondere gilt er weder für die Pfandbestellung noch für den Verzicht"*[548].

Wacke bestätigte den Standpunkt *Wächters*, der den Anwendungsbereich des Grundsatzes nur auf ein bereits bestelltes Pfandrecht vertrat und seinen Inhalt nur in der mangelnden Teilbarkeit der Haftung gegen den Willen des Gläubigers sah[549].

Neben dem angesprochenen Schutz des Gläubigers vor Verwertungsrisiken[550], wird der Zweck der Ungeteiltheit der Pfandhaftung auch in einem psychologischen (Druck)Moment gesehen. Mit fortschreitender Forderungserfüllung aber dennoch gleichbleibenden Pfandrechtsumfang, wächst proportional der legitime und beabsichtigte Zwang, die zunächst meist freiwillig begonnene Erfüllung fortzusetzen[551]. Dieses psychologische Moment ist nicht verfehlt. Denn es führt mehr zum Vertrauen in die Person des Schuldners als in die Sache selbst (Realkredit). Die Haftung der Sache dient nur dazu, dem Schuldner die nötige Motivation zu geben.

Gerechtigkeitsbedenken an der *indivisa pignoris causa* sind nicht angebracht. Dem Hinweis *Rabels*, der Grundsatz komme „den nim-

547 *Wächter*, Theilung und Theilbarkeit, S. 189.
548 *Wacke*, Ungeteilte Pfandhaftung, S. 480.
549 *Wacke*, Ungeteilte Pfandhaftung, S. 480.
550 *Wacke*, Ungeteilte Pfandhaftung, S. 479.
551 *Demelius*, Pfandrecht an beweglichen Sachen, S. 166f.

mersatten Kreditgebern recht weit entgegen“[552], kann mit der Rangwirkung des Pfandrechtes i. e. S. begegnet werden. Durch ein zweitrangiges (Gesamt)Pfandrecht steht es dem Sicherungsgeber frei, sein Vermögen ein zweites mal als Kreditunterlage zu verwenden. Soweit der Grundsatz auch beim Pfandrecht i. w. S. gilt, bei dem die wiederholte Einräumung als Kreditsicherheit ausgeschlossen ist, wird der Sicherungsgeber durch die die ungeteilte Pfandhaftung in ihre Grenzen verweisende höchstrichterliche Freigaberechtsprechung[553] hinreichend geschützt.

ee) Ungeteiltheit der Pfandhaftung und Gesamthaftung

Nicht nachvollziehbar ist die von *Schulz*[554] zum Wesen des Gesamtgrundpfandrechtes vertretene Auffassung, nach der der „Grundsatz der Gesamthaftung“ zu unterscheiden sei vom „Grundsatz der ungeteilten Haftung“. Nach der Auffassung des Autors stehe die Gesamthaft der belasteten Grundstücke mit dem römisch-rechtlichen Grundsatz pignoris causa est indivisa nur in „losem Zusammenhang“. Der Grundsatz der Gesamthaftung besage, dass jeder Teil des Grundstückes für die ganze Forderung hafte, während der Grundsatz der ungeteilten Haftung bedeute, dass die Haftung immer das Grundstück in seiner Totalität ergreife.

Abgesehen davon, dass jeder Teil des Grundstückes im Rahmen der Haftung identisch ist mit der Totalität des Grundstückes, handelt es sich bei beiden Aussagen um Ausflüsse der Ungeteiltheit der Pfandhaftung. Einmal spricht gegen die von *Schulz* vertretene Auffassung, dass der Gesetzgeber in den Motiven gerade mit dem Inhalt des von *Schulz* aufgestellten Grundsatzes der Gesamthaftung die Unteilbarkeit der hypothekarischen Haftung mit den Worten begründete: jeder Teil beziehungsweise jeder Gegenstand haftet für die ganze Forderung. Zum anderen ist die Haftungsergreifung des Grundstückes in seiner Totalität ein Gedanke der Ungeteiltheit der Pfandhaftung, der zur praktischen Konsequenz die Verwertung des ungeteilten Pfandrechtsgegenstandes im Interesse des Gläubigers für jeden Teil seiner

[552] *Rabel*, Grundzüge des röm. Privatrechts, in: *Holtzendorff/Kohler*, Enzyklopädie der Rechtswissenschaft I, S. 495.

[553] *BGH – Großer Zivilsenat –*, Entsch. v. 27. 11. 1997, WM 1998, 227 ff.

[554] *Schulz*, Gesamtpfand an Grundstücken, S. 56 f.

Forderung haben soll[555]. Bei mehreren Grundstücken führt die Unteilbarkeit der Pfandhaftung zu einer Art dinglicher Gesamtschuld in dem Sinne, dass wieder im Interesse des Gesamtrechtsinhabers jedes Grundstück – jeder Teil des Pfandrechtsgegenstandes – für die gesamte Forderung haftet. Insofern von einem losen Zusammenhang zu sprechen, entspricht nicht dem Willen des Gesetzgebers und dem Wesen der Unteilbarkeit der Pfandhaftung.

b) Die praktischen Folgen der Ungeteiltheit der Pfandhaftung

Im einzelnen führt die Ungeteiltheit der Pfandhaftung zu nachstehenden insbesondere durch den Gesetzgeber[556] beabsichtigten praktischen Folgen.

aa) Erfassung des gesamten einzelnen Pfandrechtsgegenstandes

Ausgehend vom Normalfall des Singularpfandrechtes haftet dem Grundpfandrechtsgläubiger der kleinste nach dem Typenzwang des Sachenrechtes zulässige Haftungsgegenstand in seiner Gesamtheit[557]; mit den Worten des Gesetzgebers: ganz und in all dessen Teilen[558] Wie § 1071 Abs. 1, 1. Teil E I das anordnete, besteht auch heute noch die Hypothek *„an jedem Teil des belasteten Grundstücks und der mithaftenden Gegenstände"*[559]. Diese Komponente des Grundsatzes folgt zwar nicht mehr unmittelbar aus dem Wortlaut der §§ 1132 Abs. 1, 1222 BGB. Die Rechtsfolge kann aber entweder aus der teleologischen Auslegung dieser Normen oder, wie die zweite Kommission das meinte, mittelbar aus den Haftungsverbandsregelungen (§§ 1120ff., 1212 BGB) entnommen werden[560]. Besteht mithin das Grundpfandrecht nach dem Willen der am Sicherungsrechtsgeschäft Beteiligten an nur einem Grundstück, das nicht in mehrere Bruchteile untergliedert ist, so erstreckt sich das Forderungsrecht des Gläubigers auf das gesamte Grundstück – in seinem ganzen Umfang –[561]. Diese Haftungsfolge tritt unabhängig davon ein, ob die Hypothek oder Siche-

[555] *Wächter*, Theilung und Theilbarkeit, S. 189.
[556] Vorentwürfe, 2, S. 630f.; Motive, III, S. 668; Protokolle, III, S. 449, 568.
[557] Statt vieler: *Dürrschmidt*, Verbandhypotheken, 1856, S. 16.
[558] Motive, III, S. 668.
[559] *Mugdan*, Materialien, S. LXII.
[560] S. o., S. 105.
[561] *Schulz*, Gesamtpfand an Grundstücken, S. 56.

rungsgrundschuld das Pfandobjekt wertausschöpfend belastet oder wirtschaftlich nur einen Teil des gemeinen Wertes aus der Liegenschaft ausschneidet[562].

Gleiches gilt für den kleinsten belastbaren Teil eines Grundstückes – vergleiche § 1114 BGB-, der zwar allein aber nur in seiner Gesamtheit haften kann.

bb) Die Gesamthaftung mehrerer Sachen für dieselbe Forderung – Wirkungszeitraum

In der gleichen Art, wie die Einzelsache (a)) ganz ergriffen wird, führt die Ungeteiltheit der Pfandhaftung bei mehreren Sachen (§§ 1132, 1222 BGB) zur Gesamthaftung[563] aller beliehenen Objekte[564]. Als handele es sich beim Primärpfandverband um eine einzige Sache, werden alle Pfandobjekte zum Zwecke der Haftung zu einer einheitlichen Vermögensmasse zusammengeführt, so dass der Gläubiger vergleichbar der Gesamtschuld[565] zur Erfüllung seiner ganzen Forderung auf jede Einzelsache voll oder auf alle zugleich zurückgreifen kann[566]. Jede Sache trägt die volle Last des ganzen Pfandrechtes[567]. Einen Ausfall erleidet der Gläubiger erst dann, wenn der Erlös aus allen Objekten nicht ausreicht[568].

Aufgrund dieser haftungsmäßigen Vergleichbarkeit wurden oftmals beide Folgen der ungeteilten Pfandhaftung im Zusammenhang geregelt[569].

Die haftungsmäßige Gleichbehandlung eines Pfandverbandes einerseits mit einer einzelnen Sache und andererseits mit mehreren Sachen erklärt sich mit einem den Gläubiger privilegierenden Schutzgedanken. Weil das begrenzt dingliche Verwertungsrecht nicht die Befugnis

562 *Hachenburg*, Beiträge, S. 60.
563 *Wolf*, Gesamtrechte, S. 10.
564 *Wächter*, Theilung und Theilbarkeit, S. 189.
565 *Lang*, Gesammthypothek, S. 254f.: *„correalitas realis“*, Gesamthypothek als „wirtsch. Einheit“.
566 *Regelsberger* in *v. Meibom*, Deutsches HypR III, Bayerisches HypR, S. 265f.
567 Motive, III, S. 668.
568 *Regelsberger* in *v. Meibom*, Deutsches HypR III, Bayerisches HypR, S. 266.
569 §§ 1071, 1150 E I.

des Verpfänders beeinflusst, über sein Eigentumsrecht zu verfügen, ist ihm nach Abschluss der Belastung eine Realteilung und Veräußerung entsprechender Parzellen möglich. Das brächte für den Gläubiger Verwertungsrisiken mit sich, wäre er gehalten, seine Forderung nach dem jeweiligen Wert auf die nach Teilung entstandenen Objekte aufzuteilen. Zum Schutz des Realkredites soll die Ungeteiltheit der Pfandhaftung solche Risiken durch volle Weiterhaftung jedes nach Teilung entstandenen Objektes für die ganze Forderung vermeiden. Die Intention der ungeteilten Pfandhaftung geht sogar soweit, dass durch sie für den Eigentümer die Teilung erschwert werden soll[570].

Wird eine solche Haftung bei einer durch Teilung entstehenden Gegenstandsvielheit als Folge angeordnet, muss das konsequenterweise auch dann der Fall sein, wenn die Parteien des Sicherungsgeschäftes von Anfang an zur Sicherung der Forderung mehrere Beleihungsobjekte vereinbaren[571]. Dieser Voraussetzung ist auch dann Rechnung getragen, wenn mehrere Bruchteile nach § 1114 BGB belastet werden. Dann entsteht automatisch ein Gesamtgrundpfandrecht, das dem Berechtigten die separate Verwertung aller Teile oder des Grundstückes in seiner Gesamtheit gestattet[572]. Eine rechtshindernde Einwendung bezüglich des einen Bruchteiles führt nach § 139 BGB nicht zur Unwirksamkeit des Belastungsvorganges am anderen Bruchteil[573]. Auch bei späterer Erweiterung des Haftungsverbandes durch Zuschreibung oder Pfanderstreckung auf einen weiteren Gegenstand haftet das Hinzugetretene für die ganze Forderung (sog. Nachverpfändung)[574].

Als den Umfang beschreibender Wirkungsgrundsatz gilt die ungeteilte Pfandhaftung nur insoweit, als es der jeweilige aktuelle Bestand des Pfandrechtes zulässt[575]. Einmal findet der Grundsatz folglich nur auf Objekte Anwendung, die schon sukzessiv durch Erfüllung der spezifischen Belastungsvoraussetzungen in den Pfandverband eingetreten

570 *Dernburg*, Pfandrecht II, S. 32 oben.

571 Motive, III, S. 668.

572 *Metz*, Gesamthypothek auf Miteigentumsanteilen, S. 29.

573 *BGH*, Beschl. v. 3. 7. 1974 – V ZB 15/72 –, DNotZ 1975, 152ff.

574 *Staudinger-Wolfsteiner*, BGB, 13. Aufl., § 1132 Rdn. 11ff.

575 *Wacke*, Ungeteilte Pfandhaftung, S. 480; *Wächter*, Theilung und Theilbarkeit, S. 190.

sind[576]. Zur Entstehung selbst sagt der Grundsatz nichts aus[577]. Das wird an den einleitenden Wörtern der §§ 1132 Abs. 1, 1222 BGB deutlich, die auf den erstmaligen Geltungszeitpunkt hinweisen.

Zum anderen erstreckt sich das Pfandrecht nur auf jeden Einzelgegenstand, der noch nicht durch Verwirklichung der spezifischen Erlöschensvoraussetzungen vom Pfandnexus befreit wurde.

Beim Grundpfandrecht fließt aus der abstrakt ausgesprochenen Haftung „jedes Grundstückes für die ganze Forderung" als Folge des Grundsatzes (§ 1132 Abs. 1 Satz 1 BGB) einmal das freie Befriedigungsrecht „aus jedem der Grundstücke ganz oder zum Teil" (§ 1132 Abs. 1 Satz 2 BGB). Eine weitere Befugnis aus der Haftungsanordnung ist das freie Verteilungsrecht nach § 1132 Abs. 2 Sätze 1 und 2 BGB. Letzteres erkennt das überwiegende Schrifttum[578] für das Gesamtpfand nach § 1222 BGB unzutreffend mangels Regelung nicht an. Der Umstand der nicht existierenden Regelung bedeutet nicht, dass die auch hier aus der – durch den Gesetzgeber anerkannten – ungeteilten Pfandhaftung fließenden Befugnisse nicht gelten[579]. Auch beim Gesamtpfandrecht kann der Gläubiger folglich von der ungeteilten zur geteilten Pfandhaftung übergehen.

Das freie Befriedigungswahlrecht aus allen verpfändeten Sachen bis zur endgültigen Forderungserfüllung wird auch für das Gesamtpfandrecht anerkannt. Nur im Verwertungsstadium wird es eingeschränkt, § 1230 BGB. Die Norm stellt folglich eine partielle Begrenzung der ungeteilten Pfandhaftung dar.

Das uneingeschränkte Befriedigungswahlrecht, das Verteilungsrecht und das freie Verzichtsrecht stellen wichtige Wesenszüge des Gesamtgrundpfandrechtes dar, die für selbständige Organismen sprechen und für die Entscheidung anderer Rechtsfragen prägend sind[580].

576 *Wächter*, Theilung und Theilbarkeit, S. 189.
577 *Wacke*, Ungeteilte Pfandhaftung, S. 480.
578 Statt vieler: *Staudinger-Wiegand*, BGB, 12. Aufl., § 1222 Rdn. 3.
579 Zutreffend: *Wacke*, Ungeteilte Pfandhaftung, S. 490f.
580 *Dürrschmidt*, Verbandhypotheken, S. 6, 20, 32.

cc) Aufrechterhaltung des Gesamtpfandverbandes bis zur endgültigen Forderungserfüllung

Die Ungeteiltheit der Pfandhaftung bzw. die ohne den Willen des Gläubigers feststehenden Unteilbarkeit[581] der Pfandhaftung führt nach dem Willen des Gesetzgebers ferner zur Aufrechterhaltung des jeweils aktuellen Gesamtpfandverbandes bis zur vollständigen Erfüllung der gesicherten Forderung. Diese Konsequenz ist der Zuordnung aller Sachen des Pfandverbandes für jeden Teil der Forderung, folglich auch für jeden noch so kleinen Teil, zu verdanken[582]. Daraus folgt, dass der Gläubiger auch wegen eines geringen nicht getilgten Forderungsbetrages aufgrund einer Hypothek, die sich größtenteils schon von Gesetzes wegen in eine Eigentümergrundschuld umgewandelt hat oder aufgrund einer Sicherungsgrundschuld, die zurückzugewähren ist, das gesamte Grundstück bzw. alle Grundstücke nach seiner Wahl zur Zwangsversteigerung oder -verwaltung bringen kann[583]. Die Grenze bildet nur der restriktiv zu handhabende § 242 BGB[584]. Für das Gesamtpfand nach § 1222 BGB wird diese umfassende Befugnis aus der ungeteilten Pfandhaftung in der Verwertungsphase eingeschränkt. Im Falle der Verpfändung mehrerer Sachen bleiben somit bis zur endgültigen Erfüllung der Schuld alle Sachen verpfändet[585]. Einer Freigabeverpflichtung dem Umfang nach steht die Ungeteiltheit der Pfandhaftung entgegen[586]. Dies heißt nicht, dass eine Übersicherung hingenommen wird[587]. Die Übersicherung hat die Frage zum Gegenstand, ob der Wert der jeweiligen Kreditsicherheit der Höhe nach das gesicherte Risiko übersteigt[588]. Die Höhe der Kreditsicherheit bestimmt sich nicht abstrakt nach dem Beleihungswert des haftenden Objektes, sondern nach der Höhe des an ihm haftenden Pfandrechtes. Insofern wird eine nachträgliche Übersicherung bei den akzessorischen Verwertungsrechten Hypothek und Pfandrecht

581 So die Überschrift in den Motiven zum späteren § 1132 BGB; Motive, III, S. 668.

582 *Wächter*, Theilung und Theilbarkeit, S. 189f.

583 *Regelsberger* in *v. Meibom*, Deutsches HypR III, Bayerisches HypR, S. 344.

584 *Staudinger-Wolfsteiner*, BGB, 13. Aufl., § 1132 Rdn. 60.

585 *Regelsberger* in *v. Meibom*, Deutsches HypR III, Bayerisches HypR, S. 344.

586 L. 19 de pignor. 20,1: Qui pignori plures res accepit, non cogitur unam liberare nisi accepto universo quantum debetur.

587 A. A.: *BGH*, XI. Zivilsenat, Urt. v. 17. 1. 1995, *BGHZ* 128, 295, 300.

588 *Lwowski*, Kreditsicherung, S. 135–138.

bei sukzessiver Forderungserfüllung von selbst vermieden. Für die Sicherungsgrundschuld steht dem Sicherungsgeber gegen den Sicherungsnehmer ein Freigabeanspruch (Verzicht oder Aufhebung) aufgrund des Sicherungsvertrages zu. Die Ungeteiltheit der Pfandhaftung hingegen beschäftigt sich mit dem Umfang der Ergreifung des Pfandobjektes, um dem Gläubiger Verwertungsrisiken zu nehmen. Dieser bestimmt nicht den Wert der Sicherheit. Das mag bei einer Vielheit von Beleihungsobjekten täuschen; wird aber bei der Haftung der Einzelsache deutlich. Steht einem Gläubiger eine Hypothek im Wert von 100 am Grundstück im Wert von 1.000 zur Verfügung, ist er nicht deshalb übersichert, weil die Ungeteiltheit zur Haftung des ganzen Grundstückes führt. Mehrere Sachen werden nur behandelt, wie eine einzelne. Dass bei der Vollrechtsübertragung (z. B. Sicherungsübereignung einer Sachgesamtheit) dem Umfang nach bei Übersicherung freigegeben werden muss, ist nur darauf zurückzuführen, dass es die Sicherungsübertragung im Gegensatz zum begrenzt dinglichen Haftungsrecht dem Sicherungsgeber unmöglich macht, den wirtschaftlich ihm bis zur Verwertungsreife zustehenden Sicherungsgegenstand ein weiteres mal als Kreditunterlage zu verwenden[589].

dd) Gesamtzuordnung des Pfandverbandes bei Forderungsteilung

Die zuvor angesprochene Gesamtzuordnung des Pfandrechtsgegenstandes für jeden Forderungsteil setzt sich auf der Grundlage der Ungeteiltheit der Pfandhaftung im Falle der Abtretung eines Forderungsteiles fort. Wird die zu sichernde Forderung etwa durch Abtretung eines Teilbetrages geteilt, haftet jeder Forderung und jedem hierfür bestehenden Teilgrundpfandrecht das als Pfandobjekt ursprünglich für die einheitliche Forderung zur Verfügung gestellte Grundstück in seiner Gesamtheit; hafteten ursprünglich mehrere Grundstücke oder nach § 1114 BGB belastbare Bruchteile, so haften diese in ihrer Gesamtheit für jeden Forderungsteil weiter[590]. Dass die ungeteilte Pfandhaftung nicht ein einziges Recht bedingt und die Singularbezeichnung des Rechtes in § 1132 Abs. 1 Satz 1 BGB nur eine Institutsbezeichnung darstellt, beweist derselbe Singular-Wortlaut in

[589] *BGH – Großer Zivilsenat –*, Entsch. v. 27.11.1997, WM 1998, 227ff.

[590] Motive, III, S. 668.

den Motiven für das Pfandrecht nach Forderungsteilung[591]. Hier erwähnt das Gesetz selbst, wie viele Rechte tatsächlich vorliegen, §§ 1151, 1152 BGB.

c) Ergebnis

Der Grundsatz *indivisa pignoris causa* steht der Teilbarkeit eines einheitlichen Pfand*rechtes* nicht entgegen. Nur die Haftung der mehreren Grundstücke bezweckt er zum Schutz des Gläubigers ungeteilt. Die Ungeteiltheit der Pfandhaftung steht nicht im Zusammenhang mit der Rechtsentstehung. Als Wirkungsprinzip setzt sie einerseits das Abgeschlossensein des Belastungsvorganges voraus. Andererseits wirkt sie nur insoweit, als das Pfandrecht an den einzelnen Grundstücken noch nicht erloschen ist. Die *indivisa pignoris causa* ist ein dispositiver Grundsatz. Die Abdingbarkeit der ungeteilten Haftung setzt einen darauf gerichteten Willen des Gläubigers voraus.

Trotz des mangelnden Einflusses der ungeteilten Pfandhaftung auf die Dogmatik des Belastungsvorganges widerspricht[592] die unaufgeteilte Entstehungsauslegung dem Zweck des Grundsatzes. Einerseits soll in Konsequenz der ungeteilten Haftung der Gläubiger zur Befriedigung seiner ganzen Forderung auf jedes Grundstück einzeln zugreifen können[593]. Auf der anderen Seite sollen diese selbständigen Organismen bei der Entstehung ihre Bedeutung verlieren, weil sie erst dann funktionieren, wenn das letzte Grundstück ergriffen wurde. Das überwiegende Schrifttum nähert sich mit der unaufgeteilten Entstehung folglich der Irrlehre von der Unteilbarkeit des Pfandrechtes.

Die Gesamtschuld beweist, das eine ungeteilte Haftung nicht die Unteilbarkeit und unterschiedliche Entwicklungsfähigkeit des zur Haftung führenden Rechtes bedingt.

Die dargestellten Folgen, wegen derer die ungeteilte Pfandhaftung in § 1132 BGB geregelt wurde, erfordern nicht die einheitliche Entstehung. Die quantitative und qualitative Zusammensetzung des Haf-

591 S. o., Zitat S. 103f.; Motive, III, S. 668.

592 Zur Andeutung des Widerspruches: *Staudinger-Wolfsteiner*, BGB, 13. Aufl., § 1132 Rdn. 8.

593 *BGH*, Beschl. v. 3.7. 974 – V ZB 15/72 –, DNotZ 1975, 152, 154.

tungsverbandes bestimmt sich nach anderen Normen. §§ 1132 und 1222 BGB regeln nur den Anspruch aus dem Pfandrecht.

Auch die zweite Kommission wollte offensichtlich inhaltlich an der Ungeteiltheit der Pfandhaftung festhalten. Denn nicht nur der erste Teil der §§ 1071 Abs. 1, 1150 Abs. 1 E I verlieh ihr gesetzlichen Ausdruck. Die *indivisa pignoris causa* widerspiegelte sich sogar quellennäher in der abstrakten Gesamtzuordnung mehrerer Sachen für die ganze Forderung zum Zwecke der Haftung.

Damit lebt die Ungeteiltheit der Pfandhaftung im BGB fort und führt über die zutreffende teleologische Auslegung der §§ 1132, 1222 BGB zu den o. g. vier praktischen Folgen.

Dabei stellt sich das Verhältnis von § 1132 Abs. 1 Satz 1 und Abs. 1 Satz 2 BGB wie folgt dar: Satz 1 gibt abstrakt die Ungeteiltheit der Pfandhaftung im Falle der Ergreifung mehrerer Grundstücke wieder. Auch die Ergreifung des ganzen Grundstückes bei der Einzelhypothek kann hieraus nach dem Willen des Gesetzgebers[594] entnommen werden. Satz 2 konkretisiert die aus der ungeteilten Haftung der mehreren Grundstücke fließende Befugnis des Gläubigers. Sie entscheidet zugleich den rechtshistorisch intensiv geführten Streit zur Beschränkung des Wahlrechtes[595] ausnahmslos zugunsten des Gläubigers.

Insgesamt trifft § 1132 Abs. 1 BGB nur eine Aussage zum Umfang einer bereits entstandenen Hypothek.

4. Folgerungen aus den Partikularrechten

Mit der Rezeption setzte sich der den Umfang des Pfandrechtes beschreibende Grundsatz auch für das deutsche Pfandrecht durch. Insbesondere in nahezu allen Partikularrechten waren Folgen des Grundsatzes verankert[596].

594 *Mugdan*, Materialien, S. 373 (Motive zu § 1071 E I); S. 812 (Protokolle zu § 1071 E I); Protokolle, III, S. 449.

595 Überblick zu den Partikularrechten bei: *Dürrschmidt*, Verbandhypotheken, S. 3ff.; Vorentwürfe, 2, S. 628 bis 630.

596 Überblick bei: *Schulz*, Gesamtpfand an Grundstücken, S. 9ff.

Als die erste Kommission das mit § 1071 Abs. 1 E I (§ 1132 Abs. 1 BGB) verfolgte Anliegen, die Ungeteiltheit der Pfandhaftung, erklärte[597], fragte sie nach der Erforderlichkeit dieser Regelung. Hierbei ließ der Gesetzgeber einzelnen Partikularrechten eine besondere Vorbildfunktion zu Teil werden[598]. Er legte hierzu dar:

> *„Es kann sich fragen, ob nicht der Grundsatz nach den bisherigen §§ selbstverständlich ist. Bei der Wichtigkeit indessen, welche ihm beiwohnt, erscheint es zweckmäßig, nach dem Vorgange des ALR. I 20 §§ 467, 468, des Code 2114, des sächs. GB. §§ 373ff. und des bayer. Entw. III 355, den Grundsatz im BGB. auszusprechen"*[599].

Es fragt sich, ob diesen Regelungen Hinweise auf das Anliegen des nunmehr in §§ 1132, 1222 BGB geregelten Grundsatzes und seinen Einfluss auf die Entstehung des Gesamtpfandrechtes zu entnehmen sind.

a) Die Ungeteiltheit der Pfandhaftung im Preußischen Recht

Die preußische Hypotheken- und Konkursordnung vom 4. Februar 1722[600] und die an ihre Stelle getretene preußische Hypothekenordnung vom 20. Dezember 1783[601] enthielten keine Regelungen zum Pfandrecht an mehreren Grundstücken für dieselbe Forderung. Deshalb nahm die erste Kommission Bezug auf die die Ungeteiltheit der Pfandhaftung regelnden Normen des materiellen preußischen allgemeinen Landrechtes – ALR. I 20 § 467 § 468 –[602]. Diese drückten das Anliegen des heutigen § 1132 Abs. 1 BGB folgendermaßen aus:

> *ALR. I. 20 § 467:*
> *„Das Recht eines Hypothekengläubigers erstreckt sich in Ansehung seiner ganzen Forderung sowohl auf das Ganze, auf welches dasselbe durch die Eintragung bestellt worden, als auf die einzelnen Theile desselben."*

[597] Motive, III, S. 668; *Mugdan*, Materialien, S. 373.

[598] Motive, III, S. 668; MünchKomm-*Eickmann*, BGB, 3. Aufl., § 1132 Rdn. 1.

[599] Motive, III, S. 668; *Mugdan*, Materialien, S. 373.

[600] Durch dieses Gesetz wurden im Geltungsbereich die allgemeinen Hypothekenbücher eingeführt.

[601] Die preußische Hypothekenordnung vom 20. Dezember 1783 blieb als formelles Recht neben den materiellen Bestimmungen des preußischen allgemeinen Landrechtes nach dessen Inkrafttreten anwendbar.

[602] Hierzu: *Dernburg* in *v. Meibom*, Deutsches HypR VIII 2, Preußisches HypR, S. 169f.

ALR. I. 20 § 468:

„Er kann also, wenn ihm mehrere Grundstücke verhaftet sind, oder wenn das durch Eintragung verpfändete Grundstück durch Erbgangsrecht, oder auf andere Art getheilt worden, wegen seiner ganzen Forderung, an jedes Grundstück, oder an jeden getrennten Theil desselben sich halten."

Auch für das Mobiliar-Pfandrecht enthielt das pr. ALR. im 20. Titel des I. Teiles zwei Regelungen, die auf den Ungeteiltheits-Grundsatz zurückzuführen waren.

So hieß es in § 163:

„Nur gegen vollständige Erfüllung der Hauptverbindlichkeit, kann der Gläubiger zur Rückgabe des Pfandes angehalten werden."

In ähnlicher Weise ordnete § 177 an:

„Nimmt der Gläubiger eine Abschlagszahlung freywillig an: so kann er, wenn nicht ein Anderes verabredet ist, einen Theil des Pfandes herauszugeben nicht angehalten werden."

Der Regelungsdichte des preußischen allgemeinen Landrechtes war es zu verdanken, dass der damalige Gesetzgeber die naheliegende Entstehung eines solchen Rechtsverhältnisses folgendermaßen beschrieben hat:

ALR. I. 20 § 453:

„Ist die Eintragung auf die mehreren verschiedenen Güter zu unterschiedenen Zeiten geschehen: so erlangt der Gläubiger auf jedes derselben das Hypothekenrecht nur von der Zeit der auf dieses Gut erfolgten Eintragung."

Zwar wurde in keiner der Regelungen Pfand oder Hypothek nach dem Vorbild in Pap. 8 quaest. D. 21, 2, 65 ausdrücklich für ungeteilt erklärt. Die Folgen des Grundsatzes sind jedoch deutlich geregelt worden.

§ 467 pr. ALR. gab mittelbar den Grundsatz wieder, nämlich die Haftung des Ganzen (gesamter Pfandverband) für die ganze Forderung. Hieraus kann insbes. die Haftung der ganzen Einzelsache (1)[603] gefolgert werden.

603 Die Ziffern beziehen sich auf die oben unter 3. b) aa) – **(1)** – bis dd) – **(4)** –, S. 149ff., dargestellten praktischen Folgen der *indivisa pignoris causa*.

§ 468 pr. ALR. konkretisiert den Grundsatz auf die Haftung mehrerer Grundstücke oder Bruchteile (2). Er betont, dass es für die Haftung unerheblich ist, ob der Begründungsakt von Anfang an auf mehrere Grundstücke gerichtet ist oder das Pfandobjekt nachträglich, z. B. durch Beerbung des Verpfänders durch mehrere Miterben, geteilt wird.

§ 467 pr. ALR. entspricht partiell funktionell dem § 1132 Abs. 1 Satz 1 BGB, soweit er in eher abstrakter Form die Ungeteiltheit der Haftung bei der Ergreifung mehrerer Grundstücke wieder gibt; im übrigen dem § 1071 Abs. 1 HS 1 E I.

§ 468 pr. ALR. entspricht § 1132 Abs. 1 Satz 2 BGB.

Das Verhältnis von § 1132 Abs. 1 S. 1 BGB zu § 1132 Abs. 1 Satz 2 und Abs. 2 BGB entspricht partiell inhaltlich und systematisch dem von § 467 pr. ALR. zu § 468 pr. ALR. In beiden Fällen wird zunächst die abstrakte Haftungszuordnung auf der Grundlage der ungeteilten Pfandhaftung ausgesprochen, ehe die hieraus fließenden praktischen Befugnisse gesetzlichen Ausdruck finden.

Aus §§ 163, 177 pr. ALR. folgt die Fortgeltung der Totalhaftung bis zur endgültigen Forderungserfüllung (3). Ist das Pfandobjekt nicht teilbar, ist eine Rückgabe ohnehin erst bei vollständiger Erfüllung möglich (§ 163); aber auch bei Teilbarkeit (insbes. mehrere Sachen) kann der Gläubiger alles bis zum Ende behalten. Solche Regelungen sind im heutigen BGB nicht mehr ausdrücklich enthalten. Die Folgen sind aber mithilfe der teleologischen Auslegung den §§ 1132 Abs. 1 Satz 1, 1222 BGB entnehmbar[604].

Die Regelungen verdeutlichen insgesamt, dass der Gesetzgeber des pr. ALR insbesondere die Folgen 1 bis 3 der *indivisa pignoris causa* für praktisch entscheidend und regelungsbedürftig hielt.

Angesichts der heutigen Kontroverse um Einheit und Vielheit des Gesamtrechtes traten insbes. die Immobiliarregelungen wertneutraler hervor, als das heute in § 1132 Abs. 1 BGB geschieht. Der Gesetz-

604 RGRK-*Kregel*, BGB, § 1222 Rdn. 2; *Staudinger-Wiegand*, BGB, § 1222 Rdn. 2; OLG *Königsberg* OLGE 5, 157; *BGH* BB 1966, 179.

geber des pr. ALR. entzog derartigen Versuchen durch die Institutsbezeichnung „das Recht eines Hypothekengläubigers" geeigneter den Boden. Der Vorbildcharakter des § 467 pr. ALR. spricht für eine entsprechende Auslegung der Bezeichnung des Rechtes in § 1132 Abs. 1 Satz 1 BGB.

Die Grundpfandrechtsregelungen deuten zudem auf den zeitlichen Anwendungsbereich der ungeteilten Pfandhaftung hin. Ihre Wirkungen beginnen insoweit, als das Recht „durch die Eintragung bestellt worden" ist.

Wie das Recht entstand, beschrieben nicht die Haftungsumfangsvorschriften (§§ 467, 468 pr. ALR.), sondern der systematisch zutreffend vorgelagerte § 453 pr. ALR. Dieser befasste sich mit der Entstehung des Haftungsrechtes an einer Vielzahl von Haftungsgegenständen. Zutreffend sah der pr. Gesetzgeber keinen Grund für eine Entstehungsverzögerung des Pfandrechtes auf den Zeitpunkt der letzten Eintragung. Die Hypothek entstand vielmehr sukzessiv. Der Gesetzgeber des pr. ALR. sah folglich keinen Zusammenhang zwischen der ungeteilten Pfandhaftung und der Entstehung des Pfandrechtes. Mit den Haftungsvorschriften regelte er nur den Anspruch aus der Hypothek. Die Ungeteiltheit der Haftung führte nicht zur Unaufteilbarkeit der Entstehung. Die Trennung zwischen Haftung und Recht wurde demnach durch das pr. ALR. praktiziert.

Andeutungen und Hinweise auf die Irrlehre der Unteilbarkeit des Pfandrechtes hat der pr. Gesetzgeber zutreffend unterlassen.

b) Die Ungeteiltheit der Pfandhaftung im Geltungsbereich des Code civil

Im romanischen Rechtskreis begegnet man dem Haftungsgrundsatz teils noch in wörtlicher Wiedergabe der aufgegebenen Irrlehre von der Unteilbarkeit des Pfandrechtes.

In Anknüpfung[605] an die Beschreibung durch *Dumoulin*[606] erklärte Art. 2114 Abs. 2 Code civil die *„hypothèque"*, mithin das Recht selbst,

[605] Zum Einfluss dieser Beschreibung auf die französische Gesetzgebung: *Wacke*, Ungeteilte Pfandhaftung, S. 483, 501 Fn. 184.

[606] *„Omnis hypotheca … est tota in toto, et in qualibet parte"*, *Molinaeus*, Extricatio labyrinthy dividui et individui, in Opera tom. III, 1681, pars II § 91 p. 128.

ihrer Natur nach für unteilbar. Art. 2114 Code civil[607] umschrieb dieses Wesen mit den Worten:

> *„L'hypotheque est un droit reel sur les immeubles affectes a l'acquittement d'une obligation.*
>
> *Elle est, de sa nature, indivisible et subsiste en entier sur tous les immeubles affectes sur chacun et sur chaque portion de ces immeubles.*
>
> *Elle les suit dans quelques mains qu'ils passent."*

Nahezu gleichlautend verkörpert die heutige französische Regelung Art. 2809 Abs. 2 Codice civile die Unteilbarkeit der *„ipoteca"*:

> *„Essa è indivisibile e sussiste per intero sopra tutti i beni vincolati, sopra ciascuno di essi e sopra ogni loro parte."*

Der Inhalt des sich als Vorgängerregelung zu § 1132 Abs. 1 BGB erweisenden Art. 2114 Code civil lässt sich der Übersetzung des Art. 2114 des bad. Landrechtes vom 3. Februar 1809 entnehmen.

Dieser lautet:

> *„Das Unterpfand ist ein auf der Sache haftendes Recht, welches Liegenschaften für die Zahlung einer Schuld zu haften verbindet.*
>
> *Es ist seiner Natur nach unteilbar und haftet auf allen einzelnen Liegenschaften zusammen sowie auf jeder einzelnen und auf jedem Teile derselben.*
>
> *Es folgt den Liegenschaften in jeder Hand, in welche sie übergehen."*

Zunächst ist der zitierten Regelung kein Hinweis auf die Entstehung des Pfandrechtes an mehreren Liegenschaften zu entnehmen. Hieraus rechtfertigt sich die Annahme der ordentlichen Entstehung, wie im Falle mehrerer Einzelhypotheken.

Im ersten Satz der Regelung brachte der Gesetzgeber zum Ausdruck, dass die einzelnen Liegenschaften ihre Selbständigkeit zwar beibehielten. Sie waren aber nach Eintritt in den Haftungsverband des Pfandrechtes wegen ihrer gemeinsamen Zweckbestimmung zu einer Art

[607] Identischer Inhalt in Art. 2114 des badischen Landrechtes vom 3. Februar 1809.

einheitlichen Gemeinschaft mit gemeinsamen rechtlichen Schicksalen verbunden.

Der zweite Satz der Regelung beschreibt in sehr abstrakter Form die Zuordnung des Pfandverbandes in jeder Ausprägung zum Pfandrecht, das der Absicherung ein und derselben Forderung zu dienen bestimmt war.

Die in Art. 2114 Abs. 2, 1. Teil Code civil aufgrund ihrer Natur ausgesprochene Unteilbarkeit der Hypothek kann nicht nur bei teleologischer Reduktion der Norm (s. o.[608]), sondern auch mit dem übrigen Wortlaut der Vorschrift als abstrakter Ausspruch der Ungeteiltheit der Pfandhaftung ausgelegt werden. Diese oft auch in anderen Partikularrechten erwähnte Unteilbarkeit des Pfandrechtes hat nichts mit der gemeinsam, die zuvor Anlass zur Erörterung gab. Es sollte nur die Haftung aller Liegenschaften für die Zahlung einer Schuld als unteilbar eingestuft werden (Abs. 1). Der 2. HS des Abs. 2 von Art. 2114 Code civil konkretisierte, die zunächst angesprochene Unteilbarkeit. Er verdeutlichte, dass hauptsächlich die Haftung gemeint war.

Dass mit der missglückten Formulierung, die andere Partikularrechte vermieden haben, der Ungeteiltheit der Pfandhaftung gesetzlicher Ausdruck verliehen werden sollte, belegt die ähnliche unpräzise Wortwahl in § 29 des nassauischen Gesetzes vom 15. Mai 1851, in dem es wörtlich hieß:

> *„Das Pfandrecht ist unteilbar; es haftet daher jeder Teil des Unterpfandes für die ganze Forderung."*

Die Konkretisierung im 2. HS zeigte, was wirklich gemeint war.

Neben der abstrakten Wiedergabe des Grundsatzes sprach Art. 2114 Abs. 2, 2. Teil Code civil zwei richtige Konsequenzen des Grundsatzes aus. Einmal wurde am Ende die Haftung jedes Teiles der Liegenschaft (1) ausgesprochen. Zum anderen verordnete der Gesetzgeber die Haftung aller Grundstücke zusammen sowie die Haftung jedes einzelnen Grundstückes für die ganze Forderung (2).

608 S. 98ff.

c) Die Ungeteiltheit der Pfandhaftung im Sächsischen Recht

Trotz seiner beachtlichen romanistischen Prägung vermied es der Gesetzgeber des sächsischen BGB vom 2. Januar 1863, der Theorie von der Unteilbarkeit des Pfandrechtes legislativen Vorschub zu gewähren.

Er beschränkte sich vorbildlich darauf, praktisch handhabbare Folgen der ungeteilten Pfandhaftung zu regeln[609]:

> *§ 373*
> *„Die verpfändete Sache haftet ganz für jeden Theil der durch dieselbe gesicherte Forderung".*
>
> *§ 374*
> *„Mehrere für dieselbe Forderung verpfändete Sachen, bleiben pfandmäßig verhaftet, bis die Schuld ganz getilgt ist".*
>
> *§ 379*
> *„Sind mehrere Sachen für dieselbe Forderung verpfändet, so hat der Pfandgläubiger die Wahl, aus welcher Sache er seine Befriedigung verlangen will."*

Sämtliche Regelungen waren auch dann anwendbar, wenn das Pfandobjekt in einem Grundstück bestand[610].

§ 373 Sächs. BGB drückte die ungeteilte Pfandhaftung bei der Ergreifung der Einzelsache aus[611] (1). § 374 Sächs. BGB drückte die heute im BGB nicht mehr ausdrücklich erwähnte Forthaftung des Gesamtpfandverbandes bis zur endgültigen Forderungserfüllung bei mehreren Primärhaftungsobjekten aus (3). Aus § 379 Sächs. BGB folgte die aus der ungeteilten Pfandhaftung bei mehreren Sachen fließende Befriedigungsbefugnis (2). Dieses Wahlrecht ist heute nach dem abstrakten Ausspruch (Satz 1) in § 1132 Abs. 1 Satz 2 BGB gesetzlich niedergeschrieben.

609 Überblick bei: *Siegmann* in *v. Meibom*, Deutsches HypR IV, Sächsisches HypR, S. 88/89.

610 *Siebenhaar/Siegmann*, Sächs. BGB I, § 279 S. 355; *Siegmann* in *v. Meibom*, Deutsches HypR IV, Sächsisches HypR, S. 88.

611 Entspricht §§ 1071 Abs. 1, 1. Teil, 1150 Abs. 1, 1. Teil E I.

Dem Gesetzgeber des sächs. BGB ist es in besonderer Weise gelungen, der ungeteilten Pfandhaftung gesetzlichen Ausdruck zu verleihen, ohne dabei ein falsches Dogma oder die Einheit des Korrealpfandes auszudrücken.

Aus den Regelungen geht wie bei den zuvor behandelten Partikularrechten deutlich hervor, dass die ungeteilte Pfandhaftung nicht die unaufgeteilte Entstehung des Gesamtrechtes zur Folge hat.

Schließlich bestätigen die Vorschriften die Einordnung des Grundsatzes auf der Wirkungsebene. Der Grundsatz, der gleichermaßen bei einem Pfandobjekt und bei einer Objektsvielheit zur Anwendung gelangte, hatte nur die Beschreibung des Rechtes aus dem Pfandrecht zum Gegenstand.

d) Die Ungeteiltheit der Pfandhaftung im Bayerischen Recht

Im bayerischen materiellen Hypothekenrecht existierte keine explizite Regelung der Ungeteiltheit der Pfandhaftung. Gleichwohl war das Gesamtgrundpfandrecht in Gestalt der Gesamthypothek allgemein anerkannt, was unter anderem aus der formellen Regelung des § 147 des Hypothekengesetzes vom 1. Juli 1822 hervorging.

§ 147 des Hypothekengesetzes vom 1. Juli 1822 lautete:

> *„Ist für ein und dieselbe Forderung eine Hypothek auf verschiedenen mit einem eigenen Folium im Hypothekenbuche versehenen Gütern des Schuldners eingetragen worden, so ist bei jedem an der Seite zu bemerken, auf welchen Gütern für diese Forderung noch eine Hypothek eingetragen ist. Ergeben sich dann an dieser Forderung Veränderungen, so soll das Hypothekenamt davon bei allen zu seinem Amtskreise gehörigen Gütern die Eintragungen machen, außerdem aber den Beteiligten erinnern, daß er zur Verwahrung seiner Rechte sich eines gleichen Eintrags wegen an die anderen Hypothekenämter zu wenden habe.“*

Das bayerische Hypothekenrecht unternahm eine Reihe von Versuchen, das freie Wahlrecht des Gesamthypothekars zur Befriedigung aus den haftenden Grundstücken zu beschränken. Zunächst erfolgte ein gesetzlicher Ausschluss des freien Befriedigungswahlrechtes für den Fall des Konkurses des Sicherungsgebers durch § 19 Abs. 2[612] der Prioritätsordnung vom 1. Juni 1822. Diese Vorschrift wurde durch die Art. 1 und 2 des Gesetzes vom 1. Juli 1856 abgelöst, welches das Wahlrecht des Gläubigers im Sinne einer gleichmäßigen Befriedigung aus jedem haftenden Grundstück für den Konkursfall beschränkte. Das Gesetz wurde extensiv in der Rechtspraxis ausgelegt und auch auf Versteigerungen angewandt, die unbeeinflusst von einem Konkursverfahren stattfanden. Schließlich ersetzte das Gesetz betreffend die Zwangsvollstreckung in das unbewegliche Vermögen vom 23. Februar 1879, welches keine Beschränkung des Wahlrechtes enthielt, sowohl die Prioritätsordnung vom 1. Juni 1822 als auch das Gesetz vom 1. Juli 1856, womit sich der Grundsatz der Ungeteiltheit der Pfandhaftung im oben erwähnten Sinne wieder durchsetzte.

e) Vorschlag einer gemeinsamen Gesamtgrundpfandrechtsregelung

Dass die hinter § 1132 Abs. 1 BGB stehende ungeteilte Pfandhaftung ihrem Wortlaut nach auch anders ausgedrückt werden kann, als mit der Institutsbezeichnung der einen Hypothek, legt der von *Dürrschmidt*[613] vorgeschlagene Entwurf der Regelung eines Gesamtpfandes nahe. Der Autor analysierte sämtliche partikularrechtliche Gesamtgrundpfandrechtsregelungen und schlug unter Berücksichtigung der für die überwiegende Mehrzahl der Partikularrechte und für das heutige Gesamtgrundpfandrecht geltenden Wesensmerkmale nachstehende Regelung vor:

> *„Der Gläubiger, welchem für dieselbe Forderung auf mehreren, im Hypothekenbuche gesondert eingetragenen Gütern Hypozheken (Verbandhypotheken) bestellt sind, kann in der Befugniß, im Umfange seiner Pfandrechte die Mittel zu seiner Befriedigung zu wählen, nicht beschränkt werden.“*[614]

Dieses Gesamtschau-Ergebnis der Partikularrechte ging wie das heutige Gesamtpfand an Grundstücken von dem ausnahmslos freien Befriedigungs-Wahlrecht des Gläubigers sowie der Regresslosigkeit aus.

612 Zur nachhaltigen Kritik an der teilw. sehr extensiv ausgelegten Vorschrift des § 19 Abs. 2 der Prioritätsordnung vom 1. Juni 1822: *Dürrschmidt*, Verbandhypotheken, S. 1f., 59ff.

613 *Dürrschmidt*, Verbandhypotheken, S. 63f.

614 *Dürrschmidt*, Verbandhypotheken, S. 63f.

Die betrachteten Partikularrechte legen die Schlussfolgerung nahe, dass der Grundsatz der Ungeteiltheit der Pfandhaftung, der teils missverständlich aber ungewollt als Unteilbarkeit des Pfandrechtes bezeichnet wurde, keinen Einfluss auf die Entstehung des Gesamtpfandrechtes nimmt. Besonders deutlich wurde dies am Beispiel des preußischen allgemeinen Landrechtes, wo die Rechtsentstehung systematisch zutreffend vor den Wirkungen eines Pfandrechtes an mehreren Liegenschaften separat positiv geregelt wurde. Die primäre Vorbildfunktion des pr. ALR. für den Gesetzgeber rechtfertigt die Annahme, dass er diese naheliegende Entstehungsprozedur genauso sah und wegen ihrer Selbstverständlichkeit dieser keinen (wiederholten) gesetzlichen Ausdruck verlieh. Ähnlich wie im pr. ALR regelte der Gesetzgeber des BGB die Entstehung des Grundpfandrechtes – auch eines solchen an einer Vielheit von Belastungsobjekten – in den §§ 873, 1113, 1117, 1191, 1192 Abs. 1 BGB. Unter den dort durch den Gesetzgeber festgelegten Voraussetzungen tritt ein Grundstück oder ein Teil eines solchen nach § 1114 BGB in den Haftungsverband des Grundpfandrechtes ein. § 1132 BGB beschreibt – in bestimmten Teilen deklaratorisch – wie die durch den Gesetzgeber zitierten Partikularrechte lediglich die Rechtswirkungen des Grundpfandrechtes an mehreren Grundstücken. Übereinstimmend mit der *indivisa pignoris causa* und den sie reflektierenden Vorschriften der Partikularrechte sollte § 1132 BGB nur zum Ausdruck bringen, dass sich der Gläubiger ungeteilt an all das halten darf, was einmal in den Haftungsverband gelangt ist und dies solange bis seine Forderung endgültig befriedigt wurde.

Die Partikularrechte verdeutlichten zudem die teilweise unvertretbare im Ergebnis indes bedeutungslose Begründung der zweiten Kommission zur Streichung des jeweils ersten Teiles der §§ 1071 Abs. 1, 1150 Abs. 1 E I. Nicht nur im Zusammenhang mit der Haftungsergreifung einer einzelnen Sache wird der *indivisa pignoris causa* gesetzlicher Ausdruck verliehen. Das geschieht vielmehr deutlicher und quellennäher bei der Haftung mehrerer Teile. Erst dann fängt der Grundsatz an, für den Gläubiger wichtige Folgen zu entfalten.

Der Irrtum der zweiten Kommission ist im Ergebnis angesichts der o. g. primären Streichungsbegründung unbeachtlich.

5. Unteilbarkeit des Pfandrechtes versus Ungeteiltheit der Pfandhaftung

Der für § 1132 Abs. 1 Satz 1 BGB ursächliche römisch rechtliche Grundsatz der ungeteilten Pfandhaftung ist folglich von der Irrlehre der Unteilbarkeit des Pfandrechtes abzugrenzen[615].

Das Pfandrecht kann nicht nur in seiner Integrität bestehen. Es ist vielmehr ein auf allen Ebenen teilbares Recht. Für die Teilbarkeit ist es bedeutungslos, ob das Pfandrecht nur an einem oder an mehreren Grundstücken besteht.

In erster Linie wird die Teilbarkeit des Gesamtgrundpfandrechtes unmittelbar auf der dinglichen Ebene durch §§ 1132 Abs. 2, 1175 Abs. 1 Satz 2 BGB deutlich. Der dem Verfügungsbereich zuzuordnenden Enthaftungsregelung (§ 1175 Abs. 1 Satz 2 BGB) wird für den spiegelbildlichen Belastungsvorgang eine besondere Bedeutung zu Teil. Die Teilung einer ursprünglich einheitlichen Hypothek ist ferner das Ergebnis, das durch § 1151 BGB vorausgesetzt wird. Schließlich kann die vielseitige Aufteilbarkeit einer Hypothek im Falle der verschiedenen Gläubiger- und Schuldnermehrheiten dargelegt werden.

a) Die primär dingliche Teilbarkeit des Pfandrechtes

Die Teilbarkeit des Gesamtpfandes wird durch die dem Gläubiger zustehenden Gestaltungsmöglichkeiten auf der Verfügungsebene nach §§ 1132 Abs. 2, 1175 Abs. 1 Satz 2 BGB deutlich.

aa) Die Aufteilung des dinglichen Gesamtrechtes in mehrere Einzelpfandrechte

Dass das Gesamtgrundpfandrecht in Ansehung der mehreren Grundstücke ein teilbares Recht darstellt und die Teilbarkeit nur im Interesse des Gläubigers gestattet wird, zeigt die nach § 1132 Abs. 2 BGB zugelassene Verteilungsbefugnis, die allein für den Gläubiger geschaffen wurde. Die in § 1132 Abs. 2 BGB zum Ausdruck kommende starke Gestaltungsbefugnis des Gläubigers ohne die Berücksichtigung des Interesses der jeweiligen Eigentümer oder etwaiger nachstehender dinglich Berechtigter, die mit § 1175 Abs. 1 Satz 2 BGB harmo-

[615] *Schulz*, Gesamtpfand an Grundstücken, S. 8.

niert[616], verdeutlicht seine durch *Heck*[617] angesprochende „Paschastellung“. Sie legt in anschaulicher Weise dar, dass selbst der den Gläubiger schützende Grundsatz der Ungeteiltheit der Pfandhaftung im Falle eines entsprechenden Willen des Gläubigers ein abdingbarer ist. Die Verteilungsart bestimmt der Gläubiger. Er kann in vielfältiger Weise nach seinem Belieben das ursprüngliche Gesamtrecht aufteilen[618]. Es steht ihm zu, so viele Einzelhypotheken zur Entstehung zu bringen, als Grundstücke oder sonstige haftende Einheiten vorhanden sind. Denkbar wäre auch, ein um den Betrag einer an einem Belastungsobjekt herausgespaltenen Hypothek reduziertes Gesamtrecht an den übrigen Grundstücken bestehen zu lassen[619]. Im Ergebnis muss nur die Summe der auf die einzelnen mithaftenden Einheiten verteilten Forderungen der Höhe des ursprünglichen Gesamtrechtes entsprechen.

Die Teilung des Hypothekenrechtes nach § 1132 Abs. 2 BGB geht somit weiter, als die Teilung nach § 1151 BGB, die zwar gleichsam mehrere Hypothekenrechte zur Folge hat, indes die Wirkung der Ungeteiltheit der Pfandhaftung unberührt lässt, weshalb im Falle etwa eines Gesamtrechtes jeder Hypothek alle einmal in den Pfandverband eingetretenen Grundstücke haften. Mit der Aufspaltung nach § 1132 Abs. 2 BGB lässt sich die Abspaltung eines dinglichen Zugriffsrechtes für einen etwa zur Abtretung beabsichtigten Forderungsteil erreichen.

bb) Die Teilbarkeit des Gesamtpfandrechtes auf dem Wege des Erlöschens

Die durch den Gläubiger steuerbare Aufteilbarkeit des Verfügungstatbestandes eines Gesamtgrundpfandes wird beim Untergang an § 1175 Abs. 1 Satz 2 BGB deutlich. Die auf diese Weise durch den Gesetzgeber klargestellte Selbständigkeit und Unabhängigkeit der im einheitlichen Haftungsverband enthaltenen dinglichen Zugriffsrechte stellt spiegelbildlich ein entscheidendes Argument für die Sukzessiventstehung dar. Auf die gleiche Art und Weise, wie in Ansehung meh-

[616] *Staudinger-Wolfsteiner*, BGB, 13. Aufl., § 1132 Rdn. 62.
[617] S. o., S. 4 Fn. 11.
[618] *Staudinger-Wolfsteiner*, BGB, 13. Aufl., § 1132 Rdn. 61.
[619] *Staudinger-Wolfsteiner*, BGB, 13. Aufl., § 1132 Rdn. 64.

rerer rechtlich selbständiger Belastungsobjekte ein einzelner Pfandrechtsgegenstand ausschließlich beeinflusst durch den Willen und die Rechtsmacht des Gläubigers aus dem Pfandnexus herauszutreten vermag, muss auch der Eintritt eines an sich rechtlich selbständigen Gegenstandes in den durch die Parteien der Grundpfandrechtsbestellung beabsichtigten Gesamthaftungsverband geschehen. Es erweist sich als widersprüchlich und nicht im Einklang mit der Systematik des Gesetzes, beim Erlöschen des Rechtes eine separate Behandlung des Pfandrechtes zu den mehreren selbständigen Grundstücken anzuerkennen, bei der spiegelbildlichen Entstehung aber jegliche pfandrechtliche Position zugunsten des Gläubigers, dessen Interesse angesichts der oben dargestellten Interessenlage allein maßgeblich ist, zu verneinen. Was beim Erlöschen des dinglichen Rechtes möglich ist, muss gleichermaßen Gültigkeit bei seiner Entstehung entfalten. Das zeigt, dass wegen der ungeteilten Pfandhaftung der oben angesprochene Eintritt mehrerer Grundstücke in den Pfandverband nicht genauso geschehen muss, wie der Eintritt eines einzelnen Grundstückes. Nur die Haftung ist in beiden Fällen gleich.

Hiergegen kann das formale Argument, eine Aufhebung nach § 1183 Satz 1 BGB i.V.m. § 875 Abs. 1 Satz 1 BGB sei bei einer Gesamthypothek nur in Anbetracht des vollständigen dinglichen Gesamtrechtes und nicht bezüglich einzelner mithaftender Grundstücke möglich, nicht aufgeführt werden. Für diese Betrachtung spricht zwar zunächst der Wortlaut des § 1183 Satz 1 BGB, in dem von der Aufhebung „der Hypothek“ die Rede ist, was bei konsequenter Übertragung dieses Gedankens auf das Gesamtrecht und ohne das Vorhandensein einer Spezialregelung am ehesten einer Aufhebung nur des vollständigen Gesamtgrundpfandrechtes entspräche. Die Eingliederung der Entlassung eines Grundstückes aus dem Verband der Gesamthypothek in das System von Tatbestand und Rechtsfolgenseite von Verzicht nach § 1168 Abs. 1 BGB und Aufhebung nach § 1183 Satz 1 BGB zeigt aber, dass diese Betrachtung rein formalbegrifflicher Natur ist. Die Aufhebung erfordert auf der Tatbestandsseite neben den üblichen Voraussetzungen des § 875 BGB die Zustimmung des Eigentümers des Grundstückes, rechtfertigt dafür aber auch das Erlöschen des Grundpfandrechtes. Hingegen führt der rechtsgeschäftliche Verzicht auf der Rechtsfolgenseite nur zur Umwandlung des Fremdrechtes des Gläubigers in ein Eigentümergrundpfandrecht, weil auf der Tatbestandsseite die Zustimmung des Eigentümers zum Verzicht auch auf die Eigentümergrundschuld fehlte und der Hypothekar nicht über ihm nicht zustehende dingliche Rechte verfügen konnte. Der Verzicht auf die Gesamthypothek an nur einem Grundstück stellt einen speziellen Fall des Erlöschens des Grundpfandrechtes dar, der sich in keines der beiden Rechtsgeschäfte einreihen lässt. Denn er setzt auf der Tatbestandsseite einerseits nicht die Zustimmung des Eigentümers voraus und andererseits hat der Gesetzgeber das Erlöschen jeder grundpfandrechtlichen Position am betroffenen Grundstück für interessengerecht gehalten[620]. Aus der Sicht des Gläubigers qualifiziert sich daher § 1175 Abs. 1 Satz 2 BGB als dritte den Tatbestand der Aufhebung übertreffende und ihn hervorhebende Möglichkeit.

b) Die durch die Forderung bedingte Teilbarkeit beim akzessorischen Recht

Bei der akzessorischen Hypothek nach § 1113 BGB, bei der die zu sichernde Forderung konstitutiv das Pfandrecht bestimmt, kann ferner die Gestaltung des Forderungsverhältnisses Aufschluss über die Aufteilbarkeit eines einheitlichen Pfandrechtes geben.

Beeinflusst durch die Forderung ist die Teilbarkeit denkbar, sofern die ursprünglich abgesicherte Forderung nachträglich geteilt wird, eine Gläubigermehrheit mit mehreren Forderungsverhältnissen vorhanden ist oder von Anfang an mehrere Forderungen eines Gläubigers abgesichert werden sollen.

aa) Die Teilbarkeit des Pfandrechtes durch nachträgliche Teilung der Forderung

Eine das Verhältnis von Teilbarkeit des Pfandrechtes und Unteilbarkeit der Pfandhaftung hervorhebende Möglichkeit der Aufteilung eines einheitlichen Grundpfandrechtes bietet die durch § 1151 BGB vorausgesetzte Teilung der einer Hypothek zugrundeliegenden Forderung. Dass das Pfandrecht aufteilbar ist, zeigt die durch § 1151 BGB mittelbar angesprochene Entstehung so vieler Hypothekenrechte, wie Forderungsteile nach dem der Teilung zugrundeliegenden Rechtsge-

620 *Haegele/Schöner/Stöber*, GrundbuchR, Rdn. 284.

schäft übrig geblieben sind. Auf der anderen Seite hat die Teilung der das Rechtsobjekt mit dem Rechtssubjekt verbindenden dinglichen Rechtsbeziehung nicht auch die Teilung des Gegenstandes des Pfandrechtes zur Konsequenz, weil hierauf der Wille des Gläubigers nicht gerichtet war. Bestand der ursprüngliche Belastungsgegenstand in einem einzigen nicht weiter unterteilten (§ 1114 BGB) Grundstück ist die nach dem Teilungsgeschäft identische Zuordnung des Haftungsobjektes zu den mehreren dinglichen Haftungsrechten faktisch schon darauf zurückzuführen, dass es eine kleinere Haftungseinheit nicht gab und jedes Pfandrecht das gesamte Grundstück ergreift, weil der Gesetzgeber für eine Anteilsbelastung durch den Alleineigentümer kein Verkehrsbedürfnis sah[621]. Kennzeichnete sich das ursprüngliche Belastungsobjekt durch ein Grundstück im Bruchteilseigentum mehrerer oder durch mehrere Grundstücke, ist die Identität der Haftungsgegenstände dem im Rahmen des Gesetzes abdingbaren Grundsatz der Ungeteiltheit der Pfandhaftung zu verdanken. Zwar werden im Falle der Aufteilung nach § 1151 BGB die Hypothekenrechte ihrer Höhe nach kleiner. Sie ergreifen aber den ursprünglichen Gegenstand in seiner Gesamtheit, weil dieser auch ursprünglich der Haftung für jeden einzelnen Forderungsteil in seiner Gesamtheit zu dienen bestimmt war. Der Umfang des Pfandverbandes bleibt für jedes Recht ungeteilt.

Aus der ohne Zustimmung des Sicherungsgebers einseitig durch den Gläubiger steuerbaren Aufteilungsmöglichkeit wird wieder nur die Hervorhebung des Gläubigerinteresses bei der Teilbarkeit des Pfandrechtes ersichtlich, an der sich nach dem eigentlichen Zweck des § 1151 BGB selbst dann nichts ändert, wenn der Rang unter den nach Aufteilung prinzipiell gleichrangig entstandenen Teilhypotheken in Ausnahme zu § 880 Abs. 2 Sätze 2 und 3 BGB verändert werden soll.

bb) Die Teilbarkeit des Pfandrechtes für mehrere Gläubiger

Es fragt sich, ob die Teilbarkeit eines einheitlichen Hypothekenrechtes auch aus der Vielheit auf der Rechtssubjektsseite hergeleitet werden kann. Das wurde schon durch die jüngere gemeinrechtliche Lehre zur Begründung der Abkehr von der Unteilbarkeit des Pfandrechtes versucht[622].

[621] *Staudinger-Wolfsteiner*, BGB, 13. Aufl., § 1114 Rdn. 1.
[622] S. o., S. 141 ff.; *Dernburg*, Pfandrecht II, S. 30 oben und Fn. 5.

(1) Die Hypothek mit zugrundeliegender Teilgläubigerschaft nach § 420 BGB

Ob ein einheitliches Hypothekenrecht zugunsten einer Teilgläubigerschaft überhaupt möglich ist, wird im Schrifttum nicht angesprochen. Die Kommentarliteratur befasst sich im wesentlichen nur mit der Hypothek für Gläubigerforderungen nach §§ 428, 432 BGB[623].

Charakteristisch für die Teilgläubigerschaft nach § 420 BGB ist eine einheitliche Leistung, die einer Mehrheit von Gläubigern in dem Sinne zusteht, dass jeder einzelne selbständig zu einem gewissen Betrag der rechtlich und tatsächlich teilbaren und einheitlichen Verbindlichkeit der Schuldnerseite berechtigt ist[624]. In der Anerkennung des dem § 420 BGB immanenten Teilungsgedankens auf das dingliche Hypothekenverhältnis läge ein weiteres Indiz für die vielseitige Aufteilbarkeit eines einheitlichen Grundpfandrechtes.

Die Beantwortung der Frage nach der Zulässigkeit einer einheitlichen Hypothek für mehrere Teilgläubiger ist nur mit dem Wesen des Pfandrechtes i. w. S.[625] und dessen Übertragung auf die vom Gesetzgeber zugelassenen Möglichkeiten der Zuordnung eines Forderungsverhältnisses vorzunehmen. Eine einseitige Orientierung am Wortlaut der einen Forderung für einen Gläubiger in § 1113 Abs. 1 BGB wäre fehl am Platze. Auf die gleiche Weise, wie der Gesetzgeber mit der Eingangsnorm des Schuldrechtes (§ 241 BGB: *der* Gläubiger; *dem* Schuldner; *eine* Leistung) nur den Regelfall beschreiben wollte, weil eine abschließende Regelung aller denkbaren Konstellationen zu jedem im Gesetz angesprochenen Institut untunlich und ohne Systematik wäre, hat er das auch für den Fall der Hypothek getan.

Das Wesen des Pfandrechtes[626] erfordert es vielmehr, dass ein Pfandrecht zur Absicherung einer Forderung der Gläubigerseite exakt so zugeordnet wird, wie es der Forderungszuordnung an die Gläubiger entspricht. Das ist auf die von der Forderung abgeleitete Existenzberechtigung des Pfandes zurückzuführen. Es stellt daher die interes-

[623] Statt vieler: *Palandt-Bassenge*, BGB, 61. Aufl., § 1113 Rdn. 15.

[624] *Palandt-Heinrichs*, BGB, 61. Aufl., Überbl. v. § 420 Rdn. 1, § 420 Rdn. 1, 3.

[625] S. o., S. 47f.

[626] S. o., S. 47f.

sengerechteste Lösung dar, wenn das für die Begründung des Pfandrechtes ursächliche und allein verantwortliche Forderungsverhältnis seiner Gestaltung im Verhältnis zum Gläubiger nach auf das „bloße“ Sicherungsrecht ausstrahlt.

Gegen die Maßgeblichkeit der Forderungszuordnung an die Gläubiger für die Gestaltung der Hypothek lässt sich nicht der Einwand des Abstraktionsprinzips erheben. Die §§ 420 bis 432 BGB befinden sich zwar im Schuldrecht, regeln aber zugleich die dingliche Zuordnung der Forderung.

Trotz der Tatsache, dass § 420 BGB eine den Schuldner schützende Zweifelsfallregelung zum Umfang der Berechtigung der Gläubiger darstellt und die Forderungsrechte der einzelnen Gläubiger voneinander im Grundsatz rechtlich unabhängig sind, muss daher eine einheitliche Hypothek neben der Möglichkeit mehrerer anfänglicher Einzelhypotheken zugelassen werden. Das erweist sich als interessengerecht, weil die mehreren Teile oft demselben Lebenssachverhalt entspringen. Nicht ohne Grund spricht § 420 BGB von *einer* – wenn auch teilbaren – Leistung. Weiterhin existieren gesetzliche Regelungen, die eine Einheitlichkeit der unter der Teilgläubigerschaft vereinigten Einzelforderungen nahe legen. Einerseits muss bspw. nach § 356 BGB der Rücktritt einheitlich erfolgen und andererseits steht nach § 320 Abs. 1 Satz 2 BGB dem Schuldner beim gegenseitigen Vertrag jedem Gläubiger gegenüber die Einrede des nichterfüllten Vertrages zu, solange nicht die ganze Gegenleistung erbracht wurde. Eine innere Verbindung der Teilleistungen bestätigt das Gesetz ferner in §§ 474 Abs. 1, 634 Abs. 4 BGB. Bei einer solchen Schuld, die sich aus der Sicht des Schuldners trotz der aufgeteilten Leistungspflicht an die verschieden Gläubiger als eine wirtschaftliche Verbindlichkeit qualifiziert, lässt sich auch eine einheitliche Absicherung rechtfertigen.

Die Konsequenz der Anerkennung einer Hypothek für eine Gläubigerschaft nach § 420 BGB ist die aufgeteilte Zuordnung des Verwertungsrechtes nach § 420 BGB analog. Sofern die Parteien des Sicherungsvertrages es beabsichtigen, können sie in analoger Anwendung des § 1152 Satz 1 BGB auf Teilhypothekenbriefe bestehen. Für das Entstehen und den Untergang des Fremdrechtes ist demnach eine separate Entwicklung in jeder Hinsicht denkbar; etwa wenn nur ein

Teilbrief übergeben wird oder beispielsweise nur die Forderung eines Teilgläubigers zur Entstehung oder zum Erlöschen gelangt. Auch die Geltendmachung des dinglichen Sicherungsrechtes steht jedem Teilberechtigten für seinen Forderungsteil separat zu. Die Hypothek eines jeden erfasst nach der *indivisa pignoris causa* das ganze Grundstück oder die Gesamtheit mehrerer Grundstücke.

(2) Das Hypothekenrecht zur Absicherung einer Gesamtforderung nach § 428 Satz 1 BGB

Die Teilbarkeit eines einheitlichen Grundpfandrechtes, insbes. beim Verfügungstatbestand, wird ferner bei mehreren Gläubigern nach § 428 Satz 1 BGB verdeutlicht. Dass eine einzige Hypothek zur Absicherung der Forderung mehrerer Gesamtgläubiger möglich ist, hat der V. Zivilsenat des *BGH*[627] neben zwei[628] weiteren Gestaltungsformen[629] anerkannt[630]. Das wird durch das Schrifttum bestätigt[631]. Eine solche Einzelhypothek führt zu so vielen selbständigen Verwertungsrechten, wie Gläubiger vorhanden sind[632] und ändert nichts an der nach Gläubigern aufteilbaren Entwicklungsfähigkeit des Rechtsverhältnisses. Unabhängig von Einheit oder Vielheit (a) des Rechtsverhältnisses gewährleistet die Hypothek jedem Gläubiger ein einzelnes Zugriffsrecht[633]. Das ist weniger von der Akzessorietät, als von dem den Gläubiger hervorhebenden Wesen des Pfandrechtes abhän-

627 *BGH*, Urt. v. 4.3.1959 – V ZR 181/57 –, NJW 1959, 984, 985 = *BGHZ* 29, 363, 365.

628 Zu den drei Möglichkeiten: RGRK-*Mattern*, BGB, 12. Aufl., § 1113 Rdn. 19.

629 Der *BGH* stellt den Gesamtgläubigern weiterhin frei, eine Einzelhypothek für nur einen oder für jeden Gläubiger eine besondere Hypothek einzutragen, *BGH*, Urt. v. 4.3.1959 – V ZR 181/57 –, NJW 1959, 984, 985 = *BGHZ* 29, 363, 365.

630 So auch: *KG* JW 1933, 702, 2464.

631 Statt vieler: MünchKomm-*Eickmann*, BGB, 3. Aufl., § 1113 Rdn. 18, § 1115 Rdn. 13; *Planck/Strecker*, BGB, § 1113 Anm. 4f. m.w.N.; RGRK-*Mattern*, BGB, 12. Aufl., § 1113 Rdn. 19; *Soergel-Konzen*, BGB, 12. Aufl., § 1113 Rdn. 17; *Staudinger-Wolfsteiner*, BGB, 13. Aufl., § 1113 Rdn. 49 und 50, der eine einheitliche Hypothek zur Absicherung der mehreren unter der Gesamtgläubigerschaft vereinigten Forderungen alles andere als selbstverständlich bezeichnet; *Wolff-Raiser*, Sachenrecht, § 134 I. Fn. 1, S. 542f.

632 *Staudinger-Wolfsteiner*, BGB, 13. Aufl., § 1113 Rdn. 49 i.V.m. § 1147 Rdn. 7 i.V.m. § 1153 Rdn. 5.

633 *Biermann*, Pfandrechte bei Gesamtschulden, S. 318, 338.

gig (b). Jeder einzelne Gläubiger kann seine Forderung abtreten[634], wobei den Voraussetzungen des § 1154 Abs. 1 Satz 1 BGB Rechnung zu tragen ist. Das setzt Einzelbriefe für die Gläubiger voraus. Werden diese von Anfang an ausgestellt, ist durch die unterschiedliche Übergabe die sukzessive Fremdrechtsentstehung die Folge (c). Unterschiedliche Entstehungszeitpunkte bei den Forderungen der Gläubiger bedingen ferner unterschiedliche Zeitpunkte der Entstehung des Fremdpfandrechtes (d). Jeder Einzelgläubiger kann auf sein Verwertungsrecht separat nach § 1168 Abs. 1 Satz 1 BGB verzichten (e). Schließlich kann jeder Gläubiger allein die Schutzgesetze nach §§ 1133–1135 BGB beanspruchen, allein die Duldungsklage nach § 1147 BGB rechtshängig machen und mit dem so oder schon früher für ihn erlangten Titel nach § 794 Abs. 1 Nr. 5 ZPO i.V.m. § 1147 BGB beim Vollstreckungsgericht das Zwangsversteigerungs- oder -verwaltungsverfahren zur Befriedigung der ihm allein zustehenden Forderung beantragen. Das beweist die Aufteilung einer Einzelhypothek nach Rechtssubjekten.

(a) Einheit oder Vielheit

Im Zusammenhang mit der Rechtssubjektsvielheit sind Einheits- und Vielheitsgedanke noch nicht diskutiert worden. Der *BGH*[635] musste die Struktur der einheitlichen Hypothek für mehrere Gesamtgläubiger nicht entscheiden. Nur einigen[636] lässt sich entnehmen, dass bei der einheitlichen Hypothek für eine Gesamtforderung ein einziges dingliches Recht befürwortet wird. Andere[637] hingegen sprechen auch bei der Eintragung eines Einzelrechtes für alle Gesamtgläubiger von einer Vielzahl von Hypotheken. Diese Ansicht begründet ihren Standpunkt damit, dass bei der Hypothek einer Mehrzahl an sich selbständiger Forderungsrechte eine kongruente Quantität von Hypothekenrechten entsprechen muss[638]. Ein Streitentscheid ist noch

634 *BGH*, Urt. v. 4.3.1959 – V ZR 181/57 –, NJW 1959, 984, 985 = *BGHZ* 29, 363, 365.

635 *BGH*, Urt. v. 4.3.1959 – V ZR 181/57 –, NJW 1959, 984, 985 = *BGHZ* 29, 363, 365.

636 RGRK-*Mattern*, BGB, 12. Aufl., § 1113 Rdn. 19, dem der Hinw. auf eine einzige ungeteilte Hypothek im Falle der Hypothek für mehrere Gläubiger in Rechtsgemeinschaft zu entnehmen ist.

637 *Biermann*, Pfandrechte bei Gesamtschulden, S. 318, 338.

638 Ausnahme: einheitliche Hypothek für Gesamtschuld, *Biermann*, Pfandrechte bei Gesamtschulden, S. 320.

weniger als oben[639] erforderlich. Durch die Anerkennung des § 428 Satz 1 BGB im Sachenrecht[640] erweist sich die Unterscheidung als reine Begriffsjurisprudenz. Die Einzelprobleme sind wie oben dargestellt[641] mit dem Gesetz selbst zu lösen. Einige Vorgänge entfalten Gesamtwirkung. Hierzu gehört z. B. die Erfüllung einer der Forderungen durch den Schuldner nach §§ 422 Abs. 1 Satz 1, 429 Abs. 3 Satz 1, 1163 Abs. 1 Satz 2, 1177 Abs. 1 Satz 1 BGB. Insoweit wird die Einheit bestätigt. Andere Tatsachen wirken nur für und gegen den Einzelgläubiger. Hierzu gehört z. B. der Einzelverzicht nach §§ 425 Abs. 1 und 2, 429 Abs. 3 Satz 1, 1168 Abs. 1 BGB. Er spricht für sich allein für die Vielheit.

(b) Die Ursache für die mehreren selbständigen Organismen

Dass es nicht allein die Akzessorietät, sondern primär das Wesen des Pfandrechtes[642] ist, wodurch bei einer Hypothek für eine Vielheit von Forderungen nach § 428 BGB in Wirklichkeit mehrere unabhängige Einzelrechte verursacht werden[643], zeigt der Vergleich der einheitlichen Hypothek für eine Gesamtschuldnerschaft mit der für eine Gesamtgläubigerschaft. In beiden Fällen liegen mehrere selbständige Forderungen vor. Bei der Gesamtschuldnerschaft bleibt es aber bei einem Verwertungsrecht[644]. Das legt die Maßgeblichkeit des primär den Gläubiger im Auge habenden Pfandrechtswesens für die Anzahl der dinglichen Rechte nahe.

(c) Folgerungen aus der selbständigen Abtretbarkeit

In derselben Entscheidung, in der der V. Zivilsenat des *BGH*[645] die Möglichkeit ansprach, allen Gesamtgläubigern eine einzige Hypothek zu bestellen, betonte er die grds. Selbständigkeit der unter der Gesamtgläubigerschaft vereinigten Forderungsrechte sowie deren se-

[639] Zur Unfruchtbarkeit des Theorienstreites s. o.: S. 41 ff.

[640] *Soergel-Manfred Wolf*, BGB, 12. Aufl., § 428 Rdn. 9, m. w. N. für fast alle dinglichen Rechte.

[641] S. o., S. 41 ff.

[642] Hierzu o., S. 47 f.

[643] Statt vieler: *Staudinger-Wolfsteiner*, BGB, 13. Aufl., § 1153 Rdn. 5.

[644] *Biermann*, Pfandrechte bei Gesamtschulden, S. 318, 320.

[645] *BGH*, Urt. v. 4. 3. 1959 – V ZR 181/57 –, NJW 1959, 984, 985 = *BGHZ* 29, 363, 365.

parate Abtretbarkeit[646, 647]. Denn der Gesamtgläubigerschaft liegt wie beim Pendant der Gesamtschuld eine Vielzahl von grds. unabhängigen Forderungen zugrunde[648]. Das steht im Einklang mit dem Wortlaut des § 428 Satz 1 BGB, in dem nur von einer Leistung, nicht aber auch von einer Forderung die Rede ist[649]. Daraus folgt zunächst, dass wegen der Akzessorietät nach § 1153 Abs. 1 BGB mit der Abtretung auf den Zessionar die Hypothek in der Gestalt auf ihn übergeht, wie sie ursprünglich dem Zedenten zustand.

Die Zession einer durch eine Hypothek gesicherten Forderung muss aber den Anforderungen des § 1154 Abs. 1 Satz 1 BGB Rechnung tragen, um Wirksamkeit zu entfalten. Sieht man in der Bestellung der einheitlichen Hypothek kein konkludent vereinbartes Abtretungsverbot – wofür angesichts ihrer praktischen[650] Regelform nur besondere Umstände des Einzelfalles zu sprechen vermögen –, bedarf es neben der Beobachtung der Schriftform der Übergabe des Hypothekenbriefes nach § 1117 Abs. 1 Sätze 1 und 2 BGB. Damit materiell-rechtlich die Einzelabtretung gewährleistet wird, bedarf es der Ausstellung einer der Zahl der Gläubiger entsprechenden Anzahl von Hypothekenbriefen, auf denen aber die Gesamtgläubigerschaft zu vermerken ist[651]. Deshalb muss im Falle des Briefrechtes das Grundbuchamt nach § 56 Abs. 1 Satz 1 GBO so viele Hypothekenbriefe erteilen, als Gläubiger vorhanden sind[652]. Daran ändert nichts der Umstand, dass eine derartige Brieferteilung nicht ausdrücklich in den §§ 56 bis 70

646 Die Möglichkeit der selbständigen Abtretbarkeit einer Zweigforderung im Rahmen der Gesamtgläubigerschaft wird durch § 429 Abs. 3 Satz 2 BGB vorausgesetzt.

647 *Canaris*, BankvertragsR, Rdn. 226 a. E.

648 Siehe § 429 Abs. 3 Satz 2 BGB.

649 *BGH*, Urt. v. 4. 3. 1959 – V ZR 181/57 –, NJW 1959, 984, 985 = *BGHZ* 29, 363, 365.

650 Sofern die zwar weniger in der Praxis vorkommende Gesamtforderung grundpfandrechtlich abgesichert werden soll, wird in der Rechtswirklichkeit das Einzelrecht für alle Gläubiger als selbstverständlich praktiziert, *Staudinger-Wolfsteiner*, BGB, 13. Aufl., § 1113 Rdn. 49. Das ist mit der nur einmaligen Passivierung beim Schuldner zu begründen. Ferner wird selbst bei mehreren Einzelhypotheken der Wert des Grundstückes nur einmal gemindert. Schließlich werden Rangfragen von Anfang an vermieden, *Biermann*, Pfandrechte bei Gesamtschulden, S. 339.

651 *Biermann*, Pfandrechte bei Gesamtschulden, S. 318, 339.

652 *Biermann*, Pfandrechte bei Gesamtschulden, 318, 339.

GBO, insbes. nicht in den §§ 59, 64 und 66 GBO, geregelt ist. Sofern die Analogie zu § 64 GBO abgelehnt wird, ist die Erteilung der verschiedenen Hypothekenbriefe nach § 56 GBO zu gewähren. Andernfalls vereitelte die nur durch formellen Rechtscharakter gekennzeichnete GBO die Anerkennung des § 428 BGB für die Hypothek und die Praktizierung der Voraussetzungen des § 1154 BGB. Das bedeutete eine nicht zulässige Beeinflussung des materiellen Rechtes durch das Verfahrensrecht.

Die Erforderlichkeit einzelner Hypothekenbriefe hat die Möglichkeit einer unterschiedlichen Fremdrechtsentstehung zur Konsequenz; nämlich dann, wenn die Briefe zu unterschiedlichen Zeitpunkten durch den Eigentümer an die Gesamtgläubiger nach § 1117 Abs. 1 Satz 1 BGB übergeben werden. Angesichts einer konsequenten Übertragung des Gedankens der Gesamtgläubigerschaft auf das beschränkt dingliche Haftungsrecht ist es ausgeschlossen, die Entstehung jeglichen Fremdrechtes von der Übergabe aller Hypothekenbriefe durch den Eigentümer an sämtliche Gläubiger abhängig zu machen. Vielmehr entstehen die voneinander unabhängigen Einzelhaftungsrechte ausschließlich von Gesetzes wegen[653] – vgl. § 429 Abs. 3 Satz 1 BGB i.V.m. § 425 Abs. 1 und 2 BGB – sukzessiv insoweit, als es die jeweilige Briefübergabe zulässt[654].

(d) Die unterschiedliche Valutierung

Die Sukzessiventstehung nach Rechtssubjekten wird ferner durch unterschiedlich denkbare Entstehungszeitpunkte der Forderungen verdeutlicht. Die Einzelhypothek entsteht insoweit, als einzelne Forderungen schon entstanden sind[655]. Der Entstehung aller Forderungen bedarf es für die übrigen Rechte nicht. Diese Sukzessiv-Fremdrechtsentstehung ergibt sich aus § 1163 Abs. 1 Satz 1 BGB i.V.m. §§ 429 Abs. 3 Satz 1, 425 Abs. 1 BGB.

[653] Auf eine Einheits- oder Vielheitstheorie ist dieses Ergebnis nicht zurückzuführen.

[654] *Biermann*, Pfandrechte bei Gesamtschulden, 318, 339.

[655] *Biermann*, Pfandrechte bei Gesamtschulden, 318, 321/322.

(e) Der Teilverzicht

Ein weiteres beispielhaftes Argument, das (nur insoweit) den Rückschluss auf Vielheitsgedanken rechtfertigt, ist die separate Verzichtsmöglichkeit jedes einzelnen Gesamtgläubigers auf sein dingliches Recht nach § 1168 Abs. 1 BGB[656]; ein Argument mithin, welches seine Grundlage direkt im dinglichen Hypothekenrecht und nicht im Forderungsverhältnis findet[657].

Aus den dargestellten Bewegungsvorgängen folgt, dass sich die Singularhypothek, wie sie der BGH[658] ansprach, beeinflusst durch die mehreren Gläubiger flexibel entwickeln und nicht nur starr in ihrer Gesamtintegrität bestehen kann. Weil sie den Gläubigern in genau der Beteiligungsart zusteht, wie ihnen die Forderung nach § 428 Satz 1 BGB zugeordnet ist[659], versteht sich die grds. Trennung der Zugriffsrechte von selbst (§§ 425 Abs. 1, 429 Abs. 3 Satz 1 BGB)[660]. Ausnahmen von der Vielheit ergeben sich aus der entsprechenden Anwendbarkeit der §§ 422, 423, 429 BGB. Die Teilbarkeit des Pfandrechtes beweisen die durch die Subjektsvielheit o.g. Verfügungstatsachen mit Einzelwirkung (§§ 425 Abs. 1, 429 Abs. 3 Satz 1 BGB). Die Ungeteiltheit der Pfandhaftung widerspiegelt sich in der ganzen Ergreifung aller vom Einzelpfandrecht belasteten Grundstücke zugunsten des Verwertungsrechtes jedes Gesamtgläubigers. Sie hat auf die wegen der Rechtssubjektsvielheit denkbaren unterschiedlichen Entstehungs- und Erlöschenstatbestände keinen Einfluss, weil sie nur für denjenigen gilt, der das Recht (schon) erworben hat und (noch) nicht verzichtete. Das muss auch spiegelbildlich für die Objektsvielheit gelten.

656 *Biermann*, Pfandrechte bei Gesamtschulden, 318, 344.

657 Zur den möglichen Rechtsfolgen im Falle des Einzelverzichtes vergleiche: *Biermann*, Pfandrechte bei Gesamtschulden, S. 344: Vorgeschlagen werden entweder die Entstehung einer Eigentümergrundschuld neben den weiter bestehenden Fremdrechten – §§ 1168 Abs. 1, 1177 Abs. 1 Satz 1 BGB – oder das Erlöschen der Hypothek.

658 *BGH*, Urt. v. 4.3.1959 – V ZR 181/57 –, NJW 1959, 984, 985 = *BGHZ* 29, 363, 365.

659 *Staudinger-Wolfsteiner*, BGB, 13. Aufl., § 1153 Rdn. 5.

660 *BGH*, Urt. v. 4.3.1959 – V ZR 181/57 –, NJW 1959, 984, 985 = *BGHZ* 29, 363, 365.

Teilbarkeit des Pfandrechtes und Ungeteiltheit der Pfandhaftung treten bei einer Gesamthypothek mit zugrundeliegender Gesamtgläubiger-[661] und zugleich Gesamtschuldnerschaft hervor.

Nach überwiegender Ansicht ist es möglich, vom gesetzlichen Regelfall der Absicherung *einer einzigen Forderung* zugunsten eines einzigen Berechtigten nach § 1113 Abs. 1 BGB abzuweichen, wenn sowohl die Schuldner als auch die Gläubiger von mehreren Forderungen unter sich in einem Gemeinschaftsverhältnis stehen[662]. Wie zuvor dargelegt wird ein derartiges Gemeinschaftsverhältnis auf der Aktivseite mit der Gesamtgläubigerschaft nach § 428 Satz 1 BGB[663] und auf der Passivseite in Gestalt der Gesamtschuldnerschaft nach § 421 Satz 1 BGB[664] anerkannt. Deshalb können etwa drei Schuldner an ihren jeweils im Alleineigentum stehenden drei Grundstücken zur Absicherung ihrer gesamtschuldnerischen Verbindlichkeiten gegenüber zwei Gläubigern, die zueinander im Verhältnis der Gesamtgläubigerschaft stehen, eine einheitliche Hypothek zur Absicherung aller sechs Forderungen bestellen. Hier verfügt jeder Gläubiger über drei grundsätzlich voneinander unabhängige Forderungen und ein in seiner Person vom dinglichen Recht des weiteren Gesamtgläubigers unabhängiges Haftungsrecht an den drei Grundstücken, weil jedes der drei Grundstücke der Absicherung für alle drei Forderungen der jeweiligen Gläubiger zu dienen bestimmt ist. In diesem Falle ist eine den beiden Gesamtgläubigern zustehende Gesamthypothek nach § 1132 Abs. 1 Satz 1 BGB zu bejahen, weil im weitesten Sinne ein und dieselbe Forderung – in Wirklichkeit alle drei Forderungen gemeinsam; nicht in Summe, weil nur ein Vermögenspassivum – auf jedem Grundstück lastet; oder mit anderen Worten: jedes Grundstück zur Haftung für ein und dieselbe ungeteilte Forderung bestimmt ist – Grundsatz der Ungeteiltheit der Pfandhaftung –. Mehrere Einzelhypotheken wären zu bejahen, würde jedes Grundstück zur Haftung nur für die Obliegenheit des einzelnen Gesamtschuldners – auch für beide Gesamtgläubiger – dienen.

661 Zur Gesamthypothek für eine Gesamtgläubigerschaft: *Schulz*, Gesamtpfand an Grundstücken, S. 54f.

662 Statt vieler: RGRK-*Mattern,* BGB, 12. Aufl., § 1113 Rdn. 19.

663 S. o. und vergleiche statt vieler: *Soergel-Konzen*, BGB, 12. Aufl., § 1113 Rdn. 17.

664 Statt vieler: *Soergel-Konzen*, BGB, 12. Aufl., § 1113 Rdn. 17.

Dass das Pfandrecht ein teilbares Recht ist, wird im Beispielsfalle schon aus der separaten Aktivlegitimation beider Gesamtgläubiger ersichtlich. Ferner vermag sich jeder Gläubiger zur Befriedigung jeder denkbaren Forderung nach seiner freien Wahl an jedes beliebige Grundstück zu halten. Die Teilbarkeit des Pfandrechtes im Sinne der Vervielfältigung der persönlichen und dinglichen Anspruchsberechtigten setzt sich fort, sofern ein Gesamtgläubiger eine einzelne ihm und seinem Gesamtgläubiger-Partner zustehende Forderung gegen nur einen der Gesamtschuldner an einen Dritten abtritt. Im Verhältnis zum übrigen Gesamtgläubiger wird der Zedent durch § 429 Abs. 3 Satz 2 BGB dazu rechtlich legitimiert. Im Verhältnis zu den weiteren Gesamtschuldnern ergibt sich die Berechtigung zur Teilabtretung aus der Vielheit der im Rahmen einer Gesamtschuld zu verzeichnenden Forderungsrechte. Konsequenz der Verfügung über die einzelne Forderung ist der gesetzliche Übergang des zu ihrer Absicherung bestimmten Pfandrechtes (§ 1153 Abs. 1 BGB). Weil nicht nur die Haftung des dem einzelnen Gesamtschuldner gehörenden Grundstückes für seine Forderung, sondern die Absicherung der Forderungsgemeinschaft durch alle Grundstücke ursprünglich vereinbart wurde, geht nicht nur das dingliche Zugriffsrecht am dem Schuldner gerade der zedierten Forderung gehörenden Immobiliarvermögen auch auf den Zessionar über, sondern vielmehr das die Haftung aller Liegenschaften ermöglichende Gesamtrecht[665]. Hierin ist nicht etwa ein Verstoß gegen das sogenannte Vervielfältigungsverbot zu sehen, denn an der ursprünglichen Eigenschaft der dinglichen Sicherheit als Gesamtgrundpfandrecht ändert sich durch die Abtretung nichts.

Das Beispiel verdeutlicht, dass ein Pfandrecht durch den Einfluss der gesicherten Forderung in vielfältiger Weise aufteilbar ist. Dies spricht für den Grundsatz der Teilbarkeit des Pfandrechtes. Hingegen soll in jedem Falle jeder durch das Pfandrecht ursprünglich abgesicherten Forderung gleichermaßen die Gesamtheit dessen zur Haftung dienen, was ursprünglich einmal in den Haftungsverband eingetreten ist. Hierin wiederspiegelt sich der Grundsatz der ungeteilten Pfandhaftung. Das bedeutet nicht, dass auch auf dem Wege des Eintrittes der verschiedenen Haftungsobjekte in den Haftungsverband eine Geteiltheit in Gestalt einer Stufenentstehung durch den Grundsatz der unge-

[665] *Esterhues*, Gesamtgrundschuld, S. 17.

teilten Pfandhaftung vereitelt werden soll. Letzterer Grundsatz ist ein Privileg nur zugunsten des Hypothekengläubigers und kann seine Wirkung erst dann entfalten, wenn die Entstehung abgeschlossen ist. Der Grundsatz gilt nur als Regelfall und ist zum Schutz des Gläubigers abdingbar. Wenn auch der Beispielsfall nur eine Aufteilungsmöglichkeit durch die Vervielfältigung der Rechtssubjektsseite in dafür eigens gewählter – eher nicht der regelmäßigen Rechtswirklichkeit entsprechenden – Übertriebenheit zum Ausdruck bringt, so zeigt er doch deutlich, dass eine Aufteilung der Struktur des Pfandrechtes aufgrund der Forderung nicht fremd ist.

(3) Das Hypothekenrecht zur Absicherung einer Mitgläubigerschaft nach § 432 BGB

Für die Teilbarkeit eines einheitlichen Grundpfandrechtes bietet die Hypothek zur Absicherung einer Forderung mehrerer Gläubiger nach § 432 BGB kein anschauliches Beispiel. Das ist auf die Zuordnung des Forderungsverhältnisses an alle Gläubiger gemeinsam nach § 432 Abs. 1 Satz 1 BGB zurückführbar, die der Schuldnerseite die Einwendung der Erfüllung nur erlaubt, wenn und soweit an alle Gläubiger gemeinschaftlich geleistet wurde. Die einheitliche Zuordnung an die Gesamtheit muss dem o.g. Wesen des Pfandrechtes i.w.S. entsprechend erst recht für das akzessorische Hypothekenrecht gelten[666]. Weil nur die gemeinschaftliche Zuordnung der Forderung für dieselbe Ausgestaltung des Hypothekenrechtes maßgeblich ist, spielt es für die Zuordnung des dinglichen Sicherungsrechtes an die einzelnen Rechtssubjekte keine Rolle, ob wie im Falle der echten Mitgläubigerschaft jedes einzelne Mitglied der Gläubigergemeinschaft für diese die abgesicherte Forderung geltend zu machen vermag oder auch die Rechtsdurchsetzung nur gemeinschaftlich durch alle Gläubiger in ihrer Gesamtheit erfolgen kann – uneigentliche Mitgläubigerschaft –. Entscheidend ist nur die rechtliche Unteilbarkeit einer (wenn auch im natürlichen Sinne teilbaren) Forderung, die auf das Rechtsverhältnis der Gläubiger untereinander zurückzuführen ist.

[666] A. A.: *Biermann*, Pfandrechte bei Gesamtschulden, S. 345 für die Hypothek; S. 331 für das Pfandrecht; für so viele Hypotheken, wie Gläubiger mit eben so vielen Forderungen vorhanden sind.

6. Zusammenfassung

Die Teleologie des § 1132 BGB steht der oben infolge der Sachenrechtsgrundsätze und Strukturprinzipien herausgefundenen aufgeteilten Entstehung nicht im Wege. Der Sinn und Zweck des § 1132 BGB spricht wie bei § 1222 BGB gegen Folgerungen für die Entstehung. Für das entstandene Recht spricht die *indivisa pignoris causa* eher für eine Vielheit von Rechten, denn sie verlangt wie bei der Gesamtschuld nur die Ungeteiltheit der Haftung, nicht des Rechtes. Die zweite Kommission hat zwar den ersten Teil beider Gesamtpfandrechtsregelungen im E I gestrichen. Die dort geregelte Haftung der ganzen Sache beim Einzelrecht erachtete der Gesetzgeber aber nur deshalb als nicht erforderlich, weil ihr an anderer Stelle bereits gesetzlicher Ausdruck verliehen wurde (heute z. B. § 1120 BGB). Der erste Teil erschien dem Gesetzgeber für das praktische BGB nur zu abstrakt. Deshalb sollte er nach Auffassung der zweite Kommission besser in einem Lehrbuch Niederschlag finden. Der dahinter stehende Grundsatz der ungeteilten Pfandhaftung wurde jedoch vollumfänglich gebilligt. Dass an dem unterschiedlich bezeichneten Grundsatz für das geltende Pfandrecht festgehalten wurde, zeigt schon die Tatsache, dass er insbesondere dann zur Anwendung gelangt, wenn mehrere Beleihungsobjekte ein und derselben Forderung zugeordnet sind. Das beweist insbesondere die maßgebliche Quellenaussage *Papinians* zur *indivisa pignoris causa*, die Miteigentumsanteile zweier Erben zum Gegenstand hat. Dieser Ursprung der ungeteilten Pfandhaftung verdeutlichte des Weiteren, dass der Grundsatz dann einsetzt, wenn es um den Anspruch aus der Hypothek geht. Würde der Grundsatz tatsächlich eine einheitliche Entstehung erfordern, hätten die aufgezeigten Konstruktionen bis hin zur Generalhypothek nie zur Entstehung gelangen können. Der Grundsatz hat nur die o. g. vier Folgen. Die wichtigste scheint die der Erfassung aller Sachen in ihrer Gesamtheit bei einer Objektsvielheit zu sein. Die durch den Gesetzgeber in Bezug genommenen Partikularrechte bestätigten einmal die Folgen der ungeteilten Pfandhaftung und zum anderen den mangelnden Entstehungseinfluss. Letzteres wurde anhand des preußischen allgemeinen Landrechtes in besonderer Weise deutlich. Schließlich zeigten die zuletzt aufgeführten Konstruktionen zum geltenden Recht, dass nicht das Pfandrecht, sondern nur die Haftung der mehreren Sachen ungeteilt ist. Das Pfandrecht selbst ist insbesondere bei mehreren Grundstücken teilbar.

VI. Folgerungen aus dem – oder für das Verbot der Doppelsicherung

Es fragt sich, in welcher Weise das sog. hypothekenrechtliche Verbot der Doppelsicherung die Entstehungsfrage beeinflusst. Die Frage ist vor allem, ob das Verbot die Struktur mehrerer Pfänder für dieselbe Forderung oder umgekehrt die sich aus der teleologischen Auslegung des § 1132 BGB ergebende Struktur das Verbot beeinflusst.

Existierte es tatsächlich, würde es zwar ebenso wenig wie die oben[667] diskutierte Einheitstheorie eine Sukzessiventstehung ausschließen können. Denn es gibt keinen nachgewiesenen Grundsatz, dass ein einheitliches Recht an mehreren Grundstücken nur zu einem Zeitpunkt entstehen kann. Jedoch würde mit der mangelnden Existenz des Verbotes der Doppelsicherung die Teilentstehung als grds. Regelfall ihre Rechtfertigung erlangen, es sei denn der Wille der Parteien (§ 873 Abs. 1 BGB) ist ausnahmsweise auf eine einheitliche Entstehung gerichtet[668]. Denn mehrere Hypotheken würden, auch wenn sie der Sicherung ein und derselben Forderung zu dienen bestimmt sind, für sich entstehen. Bei Existenz des Verbotes sind aber mehrere Einzelrechte im Gesamtpfand ausgeschlossen.

1. Ansichten

Der überwiegende Teil des Schrifttums[669] und teilweise auch die ältere Rechtsprechung[670] meinen, dem Hypothekenrecht sei die mehrfache Hypothekensicherung derselben Forderung fremd.

Das wurde von *Grützmann*[671] in Frage gestellt. Der Autor vertritt den Standpunkt, die Sicherung derselben Forderung durch mehrere Hypotheken sei eine durch das Gesetz zugelassene Wiederholung der Bestellung einer Einzelhypothek nach § 1113 BGB. An keiner Stelle

667 S. o., S. 33.

668 S. o., S. 47ff.

669 *Erman-Räfle*, BGB, 9. Aufl., § 1113 Rdn. 7; *Erman-F. Wenzel*, BGB, 10. Aufl., § 1113 Rdn. 6; *Palandt-Bassenge*, BGB, 61. Aufl., § 1113 Rdn. 13; *Planck-Strecker*, BGB, § 1113 Anm. 5k m.w.N., § 1132 Anm. 1b; *Soergel-Konzen*, BGB, § 1113 Rdn. 22; *Staudinger-Wolfsteiner*, BGB, 13. Aufl., § 1113 Rdn. 37.

670 *RGZ* 131, 21; 132, 136; *KG* JW 1930, 3859; HRR 1933 Nr. 198.

671 *Grützmann*, JW 1923, S. 267ff.

sage das Gesetz, dass die nämliche Forderung nicht durch mehrere Pfandrechte nach § 1113 BGB abgesichert werden kann.

Auch das *Reichsgericht*[672] durchbrach den Grundsatz, indem es die zusätzliche Begründung einer Zwangshypothek für dieselbe bereits durch eine Verkehrshypothek versicherte Forderung als zulässig ansah.

Die Begründungen der h. M. zum Verbot der Doppelsicherung sind sehr unterschiedlich.

Einige meinen, das Verbot der mehrfachen Hypothekensicherung in **§ 1154 BGB** sehen zu können[673]. Das Verbot sei „technisch bedingte Folge der in § 1154 BGB niedergelegten Vorschrift, daß nach Hypothekenbestellung die Abtretung der Forderung neben der Einigung (die der Sache nach ein Abtretungsvertrag ist) der Übergabe des Hypothekenbriefes bzw. der Eintragung in das Grundbuch" bedürfe[674]. „Könnte es mehrere Hypotheken zur Sicherung ein und derselben Forderung und damit z. B. auch mehrere Hypothekenbriefe geben, so würde die Abtretung der Forderung ihre Eindeutigkeit verlieren"[675].

Andere begründen das Verbot der Doppelsicherung mit dem das Hypothekenrecht beherrschenden **Akzessorietätsgedanken**[676].

Schließlich wird die Ansicht vertreten, **§ 1132 BGB** sei der Grund dafür, dass nicht mehrere selbständige Hypotheken für dieselbe Forderung bestellt werden können[677]. Vor diesem Hintergrund meinen das Reichsgericht[678], das Kammergericht[679] und Teile der Lehre[680],

672 *RGZ* 98, 107.
673 *Staudinger-Wolfsteiner*, BGB, 13. Aufl., § 1113 Rdn. 37.
674 *Staudinger-Wolfsteiner*, BGB, 13. Aufl., § 1113 Rdn. 37.
675 MünchKomm-*Eickmann*, BGB, § 1113 Rdn. 71; *Staudinger-Wolfsteiner*, BGB, 13. Aufl., § 1113 Rdn. 37.
676 *Erman-F. Wenzel*, BGB, 10. Aufl., § 1113 Rdn. 6; *Lange*, Mehrere Grundpfandrechte für dieselbe Forderung, S. 14.
677 *Mezger*, Die Teilbetragshypothek, S. 7.
678 *RGZ* 122, 333f.
679 *KGJ* 25 A, S. 294f., Rspr. 10, S. 100.
680 *Hubernagel*, AZP, 137, S. 232; *Nußbaum*, Dt. HypWesen, § 22 I.; *Planck-Strecker*, BGB, § 1132 Anm. 1b; *Polster*, BankArch, 20, S. 330.

die **Haftung mehrerer Grundstücke** für dieselbe Forderung sei **nur über** den **Typus Gesamthypothek** zu erreichen.

2. Stellungnahme/Herleitung

Die sehr unterschiedliche Vielfalt der Begründungen deutet zunächst auf eine unsichere dogmatische Grundlage des Verbotes der Doppelsicherung hin.

Auffallend ist zudem, dass sich keine der dargestellten Ansichten auf eine (positive) Aussage im Gesetz zu stützen vermochte.

a) Das Argument des Typenzwanges

Aus letzterem Argument wird deutlich, dass zum großen Teil[681] der sachenrechtliche Typenzwang zur Rechtfertigung des Verbotes der mehrfachen Hypothekensicherung herangezogen wird.

Das einzige Instrument, einem Gläubiger zu seiner Sicherung mehrere Grundstücke für dieselbe Forderung zu geben, sei im abschließend geregelten Sachenrecht der § 1132 BGB. Mehrere Hypotheken für die Forderung zu bestellen, gestatte das geltende Recht nicht positiv[682].

Es fragt sich, inwiefern diese Argumentation tatsächlich für die verbotene Doppelsicherung aussagekräftig ist.

Unter Typenzwang ist zu verstehen, dass die im Sachenrecht möglichen dinglichen Berechtigungen abschließend geregelt sind[683]. Es gilt der sog. numerus clausus der Sachenrechte (Typenzwang)[684]. Ferner ist es ein Ausfluss dieses die Rechtssicherheit bezweckenden Prinzips, dass der Inhalt dieser Berechtigungen mindestens in den Umrissen zwingend durch das Gesetz festgelegt sein muss (Typenfixierung)[685]. Hierzu gehört auch die Frage der Erreichbarkeit des Rechtes.

681 Statt vieler: *Lange*, Mehrere Grundpfandrechte für dieselbe Forderung, S. 12.
682 *Lange*, Mehrere Grundpfandrechte für dieselbe Forderung, S. 12.
683 *Baur/Stürner*, Sachenrecht, S. 3.
684 *Palandt-Bassenge*, BGB, 61. Aufl., Einf. v. § 854 Rdn. 3.
685 *Baur/Stürner*, Sachenrecht, S. 3.

Damit muss im Sachenrecht zwingend festgelegt sein, was ein erreichbares Recht ist und wie es erreicht wird.

aa) Die Strukturmöglichkeiten

Unter Berücksichtigung des Wortlautes und des Systems des Gesetzes bieten sich – bis auf das dritte Mischmodell – im Wesentlichen zwei Lösungswege an.

Einzelhypothek und Gesamthypothek

Einerseits kann aus dem bloßen Wortlaut des Gesetzes gefolgert werden, dass zwei selbständige Institute geregelt werden sollten, die in unterschiedlicher Weise erreichbar sind.

§ 1113 BGB verkörperte bei dieser Betrachtung das Institut der Einzelhypothek.

§ 1132 BGB regelte dann das zu § 1113 BGB wesensverschiedene Institut der Gesamthypothek.

Einzelhypothek

Andererseits kann ebenso schlüssig aus dem Wortlaut des Gesetzes aber zusätzlich auch aus seiner Systematik[686] die Regelung nur eines Institutes entnommen werden. Bei dieser Auslegung wäre das einzige Institut die Hypothek nach § 1113 BGB, wie sie durch den Gesetzgeber in den Überschriften des achten Abschnittes und ersten Titels des Sachenrechtes genannt wurde. Der nach dem Typenzwang und der Typenfixierung festgelegte Weg zur Gesamthypothek würde damit zwingend über die Einzelhypothek führen. Genauso wenig wie die Parteien des Sicherungsvertrages sich ein gesetzesfremdes Institut auf der Grundlage einer vermeintlichen Privatautonomie schaffen könnten, ließe sich demzufolge eine auf dem Weg zum Gesamtrecht bereits verwirklichte und existierende Einzelhypothek leugnen. § 1132 BGB hätte bei dieser Sichtweise nicht die konstitutive Bedeutung eines eigenen Institutes. Der Sinn der Norm müsste sich in etwas anderem erschöpfen. In Betracht kommt die Regelung des Rechtsum-

[686] S. o., S. 29f., 98.

fanges, wenn dem Gläubiger an mehreren Grundstücken das Institut der Hypothek nach § 1113 BGB eingeräumt wurde. In diesem Fall kann nicht von einem Verbot der mehrfachen Hypothekensicherung die Rede sein. Die zweite Variante setzt vielmehr die Möglichkeit der Doppelsicherung voraus, nimmt sie jedenfalls aber als selbstverständlich hin.

Normale Einzelhypothek, Gesamthypothek und Zweighypothek

Eine dritte Variante erachtet *Wolf*[687] für möglich. Er stellt ein Modell auf, dass sich als Mischform zwischen Variante 1 und Variante 2 charakterisiert. Er meint es gäbe die „normale" Einzelhypothek (§ 1113 BGB). Zudem existiere ein selbständiges dingliches Gesamtrechtsinstitut (§ 1132 BGB), dass sich aber durch so viele Einzelhypotheken – *Wolf* nennt sie Zweighypotheken – auszeichne, wie Grundstücke existieren. Die Zeighypotheken würden im Gesamtrecht so beeinflusst werden, dass sie von den „normalen" Einzelrechten zu unterscheiden seien.

Die von *Wolf* vertretene Dogmatik ist im Grunde nicht zu beanstanden. Auch er geht nach einer Analyse der aus der Gesamthypothek fließenden wesensspezifischen dinglichen Befugnisse davon aus, dass diese nur Ausdruck von mehreren rechtlich selbständigen Organismen sein können und nimmt so mehrere Zweighypotheken an[688]. Konstruiert und nur rechtstheoretischer Natur erscheint allerdings die Annahme, dass zusätzlich ein Gesamtrecht existiert. Sie erweckt den Eindruck, als wollte der Autor trotz seines Vielheitsgedankens mit der zusätzlichen Institutskonstruktion im Ergebnis der herrschenden Meinung Rechnung tragen. Die von *Wolf* im Ergebnis nicht zu beanstandende unterschiedliche Behandlung der Zweighypothek im Vergleich zur „normalen" Einzelhypothek kann auch mit anderen Gesichtspunkten begründet werden. Auf der Hand liegt hierzu die mit der Gesamtschuld vergleichbare einheitliche Zweckrichtung bzw. einheitliche Erfüllungsgemeinschaft der Zweigrechte.

Deshalb wird nachfolgend nur von den ersten beiden Alternativen ausgegangen.

[687] *Wolf*, Gesamtrechte, S. 60f.
[688] *Wolf*, Gesamtrechte, S. 61/77.

bb) Die dem Gesamtpfand zugrundeliegende Struktur

Wäre die erste Alternative die vom Gesetzgeber gewollte Institutsform, ließe sich tatsächlich vertreten, dass die mehrfache Hypothekenbestellung nach § 1113 BGB für dieselbe Forderung nicht dem abschließenden Katalog der Sachenrechte entspricht. Denn die Verpfändung mehrerer Grundstücke würde nur in der Gestalt des eigenen Institutes nach § 1132 BGB zur Auswahl gestellt. Die Parteien hätten in diesem Fall auch kein Bedürfnis für mehrere Einzelhypotheken, weil sich mit § 1132 BGB eine den beiderseitigen Interessen genügende Lösung anbietet. Das Verbot der Doppelsicherung würde dann aber konsequenterweise die Vielheitstheorie ausschließen. Oder folgte man dem Vielheitsgedanken, hätte er die Verneinung des Verbotes zur Konsequenz.

Trifft die zweite Alternative zu, handelte es sich nicht um eine neue – nicht durch den Gesetzgeber fixierte – sachenrechtliche Form, sondern um eine erlaubte mehrfache Vornahme eines im Gesetz verankerten Institutes (Geschäftes), der Hypothekenbestellung[689]. § 1132 BGB würde nur deren Folgen regeln.

(1) Wörtliche Auslegung

Für das erste Modell spricht der Wortlaut des § 1132 Abs. 1 Satz 1 BGB, sofern die Betonung auf die im Singular angesprochene Hypothek gelegt wird.

Für das zweite Modell spricht der oben[690] analysierte Wortlaut des § 1132 Abs. 1 Satz 1 BGB, sofern die Rechtsfolgenseite der Norm und auf der Tatbestandsseite nur dieselbe Forderung und die mehreren Grundstücke für entscheidend erachtet werden.

Der Wortlaut der Überschriften des achten Abschnittes und ersten Titels streitet ferner für das zweite Modell. Der Gesetzgeber hatte ersichtlich nur die Institute „Hypothek, Grundschuld" und „Rentenschuld" unter der Rubrik des Grundpfandrechtes vor den Augen.

689 *Grützmann*, JW 1923, S. 270; *Lange*, Mehrere Grundpfandrechte für dieselbe Forderung, S. 12.

690 S. o., S. 30, 98.

(2) Systematische Auslegung

Auch die oben[691] analysierte Systematik spricht dafür, dass der Gesetzgeber wie bei § 1222 BGB nur den Umfang der Haftung, nicht aber ein eigenes dem Typenzwang unterliegendes Institut schaffen wollte.

(3) Teleologische Auslegung / Gesetzgebungsgeschichte

Das Verbot der Doppelsicherung folgt nicht unmittelbar aus dem Gesetz. Zudem gibt weder die Entstehungsgeschichte des § 1113 BGB noch die des § 1132 BGB in direkter Weise Anhaltspunkte für den Grundsatz[692].

Auch mittelbar kann dem Gesetz und den Materialien kein für das Verbot der Doppelsicherung sprechender Gesichtpunkt dafür entnommen werden, dass § 1132 BGB nicht nur eine Bündelung mehrerer Verwertungsrechte vom Typus des § 1113 BGB enthält. Nirgends wird ausgesprochen, dass die Gesamthypothek ein inhaltlich von mehreren Einzelhypotheken zu unterscheidendes Rechtsgebilde ist, das sie nicht als Minus[693] enthält.

Vielmehr ist umgekehrt aus Kreisen der zweiten Kommission verlautbart worden, dass § 1132 BGB mehrere Hypothekenrechte regelt. Das bestätigt zudem die oben[694] aus der Absolutheit gefolgerte Struktur. Ein Mitglied der zur Gesamthypothek gebildeten Subkommission ging bspw. von folgender Struktur aus:

> *„Bei Zugrundelegung der Auffassung, daß jedes Grundstück für sich mit einer Hypothek für den vollen Betrag der Forderung belastet ist und der <u>einheitliche Zweck der zur Gesammthypothek verbundenen Hypotheken</u> ihren Inhalt nur denjenigen … beschränkt, welchen ein der Gesammthypothek … nachstehendes Recht an mehreren der … Grundstücke zusteht … .“*[695]

[691] S. o., S. 32, 98.

[692] *Grützmann*, JW 1923, S. 271; *Lange*, Mehrere Grundpfandrechte für dieselbe Forderung, S. 12.

[693] Für die Einstufung der Einzelhypothek als Minus zur Gesamthypothek: *BGH*, Urt. v. 30.3.2000 – VII ZR 299/96, NJW 2000, 1861, 1863.

[694] S. 88ff.

[695] Protokolle, III, S. 630.

Unter Berücksichtigung dieser Dogmatik beantragte das Mitglied die Aufnahme einer Regelung für den Fall der Befriedigung des Gläubigers durch einen von mehreren Eigentümern (vgl. heute § 1173 Abs. 1 Satz 1 BGB). Nach Ansicht des Antragstellers sollte an jedem Grundstück ein einzelnes Pfandrecht an eigener Sache entstehen, „wie wenn" jedes der mit dem Gesamtpfand belasteten Grundstücke „allein mit der Hypothek belastet wäre"[696].

Die Kommission erachtete die Rechtsfolge der Entstehung mehrerer Eigentümer-Einzelrechte nur nicht für interessengerecht – obwohl sie „mit der Konstruktion der" beschlossenen „Hypothek in § 1062 E I (entspricht § 1113 BGB) nicht unvereinbar"[697] war – und entschied sich für das Erlöschen der Hypothekenrechte im übrigen (§ 1173 Abs. 1 Satz 1 BGB). Sie hatte aber an der durch das Mitglied verlautbarten Struktur auf der Tatbestandsseite nichts auszusetzen[698]. Das Anliegen der Kommission war es nur, eine Vervielfältigung der aus dem Gesamtrecht zu beanspruchenden Summe entsprechend der Anzahl der haftenden Objekte zu vermeiden. Sie wandte sich nur gegen die unbedingte „Ausschneidung der verschiedenen Wertteile"[699]. Damit ist keine Aussage getroffen, zu der Art und Anzahl der ursprünglichen Fremdrechte. Wie bei der Gesamtschuld kann es sich um mehrere Rechte handeln, die nur in der Summe nicht vervielfältigt werden dürfen. Deshalb stellte die Kommission die Existenz der anderen Hypotheken unter die auflösende Bedingung der Forderungserfüllung und gestand nur dem zahlenden Eigentümer das Hypothekenrecht zu. Auch bei der Gesamtschuld erlöschen die anderen Zweigrechte, wenn der Gläubiger von nur einem Schuldner die Erfüllung erlangt. Nur, weil es einer offenbaren Unbilligkeit entsprochen hätte, mehrere Einzel-Eigentümerrechte entstehen zu lassen, wählte die zweite Kommission auf der Rechtsfolgenseite eine Kompromisslösung, die wie an vielen Stellen bei Befriedigungsregelungen der Gesamthypothek eher eine Verfolgung der Gerechtigkeit und Stärkung des Realkredites[700] als eine Anlehnung an die Struktur des

696 Protokolle, III, S. 630, Anlage zum Prot. 247.
697 Protokolle, III, S. 623.
698 Protokolle, III, S. 623.
699 Protokolle, III, S. 623 a. E.
700 Motive, III, S. 599.

Rechtsgebildes bedeutete[701]. In diesem Falle rechtfertigte die zweite Kommission die Abweichung von der Struktur zugunsten der Gerechtigkeit mit unbilligen Folgen für gleich – oder nachrangige Grundpfandrechtsgläubiger bei einer nachträglichen Teilung des Grundstückes. Würde ein zugunsten von X, Y und Z je mit einer Einzelhypothek von 1000 belastetes Grundstück in drei selbständige Flurstücke geteilt, so hätte die durch die anschließende Befriedigung des X durch einen der Eigentümer bedingte Entstehung von mehreren Eigentümer-Einzelrechten zur Folge, dass dem Y, dem ursprünglich nur 1000 des X vorgingen, an der gleichen Belastungsmasse nunmehr 3000 (drei Eigentümerrechte) und dem Z 4000 (drei Einzelrechte, ein Gesamtrecht) statt 2000 vorgehen[702]. Nur deshalb sah der Gesetzgeber von den Einzelrechten ab und ließ die an sich erforderlichen Eigentümerrechte bei den nicht zahlenden Eigentümern mit dem Instrument der auflösenden Bedingung erlöschen[703]. Der Gesetzgeber wandte sich folglich nur gegen die „unbedingte Ausschneidung der verschiedenen Werththeile“. Bei den verschiedenen ausgeschnittenen Wertteilen oder deutlicher ausgesprochen, bei den voneinander zu unterscheidenden begrenzt dinglichen Verwertungsrechten (Ausschnitt aus dem Eigentum), sollte es aber bleiben. Sie waren alle an die selbe auflösende Bedingung geknüpft.

Dass die Kommission geschlossen und nicht nur das einzelne Mitglied die o. g. Dogmatik vertrat, zeigte sich ferner bei der aus den Protokollen hervorgehenden Umschreibung der Folgen im Falle der zwangsmäßigen Befriedigung aus dem Grundstück eines Eigentümers. In diesem Fall, so die Kommission, habe der „Subhastationsrichter das Grundbuchamt um Löschung der nach § 1078 Abs. 2 erloschenen Hypotheken zu ersuchen“[704].

Auch *Johow*[705] wusste um die Streitigkeiten der damals gleichberechtigten Einheits- und Vielheitstheorie und schrieb in der Begründung der Vorentwürfe zu § 386 (Anspruch aus der Hypothek)[706]:

701 Protokolle, III, S. 637, 638.
702 Protokolle, III, S. 623.
703 Protokolle, III, S. 623.
704 Protokolle, III, S. 627.
705 Vorentwürfe, 2, S. 631.
706 S. o., S. 99.

„Für die accessorische Hypothek pflegt man anzunehemen, daß auf diese Weise für die Forderung des Gläubigers so viele Hypotheken geschaffen werden, als Eintragungen erforderlich sind (*Regelsberger*, § 58 S. 268). Daß diese Konstruktion aber auch der selbständigen Hypothek gemäß sei, ist zu bezweifeln. Wie es scheint, ist die Korrealhypothek eine Hypothek, die von der gewöhnlichen Form sich nur dadurch unterscheidet, daß sie mehrere Grundstücke zum Gegenstande hat (*Meibom*, § 15 S. 114). Für die Gestaltung des Entwurfs ist es nicht von Belang, ob man sich dieser oder jener Auffassung anschließt. Aus der Gesammthaft der Grundstücke wird immer die Folgerung gezogen werden müssen, daß der Gläubiger ... darüber zu befinden hat, ob es für ihn vortheilhafter ist, aus allen oder nur aus einem oder einzelnen Grundstücken das zu beanspruchen, was ihm auf Grund der Hypothek zu leisten ist."

Wären die bei der Schaffung des Gesetzes beteiligten Personen von einem das Hypothekenrecht so nachhaltig prägenden Prinzip der verbotenen Doppelsicherung ausgegangen, hätte sich der vielfach[707] gebrauchte Wortlaut der mehreren Hypotheken i.Z.m. der Gesamthypothek verboten. Der umgekehrte Fall spricht gegen die Existenz eines solchen Prinzips. Denn die mehreren Hypotheken, von denen der Gesetzgeber bei der Erläuterung der Gesamthypothek sprach, sicherten ja gerade dieselbe Forderung.

Bei der Suche nach einem gerechten Ergebnis bei Bewegungsvorgängen der Gesamthypothek fragte sich der Gesetzgeber stets, ob das angestrebte Ziel „mit der Konstruktion der Hypothek" übereinstimmte, „welche dem zu § 1062 E I gefaßten Beschluße zu Grunde"[708] lag. Das zeigt dass das entscheidende Institut für den Gesetzgeber stets die Hypothek nach § 1113 BGB war. Bei richtiger teleologischer Auslegung des § 1132 BGB[709] sollte dieser nicht ein neues Institut begründen. Vielmehr bestand das mit der Norm verfolgte Anliegen nur darin, den Umfang der Haftung mehrerer Grundstücke für dieselbe Forderung nach dem römischen Vorbild der ungeteilten Pfandhaftung zu regeln. Der Weg zu dieser Rechtsfolge konnte aber nur über die wiederholte Vornahme des Geschäftes nach § 1113

[707] Z.B.: Protokolle, III, S. 622, 627, 637.
[708] Protokolle, III, S. 623.
[709] S.o., S. 105ff.

BGB führen. Auch war es eines der Hauptanliegen des Gesetzgebers, mit § 1132 BGB den Grundpfandrechtsberechtigten vor teilungsbedingten Verschlechterungen seines Rechtes zu schützen[710]. Hieraus ein neues Institut zu konstruieren, das anders entstehen soll als mehrere Einzelhypotheken, verfehlte den Zweck des Gesetzes. Der Gesetzgeber wollte auf der Verfügungsebene das Spezialitätsprinzip nur bei der Übertragung und bei der Belastung einer Gesamthypothek dergestalt durchbrechen, dass die Verfügungsvoraussetzungen in Ansehung jedes haftenden Objektes vorliegen müssen[711].

Wenn bei den Vorentwürfen davon die Rede war, dass es nicht von Belang ist, ob man sich der Konstruktion einer oder mehrerer Hypotheken anschließt, so kann daraus nur gefolgert werden, dass man bei der Schaffung des BGB nicht von einer verbotenen Doppelsicherung ausgegangen ist. Denn in diesem Falle erforderte die Durchsetzung eines so tragenden Prinzips die Ausschließung mehrerer Hypotheken für dieselbe Forderung.

Johow betonte in der zitierten Passage, dass es viel wichtiger war, die Gesamthaftung in den Vordergrund zu stellen, als über Einheit und Vielheit eine Aussage zu treffen. Das belegt, dass es nicht das Anliegen des § 1132 BGB war, ein eigenes Institut mit anderen Regeln zu begründen.

Ferner spricht die in den Materialien an vielen Stellen[712] hervorgehobene Parallelität von Gesamtgrundpfand und Gesamtschuld für eine bloße Bündelung mehrerer Einzelhypotheken und ihre haftungsmäßige Umschreibung in § 1132 BGB. Die Protokolle sprechen sogar von einer „Analogie der zur Lehre vom Gesammtschuldverhältnisse getroffenen Bestimmungen“[713].

Dass die Gesamthypothek kein besonderes Institut sein kann, sondern nur die Haftung mehrer Grundstücke für den Typus nach § 1113 BGB regelt, zeigt schon ihre Entstehungsmöglichkeit im Falle der nachträglichen Teilung des ursprünglich belasteten Einzelgrund-

[710] Vorentwürfe, 2, S. 631; Motive, III, S. 668.
[711] Protokolle, III, S. 637.
[712] Z. B.: Vorentwürfe, 2, S. 635; Denkschrift, S. 146; Protokolle, III, S. 625, 626.
[713] Protokolle, III, S. 625.

stückes. Der Gesetzgeber drückte in den Motiven und den Protokollen zum Grundtatbestand des § 1132 BGB aus, dass das durch die Teilung des Objektes entstehende Rechtsverhältnis dasselbe ist, wie wenn anfänglich der Begründungsakt auf mehrere Grundstücke gerichtet ist[714]. Besteht aber vor der Teilung eine „normale" Hypothek am Einzelgrundstück, so kann die allein vom Sicherungsgeber beeinflussbare Teilung des Objektes ohne Zutun des dinglichen Rechtsinhabers nicht das Institut verändern. Das würde der Beständigkeit des dinglichen Rechtes und der absoluten Beherrschung nur durch den Inhaber widersprechen.

Zwar kann die das Doppelsicherungsverbot favorisierende Meinung zur Begründung zunächst die (äußerliche) Singular-Bezeichnung des Rechtes aufführen. Denn der Wortlaut der einen Hypothek in § 1132 Abs. 1 Satz 1 BGB spricht für eine andere Struktur der Gesamthypothek als die Häufung mehrerer Einzelrechte.

Indes wird diese einseitige Interpretation nicht dem (inneren) Anliegen der Vorschrift gerecht. Der Gesetzgeber beschrieb nur den Anspruch aus der Hypothek. Hierbei bediente er sich stilistisch, weil er den beschriebenen Ursprung der Haftung nennen musste, des Wortlautes des Institutes. Er hätte ebenso gut vom Verwertungsrecht oder vom Recht des Gläubigers[715] sprechen können. Genauso gut ließe sich die Haftungsfolge ohne die Bezeichnung des Rechtes regeln[716]. Wie bedeutungslos diese Institutsbezeichnung zur Ergründung der wahren Struktur des partiell zur Haftung angesprochenen Rechtsgebildes in § 1132 BGB ist, zeigt eine Erklärung des Gesetzgebers selbst. In den Motiven wurde erläutert, dass infolge der mit § 1132 Abs. 1 BGB (§ 1071 Abs. 1 E I) beabsichtigten Zuordnung des Gesamtpfandverbandes zu jedem Forderungsteil, der Anwendungsbereich der Norm auch dann eröffnet ist, wenn die gesicherte Forderung geteilt wird. So erklärte der Gesetzgeber:

> *„... jedes einzelne Grundstück haftet für die ganze Forderung. Wird letztere getheilt, so besteht für jede Theilforderung die Hypothek in ihrem vollen Umfange"*[717].

714 Motive, III, S. 668.
715 So auch die Vorbildregelung in ALR. I. 20 § 467.
716 So die Vorbildregelungen §§ 373, 374 SächsBGB.
717 Motive, III, S. 668.

Verfolgte man die Begründungsstrategie des überwiegend monoton mit dem Einheitsgedanken argumentierenden Schrifttums, gelangte man konsequent auch in diesem Falle wegen des Singular-Wortlautes zu einer einzigen Hypothek. Wie wenig das der wirklichen Struktur nahe kommt, zeigt das Gesetz selbst. Infolge der Forderungsteilung entsteht eine Vielheit von Rechten, §§ 1151, 1152 BGB[718]. Das Beispiel bestätigt die eingangs aufgestellte Vermutung, dass es sich bei der Umschreibung der Hypothek nur um eine Institutsbezeichnung handeln kann.

Dafür spricht schließlich, dass der Gesetzgeber sich stets an das Spezialitätsprinzip gehalten hat. Ausnahmen von diesem ließ er beim Gesamtpfandrecht sehr restriktiv zu. Das geschah nur bei der Übertragung und Belastung einer Gesamthypothek. Hier hätte das Spezialitätsprinzip an sich eine Sukzessiv-Übertragung verlangt. Die zweite Kommission sah darin aber Gefahren für den Rechtsverkehr angesichts der Publizitätswirkung des Grundbuches begründet. Sie hätte bei Einzelübertragungen möglicherweise die Vervielfältigung zur Folge. Würde beispielsweise der Gesamthaftungsverband auf den Zessionar oder Pfändungsgläubiger übergehen, wenn beim Buchrecht nur auf einem Grundbuchblatt die Übertragung oder Belastung vermerkt wird, wäre ein Auseinandergehen von Rechtslage und Grundbuchinhalt zu verzeichnen. Eigentümer, bei denen noch keine Eintragung im Grundbuch erfolgt ist, könnten befreiend an den eingetragenen Gläubiger leisten[719]. Hierzu argumentierte die zweite Kommission:

> „*Und wenn auch derjenige, welcher im Vertrauen auf die Richtigkeit des Grundbuchs gehandelt habe, geschützt werde, …, so könnten doch leicht Verwickelungen entstehen, insbesondere bei mehrfacher gültiger Zahlung, hinsichtlich des Verhältnisses der mehreren Hypotheken unter einander. Unter diesen Umständen werde man besser thun, von einer das Prinzip des Grundbuchrechts* (Publizitätsschutz für den Eigentümer) *durchbrechenden Spezialitätsvorschrift abzusehen*“[720].

[718] *Staudinger-Wolfsteiner*, BGB, 13. Aufl., § 1151 Rdn. 1.
[719] Protokolle, III, S. 637.
[720] Protokolle, III, S. 637.

Daraus folgt im Umkehrschluss: Soweit derartige Redlichkeitsschutz-Vorschriften nicht zu einer Verwirrung des Rechtsverkehrs führen, ist der Spezialität wieder der Vorrang einzuräumen. Das gilt namentlich für die Verfügungsebenen des Eintrittes in den Haftungsverband (Entstehung; Belastung des Eigentums) und des Austrittes aus dem Haftungsverband (Erlöschen; Verzicht). Weiterhin zeigt das Zitat, dass die Spezialität zudem auf der Ebene des entstandenen Rechtes wirkte, denn nur dieses wurde übertragen oder belastet.

Die Geschlossenheit der Übertragung des Gesamtpfandverbandes findet ihre dogmatische Begründung in der von der Forderung ausgehenden zentralen und bestimmenden Verfügungswirkung, § 1153 Abs. 1 BGB. Übertragen oder belastet wird nicht die Hypothek, sondern die Forderung. Mit ihrer Abtretung oder Pfändung (z. B. § 830 Abs. 1 ZPO) geht sie als akzessorisches Recht mit der Forderung auf den Erwerber über. Soweit ausnahmsweise beim Buchrecht der Hypothekenübergang statt der schriftlichen Abtretung und der Briefübergabe die Eintragung im Grundbuch voraussetzt (§§ 1154 Abs. 3, 873 Abs. 1 BGB), ist es zur Vermeidung von Verwirrungen zweckgerecht, das Spezialitätsprinzip ausnahmsweise zu durchbrechen. Beim Briefrecht finden mit Abtretung und Briefübergabe (§ 1154 Abs. 1 Satz 1 BGB) zugleich so viele Einzelübergänge statt, wie Grundstücke vorhanden sind. Ist entgegen der Ordnungsvorschrift des § 59 GBO kein einheitlicher (Abs. 1) oder verbundener Brief (Abs. 2) hergestellt worden, könnte sogar der Spezialität der Vorrang eingeräumt werden, wenn man vom Eigentümer das Verlangen der Briefvorlage bei Erfüllung erwarten darf.

Daraus folgt vereinfacht: Für die Übertragung und Belastung aller im Gesamtpfandverband befindlichen Rechte gilt das Einheitsprinzip (horizontale Geschlossenheit). Für die Zusammensetzung/Entwicklung des Verbandes gilt das Spezialitätsprinzip (vertikale Spezialität). Soweit keine Verfügung in Rede steht, gilt die Spezialität des Rechtes.

(4) Zugelassene Doppelsicherungen

Schließlich zeigt eine Reihe von Gestaltungen, dass eine doppelte Hypothekensicherung nicht verboten sein kann.

Allen Situationen ist gemeinsam, dass zunächst mehrere spezielle Rechte existieren müssen. Wären sie verboten, müssten sie ihre Wirksamkeit verlieren und insgesamt in Frage gestellt werden. Stattdessen gelangt man in allen Fällen zur gleichen Haftungsfolge des § 1132 BGB – nicht zu Institut des § 1132 BGB –. Sie wird nur durch die dem Wesen des Pfandrechtes entsprechende Bestimmungswirkung derselben Forderung hervorgerufen.

Verpfändung mehrerer Ansprüche auf oder aus Auflassung

Es erweist sich als widersprüchlich, beim akzessorischen Pfandrecht an mehreren Forderungen zur Sicherung derselben Forderung mehrere Pfandrechte an verschiedenen Rechten zuzulassen und andererseits mehrere Hypotheken für dieselbe Forderung für unzulässig zu erklären. Dieser Widerspruch gegen die Einheitlichkeit der Pfandrechtsordnung wird in Situationen besonders deutlich, die durch einen fließenden Übergang vom Mobiliar – zum Immobiliarpfandrecht gekennzeichnet sind. Solche Situationen kommen vor, wenn sich der Pfandgegenstand durch die Erfüllung des gepfändeten Rechtes umwandelt. Dann setzt sich das Pfandrecht am Erfüllungsergebnis als Ersatz fort. Zu einer solchen Umwandlung des potentiell verpfändbaren Vermögenswertes kommt es bei der Erfüllung des Anspruches auf Eigentumsübertragung an einem Grundstück und der Erfüllung des Anwartschaftsrechtes aus einer Auflassung. Vor der Erfüllung unterliegt der Gegenstand den Pfandrechtsregeln der §§ 1273ff. BGB, danach den §§ 1113ff. BGB. Bei beiden Gegenständen handelt es sich um Vermögenswerte, die gleichermaßen zur Kreditерlangung dienen können. In der Kreditbranche wird von der Verpfändung des Anspruches auf oder aus Auflassung sogar häufig Gebrauch gemacht, wenn das Grundbuch noch nicht angelegt ist, die Grundstücksvermessung noch aussteht oder der Verkäufer des Grundstückes nicht bereit ist, eine Grundschuld mit engem Sicherungszweck zur Finanzierung des Kaufpreises zu bestellen[721].

Soll der zu finanzierende Käufer mehrere Grundstücke erwerben, so steht es dem Kreditinstitut frei, zur Sicherung des Gesamtkredites alle Eigentumsverschaffungsansprüche zu pfänden oder die Forde-

[721] *Schimansky/Bunte/Lwowski-Merkel*, BRH II, § 94 Rdn. 288.

rung aufzuteilen und jedem Teil eine Rechtspfändung zuzuordnen. Entscheiden sich die Parteien wie regelmäßig für die erste Alternative, liegen so viele Pfandrechte vor, wie Ansprüche auf oder aus Auflassung vorhanden sind. Jedes Pfandrecht erfordert zu seiner Entstehung einen formfreien Verpfändungsvertrag zwischen Erwerber und Gläubiger (§§ 398, 1205, 1274 Abs. 1 Satz 1 BGB) und die Verpfändungsanzeige nach § 1280 BGB[722] durch den Grundstückserwerber an den Veräußerer des Grundstückes. Obwohl § 1222 BGB nach § 1273 Abs. 2 Satz 1 BGB zur Beschreibung der Haftung gilt[723], spricht die Lehre in diesem Fall nicht von einer verbotenen Doppelsicherung. § 1222 findet nur wegen derselben gesicherten Forderung Anwendung und legt fest, das jedes Recht zur Befriedigung des ganzen Anspruches des Gläubigers haftet.

Erfüllt der Grundstücksveräußerer unter Mitwirkung des Gläubigers nach §§ 1181, 1182 BGB den Anspruch auf oder aus Auflassung und wird der Verpfänder Eigentümer des Grundbesitzes, so setzt sich das Pfandrecht in Gestalt einer Sicherungshypothek am Eigentumsrecht (Ersatz) fort (§ 1287 Satz 2 BGB). Das kann bei der Verpfändung mehrerer Auflassungsansprüche nur zur Folge haben, dass mehrere Sicherungshypotheken für dieselbe Forderung von Gesetzes wegen entstehen. Denn die dingliche Surrogation führt nicht zu einer anderen Struktur des Rechtes. Wenn von Gesetzes wegen aber mehrere Hypotheken infolge der mehreren Pfandrechte an Rechten entstehen, so kann das Verbot der Doppelsicherung dem Hypothekenrecht nicht immanent sein.

Im Übrigen beweist die gesetzliche Entstehung der Sicherungshypotheken nach dem Surrogationsprinzip die mögliche Sukzessiventstehung. Nur weil dieselbe zu sichernde Forderung zugrunde liegt, ist die Entstehung einer Sicherungshypothek bei entsprechender Erfüllung der Eigentumsübertragung deshalb nicht ausgeschlossen, weil andere Ansprüche nach § 433 Abs. 1 BGB noch nicht erfüllt sind.

Für alle entstandenen Sicherungshypotheken findet § 1132 Abs. 1 BGB in dem Sinne Anwendung, dass jedes Grundstück voll für die ganze Forderung haftet.

722 *BayOblG* NJW 1985, 895.
723 *Palandt-Bassenge*, BGB, 61. Aufl., § 1273 Rdn. 2.

Bestellung mehrerer Einzelhypotheken für dieselbe Forderung

Gegen die Existenz des Verbotes der Doppelsicherung spricht die tatsächliche Möglichkeit mehrerer Einzelhypotheken für dieselbe Forderung ohne eine besondere Unwirksamkeits-Sanktion.

Oben[724] wurden schon Sachverhalte dargestellt, die sich aufgrund der rechtlichen Unerfahrenheit der Parteien, der Betroffenheit mehrerer Eigentümer und der Lage der Belastungsobjekte in verschiedenen Grundbuchbezirken durch mehrere nicht aufeinander Bezug nehmende Einzelhypotheken für dieselbe Forderung kennzeichneten.

Die Rechtsprechung[725] musste sich ferner mit den Folgen der Belastung sämtlicher ideeller Bruchteile eines Grundstückes mit je einer Einzelhypothek im Grundbuch befassen.

In beiden Fällen war die Konsequenz der mehreren Einzelrechte für dieselbe Forderung nicht ihre Unwirksamkeit. Vielmehr führte eine derartige Belastung nach Ansicht der Rechtsprechung[726] und des Schrifttums[727] automatisch[728] zur Gesamthypothek. Begründet wir das mit der Einheit der Forderung, die die Hypotheken an den mehreren Grundstücken oder Bruchteilen notwendig zur Gesamthypothek mache[729]. Wäre die Gesamthypothek aber ein anderes Institut als die Einzelhypothek und wären mehrere Einzelrechte für ein und dieselbe Forderung tatsächlich unzulässig, müssten diese ganz ihre Wirkung verlieren. Insofern erweist sich die von *Wolfsteiner*[730] im Gegensatz zur Vorauflage vertretene Argumentation als konsequent, eine Gesamthypothek entstehe nur, wenn sie als solche im Grundbuch eingetragen sei. Zur Unbedenklichkeit der angesprochenen Doppelsicherungen gelangt man folglich mit nachstehender Begründung: Bei Verneinung des Verbotes der Doppelsicherung werden mehrere Verwertungsrechte vom Typus des § 1113 BGB automatisch

[724] S. o., S. 75ff.

[725] *RGZ* 146, 365; *BGH* NJW 1961, 1352.

[726] *RGZ* 70, 245, 246; 131, 16, 21; 146, 365; *BGH* NJW 1961, 1352.

[727] *Soergel-Konzen*, BGB, § 1132 Rdn. 5.

[728] A. A. *Staudinger-Wolfsteiner*, BGB, 13. Aufl., § 1113 Rdn. 41.

[729] *Staudinger-Scherübl*, BGB, 12. Aufl., § 1113 Rdn. 51; *Wolff/Raiser*, Sachenrecht, § 148 I.

[730] *Staudinger-Wolfsteiner*, BGB, 13. Aufl., § 1113 Rdn. 41.

von der Haftungsfolge des § 1132 Abs. 1 BGB erfasst, sofern sie alle in Erfüllung derselben Forderung begründet werden. Insofern ist der Automatismus des § 1132 BGB gerechtfertigt.

Nebeneinander von Vertrags- und Zwangshypothek

Weiter spricht auch das bewusste Nebeneinander von Vertrags- und Zwangshypothek bei Geltung der Haftungsfolge des § 1132 BGB gegen das Doppelsicherungsverbot und gegen die Erreichung der Haftung mehrerer Grundstücke allein über das einzige Recht des § 1132 BGB als gesondertes Institut[731].

cc) Zwischenergebnis

Die für die zweite Instituts-Alternative sprechenden Argumente überwiegen. Das einzige für den Typenzwang maßgebliche Instititut, das in § 1113 BGB bis § 1190 BGB geregelt ist, stellt die Hypothek in ihrem Grundtatbestand nach § 1113 Abs. 1 BGB dar. § 1132 BGB verkörpert kein anderes wesensverschiedenes Institut. Er stellt zurückführbar auf den römisch-rechtlichen Grundsatz der Ungeteiltheit der Pfandhaftung nur eine Haftungsumfangsregelung dar. Sie gelangt zur Anwendung, wenn dem Gläubiger zur Sicherung derselben Forderung mehrere Grundstücke oder ideelle Bruchteile nach § 1114 BGB haften. Das kann nach dem Typenzwang nur über die mehrfache Vornahme des Rechtsgeschäftes in § 1113 Abs. 1 BGB erreicht werden. Letzteres setzt voraus, dass es das Verbot der mehrfachen Hypothekensicherung nicht gibt. Aus dem Typenzwang des Sachenrechtes folgt demnach nicht der Grundsatz der verbotenen Doppelsicherung. Die mehrfache Hypothekensicherung für dieselbe Forderung ist unter diesem Gesichtspunkt nach § 1113 BGB zulässig.

b) Das Argument der Akzessorietät

Die Ursächlichkeit der hypothekentypischen Akzessorietät für die verbotene Doppelsicherung erweist sich als nicht überzeugend. Zwar ist die Akzessorietät das wesentliche Unterscheidungskriterium zwischen Hypothek und Grundschuld, bei der die mehrfache Sicherung für dieselbe Forderung im Rahmen der Sicherungsgrundschuld gestattet ist. Dennoch beweist das streng akzessorische Bürgschafts-

[731] S. u., S. 207ff.

recht, dass die Abhängigkeit eines Rechtes vom Bestehen einer anderen Forderung nicht die mehrfache Begründung des Rechtes für dieselbe Forderung ausschließt[732], § 769 BGB. Die mehreren Rechte sind nur gleichermaßen an die Existenz der Forderung gebunden. Gleiches gilt für das Verwertungsrecht der Hypothek.

Wenn es nicht die Akzessorietät sein kann, die beim Hypothekenrecht für die verbotene Doppelsicherung ursächlich ist, gerät das Verbot der Doppelsicherung schon deshalb in Zweifel, weil mehrere Sicherungsgrundschulden für dieselbe Forderung möglich sind.

Auch für die Sicherungsgrundschuld, die nicht vom Bestehen der zu sichernden Forderung abhängig ist, findet die ungeteilte Pfandhaftung Anwendung.

Zwar fehlt es der ebenso wie der Hypothek abstrakten Grundschuld[733] am Merkmal der Akzessorietät. Die Sicherungsgrundschuld reiht sich aber wie die Hypothek in die Kategorie des Pfandrechtes i.w.S.[734] ein, weil sie nur deshalb begründet wird, um ein anderes Forderungsrecht des Gläubigers zu unterstützen, zu sichern. Damit verdankt auch die Sicherungsgrundschuld i.w.S. ihre Existenz der zu sichernden Forderung. Dass wird an der wenn auch nur schuldrechtlichen Beeinflussbarkeit des dinglichen Rechtes durch den Sicherungsvertrag deutlich.

Aus der Anwendbarkeit des § 1132 BGB auch im Grundschuldrecht und der nur deklaratorischen Bedeutung des Mithaftvermerkes folgt, dass auch bei der Sicherungsgrundschuld die Haftungsfolge des § 1132 BGB automatisch dann gilt, wenn und soweit die unterschiedlichen Pfänder für dieselbe Forderung haften. Nach der Terminologie der Auffassungen im Schrifttum, die in § 1132 BGB ein eigenes wesensverschiedenes Institut sehen, müsste man vom automatischen Entstehen der Gesamtgrundschuld sprechen. Auch hier spielt es keine Rolle, ob das Sicherungsgeschäft als Gesamtgrundschuld oder mehrere Einzelgrundschulden bezeichnet wird.

732 So auch: *Staudinger-Wolfsteiner*, BGB, 13. Aufl., § 1113 Rdn. 37.
733 *Schimansky/Bunte/Lwowski-Ganter*, BRH II, 2. Aufl. 2001, § 90 Rdn. 27.
734 S. o., S. 47ff.

Unterstellt man die Richtigkeit der von einem großen Teil des Schrifttums vertretenen Typenstruktur von § 1113 BGB und § 1132 BGB, beweist die Bestellung mehrerer Sicherungsgrundschulden für dieselbe Forderung, dass das Verbot der mehrfachen Pfandrechtssicherung nicht aus § 1132 BGB folgt.

Durch die Annahme von unterschiedlichen Instituten gelangt das Schrifttum in Schwierigkeiten, soweit beantwortet werden soll, wann bei mehreren Grundstücken und der Sicherung derselben Forderung mehrere Einzelgrundschulden oder eine Gesamtgrundschuld entsteht.

Der Mithaftvermerk nach § 48 GBO kann nicht das entscheidende Kriterium sein, zumal er nur deklaratorischer Natur ist[735].

Die unmittelbar auf das dingliche Recht ausstrahlende Wirkung der Forderung (Akzessorietät) ist es auch nicht, weil sie bei der Grundschuld nicht anwendbar ist.

Schließlich bleibt als Unterscheidungskriterium noch der Inhalt der dinglichen Einigung nach § 873 Abs. 1 BGB. Diese kann aber dann nicht das maßgebliche Kriterium sein, wenn bei der Hypothek außerhalb der Akzessorietät vertreten wird, unabhängig vom Willen der Parteien und der Bezeichnung des Pfandrechtes sei nach dem in § 1132 BGB zum Ausdruck kommenden Typenzwang die Sicherung derselben Forderung durch mehrere Grundstücke nur über das Gesamtrecht zu erreichen.

Auf der Grundlage des Pfandrechtswesens ist nach dem Vorbild von § 1138q (entspricht § 1132 BGB) des zweiten Redaktionsentwurfes zur Grundschuld[736] und dem Willen des Gesetzgebers das einzige Unterscheidungskriterium die Art und Weise der Zahlung aus dem dinglichen Recht. Kann trotz der mehreren Grundschulden oder mehreren Eintragungen des Verwertungsrechtes der Grundschuld nach § 1191 BGB nur einmal Zahlung verlangt werden, weil alle Grundstücke zur Sicherung derselben Forderung bestimmt sind, so tritt die Haftungsfolge des § 1132 BGB ein. Liegt jedem Verwertungs-

[735] *KG* HRR 1934, 278; MünchKomm-*Eickmann*, BGB, § 1132 Rdn. 47.
[736] *Staudinger-Wolfsteiner*, BGB, 13. Aufl., § 1192 Rdn. 3.

recht in Gestalt der Grundschuld eine andere Forderung oder ein anderer Teil der Forderung zugrunde, findet § 1132 BGB keine Anwendung. Jedes Grundstück haftet dann nur für den ihm zugeordneten Forderungsteil. Ein wesensverschiedenes Institut stellt die Gesamtgrundschuld im Verhältnis zur Einzelgrundschuld nicht dar. Vor dem Hintergrund einer reinen Begriffsjurisprudenz lässt sich jedoch, je nach dem, wie man ein Institut definiert, eine Absonderung der im Gesamthaftungsverband vereinigten Grundschulden insoweit rechtfertigen, als diese im Verhältnis zu einer einzelnen Grundschuld am einzelnen Grundstück unterschiedliche Behandlung erfährt, die durch die einheitliche Erfüllungsgemeinschaft gerechtfertigt ist.

c) Das Argument des § 1154 BGB

Nicht nachvollziehbar ist schließlich die Herleitung des Doppelsicherungsverbotes aus § 1154 BGB[737].

Zwar ist es im Gegensatz zu anderen akzessorischen Sicherheiten eine Besonderheit der Hypothek, dass sie derart eng mit der zu sichernden Forderung verknüpft ist, dass die Übertragung der Forderung zu ihrer Wirksamkeit neben der schriftlichen Abtretung die Verwirklichung von Tatbestandsvoraussetzungen auf der Ebene der Hypothek selbst erfordert, § 1154 Abs. 1 Satz 1, Abs. 3 BGB. Aus dieser Zirkulationserschwerung im Interesse der Publizität darf aber nicht gefolgert werden, das dasselbe Sicherungsinstitut für dieselbe Forderung nicht noch einmal begründet werden darf, weil die Übertragung der Forderung dann an gesteigerte Voraussetzungen gebunden wäre. Wenn der Gesetzgeber derartige Übertragungsvoraussetzungen aufstellt, müssen sie durch den Rechtsverkehr verwirklicht werden, auch wenn sie noch so schwierig sind. Aus der Komplexität der Übertragung eines Rechtes darf nicht auf seine Zulässigkeit geschlossen werden.

Der behauptete Verlust der Eindeutigkeit der Forderungsabtretung würde dann auch für eine als Buchrecht ausgestaltete Gesamthypothek gelten, die man als ein einziges Recht qualifizierte. Obwohl der Mithaftvermerk nach § 48 GBO nur deklaratorischer Natur ist und deshalb auch fehlen kann, erfordert die Abtretung der Forderung in

[737] So: *Staudinger-Wolfsteiner*, BGB, 13. Aufl., § 1113 Rdn. 37.

diesem Fall ihre Eintragung auf jedem Grundbuchblatt der im Haftungsverband befindlichen Grundstücke, § 1154 Abs. 3 BGB. Mit gleicher Argumentation müsste dann auch ein solches Verwertungsrecht verboten werden.

Die Schwierigkeiten dieser Übertragungsvoraussetzung sind dem Gesetzgeber durchaus bewusst gewesen. Er begegnete ihnen für die Mehrzahl der Fälle interessengerecht mit den §§ 48, 59 GBO.

Der behauptete Eindeutigkeitsverlust der Forderungsabtretung im Falle des Briefrechtes trifft schon deshalb nicht zu, weil nach § 59 Abs. 1 Satz 1 GBO immer dann ein einheitlicher Hypothekenbrief von Amts wegen auszustellen ist, wenn für ein und dieselbe Forderung mehrere Grundstücke mit dem Hypothekenrecht belastet werden.

Für die Anwendung des § 59 GBO spielt es keine Rolle, ob man ein derartiges Rechtsverhältnis als eine einzige Hypothek oder mehrere selbständige Hypotheken qualifiziert. Maßgeblich ist nur die Einheit der Forderung. Jede verfahrensrechtliche Vorschrift muss das materielle Recht so durchsetzen, wie es richtig auszulegen ist.

3. Der Grund für die Beschränkung der Einzelhypotheken

Die Argumentation, § 1132 Abs. 1 BGB verkörpere kein eigenes Institut und regele nur die Haftung mehrerer Hypotheken vom Typus des § 1113 BGB für dieselbe Forderung, überzeugt nur dann, wenn die eingeschränkte Behandlung der von § 1132 BGB ergriffenen Hypotheken Gründe hat, die nicht mehrere Rechte nach § 1113 BGB ausschließen.

a) Keine Einzelübertragung

Zunächst besteht der Unterschied zwischen einer einzigen Hypothek an einem einzelnen Grundstück und der im Gesamthaftungsverband eingeschlossenen Hypothek vom Typ des § 1113 BGB in der verbotenen Einzelübertragung.

Der Grund dafür ist in § 1153 Abs. 1 BGB und im Vervielfältigungsverbot zu sehen, das vom Verbot der Doppelsicherung abzugrenzen ist.

Das Vervielfältigungsverbot besagt nur, dass der Eigentümer nicht schlechter und der Gläubiger nicht besser dadurch gestellt werden kann, dass er einen über dem auf jedem Grundstück eingetragenen Betrag verlangen kann. Das hat nichts mit der Frage zu tun, ob der eine Betrag aus jeweils voneinander zu unterscheidenden Rechten gefordert werden kann. Könnte ein einzelnes Zugriffsrecht im Gesamthaftungsverband allein abgetreten werden, bestünde die Möglichkeit eines Redlichkeitserwerbes. Es könnte nach § 1138 BGB in der Hand des Erwerbers ein Verwertungsrecht entstehen, dass gerade nicht durch die Befriedigung des Zedenten auflösend bedingt ist, so wie es der Gesetzgeber wollte. Dem Eigentümer würde eine doppelte Inanspruchnahme drohen. Dieser Gesichtspunkt führt folglich nicht zu einem einzigen Recht, das nur einheitlich entstehen kann und das Verbot der Doppelsicherung rechtfertigt. Es ist letztlich also die in der Versicherung derselben Forderung bestehende einheitliche Zweckrichtung der Verwertungsrechte, die die Ursache für alles ist, was eine Vervielfältigung in der Summe des zu zahlenden Betrages vermeiden soll.

b) Keine Einzelbelastung

Eine weitere Einschränkung des im Gesamthaftungsverband des § 1132 BGB enthaltenen Verwertungsrechtes besteht darin, dass es nicht einzeln belastet werden kann[738]. Die Belastung ist nur insgesamt möglich[739]. Auch insofern ist der Grund allein in der mit dem Verwertungsrecht durch alle Parteien nicht gewollten aber durch den Redlichkeitserwerb möglichen Vervielfältigung zu sehen. Wäre beim Gesamtpfand so wie bei der Gesamtschuld der gutgläubige Erwerb einer – nicht auflösend bedingten – Forderung nicht möglich, wäre eine Einzelübertragung oder -belastung zweifellos möglich, zumal der Erwerber mit der bedingten Forderung nur das erhalten würde, was der Veräußerer schon inne hatte und der Sicherungsgeber keiner doppelten Inanspruchnahme ausgesetzt wäre. Durch den Redlichkeitserwerb in § 892 BGB und die unbedingte Forderungsfiktion in § 1138 BGB geht das Hypothekenrecht einen anderen Weg, der die Unwirk-

[738] *Staudinger-Wolfsteiner*, BGB, 13. Aufl., § 1132 Rdn. 39.

[739] Protokolle, III, S. 637; *RG* JW 1906, 309; RGZ 63, 74; *Erman-Räfle*, BGB, § 1132 Rdn. 13; *Planck-Strecker*, BGB, § 1132 Anm. 4.b); a. A. *Heck*, § 94 I. 4.c).

samkeit der Einzelübertragung oder -Belastung auf der Verfügungsebene gebietet.

c) Gleichartigkeit der Grundpfandrechte

Eine weitere Einschränkung der von § 1132 BGB erfassten Verwertungsrechte an den einzelnen Grundstücken besteht in derselben Verwertungsrechtsart, der jedes Zugriffsrecht des Gesamtrechtes nach § 1132 BGB angehören muss[740]; eine Folgerung, die an sich keiner Diskussion bedürfte, wären die Befriedigungsbefugnisse an den einzelnen Grundstücken tatsächlich Ausfluss eines einzigen Rechtes. Ein Recht kann immer nur einer Art angehören.

Zur Begründung dieser Forderung argumentiert die überwiegende Ansicht ähnlich wie bei der Rechtsentstehung entsprechend begriffsjuristisch. Ein einheitliches Recht müsse auch einheitlich in jeder Hinsicht ausgestaltet sein.

Nach der Akzessorietätsausgestaltung

In Konsequenz dieses Gedankens ist man sich vor dem Hintergrund des Grades der Anbindung an die gesicherte Forderung zunächst darin einig, dass eine Gesamthypothek nicht an einem Grundstück **Verkehrs- und** am anderen **Sicherungshypothek**[741] sein kann[742].

Bei dieser überwiegend geforderten Gleichartigkeit, die zwar nirgends ausdrücklich im Gesetz verlangt und auch in den Materialien nicht erwähnt wird, handelt es sich um eine für den Fall der rechtsgeschäftlichen Einräumung des Pfandrechtes an mehreren Grundstücken zu begrüßende Voraussetzung. Denn durch die strengere Akzessorietät der Sicherungshypothek und die hierauf zurückführbare gesetzlich ausgeschlossene Forderungsfiktion nach § 1138 BGB, die aber bei der Verkehrshypothek den Erwerber schützt, besteht die Gefahr der Vervielfältigung. Den Parteien des Sicherungsgeschäftes ist es auch möglich und zumutbar ihr Sicherungsziel über die Einheitlichkeit der Grundpfandrechte für die nämliche Forderung zu erreichen.

740 *Staudinger-Wolfsteiner*, BGB, 13. Aufl., § 1132 Rdn. 33.

741 Auch „streng angelehnte Hypothek" genannt, *Baur/Stürner*, Sachenrecht, § 42 I. 1. a. E.

742 *Staudinger-Wolfsteiner*, BGB, 13. Aufl., § 1132 Rdn. 33.

Gleichwohl sind Situationen denkbar, in denen es der Sicherungsgeber nicht in der Hand hat, ein Grundpfandrecht gleicher Art in den Gesamthaftungsverband einzureihen, die Sicherheitenverstärkung aber dennoch durch die Rechtsordnung gestützt werden muss. Durch eine derartige Interessenkollision zeichnet sich der Fall der Erwirkung einer **Zwangssicherungshypothek** für eine bereits durch eine **vertragliche Verkehrshypothek** gesicherte Forderung des Gläubigers aus.

In diesem Fall gelangt die überwiegende Ansicht, die von einem eigenen Institut einer einzigen Hypothek in § 1132 BGB unter Zugrundelegung des Verbotes der mehrfachen Hypothekensicherung ausgeht, in erhebliche Begründungsschwierigkeiten.

Einigen[743] erscheinen diese so nachhaltig, dass sie die doppelte Sicherung derselben bereits durch eine Verkehrshypothek versicherten Forderung durch eine Zwangssicherungshypothek verbieten.

Zwar erscheint diese Folgerung aus der Sicht der Befürworter der verbotenen Doppelsicherung und der einzigen Gesamthypothek konsequent. Es liegt aber auf der Hand, dass diese Beschränkung der Zwangsvollstreckungsmöglichkeit des Gläubigers in das Immobiliarvermögen des Schuldners weder interessengerecht noch durch den Gesetzgeber beabsichtigt sein kann.

Dementsprechend sieht die h. M.[744] die zusätzliche Begründung der Zwangshypothek für die nämliche Forderung als zulässig an. Sie

[743] *KG* KGJ 44, 285; OLGE 26, 409; OLGE 29, 247; OLG *Köln* FGPrax 1996, 13: offenbar gegen Zwangshypothek am selben Grundstück, an anderem Grundstück zulässig; *Hessel/Saage/Fischer*, GBO, § 48 Anm. II. 1.; *Planck/Strecker*, BGB, § 1132 Anm. 1. b); *Soergel-Konzen*, BGB, § 1132 Rdn. 5; *Wolf*, Gesamtrechte, S. 72 a. E.; *Wolff/Raiser*, Sachenrecht, § 148 Fn. 9.

[744] *RGZ* 98, 106; *KG* JW 1938, 2847; *BayObLG* Rpfleger 1991, 53; *Bänder* BankArch 35, 352ff.; *Biermann*, Recht 1905, 265; *Erman-Räfle*, BGB, § 1113 Rdn. 7; *Jung* HessRspr 17, 12; *Müller* WürttZ 1907, 39; *Palandt-Bassenge*, BGB, 61. Aufl., § 1113 Rdn. 13; RGRK-*Mattern*, BGB, § 1132 Anm. 22; *Schürmer* Recht 1902, 384; *Staudinger-Wolfsteiner*, BGB, 13. Aufl., § 1132 Rdn. 23–26 m. w. N.; *Staudinger-Scherübl*, BGB, 12. Aufl., § 1132 Rdn. 17; *Stein/Jonas/Münzberg*, ZPO, § 867 Rdn. 41; *Thieme*, GBO, § 48 Anm. 2.; *Turnau/Förster*, II, S. 654; *Westermann*, Sachenrecht, § 109 IV. 1.; *Wieczorek*, ZPO, § 866 Anm. B. II. c 3 – Gewohnheitsrecht –; *Zöller-Stöber*, ZPO, § 867 Rdn. 16.

begründet ihren Standpunkt zu Recht damit, dass § 1132 BGB nicht das Vollstreckungsrecht des Gläubigers nach § 867 ZPO schmälern dürfe[745].

Innerhalb der überwiegenden Ansicht werden zwei Richtungen ersichtlich, die je für sich gegen angeblich so tragende Prinzipien des Hypothekenrechtes verstoßen. Dabei geht der Streit um die Frage der Entstehung einer Gesamthypothek.

Überwiegend[746] wird die Entstehung einer Gesamthypothek verneint, obwohl noch an anderer Stelle davon ausgegangen wurde, dass die Einheitlichkeit der Forderung die Hypotheken an den verschiedenen Grundstücken notwendig und automatisch zur Gesamthypothek mache[747]. Nach dieser Ansicht entstehen zwei selbständige Hypotheken, deren gesicherte Forderung zur Übertragung nach § 1153 Abs. 2 BGB den Übergang der beiden Hypotheken in der jeweils maßgeblichen Weise erfordere[748].

Wolfsteiner[749] geht konsequent von nur zwei Möglichkeiten aus. „Entweder erklärt man eine Zwangshypothek für unzulässig, wenn bereits eine Vertragshypothek besteht, oder man lässt eine Gesamthypothek aus Vertrags- und Zwangshypothek zu". Dabei entscheidet sich der Autor für die letzte Alternative.

Der Widerspruch der die Gesamthypothek verneinenden Ansicht besteht in dem zwingend mit ihr einhergehenden Verstoß gegen das selbst aufgestellte Verbot der doppelten Hypothekensicherung.

Die dem Verbot der mehrfachen Hypothekensicherung vermeintlich entgegenkommende Annahme einer Gesamthypothek nach § 1132 BGB steht im Widerspruch mit dem gleichfalls durch sie selbst aufgestellten Prinzip, ein einziges Recht an mehreren Objekten könne nur einheitlich ausgestaltet sein.

745 Statt vieler: *Staudinger-Wolfsteiner*, BGB, 13. Aufl., § 1132 Rdn. 23.

746 Statt vieler: *Erman-Räfle*, BGB, § 1113 Rdn. 7; *Staudinger-Scherübl*, BGB, 12. Aufl., § 1132 Rdn. 17.

747 *Staudinger-Scherübl*, BGB, 12. Aufl., § 1113 Rdn. 51 in Anlehnung an: *RGZ* 122, 330; 131, 20; KGJ 53, 214.

748 *KG* JW 1935, 3562.

749 *Staudinger-Wolfsteiner*, BGB, 13. Aufl., § 1132 Rdn. 26.

Die den Anwendungsbereich des § 1132 BGB eröffnende Ansicht verdient den Vorzug. Es widerspricht in klarer Weise dem Willen des Gesetzgebers, auf eine Verkehrshypothek und eine Sicherungshypothek für ein und dieselbe Forderung nicht die nach § 1132 Abs. 1 Satz 1 BGB angeordnete Rechtsfolge anzuwenden. Der Gesetzgeber brachte in den Motiven deutlich zum Ausdruck unter welchen Voraussetzungen der hinter § 1132 BGB stehende Grundsatz anzuwenden ist. Den Tatbestandsvoraussetzungen der Ungeteilten Pfandhaftung ist dann Rechnung getragen, wenn das belastete „Grundstück (nachträglich) geteilt oder von vornherein die Hypothek an mehreren Grundstücken bestellt ist“[750]. Wenn nacheinander für ein und dieselbe Forderung zunächst eine Verkehrshypothek und anschließend eine Sicherungshypothek begründet wird, so handelt es sich um eine an mehreren Grundstücken bestellte Hypothek i. S. d. Kommission. In den Motiven war nicht davon die Rede, dass es sich zwingend um dieselbe Hypothekenart handeln muss. Auch die Sicherungshypothek nach § 1184 Abs. 1 BGB ist ein Unterfall der durch den Gesetzgeber angesprochenen Hypothek und die Zwangshypothek nach § 867 ZPO qualifiziert sich materiell-rechtlich notwendig als Sicherungshypothek. Es kann auch nicht widerlegt werden, dass auf eine solche Vielheit von Grundpfändern die in § 1132 BGB zum Ausdruck kommende Gesamthaftung zutrifft. Denn soweit dieselbe Forderung einmal durch eine Verkehrshypothek und am anderen Grundstück durch eine Sicherungshypothek gedeckt ist, kann sich der Gläubiger in voller Höhe aus jedem Grundbesitz befriedigen.

Die die Gesamthypothek verneinende Ansicht begründet die Ausnahme vom Verbot der Doppelsicherung mit der Erlangung einer neuen selbständigen Kraft der Forderung durch den vollstreckbaren Titel. Dieses Argument vermag nicht zu überzeugen. Es läuft auf eine unnatürliche Konstruktion einer anderen zu sichernden Forderung hinaus, nur um eine Rechtfertigung für den Verstoß gegen das vermeintliche Verbot der mehrfachen Hypothekensicherung zu finden. Die Titulierung einer Forderung stellt nicht mehr als eine prozessuale Bestätigung zum Zwecke ihrer zwangsmäßigen Durchsetzung dar. Wenn auch für bestimmte Titel im Rahmen der Präklusionsvorschrift des § 767 Abs. 2 ZPO Einwendungen nur noch beschränkt geltend

750 Motive, III, S. 668; *Mugdan*, Materialien, S. 373.

gemacht werden können, erfährt die rechtliche Natur der Forderung durch den Titel keine Veränderung[751].

Weil das Verbot der Doppelsicherung oftmals als Ausfluss des § 1132 BGB gesehen wird, begründet man den mangelnden Verstoß gegen dieses Prinzip mit der nicht möglichen Beeinflussung des Vollstreckungsrechtes durch das materielle Recht[752]. Diese Auslegung ist nicht geeignet, den Verstoß gegen die Doppelsicherung zu begründen, sofern das Prinzip tatsächlich existiert. Das für die beiden Hypotheken maßgebliche Zusammenspiel zwischen materiellem Recht und Vollstreckungsrecht kann nur folgendermaßen lauten. Weil das Vollstreckungsrecht die Aufgabe hat das materielle Recht durchzusetzen, beeinflusst das materielle Recht sehr wohl das Vollstreckungsrecht. Auch wenn das Vollstreckungsrecht oftmals an rein förmliche Voraussetzungen anknüpft, kann es das materielle Recht nicht außer Acht lassen. Das wird an § 851 ZPO deutlich. Sofern es das Vollstreckungsrecht zulässt, zwangsweise eine Hypothek am Vermögen des Vollstreckungsschuldners als Mittel der Zwangsvollstreckung einzutragen, muss sich der Inhalt dieses Rechtes am materiellen Hypothekenrecht orientieren. Schließlich würde die Hypothek dem Gläubiger nichts nutzen, wenn nicht geregelt wäre, was der Inhalt eines derartigen Rechtes wäre und wie man es etwa übertragen könnte. Fügt sich das Pfandrecht einem weiteren Befriedigungsrecht für die nämliche Forderung zu, so muss auch geregelt sein, in welchem Umfange der Gesamtgrundbesitz für die Forderung haftet, § 1132 BGB. Würde das Hypothekenrecht die mehrfache Sicherung verbieten, wäre auch eine weitere Zwangssicherungshypothek unzulässig. Denn ihr Unterschied zur Vertragssicherungshypothek besteht nur in der Art ihrer Begründung.

Auf der anderen Seite wird auch die dem materiellen Recht zweifellos mehr gerecht werdende Ansicht, die eine „Gesamthypothek" nach § 1132 BGB annimmt, den Standpunkt des eigenen Institutes einer einzigen Hypothek überdenken müssen.

Es kann nicht deutlicher dargelegt werden, dass eine Verwertungsbefugnis des Gläubigers, die für dieselbe Forderung am einen Grund-

[751] *RGZ* 78, 408; *BGH* NJW 1958, 790; LG *Stuttgart* ZZP 69, 183.
[752] *Staudinger-Scherübl*, BGB, 12. Aufl., § 1113 Rdn. 55.

stück als Verkehrshypothek und am anderen als Zwangssicherungshypothek besteht, nicht Ausdruck ein und desselben Rechtes sein kann. Der Beispielsfall belegt, dass die Rechtsbezeichnung in § 1132 BGB im Singular nur eine Institutsbezeichnung sein kann. Wenn zwei völlig unterschiedliche Hypothekenarten wie die Verkehrs- und die Zwangssicherungshypothek unter dem Dach des § 1132 BGB zusammengefasst werden können, so ist das ein Beweis dafür, dass die Norm nur den Umfang des Verwertungsrechtes regeln soll, sofern mehrere Pfänder für dieselbe Forderung haften.

Die hier vertretene Strukturinterpretation des § 1132 BGB und die Verneinung des Prinzips der verbotenen doppelten Hypothekensicherung erlaubt eine widerspruchslose Harmonisierung beider Hypotheken mit dem materiellen geltenden Recht. Sofern § 1132 BGB im Einklang mit dem Willen des Gesetzgebers nur als Haftungsumfangsregelung betrachtet wir, muss ferner nicht der Weg über eine im Gesetz nicht geregelte „modifizierte Gesamthypothek"[753] gegangen werden.

Für die eingangs gewünschte Rechtsfolge der gleichen Hypothekenart der im Gesamthaftungsverband vereinigten Verwertungsrechte angesichts der Anbindung an die gesicherte Forderung muss es folglich eine andere Begründung geben, als den begriffsjuristischen Hinweis auf das einzige Recht.

Der Grund ist ähnlich wie bei der Gesamtschuld in der einheitlichen Erfüllungsgemeinschaft der Verwertungsrechte und in Zirkulationsproblemen sowie Vervielfältigungsmöglichkeiten aufgrund des bei der Verkehrshypothek erweiterten Redlichkeitserwerbes zu sehen. Soweit es die Parteien des Sicherungsgeschäftes anfänglich in der Hand haben, die Einheitlichkeit zu gewährleisten, muss diese auch als Rechtswirksamkeitsvoraussetzung beibehalten werden. So kann es bei Erfüllung der gesicherten Forderung z. B. dazu kommen, dass ein Zessionar das eine Hypothekenrecht deshalb noch redlich erwerben kann, weil die Erfüllung im Grundbuch noch nicht vermerkt war und bei der Verkehrshypothek die Forderung zum Zwecke der Übertragung fingiert wird, §§ 892 Abs. 1 Satz 1, 1138, 1153 Abs. 1

[753] Wortlaut bei: *Staudinger-Wolfsteiner*, BGB, 13. Aufl., § 1132 Rdn. 25.

BGB[754]. Die Sicherungshypothek würde hingegen als Eigentümerrecht fortbestehen, § 1185 Abs. 2 BGB. Diese Verwirrung des Rechtsverkehrs soll bei Möglichkeit vermieden werden, obwohl sich die Probleme über den Mithaftvermerk nach § 48 GBO händeln ließen[755]. Sobald für den Erwerber über den Mithaftvermerk ersichtlich ist, dass zum Verband auch eine Sicherungshypothek gehört, ist es im Interesse der zu vermeidenden Vervielfältigung gerechtfertigt, den Redlichkeitserwerb insgesamt auszuschließen. Schließlich erfordert die Übertragung des Rechtes die Erfüllung des Verfügungstatbestandes in Ansehung aller Objekte.

Die im Interesse der Rechtssicherheit wünschenswerte Beschränkung der Hypothekenart ist aber nicht Ausfluss des Gesetzes selbst, sondern Folge zulässiger Rechtsfortbildung.

Weiter rechtfertigt sich die Vermeidung beider Hypothekenarten im Verband derselben Forderung mit der Möglichkeit der Verkehrshypothek als Buch- oder Briefrecht, während die Sicherungshypothek nur als Buchrecht zulässig ist, § 1185 Abs. 1 BGB. Auch hierdurch können bei der Übertragung Verwirrungen eintreten, die es gilt soweit wie möglich zu vermeiden.

Die Vermeidung der unterschiedlichen Ausgestaltung des Gesamtrechtes am einen Grundstück als Sicherungshypothek und am anderen Grundstück als Verkehrshypothek hat folglich andere Gründe als ein dahinterstehendes einziges Recht. Das wird bei einer Zwangs- und Verkehrshypothek für dieselbe Forderung besonders deutlich.

Buch- und Briefrecht

Mit ähnlicher Begründung ist auch die Ausgestaltung des Grundpfandrechtes am einen Grundstück als Buch- und am anderen als Briefrecht so weit wie möglich zu vermeiden. Das folgt nicht aus einem einzigen alle Grundstücke ergreifenden Recht. Vielmehr ist es die Übertragungserschwerung, die durch die voneinander abweichen-

[754] Unzutreffend: *Wolf*, Gesamtrechte, S. 69, wo von einem gutgläubigen Forderungserwerb gesprochen wird. Das Gesetz kennt keinen gutgläubigen Erwerb einer Forderung, zutreffend: *Baur/Stürner*, Sachenrecht, § 38 IV. 1.

[755] Zutreffend: *Staudinger-Wolfsteiner*, BGB, 13. Aufl., § 1132 Rdn. 26.

den Übergangsvoraussetzungen nach § 1154 Abs. 1 und 2 BGB verursacht würde, mit der die Ablehnung der unterschiedlichen Arten zu begründen ist.

Wenn sich im Ausnahmefall aber eine Sicherungs- und eine Verkehrshypothek für die nämliche Forderung mit der Rechtsordnung in Einklang bringen lässt, so muss das erst recht für zwei Grundpfandrechte in Gestalt eines Buch- und eines Briefrechtes der Fall sein.

Hypothek und Grundschuld

Auf die gleiche Art, wie eine bereits durch eine Hypothek gesicherte Forderung zusätzlich durch ein Pfandrecht, eine Sicherungsübereignung, eine Sicherungsabtretung oder eine Bürgschaft gesichert werden kann, muss eine zusätzliche Sicherung durch eine Grundschuld möglich sein[756].

Sowohl für die Sicherungsgrundschuld als auch für die Hypothek findet § 1132 BGB Anwendung, § 1192 Abs. 1 BGB. Trotz der zu verneinenden Akzessorietät bei der Grundschuld führt auf der Grundlage des Pfandrechtswesens dieselbe versicherte Forderung zur automatischen Haftungsfolge des § 1132 BGB. Denn das Prinzip der ungeteilten Pfandhaftung gilt für beide Pfänder. Nur durch diese Interpretation und die Vermeidung eines eigenen Institutes lassen sich Widersprüche der nachstehenden Art vermeiden. Einerseits soll nach dem Schrifttum nämlich die Begründung einer Grundschuld für eine bereits hypothekengesicherte Forderung zulässig sein. Andererseits darf wegen der geforderten Gleichartigkeit ein Gesamtpfandrecht nach § 1132 BGB nicht am einen Grundstück Hypothek und am anderen Grundschuld sein, obwohl der Gesetzgeber mit § 1132 BGB nur anordnen wollte, dass sich ein Gläubiger, dem zur Sicherung seiner Forderung mehrere Sachen als Pfand gegeben werden, in voller Forderungshöhe an jede Sache halten darf.

Wegen derselben Schutzrichtung des § 1222 BGB muss sogar automatisch die ungeteilte Pfandhaftung i. S. eines einheitlichen Pfandverbandes dann angewendet werden, wenn für ein und dieselbe Forde-

[756] *Staudinger-Wolfsteiner*, BGB, 13. Aufl., § 1113 Rdn. 42; a. A. OLG *Köln*, FGPrax 1996, 13.

rung ein Pfandrecht an einer beweglichen Sache und jeweils eine Hypothek und eine Sicherungsgrundschuld an zwei Grundstücken bestellt werden.

Vereinbarung verschiedener Nebenleistungen, Kündigungs- und Zahlungsbedingungen

Überwiegend wird schließlich eine Beschränkung der von § 1132 BGB erfassten Verwertungsrechte dadurch gefordert, dass die einzelnen Zweigrechte dieselben Kündigungs- und Zahlungsbedingungen aufweisen müssen.

Auch eine Betrachtung dieser Beschränkung zeigt, dass sie keine wirkliche Voraussetzung ist, die das Gesetz an ein Verwertungsrecht an mehreren Grundstücken nur wegen der einheitlichen Forderung knüpft. Auch die hinter § 1132 BGB stehende ungeteilte Pfandhaftung erfordert diese Beschränkung nicht. Die Ergründung der wirklichen Dogmatik spricht vielmehr umgekehrt für mehrere selbständig funktionierende Organismen und zeigt, dass die Forderung nach einheitlichen Kündigungs- und Zahlungsbedingungen wie zumeist nur als eine nicht vertretbare Folgerung aus der begrifflich vertretenen Einheitlichkeit aufgestellt wird[757].

4. Ergebnis

Das Verbot der Doppelsicherung existiert nicht. Es kann folglich nicht die Entstehung des Gesamtgrundpfandrechtes beeinflussen. Weder die Akzessorietät noch die Verfügungsvoraussetzungen des § 1154 BGB rechtfertigen das Doppelsicherungsverbot. Auch der sachenrechtliche Typenzwang bildet keinen Grund für das vermeintliche Prinzip. Umgekehrt spricht er bei zutreffender teleologischer Auslegung gegen ein durch den Gesetzgeber beabsichtigtes selbständiges Institut in § 1132 BGB. Demzufolge führt der Weg zur *Haftungs*folge über die zwingende Wiederholung des Belastungsvorganges nach §§ 1113, 873 BGB. Das für den Typenzwang maßgebliche Institut regelt § 1113 BGB. Der Anspruch aus diesem Typus wird partiell (heute nur noch) für die Ergreifung mehrerer Beleihungsobjekte

757 Zur Unzulässigkeit von Folgerungen aus der Einheitstheorie (Sekundärebene) auf die Lösung von Rechtsfragen (Primärebene), s. o., S. 41 f.

in § 1132 BGB festgehalten. Einen eigenen Typus, der den Parteien den Weg zu ihm zwingend vorschreibt, begründet die Vorschrift nicht. Folgerungen, die oftmals aus § 1132 BGB für die im Verband vereinigten Verwertungsrechte gezogen werden, haben ihren Grund nicht in einem einzigen Recht. Sie sind vielmehr mit anderen Erwägungen, hauptsächlich mit der einheitlichen Erfüllungsgemeinschaft, begründbar.

Angesichts des sachenrechtlichen Typenzwanges ist das Gesamtgrundpfandrecht kein Recht eigener Art[758].

VII. Folgerungen aus ähnlichen Phänomenen

1. Das Gesamtpfandrecht im Allgemeinen

Der entwickelte Gedanke der Sukzessiventstehung eines Gesamtgrundpfandrechtes überzeugt nur, sofern er mit der Rechtsentstehung des wesensgleichen Pfandrechtes an einer Vielheit von Mobilien zum Zwecke der Deckung ein und derselben Forderung im Einklang steht[759].

Bei der Regelung des – rechtsgeschäftlich bestellten – beschränkten dinglichen Verwertungsrechtes an Mobilien unterschied der Gesetzgeber zwischen dem Pfandrecht an beweglichen Sachen (§§ 1204 bis 1258 BGB) und dem Pfandrecht an Rechten (§§ 1273 bis 1296 BGB).

Beide Regelungsbereiche kennen die Rechtsfigur des Gesamtpfandrechtes (vergleiche einerseits § 1222 BGB und andererseits § 1273 Abs. 2 Satz 1 BGB in Verbindung mit § 1222 BGB).

758 *Esterhues*, Gesamtgrundschuld, S. 5 a. E.

759 Von einer vergleichenden Betrachtung anderer dinglicher Gesamtrechte wird abgesehen, zumal etwaige Konstruktionen, soweit diese überhaupt als zulässig betrachtet werden, nicht auf den Grundsatz der ungeteilten Pfandhaftung teleologisch zurückzuführen sind. Zu den Gesamtrechten in der Gruppe der Dienstbarkeiten – Gesamtgrund – und beschränkt persönliche Gesamtdienstbarkeit, Gesamterbbaurecht sowie Gesamtnießbrauchrecht an Sachen, Rechten und am Vermögen – siehe: *Wolf*, Gesamtrechte, S. 110ff. Zur Gesamtreallast und zum Gesamtvorkaufsrecht siehe: *Wolf*, Gesamtrechte, S. 189 bis 208.

Sowohl das Gesamtpfandrecht an beweglichen Sachen nach § 1222 BGB als auch das Gesamtgrundpfandrecht nach § 1132 BGB sind teleologisch auf den römisch-rechtlichen Grundsatz der ungeteilten Pfandhaftung zurückzuführen[760]. Beide Normen sind insofern in ihrem Regelungsinhalt identisch. Aus der Nichtregelung eines dem § 1132 Abs. 1 Satz 2 BGB und dem 1132 Abs. 2 BGB entsprechenden Wahl – beziehungsweise Verteilungsrechtes im Rahmen des § 1222 BGB darf nicht auf eine entsprechende Unmöglichkeit beim Gesamtpfandrecht an Mobilien geschlossen werden, denn das Wahl- und Verteilungsrecht des Gläubigers stellen wesenstypische Merkmale der ungeteilten Pfandhaftung dar[761].

In Ansehung dieser völligen Identität beider Rechtsinstitute erweist es sich als Widersprüchlichkeit, dass der Gedanke der Einheit beziehungsweise Vielheit beim Pfandrecht nach § 1222 BGB eine vergleichsweise untergeordnete und in der Literatur[762] kaum angesprochene Rolle spielt und bezüglich der Rechtsentstehung Standpunkte vertreten werden, die mehr auf eine Sukzessiventstehung als auf eine einheitliche Entstehung hindeuten[763]. So ist beispielsweise davon die Rede, dass ein Pfandrecht nach § 1222 BGB generell dann zur Entstehung gelangt, sofern für dieselbe ungeteilte Forderung nur eine Mehrheit von Sachen zu Pfand gegeben wird, ohne Rücksicht darauf, ob dies zur selben Zeit oder zu verschiedenen Zeiten[764], ob es von demselben Verpfänder oder verschiedenen Verpfändern geschehen ist, und ohne Rücksicht darauf, ob die verschiedenen Verpfänder von allen Verpfändungen Kenntnis haben[765]. Vorausgesetzt werde nur, dass die Pfandrechte für dieselbe Forderung bestehen[766]. Ein so be-

760 S. Motive, III., S. 805 (Randbemerkung: „Haftung jeden Theiles"): „Der Abs. 1 entspricht der ähnlichen für die Hypothek geltenden Vorschrift in § 1071 (vgl. ALR. I 20 §§ 21, 157; sächs. GB. §§ 373, 374; weim. PfandG. § 85 Z. 1) und drückt ein allgemein anerkanntes pfandrechtliches Prinzip aus".

761 A. A. zum Verteilungsrecht: *Staudinger-Wiegand*, BGB, 12. Aufl., § 1222 Rdn. 3.

762 *Merkel* in *Schimansky/Bunte/Lwowski*, BRH II, § 93 Rdn. 122.

763 So bspw: *Staudinger-Emmerich*, BGB, 12. Aufl., § 559 Rdn. 17, wo vor dem Hintergrund des Spezialitätsprinzips eine separate Rechtsentstehung in Ansehung jeder einzelnen Sache befürwortet wird.

764 *Lwowski*, Kreditsicherung, Rdn. 488; *Merkel* in *Schimansky/Bunte/Lwowski*, BRH II, § 93 Rdn. 122.

765 Statt vieler: RGRK-*Kregel*, BGB, 12. Aufl., § 1222 Rdn. 1.

766 Statt vieler: RGRK-*Kregel*, BGB, 12. Aufl., § 1222 Rdn. 1.

schriebenes Pfandrecht an einer Mehrheit von Objekten kann nur generell separat entstehen, denn eine Unterscheidung zwischen anfänglich und nachträglich sowie subjektiven Merkmalen auf der Seite der Verpfänder steht nicht im Einklang mit dem nach Klarheit und Objektivität strebenden Sachenrecht und würde sich als willkürlich erweisen.

Vergleichbar der Regelung des Gesamtpfandrechtes an Immobilien spricht die wörtliche Auslegung des § 1222 BGB – gestützt durch den Sinn und Zweck dieser Vorschrift – in einem Ausdruck, der deutlicher kaum denkbar ist, gegen die Herleitung von Konsequenzen aus der nur die Art der Haftung regelnden Vorschrift auf die Rechtsentstehung. Denn die Norm geht davon aus, dass das Pfandrecht (bereits) „besteht", nimmt die Rechtsentstehung mithin als gegeben hin. Systematisch sind auch im Bereich des Gesamtpfandrechtes an beweglichen Sachen dementsprechend die Rechtsentstehungstatsachen vorgelagert in §§ 1204 bis 1206 BGB definiert. § 1222 BGB vermag auf diese wegen seiner ganz anderen Zielrichtung keinen Einfluss zu nehmen. Dies vorausgesetzt kann sich die Rechtsentstehung auch eines Gesamtpfandrechtes im Hinblich auf das Erfordernis der Besitzeinräumung nur separat bezüglich jeder Einzelsache vollziehen, zumal nur an ihr eine tatsächliche Sachherrschaft nach § 854 Abs. 1 BGB und die hierfür erforderliche Beherrschungsmöglichkeit denkbar ist.

Das Studium im Zusammenhang mit dem Gesamtpfandrecht stehender Lektüre vermittelt schließlich den Eindruck, als werde im Gegensatz zu § 1132 BGB bei § 1222 BGB eine von der Belastung weiterer Objekte unabhängige Rechtsentstehung nach dem Spezialitätsprinzip als selbstverständlich vorausgesetzt. Es mag sein, dass diese sowohl der wörtlichen – als auch der teleologischen Auslegung zuwiderlaufende Interpretation der Rechtsentstehung des Gesamtgrundpfandrechtes einmal auf die unerbittliche Anwendung der Einheitstheorie zurückführbar ist. Zum anderen gibt es beim Gesamtpfandrecht keinen die natürliche Betrachtungsweise beeinflussenden Mithaftvermerk nach § 48 Abs. 1 Satz 1 GBO und Gesamtbrief nach § 59 Abs. 1 Satz 1 GBO.

Die nachstehende Betrachtung einiger praktisch bedeutsamer Mobiliargesamtpfandrechte wird aufzeigen, welche Entstehungsdogmatik einigen Erscheinungsformen des Gesamtpfandrechtes und ähnlichen Phänomenen immanent ist.

2. Das Vermieterpfandrecht

Das Vermieterpfandrecht nach § 559 Satz 1 BGB ist seiner Natur nach ein klassisches Gesamtpfandrecht. Über § 1257 BGB findet die eigens für das rechtsgeschäftliche Pfandrecht konstituierte Regelung des § 1222 BGB vollumfänglich Anwendung[767]. Entscheidend für die Einordnung des Vermieterpfandrechtes in die Gattung des dinglichen Gesamtrechtes ist das Verhaftetsein mehrerer auf das vermietete Grundstück oder in den Raum (§ 580 BGB) eingebrachter beweglicher Sachen für dieselbe Mietzinsforderung[768].

Schon nach römischem Recht war die *indivisa pignoris causa* auch auf das Pfand- oder Retentionsrecht an den eingebrachten Sachen oder Illaten des Mieters anwendbar, zumal es sich bei ihm um ein Pfandrecht im eigentlichen Sinne handelte[769].

Bis auf *Labeo*[770] reichen i.Z.m. dem Vermieterpfandrecht Nachweise zurück, in denen die ungeteilte Pfandhaftung verkörpert gesehen[771] wird[772].

Das Vermieterpfandrecht hat für die Ergründung der Struktur der Gesamthypothek eine besondere Bedeutung, weil seine römischrechtliche Ursprungsform vermutlich den Anstoß zur Entwicklung der römischen *hypotheca* gab[773].

Die Beurteilung der Entstehung des gesetzlichen Vermieterpfandrechtes richtet sich nach § 559 BGB. § 1222 BGB i.V.m. § 1257 BGB gibt hierzu wegen seiner anderen Zielrichtung keinen Aufschluss.

767 *Soergel-Heintzmann*, BGB, 12. Aufl., § 559 Rdn. 3; *Staudinger-Emmerich*, BGB, 12. Aufl., § 559 Rdn. 2.
768 *Staudinger-Wiegand*, BGB, 12. Aufl., § 1222 Rdn. 1.
769 Siehe hierzu: *Wächter*, Theilung und Theilbarkeit, S. 188f.
770 D. 43, 32, 1, 4 (Ulp. 73 ad ed).
771 *Wacke*, Ungeteilte Pfandhaftung, S. 459f.
772 S.o., S. 116.
773 S.o., S. 131f.; *Dernburg*, Pfandrecht I, S. 51–62.

§ 559 BGB setzt zur Entstehung des Pfandrechtes an der einzelnen Sache neben einer sicherungsfähigen Mietzinsforderung die durch den Mieter veranlasste Einbringung einer ihm gehörigen und pfändbaren Sache in den Mietgegenstand auf der Grundlage eines gültigen Mietvertrages voraus.

Wie beim Gesamtgrundpfandrecht nach § 1132 BGB kann das Gesamtvermieterpfandrecht in Ansehung der einzelnen Sachen mit unterschiedlichen die Entstehung des Rechtes hindernden Einwendungen versehen sein. Bei einer Sache kann es etwa am Merkmal des Einbringens fehlen, weil die Sache nur zu einem vorübergehenden Zweck oder ohne Willen des Mieters[774] in den Pfandraum gelangt ist. Eine andere Sache mag deshalb nicht vom Haftungsverband erfasst sein, weil sie nicht im Eigentum des Mieters steht oder unpfändbar ist. Befindet sich im angemieteten Raum eine Maschine, die erst zu einem bestimmten und bekannten Zeitpunkt ohne vorherige Anwartschaft in das Eigentum des Mieters gelangt[775], kann das keinen Einfluss auf die Entstehung im übrigen haben.

Zum Vermieterpfandrecht sind im Schrifttum keine Stimmen zu finden, die bei der Entstehung zwischen anfänglichem und nachträglichem Recht unterscheiden.

Auch unnatürliche Konstruktionen bei rechtshindernden Einwendungen bleiben aus. Verzichtsmodelle zum Zwecke der Entstehung im Übrigen werden hier nicht vorgeschlagen.

Ursächlich hierfür ist nicht die Anknüpfung des gesetzlichen Vermieterpfandrechtes an hauptsächlich tatsächliche Momente wie die Einbringung. Es kann für die Entstehung keine Rolle spielen, ob der Haftungsverband durch einen Willen oder einen äußerlichen Raum

[774] Zu diesen Voraussetzungen des Einbringens: *Staudinger-Emmerich*, BGB, 12. Aufl., § 559 Rdn. 9.

[775] Diese Situation würde einem „anfänglichen" rechtsgeschäftlich begründeten Gesamtpfandrecht entsprechen, in dessen Rahmen die Haftungsobjekte, die nach dem Willen der Vertragsparteien einmal in den Haftungsverband des Gesamtpfandrechtes gelangen sollen, von Anfang an hinreichend konkretisiert sind.

konkretisiert wird. Selbst bei Zugrundelegung des Willens ist regelmäßig die Sukzessiventstehung das Ergebnis[776].

Auch die Tatsache der Besitzlosigkeit des Vermieterpfandrechtes ist nicht geeignet, Unterschiede in der Rechtsentstehung zu rechtfertigen. Dies wird besonders deutlich im Vergleich mit den Gesamtgrundpfandrechten, die gleichfalls keine tatsächliche Sachherrschaft über das Pfandobjekt zu ihrer Entstehung erfordern. Die unterschiedlichen Publizitätsanforderungen – beim Gesamtgrundpfandrecht: Eintragung im Grundbuch; beim Gesamtpfandrecht: Besitzerlangung durch den Gläubiger; beim Vermieterpfandrecht: Einbringung in die Mietsache – stellen nur tatsächliche Vollzugsmomente in Ansehung der Rechtsentstehung am einzelnen Sachgegenstand dar. Sie sind vom Wesen der ungeteilten Pfandhaftung und der Spezialität der Verfügung zu trennen.

Der Grund für die Sukzessiventstehung ist darin zu sehen, dass die Rechtsentstehung des Vermieterpfandrechtes wie auch die eines rechtsgeschäftlich begründeten Gesamtpfandes nicht durch den Grundsatz der ungeteilten Pfandhaftung beeinflusst wird. Deshalb wurde sie durch den Gesetzgeber zutreffend an anderer Stelle geregelt, als im Rahmen von § 1222 BGB oder (für das Grundpfandrecht) § 1132 BGB. Bei den gesetzlichen Pfandrechten wird die Zusammenhangslosigkeit zwischen der Ungeteiltheit der Pfandhaftung und der Entwicklung des Haftungsverbandes deutlicher ersichtlich, weil diese mit ihren Entstehungsvoraussetzungen systematisch an ganz anderer Stelle geregelt wurden.

Zutreffend wird wegen des sachenrechtlichen Spezialitätsprinzips durch *Emmerich*[777] betont, dass das vorausgesetzte Gesamtpfandrecht hinsichtlich seines Bestandes und seiner Rechtsentstehung zu jeder einzelnen Sache separat zu beurteilen ist. Das Vermieterpfandrecht entsteht daher stets bezüglich des einzelnen unter dem Gesamt-

[776] Dieses Ergebnis wird mittels der ergänzenden Vertragsauslegung nach §§ 133, 157 BGB erreicht; zum gleichen Ergebnis für das Gesamtgrundpfandrecht: *BGH*, Beschl. v. 3.7.1974 – V ZB 15/72 –, DNotZ 1975, 152, 153f.; *Staudinger-Wolfsteiner*, BGB, 13. Aufl., § 1132 Rdn. 8; s. o., S. 44ff.

[777] *Staudinger-Emmerich*, BGB, 12. Aufl., § 559 Rdn. 17.

haftungsverband vereinigten körperlichen Gegenstandes und nie hinsichtlich des Gesamtpfandverbandes[778].

Dem Vermieterpfandrecht des geltenden Rechtes ist daher ungeachtet der uneingeschränkten Anwendbarkeit der ungeteilten Pfandhaftung (§§ 1222, 1257 BGB) und der damit verbundenen Singularbezeichnung (§ 1222 BGB: „das Pfandrecht") auf der Grundlage des Spezialitätsprinzipes eine separate Rechtsentstehung immanent. Wegen seiner Vorbildfunktion für das auch Immobilien erfassende ursprüngliche römische Pfandrecht, welches in Gestalt der Hypothek seinem Wesen nach Eingang in das Bürgerliche Gesetzbuch fand und wegen einer einheitlichen Rechtsauslegung erweist es sich als konsequent, diese Dogmatik gleichermaßen beim Gesamtgrundpfandrecht zu praktizieren.

3. Das Pfandrecht i.w.S. am Beispiel der Sicherungsübereignung einer Vielzahl beweglicher Sachen

Ein weiterer Beweis für die mangelnde Beeinflussung der Entstehung durch die ungeteilte Pfandhaftung könnte in der Befürwortung der entsprechenden Anwendbarkeit des § 1222 BGB auf die Sicherungsübereignung einer Vielzahl von Sachen für dieselbe Forderung zu sehen sein. Denn selbst für den Fall der Geltung der Ungeteiltheit der Pfandhaftung bei der Sicherungsübereignung nach §§ 929 Satz 1, 930 BGB stünde im Anwendungsbereich der Vollrechtsübertragung außer Frage, dass einerseits jedem einzelnen Objekt ein selbständiges dingliches Recht entspricht und andererseits selbst im Falle der anfänglichen Übertragung einer Vielzahl von Sachen die Entstehung des Eigentumsrechtes an der einen Sache unabhängig ist von der Vollendung des erforderlichen Verfügungstatbestandes in Ansehung einer weiteren Sache des beabsichtigten Haftungsverbandes. Diese Dogmatik ist darauf zurückzuführen, dass bei der sicherungshalben Übertragung des Vollrechtes (Eigentumsrecht) nicht nur der Grundsatz der Spezialität der sachenrechtlichen Verfügung, sondern auch die Spezialität des durch die Verfügung entstandenen dinglichen Rechtes konsequent praktiziert wird[779]. Zudem spricht man bei der fiduziari-

[778] *Staudinger-Emmerich*, BGB, 12. Aufl., § 559 Rdn. 17.

[779] *Serick*, Eigentumsvorbehalt und Sicherungsübertragung II, § 21 I. 1., S. 148.

schen (treuhänderischen) Übertragung des Eigentumsrechtes an einer Vielzahl von Sachen trotz des einheitlichen Haftungsverbandes für dieselbe Forderung zwar im Sinne einer Institutsbezeichnung von *einer* Sicherungsübereignung, nimmt aber entsprechend dem Vielheitsgedanken so viele Eigentumsrechte an, wie selbständige Sachen nach § 90 BGB vorhanden sind. Nur an einzelnen Sachen sind hier die Eigentumsrechte möglich, so dass sie auch an jedem einzelnen Gegenstand separat begründet werden[780, 781]. Bei der Sicherungsübertragung etwa eines Warenlagers mit einem Vertrag handelt es sich trotz des äußeren Anscheins formal-rechtlich um so viele dingliche Einigungen, konkrete Besitzmittlungsverhältnisse und – im Ergebnis der Verfügung – Eigentumsrechte wie bewegliche Sachen vorhanden sind[782]. Sie werden nur zufällig zugleich und einheitlich übertragen[783].

Sofern sich im Verlaufe der nachstehenden Untersuchung die Nichtanwendbarkeit der nur die Ungeteiltheit der Pfandhaftung regelnden Vorschrift des § 1222 BGB herausstellen sollte, würde dies nur dann gegen die hier vertretene Sukzessiventstehung sprechen, sofern der Grund für die Ablehnung einer entsprechenden Anwendbarkeit seine Ursache in einem auch die Rechtsentstehung oder die Abhängigkeit der einzelnen Zugriffsrechte beeinflussenden Prinzip findet.

Sichere und aufschlussreiche Hinweise zur Beantwortung der Frage nach der Anwendbarkeit des Grundsatzes der ungeteilten Pfandhaftung auf die Sicherungsübereignung sind weder der aktuelleren Rechtsprechung noch der Rechtslehre zu entnehmen.

Während das *Reichsgericht*[784] die entsprechende Anwendung des § 1222 BGB auf die Sicherungsübereignung grundsätzlich – indes mit Rücksicht auf den im Einzelfall zu ermittelnden Vertragswillen – bejahte, wird teilweise[785] der Standpunkt vertreten, dass es sich bei

780 *Serick*, Eigentumsvorbehalt und Sicherungsübertragung II, § 21 I. 1., S. 148.

781 Motive, III, S. 28f.: „Die Regelung der dinglichen Rechte in dem Entwurfe wird ergeben, daß man ein solches Recht immer nur an *einer einzelnen* Sache erwerben kann …“.

782 *Serick*, Eigentumsvorbehalt und Sicherungsübertragung II, § 21 I. 1., S. 149.

783 RGRK-*Johannsen*, BGB, 10. Aufl., § 929 Anm. 2, § 930 Anm. 3; *Serick*, Eigentumsvorbehalt und Sicherungsübertragung II, § 21 I. 1., S. 149.

784 *RG* WarnR 1932 Nr. 86, 1912 Nr. 58.

785 *Staudinger-Wiegand*, BGB, 12. Aufl., § 1222 Rdn. 4.

dieser Rechtsprechung um eine frühere Ansicht handele. Allerdings, so die letztere Meinung, sei an dieser Rechtsprechung auch heute noch insofern festzuhalten, als der Grundsatz der ungeteilten Pfandhaftung *im Prinzip* auch auf die Sicherungsübereignung übertragen werden könne[786].

Weiterhin wird in Anlehnung an die zitierte Rechtsprechung des *Reichsgerichtes* der Standpunkt vertreten, dass in entsprechender Anwendung der §§ 1210 und 1222 BGB der Sicherungsgeber im Rahmen einer Sicherungsübereignung nicht verlangen könne, einen Teil der Pfänder zurückzugeben, sofern eine Teilzahlung an den Gläubiger erfolgt sei[787]. Eine aufschlussreiche Begründung unter Zugrundelegung der Unterschiede beider Rechtsinstitute vor dem Hintergrund des entscheidenden Wesens der ungeteilten Pfandhaftung lassen die vorangestellten Ansichten vermissen.

Es stellt sich daher die Frage, ob eine entsprechende Anwendung des § 1222 BGB aufgrund der Geltung der ungeteilten Pfandhaftung im Bereich der sicherungshalben, fiduziarischen und nicht akzessorischen Vollrechtsübertragung[788] gerechtfertigt ist.

Das römische Recht und das ältere germanische Recht hätten wohl hinsichtlich der Geltung der Ungeteiltheit der Pfandhaftung keinen Unterschied gemacht zwischen der Sicherungsübereignung[789] und dem eigentlichen Pfandrecht, zumal sich beide Rechtsinstitute der Gattung des Pfandrechtes im weiteren Sinne zuordnen ließen und demnach das Wesen in beiden Fällen dasselbe war[790, 791].

786 *Staudinger-Wiegand*, BGB, 12. Aufl., § 1222 Rdn. 4.

787 RGRK-*Kregel*, BGB, 12. Aufl., § 1222 Rdn. 3.

788 Von dieser Betrachtung ist demnach auch die Sicherungsabtretung einer Vielzahl von Rechten erfasst, die in Parallelität steht zum Gesamtpfandrecht an Rechten.

789 Für die Geltung der *indivisa pignoris causa* bei der *fiducia*, *Wacke*, S. 495; s. o. V. 3. a) ee) (2) Pkt. 5, S. 132, Fn. 480.

790 *Dernburg-Sokolowski*, System des Römischen Rechts, S. 477; *Windscheid-Kipp*, Pandektenrecht I, S. 1006 und allgem. zum Wesen des Pfandrechtes i. w. S.: s. o., S. 47 f.

791 Bestätigt wird dies durch die Systematik der römischen Rechtsquellen, wo vom Grundsatz „*indivisa pignoris causa*" nicht in den vielen Titeln über das Pfandrecht, sondern nur beiläufig im Rahmen der Lehre von der Eviction die Rede war, siehe hierzu: *Wächter*, Theilung und Theilbarkeit, S. 188 f.

Daran ist im Grundsatz auch heute noch festzuhalten, zumal in beiden Fällen die Vielheit der dem Gläubiger zur Verfügung gestellten Sachen den Sinn verfolgt, dieselbe Forderung zu versichern. Beide Sicherungsinstitute sind dadurch gekennzeichnet, dass sie nicht um ihrer selbst Willen, sondern nur zur Verfolgung eines außerhalb ihrer selbst liegenden Zweckes, nämlich der Erfüllung eines anderen Rechtes begründet werden. Gerade an dieses Wesen knüpft die Ungeteiltheit der Pfandhaftung an. Sie stellt eine Verbindung her zwischen dem begründeten Sicherungsrecht und der für dieses (überhaupt) den Anlass gebenden zu sichernden Forderung. Der so wegen der Forderung begründete Haftungsverband wird durch den Grundsatz der ungeteilten Pfandhaftung in seiner Gesamtheit (in seiner ganzen Ausdehnung[792]) der vollen Forderung des Gläubigers unterworfen[793]. Jede der mit dem Sicherungsrecht – gleichviel ob Pfandrecht oder fiduziarische Vollrechtsübertragung – belasteten Sachen haftet dem Gläubiger für die ganze – und selbe Forderung; letztere ist nicht partiell auf die einzelnen Sachen verteilt. Im Rahmen beider Sicherungsinstitute steht dem Gläubiger das freie Wahlrecht zu, aus welcher Sache die Befriedigung durch Verwertung stattfinden soll. Zudem ist der Gläubiger in der Lage, in Ansehung einzelner Sachen sein Sicherungsrecht nach freiem Belieben und ohne die rechtsgeschäftliche Mitwirkung anderer aufzuheben.

Trotz dieser Gemeinsamkeiten wird durch die höchstrichterliche Rechtsprechung der Gedanke der ungeteilten Pfandhaftung im Anwendungsbereich der Sicherungsübereignung in einem seiner wesentlichen Merkmale, der Aufrechterhaltung des gesamten Haftungsverbandes bis zur endgültigen Erfüllung der Forderung[794], durchbrochen. Denn während zunächst der VIII. und der IX. Zivilsenat des *BGH*[795, 796] zur Wirksamkeit einer formularmäßigen Sicherungs-

792 *Wächter*, Theilung und Theilbarkeit, S. 189.

793 Nicht zu verwechseln ist das Wesen der ungeteilten Pfandhaftung mit dem der Akzessorietät. Die Akzessorietät wirkt nur im Verhältnis zu *einem einzelnen* Gegenstand (*Rimmelspacher*, Anm. zu *BGH*, Urt. v. 17.1.1995, JZ 1995, 678, 680), während die ungeteilte Pfandhaftung die Gesamtheit erfasst. Die Akzessorietät ändert grundsätzlich auch nichts daran, dass trotz einer geringeren Forderung das Verwertungsrecht denknotwendig nur an der gesamten Sache bestehen kann.

794 Zu diesem Merkmal s. o., S. 152ff.

795 *BGHZ* 117, 374, 377ff.; 124, 371ff.; 124, 380ff.; 125, 83ff.

übereignung eines Warenlagers mit wechselndem Bestand nach § 9 Abs. 1 AGBG eine qualifizierte Freigabeklausel mit zahlenmäßig bestimmter Deckungsgrenze forderten, setzte der Große Zivilsenat des Bundesgerichtshofes[797] die Freigabeverpflichtung des Gläubigers im Grundsatz fort. Er erkannte dem Sicherungsgeber bei einer formularmäßig bestellten, revolvierenden Globalsicherheit im Falle nachträglicher Übersicherung auch dann einen ermessensunabhängigen Freigabeanspruch zu, wenn der entsprechende Sicherungsvertrag keine oder eine ermessensabhängige Freigabeklausel enthält[798].

Die Frage ist daher, worin der Rechtfertigungsgrund für die differenzierte Behandlung beider Sicherungsinstitute vor dem Hintergrund der für die Ungeteiltheit der Pfandhaftung wesensspezifischen Aufrechterhaltung des ursprünglichen Gesamthaftungsverbandes bis zur endgültigen Erfüllung der Forderung zu sehen ist.

Der XI. Zivilsenat des *BGH*[799], der sich mit dem Vergleich von fiduziarischer Sicherungsübereignung und akzessorischem Pfandrecht an einer Vielzahl von Sachen zu beschäftigen hatte, begnügte sich mit der Feststellung, wegen § 1222 BGB nehme das Gesetz im Rahmen des Gesamtpfandrechtes an beweglichen Sachen eine Übersicherung bis zur Grenze des § 242 BGB hin. Dies erweckt zunächst den Anschein, als sei § 1222 BGB nicht entsprechend auf die Sicherungsübereignung anwendbar.

Das Ergebnis dieser Rechtsprechung, nämlich die Freigabeverpflichtung des Sicherungsnehmers im Falle der Vollrechtsübertragung im Unterschied zu den beschränkten dinglichen Pfandrechten – gleichviel ob an Grundstücken oder beweglichen Sachen oder Rechten –, ist richtig. Die Begründung, § 1222 BGB lasse bis zur Grenze des § 242 BGB eine „Übersicherung" zu, bedarf einer kritischen Würdigung.

Vereinfacht ausgedrückt ist von einer Übersicherung nur dann zu sprechen, sofern der Wert der Kreditsicherheit das gesicherte Risiko

[796] Zur wachsenden Kritik an dieser Rspr. s.: *BGH*, XI. Zivilsenat, Urt. v. 17.1. 1995, *BGHZ* 128, 295, 298; statt vieler: *Serick*, WM 1995, 2017, 2021 ff.
[797] *BGH – Großer Zivilsenat –*, Entsch. v. 27.11.1997, WM 1998, 227.
[798] *BGH – Großer Zivilsenat –*, Entsch. v. 27.11.1997, WM 1998, 227.
[799] *BGH*, XI. Zivilsenat, Urt. v. 17.1.1995, BGHZ 128, 295, 300 = JZ 1995, 677, 678.

deutlich übersteigt[800]. Zum Wert, mithin zur *Höhe* der Kreditsicherheit treffen weder § 1222 BGB noch § 1132 BGB eine Aussage, zumal sie nur angesichts der ungeteilten Pfandhaftung den *Umfang* des Pfandverbandes regeln. Deshalb können diese Vorschriften undenkbar mit einer Übersicherung im Zusammenhang stehen und diese erst recht nicht legitimieren. Mag der Haftungsverband nach seinem Umfang auch noch so groß sein, kann dann nicht von einer Übersicherung gesprochen werden, sofern die Höhe des Pfandrechtes – gleichviel ob akzessorisch oder fiduziarisch und ohne Rücksicht auf Qualität und Quantität des Objektes – im Einklang[801] steht mit der Forderung, wegen der es begründet wurde.

Hinsichtlich der Höhe des Pfandrechtes wird bei den akzessorischen Rechten eine nachträgliche planmäßige Übersicherung von selbst vermieden, zumal die Höhe der Kreditsicherheit hier stets der Höhe der zu sichernden Forderung entspricht[802]. Auch im Falle der Hypothek entsteht ungeachtet einer partiell entgegenstehenden Grundbuchlage von selbst ein nachrangiges Grundpfandrecht an eigener Sache (Eigentümergrundschuld), soweit die den Anlass bildende Forderung abgetragen wurde. Die dem Eigentümer insofern gegen den Gläubiger zustehende Grundbuchberichtigung ist nur deklaratorischer Natur.

800 *BGH* WM 1966, 13, 15; *Bülow*, Kreditsicherheiten, 5. Aufl., Rdn. 944; *Ganter*, Die nachträgliche Übersicherung eines Kredites, ZIP 1994, 257; *Schimansky/Bunte/Lwowski-Ganter*, BRH II, § 90 Rdn. 309.

801 Rspr. und Rechtslehre sprechen von einem ausgewogenen Verhältnis.

802 *Bülow*, Kreditsicherheiten, 5. Aufl., Rdn. 944ff., 951; *Ganter*, Die nachträgliche Übersicherung eines Kredites, ZIP 1994, 257; *Rellermeyer*, Objektive Bezugsgrößen für die Bewertung von Kreditsicherheiten, WM 1994, 1053, 1059; *Schimansky/Bunte/Lwowski-Ganter*, BRH II, § 90 Rdn. 309; *Scholz/Lwowski*, Kreditsicherung, 6. Aufl., Rdn. 412f.; a. A.: *BGH*, XI. Zivilsenat, Urt. v. 17.1.1995, BGHZ 128, 295, 300 = JZ 1995, 677, 678, wo insbes. bei der akzessorischen Verpfändung mehrerer Sachen eine Übersicherung nicht ausgeschlossen wird; *Rimmelspacher*, Anm. zu *BGH*, Urt. v. 17.1.1995, JZ 1995, 678, 680: nach dem Standpunkt von *Rimmelspacher* verhindert die Akzessorietät, so wie sie im BGB ausgestaltet ist, nicht eine Übersicherung, zumal sie nur das Verhältnis jeweils *eines* Sicherungsgegenstandes zu *einer* gesicherten Forderung im Auge habe, indes weitgehend blind für das Haftungsverhältnis der mehreren Sicherungsobjekte untereinander sei; für die Gesamthypothek: *Staudinger-Wolfsteiner*, BGB, 13. Aufl., § 1132 Rdn. 60.

Lediglich bei der fiduziarischen Sicherungsgrundschuld ist im Falle der Erfüllung der den Anlass bildenden Forderung eine Übersicherung denkbar[803], sofern keine Erweiterung des zu sichernden Risikos durch Änderung der Zweckabrede erfolgt, weil diese Art von Pfandrecht trotz des beschränkten dinglichen Charakters dem Gläubiger auf der dinglichen Ebene mehr gewährt, als zu seiner Sicherung erforderlich ist; § 1163 BGB gilt hier nicht. Dieser Art der planmäßig nachträglich eintretenden Übersicherung wird durch die heute[804] herrschende Auffassung[805] dadurch entgegen getreten, dass man dem Sicherungsnehmer selbst im Falle einer mangelnden ausdrücklichen Abrede die Verpflichtung auferlegt, die Grundschuld in Höhe der getilgten Teilbeträge zurückzugeben und bei der Briefgrundschuld einen Teilbrief zu bilden[806].

Beim akzessorischen Pfandrecht an beweglichen Sachen existiert kein dem Grundbuch vergleichbares Publizitätsmittel, so dass sich die Höhe der Kreditsicherheit stets automatisch dem gesicherten Risiko angleicht.

Dass die Übersicherung in keinem Zusammenhang steht mit dem nur den Umfang der Haftung regelnden Grundsatz der ungeteilten Pfandhaftung, in dessen Wiedergabe sich die Regelungen der §§ 1132 und 1222 BGB erschöpfen, wird an einem Vergleich des Singularpfandrechtes mit dem Gesamt- oder Globalpfandrecht ersichtlich, für das die ungeteilte Pfandhaftung gleichermaßen gilt.

Vor dem Hintergrund der ungeteilten Ergreifung des Pfandobjektes stellt es keinen Unterschied dar, ob dem Schuldner für einen Realkredit als kongruente Kreditunterlage nur ein einziges Pfandobjekt zur Verfügung steht, welches exakt das Risiko des Gläubigers zu decken vermag, oder ob der Schuldner über nur mehrere Pfandobjekte verfügt, die in ihrer Summe der zu sichernden Forderung entsprechen. In letzterem Falle wird sich der Gläubiger regelmäßig ein Gesamtpfand-

803 *Staudinger-Wolfsteiner*, BGB, 13. Aufl., Vorbem. zu §§ 1191 ff. Rdn. 48 und 51.

804 Zur früher verneinenden Ansicht: *LG Ravensburg* WM 1971, 266; *Staudinger-Scherübl*, BGB, 12. Aufl., § 1191 Rdn. 58.

805 *BGHZ* 110, 241 = NJW 1990, 1601; *BGH* NJW 1996, 2092; *Nobbe*, ZIP 1996, 657, 661.

806 *Staudinger-Wolfsteiner*, BGB, 13. Aufl., Vorbem. zu §§ 1191 ff. Rdn. 51.

recht gewähren lassen. Der Grundsatz *„pignoris causa indivisa est"* sorgt im ersteren Fall für die Erfassung des ganzen Objektes[807] und im letzteren Fall für die Erfassung der Gesamtheit aller Objekte[808]. Der Sinn des Grundsatzes besteht gerade darin, vom Umfang her das eine Objekt exakt so zu behandeln wie die Summe der Objekte im letzteren Fall[809]. Wird nun planmäßig die für das Pfandrecht den Anlass bildende Forderung abgetragen, reduziert sich das akzessorische Pfandrecht in beiden Beispielsfällen *der Höhe nach* entsprechend den obigen Ausführungen von selbst. Im Falle der Sicherungsgrundschuld muss nur der Höhe nach – quasi vertikal – durch Aufhebung oder Verzicht freigegeben werden. An der Erfassung der ursprünglich[810] in einem ausgewogenen Verhältnis mit der Forderung stehenden mehreren Grundstücke vom Umfang her – quasi horizontal – ändert sich per definitionem genauso wenig etwas, wie im Falle der Haftung nur eines Grundstückes stets das ganze Grundstück denknotwendig verhaftet bleibt. Wäre der Rückschluss des *BGH*[811] von der Haftung mehrerer Sachen als solcher auf eine Übersicherung richtig, müsste stets bei Singularpfandrechten eine Übersicherung angenommen werden, sofern der Wert des Pfandobjektes (Beleihungswert) den Wert des Pfandrechtes deutlich übersteigt, weil nach dem Grundsatz der ungeteilten Pfandhaftung immer das ganze Pfandobjekt haftet[812].

Die Begründung für die Ungleichbehandlung einerseits des Pfandrechtes und andererseits der Sicherungsübereignung in Ansehung einer (horizontalen) Freigabe wegen Übersicherung ist daher nicht darin zu sehen, dass der in § 1222 BGB zum Ausdruck kommende Grundsatz der ungeteilten Pfandhaftung eine Übersicherung hinnehme oder diese zulasse[813]. § 1222 BGB und auch § 1132 BGB ver-

807 S. o., S. 149.

808 S. o., S. 149f.

809 Motive, III, S. 668.

810 Zur anfänglichen „Übersicherung" bei einer Gesamtsicherungsgrundschuld: *Staudinger-Wolfsteiner*, BGB, 13. Aufl., Vorbem. zu §§ 1191ff. Rdn. 39.

811 *BGH*, XI. Zivilsenat, Urt. v. 17. 1. 1995, *BGHZ* 128, 295 (300) = JZ 1995, 677 (678).

812 Motive, III, S. 668.

813 In dieser Richtung auch: *Rellermeyer*, Objektive Bezugsgrößen für die Bewertung von Kreditsicherheiten, WM 1994, 1053, 1059, wo zu Recht angezweifelt wird, dass es sich beim Verhaftetbleiben der Pfänder nach § 1222 BGB um

halten sich zur Frage der Übersicherung wertneutral. Sie können daher nicht für die mangelnde Freigabeverpflichtung[814] einzelner Haftungsobjekte im Falle des Pfandrechtes an einer Vielzahl von Sachen verantwortlich sein[815]. Die Umfangdefinitionen der §§ 1132, 1222 BGB führen daher nicht zu einer (hingenommenen) Übersicherung.

Es kommen daher nur noch drei Strukturmerkmale in Betracht, in denen sich beide Sicherungsinstitute voneinander unterscheiden und in denen der Grund für die differenzierte Betrachtung zu sehen sein könnte. Hierbei handelt es sich erstens um das unterschiedliche Verhältnis des dinglichen Sicherungsrechtes zur Forderung, zweitens die unterschiedlichen Publizitätsanforderungen und schließlich um den unterschiedlichen Inhalt des dem Gläubiger eingeräumten dinglichen Rechtes.

Akzessorietät

Die Zugehörigkeit des Faustpfandes an mehreren Sachen zur Gattung des akzessorischen Rechtes und die Einordnung der Sicherungsübereignung als nicht akzessorisches, fiduziarisches Sicherungsinstitut rechtfertigen keine differenzierte Behandlung beider Institute

eine Frage der Übersicherung handelt. Naheliegender erscheint dem Autor eine Systematisierung unter dem Aspekt der „unangemessenen Benachteiligung" oder „Knebelung". Im Rahmen von § 1222 BGB wird hierfür indes nicht die Beschränkung im Besitzrecht, sondern vielmehr die Möglichkeit einer weiteren nachrangigen Belastung für weitere Kreditunterlagen richtigerweise zur Verneinung einer Knebelung als maßgeblich angesehen.

814 Ungeachtet der restriktiv zu handhabenden Grenze des § 242 BGB.

815 Das vom Pfandnexus ergriffene Pfandobjekt – Grundstück, bewegliche Sache oder Recht – und damit der Umfang der Pfandhaftung als solcher sind für den mit dem versicherten Risiko ins Verhältnis zu stellenden Wert der Kreditsicherheit unmaßgeblich. Entscheidend ist die Höhe des Pfandrechtes und im Falle der Haftung mehrerer Objekte der Umstand, dass der Gläubiger des dinglichen Gesamtpfandrechtes vergleichbar der Gesamtschuld den versicherten Betrag nur einmal verlangen kann. Der bei der Versteigerung erzielte Erlös, an dem sich nach dem Surrogationsprinzip das Recht des Gläubigers fortsetzt (siehe bspw. § 1247 Satz 2 BGB), steht ihm nicht in Höhe des versteigerten Objektes, sondern in der Höhe seines dinglichen Rechtes zu. Zu weiteren Nachweisen zum Recht auf den Erlös als Inhalt der pfandrechtlichen Verwertungsbefugnis: *Wolf*, Gesamtrechte, S. 85 Fn. 257.

bezüglich einer Freigabe dem Umfang nach[816]. Dies zeigt eine vergleichende Betrachtung im Bereich des Pfandrechtes an Immobilien. Der Grundsatz der ungeteilten Pfandhaftung, der hier als Pendant in § 1132 BGB niedergeschlagen ist, steht einem Freigabebegehren des Sicherungsgebers hinsichtlich des Umfanges (nicht der Höhe des Pfandrechtes) bei der akzessorischen Hypothek gleichermaßen entgegen wie bei der nicht akzessorischen (fiduziarischen) Sicherungsgrundschuld.

Publizität

Auch die strengeren Anforderungen an das Erfordernis der Übergabe beim Vertragspfand, die wegen der Notwendigkeit des vollständigen Besitzverlustes beim Eigentümer im Gegensatz zur Sicherungsübereignung eine Verpfändung mittels Besitzkonstitut ausschließen[817], sind nicht als Rechtfertigungsgrund geeignet. Denn den vollständigen Besitzverlust beim Eigentümer fordert das Gesetz im Interesse der potentiellen weiter in Betracht kommenden Kreditgeber, um ihnen die Grenzen der Kreditfähigkeit ihres Schuldners erkennbar werden zu lassen[818]. Dieser Zweck steht in keinem Zusammenhang mit der den Sicherungsgeber schützenden Freigabeverpflichtung des Sicherungsnehmers[819].

Vollrecht versus Pfandrecht – Kreditunterlage

Als Legitimationsgrund für die unterschiedliche Behandlung von Sicherungsübereignung und Pfandrecht kommt somit nur noch der unterschiedliche Umfang des dem Gläubiger zur Sicherheit eingeräumten Herrschaftsrechtes in Betracht; mithin der im Vergleich zur Sicherungsgrundschuld intensivierte fiduziarische Charakter[820].

816 So im Ergebnis auch: *Rimmelspacher*, Anm. zu *BGH*, Urt. v. 17.1.1995, JZ 1995, 678, 680.

817 *Baur/Stürner*, Sachenrecht, S. 588.

818 *Rimmelspacher*, Anm. zu *BGH*, Urt. v. 17.1.1995, JZ 1995, 678, 680.

819 *Rimmelspacher*, Anm. zu *BGH*, Urt. v. 17.1.1995, JZ 1995, 678, 680.

820 Gerade die vergleichende Betrachtung von Sicherungsgrundschuld, Hypothek und Sicherungsübereignung an / einer Vielzahl von Haftungsobjekten für dieselbe Forderung veranschaulicht, dass es nicht die ungeteilte und (bis zur endgültigen Erfüllung der Forderung) unveränderte Verhaftung als solche (und schon gar nicht die Akzessorietät) ist, die zu einer Unausgewogenheit zwischen Forderung und der für sie bestimmten Sicherheit führt, sondern der

Während das Pfandrecht im eigentlichen Sinne als beschränktes dingliches Rechtes nur einen rechtlichen und wirtschaftlichen Teil aus dem belasteten Vollrecht / dem Pfandobjekt abspaltet, wird dem Gläubiger im Rahmen einer – wenn auch nur sicherungshalben – Eigentumsverschaffung das gesamte Vollrecht mit all seinen dinglichen Befugnissen übertragen. Im Gegensatz zum Pfandrecht ist es dem Sicherungsgeber nicht mehr möglich über sein Eigentumsrecht in Gestalt einer Übereignung oder einer Belastung mit einem weiteren nachrangigen Pfandrecht zu verfügen[821]. Weil der Sicherungsübereignung (wie auch der Sicherungsabtretung) die Herauslösung des gesamten Vollrechtes aus dem Vermögen des Sicherungsgebers immanent ist, kennt sie die oben beschriebene (vertikale) Freigabe der Höhe nach wie bei der gleichsam nicht akzessorischen Sicherungsgrundschuld nicht. Um dem Schuldner im Falle einer planmäßig nachträglichen Übersicherung durch Abtragung der Forderung oder aber Vermehrung der (revolvierenden) Sicherheit die ihm zustehenden Kreditunterlage in Angleichung zum Pfandrecht im engeren Sinne wieder herzustellen, bleibt nichts anderes übrig, als ihm einen ermessensunabhängigen Freigabeanspruch dem Umfang nach (horizontal) zuzubilligen. Hiermit im Einklang steht auch die Begründung des Großen Zivilsenates beim *BGH*[822], wenn dieser zur Begründung der horizontalen Freigabe im wesentlichen darauf abstellt, dass der Sicherungsgeber ein schutzwürdiges Interesse daran habe, über Sicherungsgegenstände, die zur Absicherung des Sicherungsnehmers nicht mehr benötigt werden, schnell frei verfügen, sie vor allem zur Kreditbeschaffung verwenden zu können. Dies wird beim akzessorischen Pfandrecht i.e.S. (Hypothek, Pfandrecht) automatisch, bei der fiduziarischen Sicherungsgrundschuld durch Freigabe der Höhe nach und bei der der Gattung des Pfandrechtes i.w.S. zuzuordnenden Sicherungsübereignung einer Vielzahl von Sachen für dieselbe Forderung nur durch Freigabe dem Umfang nach erreicht.

Unterschied in der dem Gläubiger im Rahmen der Kreditsicherung zur Verfügung gestellten – und an sich nicht benötigten – Rechts- beziehungsweise Herrschaftsmacht zwischen den beiden fiduziarischen Instituten der Grundschuld und der Übereignung.

821 In diesem Punkt sieht auch *Rellermeyer* den für die unterschiedliche Freigabebehandlung zwischen Pfandrecht und Vollrechtsübertragung in Ansehung mehrerer Objekte rechtfertigenden Grund: *Rellermeyer*, Objektive Bezugsgrößen für die Bewertung von Kreditsicherheiten, WM 1994, 1053, 1059.

822 *BGH – Großer Zivilsenat* –, Entsch. v. 27.11.1997, WM 1998, 227.

Die Rechtsprechung des Großen Zivilsenates des *BGH* erweist sich daher als partielle Durchbrechung des Wesens der ungeteilten Pfandhaftung im Bereich der Vollrechtsübertragung insoweit, als die Gesamtaufrechterhaltung des ursprünglichen Haftungsverbandes nicht uneingeschränkt praktiziert wird. Mit dieser richterlichen Rechtsfortbildung passte der *BGH* allerdings die Ungeteiltheit der Pfandhaftung nur auf ein vertretbares und der modernen Kreditverschaffungspraxis entsprechendes Maß an, die durch oftmals mehrere Realkreditgeber gekennzeichnet ist.

Diese partielle Einschränkung des haftenden Umfanges, die wegen der Übersicherung aufgrund der der Vollrechtsübertragung unbekannten Freigabe der Höhe nach erforderlich geworden ist, rechtfertigt nicht eine vollumfängliche Verneinung der entsprechenden Anwendbarkeit des § 1222 BGB auf die Sicherungsübereignung.

Zu begründen ist dies zum einen mit der Geltung wesentlicher Merkmale der Ungeteiltheit der Pfandhaftung auch bei der Sicherungsübereignung. So haftet auch im Rahmen der vom Großen Zivilsenat beim *BGH* nicht beanstandeten äquivalenten Deckung bei einer Vielzahl von Sachen jede dieser für die ganze Forderung, sofern die Parteien des Sicherungsvertrages die Forderung des Gläubigers nicht auf die einzelnen Pfänder verteilt haben. Des Weiteren gibt es trotz der Freigabe dem Umfang nach praktisch noch genügenden Spielraum für eine teilweise Aufrechterhaltung des ursprünglichen Haftungsverbandes bis zur endgültigen Erfüllung der Forderung. Partiell anwendbar bleibt dieses Merkmal nämlich bis zur Grenze von 150% des Schätzwertes des Gesamthaftungsverbandes. Das ist darauf zurückzuführen, dass zwar die Voraussetzungen für einen Freigabeanspruch dem Umfang nach schon dann vorliegen, sofern der realisierbare Wert des Gesamthaftungsverbandes 110% der nicht nur vorübergehend gesicherten Forderungen erreicht[823]. Indes nimmt der *BGH* auf dem Weg der Ermittlung des realisierbaren Wertes einen (Sicherungs)Bewertungsabschlag nach § 237 Satz 1 BGB von einem Drittel des Marktpreises beziehungsweise des Einkaufs- oder Herstellungspreises vor[824].

[823] *BGH – Großer Zivilsenat –*, Entsch. v. 27. 11. 1997, WM 1998, 227, 231.

[824] *BGH – Großer Zivilsenat –*, Entsch. v. 27. 11. 1997, WM 1998, 227, 234.

Zum anderen ist auch dem Pfandrecht im engeren Sinne eine grenzenlose Anwendbarkeit des Grundsatzes *pignoris causa est indivisa* in Gestalt einer uneingeschränkten Aufrechterhaltung des einmal in den Haftungsverband Gelangten unbekannt. Vor diesem Hintergrund betonte der XI. Zivilsenat des *BGH*[825] zu Recht, dass auch die Ungeteiltheit der Pfandhaftung die – freilich restriktiv zu handhabende[826] – Grenze des § 242 BGB akzeptieren muss und sich aus dieser Vorschrift im Einzelfalle eine Freigabe dem Umfang nach ergeben kann. Schließlich brachte der Gesetzgeber mit § 1230 Satz 2 BGB deutlich zum Ausdruck, dass dem Umfang des dinglichen Verwertungsrechtes an einer Vielzahl von Sachen trotz der ungeteilten Pfandhaftung Beschränkungen zum Schutze des Schuldners immanent sind. Daran ändert nichts die Beschränkung der Anwendbarkeit von § 1230 Satz 2 BGB auf die Verwertungsphase; der Sinn ist vielmehr entscheidend.

Selbst bei Ablehnung der Analogie aufgrund der wesensprägenden Bedeutung der Aufrechterhaltung des Gesamtpfandverbandes bis zur endgültigen Erfüllung darf nicht der Grund hierfür außer Betracht bleiben. Dieser steht nicht mit der Entstehung des Rechtes im Zusammenhang.

Die bei der sicherungshalben Übereignung und Abtretung im Gegensatz zum Gesamtpfandrecht erforderliche Freigabe dem Umfang nach führt nur zu einer teilweisen Einschränkung der im Grundsatz auch die Vollrechtsübertragung erfassenden Ungeteiltheit der Pfandhaftung. Deshalb ist § 1222 BGB auch auf die Sicherungsübereignung analog anwendbar. Freilich kann in Ansehung der die Ungeteiltheit der Pfandhaftung partiell einschränkenden Rechtsprechung des Großen Zivilsenates beim *BGH* der eingangs dargestellte Standpunkt von *Kregel*[827] zur mangelnden Freigabeerforderlichkeit insofern nicht mehr aufrecht erhalten werden. Spätestens mit dieser Betrachtung wird ersichtlich, dass die allein § 1132 BGB und § 1222 BGB ver-

825 *BGH*, XI. Zivilsenat, Urt. v. 17.1.1995, *BGHZ* 128, 295, 300 = JZ 1995, 677, 678.

826 Zur vergleichbaren Freigabeproblematik dem Umfang nach für das Pfandrecht (im engeren Sinne) der Gesamthypothek nach § 1132 BGB wegen unzutreffender Annahme einer nicht möglichen „Übersicherung" allerdings zu weitgehend: *Staudinger-Wolfsteiner*, BGB, 13. Aufl., § 1132 Rdn. 60.

827 RGRK-*Kregel*, BGB, 12. Aufl., § 1222 Rdn. 3.

antwortliche ungeteilte Pfandhaftung nicht die einheitliche Entstehung bedingt und keinen Rückschluss auf die Quantität des Rechtsverhältnisses zulässt.

In der entsprechenden Anwendbarkeit des § 1222 BGB auf die Sicherungsübereignung einer Vielzahl von Sachen für dieselbe Forderung ist im Ergebnis ein weiterer Beweis für die unabhängige Entstehungsfähigkeit eines Gesamtpfandrechtes an mehreren Rechtsobjekten zu sehen.

4. Der Haftungsverband eines Grundpfandrechtes

Es fragt sich, welche Folgerungen aus den Haftungsverbandsregelungen, etwa der Haftung des Zubehörs für die Grundschuld oder Hypothek, für die Entstehung des Gesamtgrundpfandrechtes gezogen werden können.

Die dogmatische Betrachtung der Zubehörhaftung wird insbesondere dadurch erschwert, das sich größtenteils weder im Schrifttum noch in der Rechtsprechung Hinweise zur Anzahl der dinglichen Organismen bei einer Vielzahl von Zubehörstücken finden lassen. Hierzu ist nicht geklärt, ob bei mehreren mithaftenden Sachen eine Einheit oder eine Vielzahl von Rechtsverhältnissen zu verzeichnen ist und welcher qualitativer Natur diese sind. Qualitativ kommen für das Pfandrecht am Zubehörgegenstand einmal die Bestimmungen des Grundpfandrechtes und zum anderen die des Pfandrechtes an beweglichen Sachen in Betracht.

a) Struktur des dinglichen Rechtes am Zubehör

Es spricht viel dafür, dass sich auch bei mehreren Zubehörgegenständen die Rechtsbeziehung des Gläubigers an ihnen durch ein einziges Grundpfandrecht auszeichnet, aus dem jedoch zu den einzelnen Zubehörgegenständen so viele Zugriffsrechte fließen, wie einzelne Sachen vorhanden sind.

Die Qualifikation als Grundpfandrecht in Abgrenzung zum Pfandrecht an beweglichen Sachen ergibt sich schon anhand des deutlichen Wortlautes des § 1120 BGB, wonach sich die Hypothek oder Grundschuld und nicht das Pfandrecht nach § 1204 BGB auf das Zubehör erstrecken.

Wieviel dingliche (Haupt)Rechte letztlich der Zubehörhaftung zugrunde liegen kann sich aufgrund des Erstreckungsgedankens nach § 1120 BGB nicht infolge des Sekundärhaftungsverbandes, sondern nur auf der Grundlage des Haupthaftungsverbandes ergeben. Die Maßgeblichkeit allein der Anzahl der Grundstücke für die Quantität des auch am Zubehör bestehenden Pfandrechtes begründet sich mit folgender Wertung des Gesetzgebers, der das Zubehör zwar für sonderrechtsfähig hält, im Wesentlichen aber dem Schicksal der Hauptsache folgen lassen wollte. Teleologisch war für den Gesetzgeber bei der Schaffung des § 1120 BGB entscheidend, dass ein Grundstück meist erst durch das dienende Zubehör vollumfänglich funktionsfähig und damit werthaltig gemacht wird. In einer Vielzahl von praktischen Fällen trifft gar die Annahme zu, dass das Zubehör mehr Wert als das Grundstück ist[828]. Deshalb „erstreckte" der Gesetzgeber die Wirkungen des Grundpfandrechtes sekundär auch auf diese Sachen. Es liegt folglich nahe, zur Untersuchung des Charakters des sich erstreckenden Rechtes auf das Hauptbelastungsobjekt zu schauen, das primär die Qualität und die Quantität des Rechtes prägt. Zur Untersuchung eines Rechtes kann nur auf die Gegenstände abgestellt werden, an denen es möglich ist. An einem Zubehörgegenstand allein ist kein Grundpfandrecht möglich; hierauf erstreckt es sich nur sekundär. Deshalb kann mit der o. g. Argumentation von *Westermann* nicht vom Charakter eines Einzelgrundpfandrechtes an mehreren Zubehörgegenständen auf den eines Grundpfandrechtes an mehreren Grundstücken i. S. der mangelnden Erforderlichkeit der Spezialität des durch die Verfügung entstandenen Rechtes geschlossen werden.

Auf der anderen Seite liegt es nahe – deshalb der Rückschluss auf die aus dem Einzelrecht erwachsenen Zweigrechte –, dass infolge der selbstständigen Durchsetzbarkeit der Befugnisse aus der Zubehörhaftung in Ansehung eines jeden einzelnen Zubehörstückes auf ein gewisses Maß an dinglich selbstständigen Organismus – Zweigrecht – geschlossen werden kann. Hierfür spricht insbesondere die absolute

[828] *Merkel* in *Schimansky/Bunte/Lwowski*, BRH II, § 94 Rdn. 65.

Befugnis des Gläubigers nach § 1135 BGB, die zu jedem Zubehörstück einzeln ohne eine gleichsame Einbeziehung auch der anderen Gegenstände des Haftungsverbandes ausgeübt werden kann. Folglich ist gewissermaßen hinter dem Hauptrecht oder aus dem Hauptrecht erwachsend aus Gründen der Rechtssicherheit nicht nur die Spezialität der Verfügung beim Eintritt in den oder aus dem Haftungsverband, sondern auch ein Mindestmaß an Spezialität des durch die Verfügung entstandenen Rechtes (Zweigrecht aus dem Grundpfandrecht) erforderlich und zweckmäßig. Letzteres rechtfertigt sich schon dadurch, dass zu jedem einzelnen Zubehörstück ein unterschiedliches rechtliches Schicksal in der Rechtsinhaberschaft die Folge sein kann. Dem kann eine sichere Rechtsordnung nur mit mehreren unterscheidbaren Rechtsverhältnissen begegnen. Folglich ist zur Struktur des Grundpfandrechtes am Zubehör die Annahme gerechtfertigt, dass es sich um ein Zweigrecht aus dem einzigen Grundpfandrecht handelt. Mehrere Hauptrechte kann es insofern grundsätzlich nicht geben, zumal das Zubehör immer nur auf einem Grundstück steht. Sofern für das Schicksal der Zubehörhaftung die grundpfandrechtlichen Bestimmungen keine Beurteilung zulassen, ist eine (analoge) Anwendung der Bestimmungen des Pfandrechtes an beweglichen Sachen gerechtfertigt.

b) Sukzessiventstehung des Grundpfandrechtes am Zubehör

Die Frage ist, welche Entstehungsprozedur dem Grundpfandrecht an mehreren Zubehörstücken zugrunde zu legen ist.

Wenn auch im Grundsatz das Grundpfandrecht an den einzelnen Zubehörstücken hauptsächlich einem einzigen dinglichen Recht/Organismus entspringt, muss wie oben dargelegt nicht auch der Ein- oder Austritt in oder aus dieser Rechtsbeziehung einheitlich erfolgen. Vielmehr bietet gerade der Sekundärhaftungsverband eines Grundpfandrechtes ein anschauliches Beispiel dafür, dass wie bei einer sicherungshalben Vollrechtsübertragung von revolvierenden Sachgesamtheiten oder Forderungsmehrheiten die Entstehung des Rechtes an der einen Sache nicht vom Belastungstatbestand an der anderen Sache abhängig ist. Nach § 1120 BGB

> *„erstreckt sich die Hypothek … auf das Zubehör des Grundstückes mit Ausnahme der Zubehörstücke, welche nicht in das Eigentum des Eigentümers des Grundstückes gelangt sind."*

Der mehraktige Erwerbstatbestand der Grundpfandrechtsentstehung am einzelnen Zubehörstück wird folglich neben den weiteren Belastungsvoraussetzungen erst mit seiner Verbringung auf das Grundstück vollendet oder wie der Insolvenzsenat des *BGH* sagen würde „wirksam". Gleichsam der römisch-rechtlichen Generalhypothek, bei der es die Verfügungsbefugnis des Eigentümers war oder etwa einer Raumsicherungsübertragung eines Warenlagers oder mehrerer Inventargegenstände ist es bei der Zubehörhaftung die Verbringung des Pfandgegenstandes auf ein äußerlich umgrenztes Grundstück, die als Publizitätsmerkmal den Belastungstatbestand vollendet, so es sich um Eigenzubehör handelt. Vergleichbar der wohl überwiegend vertretenen Entstehungsprozedur beim Gesamtgrundpfandrecht an mehreren Grundstücken würde wohl beim Grundpfandrecht am Zubehör undenkbar die Ansicht vertreten werden, dass der Gesamtbelastungsvorgang erst vollendet ist, wenn das letzte Zubehörstück in den Haftungsverband gelangt ist. A maiore ad minus muss für den Primärhaftungsverband die gleiche Entstehungsprozedur wie im Falle des Sekundärhaftungsverbandes möglich sein.

Bestätigt wird diese Sichtweise durch die Teleologie des § 1120 BGB. Sie spricht dafür, dass der hinter dieser Bestimmung ebenso wie hinter § 1132 BGB und § 1212 BGB stehende Grundsatz der Ungeteiltheit der Pfandhaftung keine einheitliche Entstehung erst am Ende erfordert. Gesetzgebungsgeschichtlich waren die wesentlichen Regelungen der §§ 1120ff., 1212 BGB zunächst in den §§ 1071 Abs. 2, 1150 Abs. 2 E I BGB enthalten. Deren jeweils ersten Teil hat die zweite Kommission hauptsächlich deshalb gestrichen, weil sich nach Auffassung des Gesetzgebers die Ergreifung des ganzen Grundstückes sowie der ganzen beweglichen Sache, mithin die *indivisa pignoris causa*, aus dem jeweils nachfolgenden zweiten Absatz der beiden Gesamtpfandrechtsregelungen von selbst ergab[829]. Dementsprechend wird durch die Haftungsverbandsregelungen der §§ 1120ff., 1212 BGB sowohl für das Grundpfandrecht als auch für das Pfandrecht an beweglichen Sachen nur dem Anspruch aus dem Pfandrecht gesetzlicher Ausdruck verliehen. Die Zubehörhaftung, die vom wesentlichen Inhalt der Norm her teleologisch auf den gleichen Wirkungsgrundsatz zum

[829] Motive, III, S. 668; Protokolle III, S. 449 für das Gesamtpfand an beweglichen Sachen.

Pfandrecht zurückzuführen ist wie § 1132 BGB zeigt, dass jeglicher Rückschluss von der entsprechenden Wirkungsnorm auf die Rechtsentstehung, insbesondere eine einheitliche Entstehung infolge der Singularbezeichnung in der Norm ausgeschlossen ist. Wäre der Wortlaut mit seiner Singularbezeichnung maßgeblich, müsste auch für die Zubehörhaftung eine einheitliche Entstehung gelten, zumal auch in § 1120 BGB nur die Hypothek geregelt wird. Es erweist sich damit als widersprüchlich auf der Grundlage desselben Grundsatzes einmal von einer zwingenden einheitlichen Entstehung erst am Ende – § 1132 BGB – auszugehen und auf der anderen Seite das Grundpfandrecht, wenn auch nur am Sekundärhaftungsverband, sukzessiv entstehen zu lassen.

Wenn auch das Grundpfandrecht als Einzel- oder Gesamtpfand am einzelnen Zubehörstück aus einem einzigen dinglichen Recht fließt, welches jedoch zum einzelnen Zubehörstück eine spezielle Zweigbeziehung aufweist, entsteht es an den einzelnen Zubehörstücken sukzessiv. Die Sukzessiventstehung beim Zubehör und derselbe teleologische Ursprung sprechen erst recht für eine spezielle Entstehung des Grundpfandrechtes an mehreren Grundstücken zur Sicherung einer Forderung (Gesamtgrundpfandrecht). Selbst wenn man beim Gesamtgrundpfandrecht nicht mehrere rechtlich selbstständige Organismen, mithin eine Rechtsvielheit, unterstellt, beweist die Entstehung des Grundpfandrechtes am Zubehör, dass ein einheitliches Recht nicht auch einheitlich entstehen muss.

5. Verpfändung eines Wertpapierdepots im jeweiligen Bestand

Trotz der vergleichsweise untergeordneten Bedeutung des Pfandrechtes i.e.S. in der Kreditsicherungspraxis kommen im modernen Kreditsicherungsrecht pfandrechtliche Phänomene vor, die sich durch einen revolvierenden Bestand mehrerer Sachen auszeichnen. Neben der Verpfändung etwa von (beweglichen) Sachgesamtheiten durch Abtretung des Herausgabeanspruches, was in der Kreditsicherungspraxis oftmals bei der Einlagerung von Gegenständen vorkommt, stellt die praktisch sehr häufig vorkommende Verpfändung eines Depots ein anschauliches Beispiel dar. Dabei sind für die gegenständlich zu beurteilende Entstehungsfrage insbesondere solche Verpfändungen von Wertpapieren interessant, die sich nicht abschließend auf bestimmte, sondern einen jeweiligen Bestand von Wertpapieren beziehen. Nur anhand solcher lebhafter Haftungsverbände kann untersucht werden, ob das Pfandrecht an einer Gegenstandsvielheit zur Sicherung derselben Forderung eine starre Entstehung erst am Ende erfordert oder eine Entstehung zu befürworten ist, die sich an dem orientiert, was schon vorhanden ist.

a) Gestaltungsformen der Verpfändung von Wertpapieren

Abgesehen von der ausnahmsweise noch möglichen Übergabe eines im Besitz des Kunden befindlichen Wertpapiers[830] kennt die Praxis der Kreditsicherung im Wesentlichen zwei Gestaltungsformen der Verpfändung von Wertpapieren, die von der Befindlichkeit des Pfandrechtsgegenstandes in einem Depot ausgehen. Hiermit im Einklang verfügt etwa der Sparkassenverlag über die zwei Gestaltungsformen „Verpfändung von Wertpapieren im Depot"[831] und „Verpfändung eines Wertpapierdepots im jeweiligen Bestand bei der Sparkasse"[832]. Neben der Verpfändung von Inhaberpapieren und Orderpapieren in Drittverwahrung[833] wird die Verpfändung des Depots im jeweiligen Bestand schließlich noch für den Fall angeboten, dass sich das Depot nicht bei der Gläubigerbank, sondern bei einem anderen Kreditinstitut befindet[834]. Der Unterschied beider Gestaltungen besteht darin, dass bei der Verpfändung von Papieren im Depot von Anfang an das Pfandrecht abschließend auf bestimmte im Depot befindliche Werte begrenzt wird, während bei der „Verpfändung des Depots" der jeweilige (revolvierende) Bestand vom Pfandrecht erfasst wird. Letztere Situation, die im Folgenden analysiert wird, ist in Anbetracht der Vollrechtsgattungen mit der Raumübertragung von Sachgesamtheiten oder der Globalabtretung vergleichbar.

b) Gegenstand des Pfandrechtes

Gegenstand des Pfandrechtes sind nicht einfach die im Depot bei der Bank befindlichen Wertpapiere. Denn beim Kreditinstitut des Kun-

[830] Verpfändung von Wertpapieren (Übergabe).
[831] Nr. 193 020. 000, Fassung Februar 2000.
[832] Nr. 193 025. 000, Fassung November 1999.
[833] Nr. 193 030. 000, Fassung April 2000.
[834] Nr. 193 040. 000, Fassung Oktober 1999.

den/Verpfänders lagern die Papiere nicht. Sie sind dort nur (gedanklich) gebucht.

Der Gegenstand des Pfandrechtes hängt entscheidend davon ab, in welcher Weise die Wertpapiere verwahrt werden. Das wiederum richtet sich nach dem DepotG. Dieses unterscheidet zwischen der sog. Sonderverwahrung nach § 2 DepotG und der Sammelverwahrung nach §§ 5, 24 DepotG. Das dem DepotG zu entnehmende gesetzgeberische Leitbild unterstellt die Sonderverwahrung als Regelfall und die später erst in das DepotG eingefügte Sammelverwahrung als Ausnahme. Die Praxis gestaltet sich umgekehrt.

Gegenstand der Pfandrechtsbestellung bei der (offenen) Sonderverwahrung, auch Streifbanddepot genannt, ist das bestehen bleibende (normale) Eigentumsrecht des Kunden an den Wertpapieren, die gesondert beim Verwahrer nach § 2 Satz 1 DepotG lagern. Eine Veränderung der Rechtsposition des Wertpapierinhabers geht mit der Hingabe zur Verwahrung nicht einher. Anders ist es bei der heute im Effektengeschäft nahezu ausnahmslos vorkommenden Sammelverwahrung nach § 5 Abs. 1 Satz 1 DepotG i.V.m. § 24 DepotG. Hier wandelt sich aus Vereinfachungsgründen für die Wertpapiersammelbank das Eigentum des Hinterlegers in sein Miteigentum am Sammelbestand um. Dem wird durch § 6 Abs. 1 DepotG gesetzlicher Ausdruck verliehen, der folgendes anordnet:

> *§ 6 Abs. 1 Satz 1 und Satz 2 DepotG:*
> *„(1) Werden Wertpapiere in Sammelverwahrung genommen, so entsteht mit dem Zeitpunkt des Eingangs beim Sammelverwahrer für die bisherigen Eigentümer Miteigentum nach Bruchteilen an den zum Sammelbestand des Verwahrers gehörenden Wertpapieren derselben Art. Für die Bestimmung des Bruchteils ist der Wertpapiernennbetrag maßgebend, bei Wertpapieren ohne Nennbetrag die Stückzahl."*

Soweit die Sonderverwahrung noch vorkommt, wird das im Eigentum des Kunden stehende Wertpapier nicht selten durch das mit ihm in Vertragsbeziehung stehende Kreditinstitut selbst verwahrt. Das Institut ist dann unmittelbarer –, der Kunde mittelbarer Besitzer. Im Falle der Sammelverwahrung gestaltet sich die Verwahrungsbeziehung meist im Drei-Personen-Verhältnis. Der Kunde/Verpfänder vertraut die Papiere seinem Kreditinstitut an. Infolge dieses Verwahrungsvertrages ist die Hausbank als sog. Zwischenverwahrer zu qualifizieren. Diese wiederum ist allein Kundin bei der Wertpapiersammelbank (§ 1 Abs. 3 DepotG) als Haupt-Verwahrerin. Wertpapiersammelbank ist als unmittelbare Besitzerin der Papiere die Clearstream Banking AG (früher Deutsche Börse Clearing AG bzw. Deutscher Kassenverein AG), die allein die Hausbank als Vertragspartner hat und den Verpfänder nicht kennt, weil die Hausbank im eigenen Namen handelt, § 3 Abs. 1 Satz 1 DepotG. Es gilt jedoch zugunsten des Verpfänders die Fremdvermutung nach § 4 Abs. 1 Satz 1 DepotG, es sei denn die Hausbank weist nach § 4 Abs. 2 DepotG darauf hin, dass es sich um ein Eigengeschäft handelt (sog. Depot A).

Dafür wird der Verpfänder durch einen direkten Auslieferungsanspruch gegen den Sammelverwahrer geschützt.

Gegenstand der Verpfändung ist folglich bei der Sonderverwahrung das Eigentumsrecht des Verpfänders am einzelnen bei der Hausbank verwahrten Wertpapier[835]. Bei der Sammelverwahrung ist es nach § 6 Abs. 1 DepotG der Miteigentumsanteil des Verpfänders an der bei der Clearstream Banking AG befindlichen Girosammelurkunde zu den entsprechenden Wertpapieren der gleichen Gattung, vgl. § 9a DepotG. Auch in letzterem Falle handelt es sich um so viele Miteigentumsrechte, wie verschiedene Wertpapierarten vorhanden sind.

Dementsprechend heißt es zum Umfang (besser Gegenstand) des Pfandrechtes in Nr. 1 des o. g. Sparkassenverlagsformulars[836]:

> „*1.1 Durch die Bestellung des Pfandrechts am Wertpapierdepot erwirbt die Sparkasse, falls sich die Wertpapiere in Sonderverwahrung bei ihr oder einem dritten Verwahrer befinden, ein Pfandrecht an den zum Depot gehörenden Papieren; im Falle der Sammelverwahrung ein Pfandrecht an den Miteigentumsanteilen an den zum Sammeldepot gehörenden Papieren und Schuldbuchforderungen.*
>
> *1.2. Solange die einzelnen Papiere noch nicht an den Verpfänder geliefert sind, sollen mit dem Zeitpunkt der Einbuchung der betreffenden Werte in das Depot die Forderungen des Verpfänders auf Auslieferung der Papiere sicherungshalber an die Sparkasse abgetreten sein.*“

835 *Bergemann/Kernstein/Kiebler/Kollmer*, Vermögensanlagen, S. 181.
836 Nr. 193 025. 000, Fassung November 1999.

c) Bestimmtheit/Individualisierung/Spezialität der Verfügung

aa) Bestimmte Bezeichnung

Dem Bestimmtheitsgrundsatz i.S. der bestimmten Bezeichnung/Individualisierung des Verfügungsgegenstandes wird bei der Verpfändung des „ganzen Depots" regelmäßig Rechnung getragen. Das ist darauf zurückzuführen, dass bei der Verpfändung aller Papiere die Gesamtheit betroffen wird und dementsprechend keine genauere Bezeichnung denkbar ist. Es wird die ganze Menge und nicht nur ein Teil aus ihr verpfändet, sodass sich die üblichen Bestimmtheitsprobleme bei einer bloßen Mengen- bzw. Quantitätsbezeichnung nicht ergeben. Anders ist dies bei der Verpfändung nur von Teilen aus einem Depot. Auch bei der Sammelverwahrung ergeben sich angesichts der Individualisierung für die Verpfändung des ganzen Depots keine Probleme. Zwar ist der Wertpapiersammelbestand eine Sachgesamtheit[837]. Die Rechtsposition des Depotinhabers kann jedoch mit Hilfe der Wertpapiergattung, des konkreten Sammelbestandes und der Miteigentumsquote definiert werden. Weil sich der Miteigentumsanteil nach § 6 DepotG auf den ganzen Sammelbestand bezieht ist nicht nur eine kleinere Menge oder ein kleiner wertmäßigerer Teil bezeichnet. Vielmehr werden bei verschiedenen Wertpapiergattungen alle entsprechenden Miteigentumsquoten an allen zum Sammelbestand gehörenden Wertpapieren mit dem Pfandrecht belastet[838].

Bestimmtheitsprobleme ergeben sich nur dann, wenn nicht sämtliche Depotwerte verpfändet werden[839]. Empfehlenswert ist insofern jeweils wenigstens die Verpfändung der ganzen Gattung unter Angabe der Wertpapier-Kennnummer oder bei der Verpfändung nur eines Teiles der Gattung die Eröffnung eines Unterdepots als Pfanddepot[840]. Bei der Verpfändung des ganzen Depots oder Unterdepots ist jedenfalls die entsprechende Depotnummer zur Bestimmtheit erforderlich. Dabei ist es nicht notwendig, dass die angegebenen Depotkonten im Verpfändungszeitpunkt bereits bestehen[841]. Wird somit erst nach Verpfändung das Unterdepot eingerichtet, erstreckt

[837] *Gößmann* in *Schimansky/Bunte/Lwowski*, BRH II, § 72 Rdn. 109.
[838] *Kümpel* WM 1980, 422.
[839] *Lwowski*, Kreditsicherung, Rdn. 642.
[840] *Merkel* in *Schimansky/Bunte/Lwowski*, BRH II, § 93 Rdn. 88.
[841] *Merkel* in *Schimansky/Bunte/Lwowski*, BRH II, § 93 Rdn. 84.

sich die Verpfändung auch auf die dort gebuchten Werte. Für die Erfassung der Werte in einem späteren Unterdepot wird es als nicht ausreichend erachtet, wenn die Verpfändung auf eine Hauptdepotnummer mit der Ergänzung „einschließlich aller Unterdepots" lautet. Auch die Verpfändung des ganzen Depots ist unbestimmt, wenn jeweils ein prozentualer Anteil an mehrere Sicherungsnehmer verpfändet wird.

bb) Spezialität der Verfügung

Jedem Belastungsgegenstand, mithin jedem Wertpapier bei der Sonderverwahrung und jedem Miteigentumsanteil an der Sammelurkunde, entspricht eine sachenrechtliche Verfügung. Auch wenn im allgemeinen Sprachgebrauch „das Depot" verpfändet wird, erstrecken sich die Einzelverfügungen immer nur auf die einzelnen Wertpapiere.

d) Pfandrechtsbegründung/Sukzessiventstehung

Die Verpfändung insbesondere von Sammeldepotanteilen ist rechtlich zulässig. Das folgt aus §§ 1292, 1258, 747 BGB und § 9 DepotG (Nr. 42 i.V.m. Nr. 8 AGB-DC)[842]. Die Modifizierung der §§ 741ff. BGB durch das DepotG erlaubt es dem Depotinhaber, über seinen Sammelbestandsanteil jederzeit und ohne Mitwirkung der übrigen Anteilsinhaber ganz oder teilweise zu verfügen[843].

Für das Pfandrecht an einem Inhaberpapier gelten nach § 1293 BGB die Bestimmungen über das Pfandrecht an beweglichen Sachen. Demzufolge bedarf es keiner Entscheidung zur Anwendbarkeit der *indivisa pignoris causa* auf das Pfandrecht an Forderungen. Erforderlich sind somit Einigung und Übergabe in den Formen von § 1205 Abs. 1 Satz 1, § 1205 Abs. 2 oder § 1206 BGB. Sind mehrere Aktien bzw. Wertpapiergattungen im Depot, liegen in Wirklichkeit ebenso viele Einigungen und tatsächliche Übergaben vor. Lässt sich das Kreditinstitut, bei dem das Depot geführt wird, als Zwischenverwahrer das Pfandrecht am Depot bestellen, ist zur Wirksamkeit des Pfandrechtes keine Abtretung der Ansprüche auf Herausgabe der Pfandgegenstände nach §§ 870, 1205 abs. 2 BGB erforderlich[844]. Dement-

842 *Gößmann* in *Schimansky/Bunte/Lwowski*, BRH II, § 72 Rdn. 115.
843 *Kümpel* WM 1980, 422.
844 *Merkel* in *Schimansky/Bunte/Lwowski*, BRH II, § 93 Rdn. 87ff.

sprechend bedarf es auch keiner Anzeige an die unmittelbar besitzende Wertpapier-Sammelbank nach § 1205 Abs. 2 a. E. BGB[845]. § 1205 Abs. 2 BGB ist nur für Fälle anwendbar, wo der Verpfänder seinen mittelbaren Besitz aufgibt und auf den Pfandgläubiger überträgt, der vorher überhaupt nicht Besitzer gewesen war, also wie im Falle von § 931 BGB als Übergabeersatz ein obligatorischer Herausgabeanspruch abgetreten wird. Nur in diesem Fall hängt die Verpfändung von der Anzeige an die Wertpapiersammelbank nach § 1205 Abs. 2 a. E. BGB ab. War der Gläubiger hingegen vorher schon Besitzer, ist das Pfandrecht nach § 1205 Abs. 1 Satz 2 BGB publizitätslos. Hierbei reicht mittelbarer Besitz nach § 868 BGB aus. Nach höchstrichterlicher Rechtsprechung[846] ist bei der Girosammelverwahrung nach § 24 DepotG (§ 5 DepotG) die Wertpapiersammelbank unmittelbare Besitzerin; mittelbarer Besitzerin erster Stufe ist die für den Verpfänder depotführende Hausbank, weil Kunden der Wertpapiersammelbank nur Banken- und Börsenhändler sein können[847]. Mittelbare Besitzer zweiter Stufe ist der Verpfänder[848]. Hinsichtlich der Anteile ist die Clearstream Banking AG unmittelbare Fremdbesitzerin, die Depotbank im Verhältnis zu ihren Depotkunden mittelbare Fremdbesitzerin nach § 871 BGB und der verpfändende Depotkunde mittelbarer Eigenbesitzer[849]. Eine Anzeige an die Sammelbank ist nach § 1205 Abs. 2 BGB jedoch erforderlich, wenn der Eigentümer die Papiere selbst und ohne Zwischenschaltung eines Kreditinstitutes bei ihr hinterlegt hat. Dann gibt es nur einen mittelbaren Besitzer der das Papier lediglich dadurch verpfänden kann, dass er seinen Herausgabeanspruch aus dem Depotvertrag an den Pfandgläubiger abtritt[850]. Auch bei Verpfändung an Drittinstitute oder eine weitere Person, die nicht die depotführende Bank ist, muss zur Einigung noch die Anzeige an die mittelbar besitzende depotführende Bank durch oder in Vertretung für den Eigentümer nach § 1205 Abs. 2 BGB hinzutreten.

845 OLG *Karlsruhe* WM 1999, 2451; *BGH* Entscheidung vom 07.09.1999, XI ZR 309/98, wonach die Revision nicht angenommen wurde.

846 *BGH*, Urt. v. 18.01.1996, XI ZR 81/95, WM 1996, 518 = WuB XIII A. § 24 BnotO 1.96 *Baumann*; Urt. v. 22.04.1997, XI ZR 127/96, WM 1997, 1136 = WuB I F 2. – 2.97 *Bülow*.

847 *BGH*, Urt. v. 22.04.1997, WM 1997, 1136 = WuB I F 2.-2.97 *Bülow*.

848 *BGH*, Urt. v. 22.04.1997, WM 1997, 1136 = WuB I F 2.-2.97 *Bülow*.

849 *Schwintowski/Schäfer*, BankR, § 11 Rdn. 112, 114.

850 *Bülow* in WuB I F 2.-2.97.

Nach §§ 1222, 1293 BGB handelt es sich bei der Verpfändung um ein Gesamtpfandrecht. Daraus folgt, dass der Grundsatz der ungeteilten Pfandhaftung gilt. Dieser hat jedoch nur zur Folge, dass sich der Pfandrechtsgläubiger zur Befriedigung seiner ganzen Forderung an jedes einzelne Wertpapier voll und ganz im Depot halten kann. Beim Pfandrecht am Depot wird aber deutlich, dass eine einheitliche Entstehung nicht durch den erst später wirkenden § 1222 BGB erforderlich ist. Dann könnte auch diese Art von Pfandrecht nie zur Entstehung gelangen. Das Pfandrecht am Depot entsteht vielmehr sukzessiv insoweit, als die einzelnen Papiere in ein bestimmt bezeichnetes Depot gelangt sind. Dieses Depot ist gewissermaßen der äußere Rahmen, der für die Pfanderstreckung auf das hinzutretende Objekt entscheidet.

So heißt es beispielsweise zur Erstreckung des Pfandrechtes auf künftige Papiere in Nr. 1.4 des o.g. Sparkassenverlagsformulars[851]:

> *„Neue Papiere unterliegen, soweit sie in das Depot eingebucht sind, mit dem Zeitpunkt der Lieferung in das Depot dem Pfandrecht. Für neu eingebrachte Schuldbuchforderungen ist insoweit der Zeitpunkt der Einbuchung in das Depot maßgebend. Im Übrigen gilt Nr. 1.2 entsprechend.“*

Dies zeigt, dass § 1222 BGB zwar ein einheitliches Schicksal aller Pfandgegenstände infolge der Zuordnung zur selben Forderung, nicht aber ein einziges Recht oder gar eine einheitliche Entstehung erfordert. Trotz der Ungeteiltheit der Pfandhaftung bleibt das Pfandrecht insofern flexibel.

[851] Nr. 193 025. 000, Fassung November 1999.

2. Teil: Insolvenz

Die Berücksichtigung des Gesamtgrundpfandrechtes durch den Insolvenzverwalter setzt einmal seine wirksame Entstehung voraus, §§ 81, 91 InsO. Zum anderen erfordert sie die mangelnde Anfechtbarkeit des Rechtes, §§ 129ff. InsO. Erst dann steht dem Gläubiger ein „Recht auf Befriedigung" aus der Immobiliarmasse (§ 35 InsO) i. S. d. § 49 InsO zu.

A. Das Grundpfandrecht in der Insolvenz

Steht das Grundpfandrecht insofern dem insolvenzrechtlichen Regelungsinstrumentarium nicht entgegen, führt es in der Insolvenz zu folgenden Konsequenzen.

I. Die Insolvenz des Sicherungsnehmers

In der Kreditsicherungspraxis nahezu ausgeschlossen ist die Insolvenz des Grundpfandrechtsberechtigten. Wird ausnahmsweise über das Vermögen des Sicherungsnehmers das Insolvenzverfahren eröffnet, ergeben sich hieraus keine Auswirkungen auf das dingliche und gesicherte Rechtsverhältnis[852]. Das Grundpfandrecht fällt in die Masse. Der Insolvenzverwalter tritt nach § 80 Abs. 1 InsO in sämtliche Positionen des Realgläubigers ein. Er erlangt mit Eröffnung die Verwaltungs-, Verpflichtungs- und Verfügungsbefugnis über das Grundpfandrecht[853]. Rechtsinhaber bleibt der Insolvenzschuldner[854].

II. Die Insolvenz des Sicherungsgebers

1. Absonderungsrecht

In der Insolvenz des Eigentümers ist der Grundpfandrechtsberechtigte[855] nach § 49 InsO zur abgesonderten Befriedigung berechtigt[856].

[852] *Schimansky/Bunte/Lwowski-Ganter*, BRH II, § 90 Rdn. 469.
[853] *Häsemeyer*, Insolvenzrecht, Rdn. 25.02.
[854] *Häsemeyer*, Insolvenzrecht, Rdn. 25.02.
[855] Verwalter nach § 165 InsO.
[856] *Breuer*, Formularbuch, S. 44.

Das bedeutet für den Gläubiger die vorzugsweise Befriedigung aus dem zur Insolvenzmasse gehörenden Grundstück[857]. Im Gegensatz hierzu hat der gewöhnliche Insolvenzgläubiger kein direktes Recht an der Insolvenzmasse, sondern nur einen Anspruch auf eine etwaige Quote, die sich nach der Verwertung der Masse ergibt[858]. Die abgesonderte Befriedigung erfolgt nach Maßgabe des ZVG, § 49 InsO.

2. Verhältnis von Absonderungsrecht und Forderungsinhaberschaft

Befindet sich das beliehene Grundstück in der Masse, gibt es zwei verschiedene Möglichkeiten, wie sich das Absonderungsrecht und die Inhaberschaft an der gesicherten Forderung zueinander verhalten können[859].

a) Persönliche und dingliche Haftung

Regelmäßig hat der Insolvenzschuldner die gegen ihn gesicherte Forderung mit seinem eigenen Grundstück besichert.

Dann hat der Absonderungsberechtigte ein Befriedigungsrecht am massegegenständlichen Grundstück und eine vollumfängliche[860] Insolvenzforderung. Allein diese Situation regelt § 52 InsO[861]. Infolge dieser Vorschrift sind Absonderungsberechtigte als Insolvenzgläubiger nur dann zur anteilsmäßigen Befriedigung aus der Insolvenzmasse berechtigt, wenn sie auf das Absonderungsrecht verzichten oder soweit sie bei der Grundpfandrechtsverwertung ausgefallen sind. Das führt zur Anmeldung einmal des Absonderungsrechtes und andererseits der ganzen Insolvenzforderung „für den Ausfall". Die Feststellung der Forderung in der ersten Gläubigerversammlung durch den Insolvenzverwalter erfasst dennoch ihren ganzen Umfang[862]. Infolge

857 *Hess*, InsO, 1. Aufl., § 49 Rdn. 7.
858 *Obermüller/Wunderer* BuB 15/212.
859 *Eickmann* in HK-InsO, 2. Aufl., § 52 Rdn. 2/4; *Schimansky/Bunte/Lwowski-Ganter*, BRH II, § 90 Rdn. 440.
860 *RGZ* 155, 95, 99, 101; *Kilger/K. Schmidt*, § 47 KO Anm. 9.
861 *Eickmann* in HK-InsO, 2. Aufl., § 52 Rdn. 4.
862 *Eickmann* in HK-InsO, 2. Aufl., § 52 Rdn. 5.

der Gesamtprüfung ist die Feststellung nicht auf den sich später ergebenden Ausfall beschränkt. Der endgültige Ausfall wird im Schlusstermin festgelegt.

b) Nur dingliche Haftung

Ist der Insolvenzschuldner nur Kredithelfer – sog. Drittsicherung –, ist die Masse nur mit dem Absonderungsrecht, nicht aber mit einer Insolvenzforderung oder ausnahmsweise einer Masseforderung belastet[863]. Die Beschränkung des § 52 InsO findet keine Anwendung. Stattdessen regelt § 43 InsO analog die Berechtigung des Gläubigers[864]. Er kann abgesonderte Befriedigung in Höhe seiner ganzen gesicherten Forderung verlangen. Erleidet er bei der Verwertung einen Ausfall, kann dieser nicht als Insolvenzforderung angemeldet werden[865].

3. Mischformen bei zusätzlicher dinglicher Gesamthaftung – § 1132 BGB

Haften dem Gläubiger dinglich mehrere Grundstücke, bleibt es bei dem dargestellten Verhältnis von schuldrechtlicher Leistungspflicht und dinglicher Haftung. Bei mehreren Eigentümern tritt zu diesem System zusätzlich die entsprechende Anwendung des § 43 InsO für die dingliche Gesamthaftung hinzu.

a) Persönliche und dingliche Haftung sowie partielle Drittsicherung

Dient dem Gläubiger zur Sicherung derselben Insolvenzforderung neben einem massezugehörigen Grundstück oder Bruchteil zusätzlich massefremder Grundbesitz (partielle Drittsicherung), findet für die dingliche Haftung § 43 InsO entsprechend Anwendung[866]. Der dingliche Gesamtrechtsgläubiger ist berechtigt, im Insolvenzverfahren sein Absonderungsrecht (§§ 1113, 1132, 1192 Abs. 1 BGB, § 49 InsO)

863 *Schimansky/Bunte/Lwowski-Ganter*, BRH II, 2. Aufl., § 90 Rdn. 444.

864 *RGZ* 156, 278; *Jaeger-Lent*, KO, 8. Aufl., § 64 Rdn. 3a; *Kilger/K. Schmidt*, § 64 KO Anm. 2; *Kuhn/Uhlenbruck*, KO, 11. Aufl., § 64 Rdn. 8; *Schimansky/Bunte/Lwowski-Ganter*, BRH II, 2. Aufl., § 90 Rdn. 447.

865 *Kuhn/Uhlenbruck*, KO, 11. Aufl., § 64 Rdn. 2.

866 *Gerhardt*, Grundpfandrechte im Insolvenzverfahren, Rdn. 189.

in voller Höhe anzumelden. Insofern setzt § 43 InsO das Anliegen des § 1132 Abs. 1 Satz 2 BGB durch. Die ungeteilte Pfandhaftung wird durch die Insolvenz eines Sicherungsgebers nicht beeinträchtigt. Der Gläubiger kann durch den Insolvenzverwalter insbes. nicht gezwungen werden, auf das massefremde Grundstück zurückzugreifen, um die Masse zu verschonen.

Verwertung des Massegrundstücks

Entscheidet sich der Gläubiger für das Massegrundstück, findet in der Insolvenz § 52 InsO Anwendung. Die Insolvenzforderung des Gläubigers wird folglich auf den Ausfall eingegrenzt. Vom durch den Verwertungserlös des Massegrundstückes ermittelten Ausfall ist nicht ein evtl. Erlös beim massefremden Grundstück nach Eröffnung (§ 43 InsO) in Abzug zu bringen. Insofern wird der Insolvenzgläubiger durch § 43 InsO analog geschützt. Der gesetzgeberische Zweck des § 43 InsO gelangt auch dann zur Anwendung, wenn der Dritte nur dinglich, nicht aber auch persönlich[867] (mit)haftet[868]. Teleologisch will § 43 InsO vermeiden, dass der Gläubiger im Falle von Teilleistungen von dritter Seite gezwungen wird, nur noch die Restforderung im Verfahren zu verfolgen und auf diese Weise einen höheren Ausfall hinzunehmen, wenn ihm mehrere Personen nebeneinander haften[869]. Für eine verschiedenartige Behandlung der Sachmithaftung und der persönlichen Mithaftung in der Insolvenz fehlt jeder innere Grund[870]. Diese Privilegierung des Gläubigers verlangt aber wenigstens einen geringen Ausfall[871]. Besteht dieser bei Eröffnung[872] nicht, kann im Verfahren keine Insolvenzforderung zur Tabelle angemeldet werden. Denn § 43 InsO ermöglicht dem Gläubiger die Geltendmachung der Insolvenzforderung nur „bis zu seiner vollen Befriedigung“.

867 Zur Anwendbarkeit d. § 43 InsO, wenn der Dritte zugleich persönl. Schuldner ist: RGZ 91, 12; 92, 192.

868 *BGH* NJW 1960, 1295; WM 1969, 1346, 1347; *RGZ* 156, 278; *Eickmann* in HK-InsO, 2. Aufl., § 43 Rdn. 3; *Hess*, InsO, § 43 Rdn. 8; *Kuhn/Uhlenbruck*, KO, 11. Aufl., § 68 Rdn. 3a; *Schimansky/Bunte/Lwowski-Ganter*, BRH II, 2. Aufl., § 90 Rdn. 447.

869 *Eickmann* in HK-InsO, 2. Aufl., § 43 Rdn. 1.

870 *Kuhn/Uhlenbruck*, KO, 11. Aufl., § 68 Rdn. 3a.

871 *Schimansky/Bunte/Lwowski-Ganter*, BRH II, 2. Aufl., § 90 Rdn. 447.

872 Zur Kondiktion bei Zuvielerlangung aus Drittsicherheit nach Eröffnung: *Eickmann* in HK-InsO, 2. Aufl., § 43 Rdn. 11.

Auch im Verhältnis der dinglichen Zweigrechte zueinander findet § 43 InsO entsprechend Anwendung[873]. Bei der Anmeldung des Absonderungsrechtes in der Insolvenz muss der Gläubiger nicht den Wert der partiellen Drittsicherheit abziehen. Hat er indes aus der Drittsicherheit Befriedigung erhalten, erlischt insoweit das Zweig-Absonderungsrecht an der Insolvenzmasse bei der Hypothek von selbst (§ 1173 Abs. 1 Satz 1 2. HS BGB). Bei der Sicherungsgrundschuld kann der Insolvenzverwalter aufgrund des Sicherungsvertrages die Rückgewähr geltend machen.

Verwertung des massefremden Grundstücks

Wenn eine gute Quote in der Insolvenz zu erwarten ist und dem Gläubiger das Gesamtgrundpfandrecht an den übrigen Grundstücken ausreichend ist, kann er sich im Verfahren – vorbehaltlich der Zustimmung anderer Sicherungsgeber (§ 776 BGB) – auf die Insolvenzforderung begrenzen. Bei Verzicht (§ 1175 Abs. 1 Satz 2 BGB) auf das Masse-Zweigrecht kann er dann nicht nur „für den Ausfall" anmelden, § 52 Satz 2 1. Alt. InsO. Bei der Verteilung partizipiert der Gläubiger vielmehr entsprechend der durch seine ganze Forderung gebildeten Quote. Auch das Gesamtpfandrecht an den nicht dem Insolvenzschuldner gehörenden Grundstücken ändert an der „ganzen" Anmeldung nichts[874], soweit der Gläubiger bis zur Eröffnung hieraus nichts erhalten hat. Das ist wiederum auf den „Grundsatz der Doppelberücksichtigung"[875] nach § 43 InsO analog zurückzuführen.

b) Nur dingliche Haftung

Ist der Insolvenzschuldner nur Kredithelfer und haftet außerhalb der Insolvenzmasse für dieselbe Forderung ein weiteres Grundstück, kann der Gläubiger nur abgesonderte Befriedigung nach § 49 InsO verlangen[876]. Nach § 43 InsO analog kann er ohne Berücksichtigung der massefremden dinglichen Mithaft die ganze auf dem Massegrundstück lastende Forderung zur vorzugsweisen Befriedigung geltend machen[877].

[873] *Gerhardt*, Grundpfandrechte im Insolvenzverfahren, Rdn. 189.
[874] *Gerhardt*, Grundpfandrechte im Insolvenzverfahren, Rdn. 189.
[875] *K. Schmidt/Bitter* ZIP 2000, 1077ff.
[876] *Schimansky/Bunte/Lwowski-Ganter*, BRH II, 2. Aufl., § 90 Rdn. 444.
[877] Andeutungsweise bei: *Gerhardt*, Grundpfandrechte im Insolvenzverfahren, Rdn. 189.

Das setzt voraus, dass der Gläubiger bis zur Eröffnung noch keine Befriedigung aus dem übrigen Gesamtgrundpfandrecht am massefremden Immobiliarvermögen erlangt hat, § 43 InsO. Auch insofern verbietet die ungeteilte Pfandhaftung einen Zwang des Gläubigers – etwa durch den Verwalter –, das massefremde Grundstück in Anspruch zu nehmen.

B. Entstehung

Ehe diese Haftungsfolgen eintreten, muss das Gesamtgrundpfandrecht zunächst wirksam an der Masse entstanden sein.

Ist die Belastung des späteren Massegrundstücks nicht vollständig abgeschlossen und nähert sich die Insolvenz des Sicherungsgebers, hängt die Möglichkeit der insolvenzfesten Vollendung von der jeweiligen Verfahrensstufe ab.

Drei Verfahrensabschnitte erlangen dabei zeitlich Bedeutung. Zu unterscheiden ist zwischen der Rechtsentstehung im Insolvenzverfahren selbst, im Insolvenzeröffnungsverfahren und vor der Anordnung von allgemeinen Sicherungsmaßnahmen. Die InsO enthält in den drei Verfahrensabschnitten ein differenziertes Schutzsystem für den Erhalt der Masse, das zu unterschiedlichen Eingriffen in die vermögensrechtliche Stellung des Schuldners führt[878].

I. Verfügungs- und Erwerbsverbot bei mehraktigen Immobiliartatbeständen

Infolge der auf den Insolvenzverwalter mit Verfahrenseröffnung übergehenden Verfügungsbefugnis (§ 80 Abs. 1 InsO) ordnet § 81 Abs. 1 Satz 1 InsO die Unwirksamkeit von Verfügungen des Schuldners über Massegegenstände nach Eröffnung an, sog. Verfügungsverbot. Auch wenn keine Verfügung des Schuldners zugrunde liegt, verbietet § 91 Abs. 1 InsO als Auffangtatbestand den Rechtserwerb an Grundstücken der Masse, sog. Erwerbsverbot.

878 *Gerhardt* in Kölner Schrift zur InsO, 2. Aufl., S. 193 Rdn. 1.

Welcher Tatbestand der mehraktigen Grundpfandrechtsbestellung rechtshindernd aufgrund des Verlustes der Verfügungsbefugnis durch den Eigentümer entgegensteht, hat nach Verfahrenseröffnung nur dogmatische Bedeutung. Praktisch bedeutsam ist die Einordnung des Erwerbstatbestandes indes im Eröffnungsverfahren[879]. Findet in diesem Verfahrensabschnitt eine Grundschuldbestellung am späteren Massegrundstück statt, verweist § 24 Abs. 1 InsO zur Beschreibung der Wirkung eines allg. Verfügungsverbotes nach § 21 Abs. 2 Nr. 2, 1. Alt. InsO nur auf das sog. Verfügungsverbot nach § 81 InsO. Bestellungsakte, die unter das Erwerbsverbot fallen, können mithin bis zur Eröffnung vollendet werden[880].

1. Die Systematik nach der KO

Die Systematik von Verfügungs- und Erwerbsverbot innerhalb der InsO kann nicht ohne die Betrachtung des partiell vorangegangenen Systems in der KO ergründet werden.

Die dem heutigen § 81 InsO – Verfügungsverbot – entsprechende Regelung enthielt § 7 KO. Das Erwerbsverbot (heute: § 91 InsO) fand in § 15 KO gesetzlichen Ausdruck.

Beide Vorschriften gelangten erst im eröffneten Verfahren zur Anwendung[881]. Die rechtlichen Wirkungen eines durch das Konkursgericht im Vorverfahren erlassenen allg. Veräußerungsverbotes nach § 106 Abs. 1 Satz 3 KO beschrieben die Normen nicht[882]. Deshalb war auch die dogmatische Einordnung des Veräußerungsverbotes recht umstritten[883].

Die Systematik von § 7 KO und § 15 KO war durch den Begriff der Rechtshandlung geprägt[884]. Dem gesamten mehraktigen Belastungstatbestand am massezugehörigen Grundstück stand § 7 KO entgegen,

879 *Eckardt*, ZIP 1997, 957, 964.
880 *BGH*, Urt. v. 20.3.1997, ZIP 1997, 737, 739.
881 *Kuhn/Uhlenbruck*, KO, 11. Aufl., § 7 Rdn. 1/5.
882 *BGH* ZZP 111 (1998), 77, 79; *Hess*, KO, 6. Aufl., § 15 Rdn. 1.
883 S. u. III. 1., S. 290.
884 *Jaeger-Henckel*, KO, 9. Aufl., § 15 Rdn. 5/10; *Wenzel* BuB 4/2710, 4/2713.

wenn nach Eröffnung ein Erwerbsmerkmal mittels einer Rechtshandlung des Gemeinschuldners verwirklicht wurde[885]. Das war auf den Wortlaut des § 7 Abs. 1 1. HS KO zurückzuführen. Dieser lautete:

> *„Rechtshandlungen, welche der Gemeinschuldner nach der Eröffnung des Verfahrens vorgenommen hat, sind den Konkursgläubigern gegenüber unwirksam; …"*

Demgegenüber erfasste der Auffangtatbestand des § 15 KO Erwerbsmerkmale, die ohne eine Rechtshandlung des Gemeinschuldners nach Eröffnung erfüllt wurden[886]. § 15 Satz 1 KO ordnete an:

> *„Rechte an den zur Konkursmasse gehörigen Gegenständen … können nach der Eröffnung des Verfahrens nicht mit Wirksamkeit gegenüber den Konkursgläubigern erworben werden, auch wenn der Erwerb nicht auf einer Rechtshandlung des Gemeinschuldners beruht."*

Das sog. Erwerbsverbot verhinderte folglich die Belastung des Massegrundstücks, wenn die Rechtshandlungen des Gemeinschuldners im Rahmen der mehraktigen Grundpfandrechtsbestellung bereits vor der Eröffnung abgeschlossen waren, der Erwerb aber noch weitere Merkmale erforderte[887].

Das war insbesondere dann der Fall, wenn die dingliche Einigung nach § 873 Abs. 1 BGB vor Eröffnung, die Eintragung des Pfandrechtes im Grundbuch aber erst danach erfolgte[888]. Ein Fall von § 15 Satz 1 KO lag weiter vor, wenn die Hypothek schon vor Eröffnung bestellt wurde und die Valutierung ohne eine Rechtshandlung des Gemeinschuldners im eröffneten Verfahren statt fand[889].

§ 7 Abs. 1 1. HS KO war hingegen anwendbar, wenn beispielsweise die Bewilligung des Grundpfandrechtes (§ 873 Abs. 1 BGB) bei Eröffnung noch nicht geschehen war[890]. Deshalb verwies der Gesetzgeber im Gegensatz zu § 15 Satz 2 KO in § 7 Abs. 1 2. HS KO nicht auf den

885 *Kuhn/Uhlenbruck*, KO, 11. Aufl., § 7 Rdn. 1.
886 *Jaeger-Henckel*, KO, 9. Aufl., § 7 Rdn. 1.
887 *Gerhardt*, Grundpfandrechte im Insolvenzverfahren, Rdn. 2ff.
888 *Jaeger-Henckel*, KO, 9. Aufl., § 15 Rdn. 33.
889 *Jaeger-Henckel*, KO, 9. Aufl., § 15 Rdn. 33.
890 *Eickmann* in HK-InsO, 2. Aufl., § 81 Rdn. 5; *Jaeger-Henckel*, KO, 9. Aufl., § 15 Rdn. 33.

die Einigung vor Verlust der Verfügungsbefugnis voraussetzenden § 878 BGB. Weiter war der Anwendungsbereich des § 7 KO z. B. eröffnet, wenn die Briefübergabe nach § 1117 Abs. 1 Sätze 1 und 2 BGB zum Zeitpunkt der Eröffnung noch ausstand[891].

§ 7 KO ging mit der Rechtshandlung über den Begriff der Verfügung (§ 81 InsO) hinaus[892] und erfasste sie als Weniger. § 7 KO erweiterte die Grundnorm des § 6 KO insofern, als er nicht bloß Verfügungen, sondern jede rechtlich erhebliche Handlung erfasste, die der Gemeinschuldner nach Konkurseröffnung zum Nachteil der Masse vornahm[893].

2. Die Systematik nach der InsO

Es fragt sich, ob dieses System unter dem Anwendungsbereich der InsO Fortgeltung beansprucht.

a) Weite Auslegung der Verfügung – Aufgabe des Systems

Einige[894] meinen, der Systemzusammenhang zwischen den §§ 7 und 15 KO sei bei mehraktigen Verfügungen für das Verhältnis von § 81 InsO zu § 91 InsO nicht mehr aufrechtzuerhalten. Das gelte insbesondere für Verfügungen im Grundstücksbereich. Diese Ansicht begründet ihren Standpunkt mit dem Begriffswechsel in § 81 InsO. Statt der Rechtshandlung ist der neue Wortlaut durch den Verfügungsbegriff gekennzeichnet, was für eine erweiterte Erfassung der Gesamtverfügung durch § 81 Abs. 1 Satz 1 InsO spreche. Auch mehraktige Verfügungstatbestände, deren Rechtshandlungs-Elemente vor Verlust der Verfügungsbefugnis realisiert waren, die aber noch weitere „Erwerbs“-Elemente erfordern, werden statt in § 91 InsO in § 81 InsO eingeordnet. Denn der vor Eröffnung etwa durch die Einigung (§ 873 Abs. 1 BGB) eingeleitete Verfügungstatbestand, der in die Zeit nach Eröffnung „hineinreicht“, sei eine Verfügung i. S. d. § 81 InsO. § 91

891 *Jaeger-Henckel*, KO, 9. Aufl., § 15 Rdn. 35.

892 *Jaeger-Henckel*, KO, 9. Aufl., § 7 Rdn. 2/3.

893 RGZ 59, 57; *Kuhn/Uhlenbruck*, KO, 11. Aufl., § 7 Rdn. 2 a. E.

894 *Eickmann* in HK-InsO, 2. Aufl., § 81 Rdn. 5; a. M. noch in der Vorauflage (für die Beibehaltung des bisherigen Systems „jedenfalls für die Geschäfte des Immobiliarrechtsverkehrs“): *Eickmann* in HK-InsO, 1. Aufl., § 81 Rdn. 5.

InsO beschränke sich auf die Fälle, in denen zusätzlich zu dem wirksam abgeschlossenen Verfügungstatbestand weitere Erwerbs- oder Berechtigungselemente eintreten, die nicht ihrerseits den Charakter einer Verfügung tragen[895].

b) Reduktion des Verfügungsbegriffes – Beibehaltung der bisherigen Systematik

Überwiegend wird im Schrifttum[896] der Standpunkt vertreten, an der bisherigen Systematik habe sich für das Zusammenspiel zwischen §§ 81 und 91 InsO bei mehraktigen Verfügungen nichts geändert. Hauptsächlich wird das mit der teleologischen Auslegung der Wortwahl in § 81 Abs. 1 InsO begründet[897].

c) Stellungnahme

Wörtliche Auslegung

Für die geänderte Ansicht *Eickmanns*[898] spricht der Wortlaut der §§ 81, 91 InsO.

Im Gegensatz zum Vorgänger (§ 7 Abs. 1 1. HS KO) spricht § 81 Abs. 1 Satz 1 InsO nicht von einer unwirksamen Rechtshandlung des Schuldners. Vielmehr erklärt die Vorschrift Verfügungen für unwirksam, die der Schuldner nach Insolvenzeröffnung zu Massegegenständen getroffen hat. Die sachenrechtliche Verfügung schließt jedes Teilstück des mehraktigen Verfügungstatbestandes ein. Bei dieser Sichtweise ist der Anwendungsbereich des § 81 InsO nicht schon dann erschöpft, wenn das (innere) Willensmoment des Zuordnungs-

[895] *Eickmann* in HK-InsO, 2. Aufl., § 81 Rdn. 6.

[896] *Blersch* in *Breutigam/Blersch/Goetsch* § 81 Rdn. 7; *Bork*, InsolvenzR, Rdn. 137, 147f.; *Eickmann* in HK-InsO, 1. Aufl., § 81 Rdn. 5; *Gerhardt* in Kölner Schrift zur InsO, 2. Aufl., S. 193ff. Rdn. 51 Fn. 136 unter Hinw. auf die bei *Jaeger-Henckel*, KO, 9. Aufl., § 15 Rdn. 15ff. dargestellten Erwerbsfälle, die nunmehr unter § 91 InsO fallen; *ders.*, Grundpfandrechte im Insolvenzverfahren, Rdn. 1ff., 9ff.; *Häsemeyer*, Insolvenzrecht, Rdn. 10.29–10.31; *Landfermann* in Kölner Schrift zur InsO, 2. Aufl., S. 159ff. Rdn. 12 Fn. 11, 47; MünchKomm-InsO-*Ott* § 81 Rdn. 10; *Oepen/Rettmann* KTS 1995, 609, 613; *Wenzel* BuB 4/2713; andeutend: *Schimansky/Bunte/Lwowski-Merkel*, BRH II, 2. Aufl., § 94 Rdn. 494f.

[897] *Eickmann* in HK-InsO, 1. Aufl., § 81 Rdn. 5.

[898] in HK-InsO, 2. Aufl., § 81 Rdn. 5f.

geschäftes nach Verlust der Verfügungsbefugnis realisiert wird. Das trifft insbesondere für Willenserklärungen (§ 959 BGB) oder Verträge (§§ 873, 929 BGB) zu. Zur Anwendung käme das Verfügungsverbot auch dann, wenn im Eröffnungsverfahren nach allg. Verfügungsverbot oder im eröffneten Verfahren noch (äußeren) Vollzugsmomenten mit Rücksicht auf das Publizitätsprinzip Rechnung zu tragen wäre. Letzteres trifft etwa für die Übergabe in §§ 929, 1117, 1205 BGB, die Eintragung nach §§ 873, 925 BGB und schließlich die Anzeige nach § 1280 BGB zu. Diese Vollziehungselemente würden bei Ausweitung des Verfügungsverbotes nicht unter das Erwerbsverbot fallen. Der Anwendungsbereich des Verfügungsverbotes wäre auch dann eröffnet, wenn sie nicht wie z. B. die Übergaben nach §§ 929, 1117 BGB als Rechtshandlungen des Insolvenzschuldners einstufbar wären.

Bei Zugrundelegung dieser Dogmatik erfasst § 81 InsO auch Grundpfandrechtsbestellungen, die insbesondere nur noch der Eintragung bedürfen.

Der Wortlaut des § 81 InsO lässt sich bei weiterer Begründung aber auch auf Verfügungselemente des mehraktigen Tatbestandes begrenzen, die auf ein Zutun – eine Rechtshandlung – des Schuldners zurückführbar sind. Das ist mit der Zentralisierung des Verfügungsbegriffes auf den Schuldner zu begründen. § 81 Abs. 1 Satz 1 InsO spricht auf der Tatbestandsseite nicht schlechthin die Gesamtverfügung, sondern nur die Verfügung des Schuldners an. Nur auf der Rechtsfolgenseite wird das Schicksal der (gesamten) Verfügung geregelt. Das schließt nicht aus, dass der Gesetzgeber punktuell nur Verfügungselemente, die unmittelbar auf eine Rechtshandlung des Schuldners zurückführbar sind, in § 81 InsO einstufen wollte und andere Merkmale in § 91 Abs. 1 InsO einordnete.

Systematische Auslegung

Die Gesetzessystematik von §§ 81 Abs. 1 Satz 2 und 91 Abs. 2 InsO spricht für die Aufrechterhaltung des Zusammenspiels der §§ 7, 15 KO für Verfügungen im Grundstücksbereich. Wie § 7 Abs. 1 2. HS KO verweist § 81 Abs. 1 Satz 2 InsO nur auf die Vorschriften zum gutgläubigen Erwerb, §§ 892, 893 BGB. Darüber hinaus findet sich in § 91 Abs. 2 InsO anknüpfend an die Vorgängerregelung § 15 Satz 2

KO auch eine Verweisung auf § 878 BGB. Zwar ist die Verweisung auf § 878 BGB im Gegensatz zur konstitutiven[899] Verweisung auf §§ 892, 893 BGB nur deklaratorisch. Insofern geht *Eickmann*[900] in der Annahme richtig, dass es bei seiner Auslegung auch im Rahmen von § 81 InsO einer Verweisung auf § 878 BGB nicht bedürfe, zumal dieser unmittelbar anwendbar sei[901]. Gleichwohl zeigt die Verweisungstechnik, dass der Gesetzgeber dem Anwendungsbereich des § 81 InsO nur Verfügungssituationen zuordnete, bei denen der Gläubiger ohnehin nicht mehr nach § 878 BGB geschützt wird[902]. Das ist der Fall für Grundstücksverfügungen, bei denen der ursprünglich Berechtigte durch ein allgemeines Verfügungsverbot oder die Eröffnung in der Verfügung beschränkt wird ehe er die Erklärung nach § 873 Abs. 1 BGB (bindend, § 873 Abs. 2 BGB) abgab. Umgekehrt ließ der Gesetzgeber noch Raum für die Vorverlagerung des Zeitpunktes der Berechtigung, wenn nur noch die Eintragung nach Eröffnung geschah. Das spricht für die Anwendbarkeit von § 91 InsO, wenn der „Erwerb" des Grundpfandrechtes nur noch die Eintragung voraussetzt. § 81 InsO ist anwendbar, wenn schon die Einigung als Rechtshandlung danach erfolgt.

Teleologische Auslegung

Einengung statt Erweiterung

aa) Die im Ergebnis durch die Ansicht *Eickmanns*[903] hervorgerufene Erweiterung des Anwendungsbereiches von § 81 Abs. 1 Satz 1 InsO widerspricht dem mit der Begriffsänderung verfolgten Zweck. Mit ihr wollte der Gesetzgeber keine Erweiterung, sondern gerade die Einengung der schon früher nach ganz h. M.[904] die Verfügung enthaltenen Rechtshandlung erreichen[905].

[899] *Jaeger-Henckel*, KO, 9. Aufl., § 7 Rdn. 50.
[900] in HK-InsO, 2. Aufl., § 81 Rdn. 5.
[901] A. A. offenbar: MünchKommInsO-*Ott*, § 81 Rdn. 10.
[902] *Eickmann* in HK-InsO, 1. Aufl., § 81 Rdn. 5.
[903] in HK-InsO, 2. Aufl., § 81 Rdn. 5.
[904] Statt vieler: Begründung RegE zu § 92; *Hess*, KO, 6. Aufl., § 7 Rdn. 2f.; *Kuhn/Uhlenbruck*, KO, 11. Aufl., § 7 Rdn. 2; *Jaeger-Henckel*, KO, 9. Aufl., § 7 Rdn. 2, 3, 5, 15–17.
[905] *Hess*, InsO, § 81 Rdn. 11.

Im Vergleich zum Rechtshandlungs-Begriff der KO, der sowohl die schuldrechtliche Verpflichtung als auch ihren sachenrechtlichen Vollzug beinhaltete, sollte § 81 InsO nur noch die dingliche Verfügung des Schuldners für unwirksam erklären[906]. Diese Reduktion hatte nur klarstellenden Charakter. Sie hätte genauso gut unterbleiben können[907]. Dass eine nach Eröffnung durch den Schuldner eingegangene Verpflichtung ins Leere geht, ergibt sich bereits aus der zeitlichen Schranke des § 38 InsO[908]. Sie gilt für Primär- und Sekundäransprüche. Der Schuldner kann sich zwar beliebig verpflichten[909]. Die Erfüllung wird ihm aber regelmäßig bis auf das insolvenzfreie Vermögen[910] unmöglich sein[911]. Der Gläubiger ist dann auf §§ 275, 323ff. BGB zu verweisen[912].

Eine durch die Änderung des Wortlautes bedingte Erweiterung erfuhr das Verfügungsverbot nach § 81 Abs. 1 Satz 1 InsO lediglich in Ansehung seines Wirkungskreises. Durch seine Bezugnahme auf den nunmehr durch § 35 InsO erweiterten Massebegriff sind im Gegensatz zu § 7 KO auch Verfügungen zum Neuerwerb unwirksam[913].

Dass mit der Begriffsänderung nicht die Abänderung der bisherigen Systematik durch eine Erweiterung der dinglichen Seite des früheren Rechtshandlungsbegriffs gewollt war, verdeutlichen die Gesetzesmaterialien. Zur Begründung der anderen Wortwahl führte der Gesetzgeber aus:

> Begründung Regierungsentwurf zu § 92 (§ 81 InsO) Verfügungen des Schuldners[914]:
>
> *„Die Vorschrift entspricht in ihren Absätzen 1 und 3 im Grundsatz § 7 KO. Während dieser allerdings allgemein von „Rechtshandlungen" des Schuldners spricht und damit Verfügungs- und Verpflichtungsgeschäfte*

906 Begründung RegE zu § 92; MünchKommInsO-*Ott*, § 81 Rdn. 2.
907 *Jaeger-Henckel*, KO, 9. Aufl., § 7 Rdn. 5, 16.
908 MünchKommInsO-*Ott*, § 81 Rdn. 2.
909 A. A. offenbar: *Häsemeyer*, Insolvenzrecht, Rdn. 25.02: Verlust der Verpfl.-befugnis in Ansehung der Masse.
910 MünchKommInsO-*Ott*, § 81 Rdn. 5.
911 Zur KO: *Jaeger-Henckel*, KO, 9. Aufl., § 7 Rdn. 5.
912 *Eickmann* in HK-InsO, 2. Aufl., § 81 Rdn. 3.
913 *Hess*, InsO, § 81 Rdn. 11.
914 Abgedruckt bei: *Hess*, InsO, § 81 Rdn. 1ff.

sowie sonstige Handlungen mit rechtlicher Wirkung erfaßt, ist die neue Vorschrift auf Verfügungen beschränkt. Daß Verpflichtungen, die der Schuldner nach Eröffnung des Insolvenzverfahrens begründet hat, im Verfahren nicht geltend gemacht werden können, ergibt sich bereits aus § 45 des Entwurfs (§ 38 InsO).

Sonstige Rechtshandlungen des Schuldners haben nach der ergänzenden Vorschrift des § 102 des Entwurfs (§ 91 InsO), *die dem bisherigen § 15 KO entspricht, keine Wirkungen für die Insolvenzmasse.*"

Die Begründung zeigt, dass nur gewisse Rechtsgeschäfte aus dem Anwendungsbereich der Vorschrift herausgenommen werden sollten. Diese stehen mit mehraktigen Grundstücksverfügungen in keinem Zusammenhang. Für sie sollte es umgekehrt bei der Erfassung durch § 81 InsO bleiben. Dieser partiell nicht geänderte Bereich sollte systematisch ferner nicht anders als bisher mit § 91 InsO, dem Erwerbsverbot, zusammenspielen. Der Gesetzgeber sprach vielmehr positiv aus, dass das System von Verfügungs- und Erwerbsverbot dem der KO (§§ 7 und 15) entspricht. Statt konsequent dem Wortlaut der dinglichen Rechtshandlung gesetzlichen Ausdruck zu verleihen, entschied sich der Gesetzgeber für den Verfügungs-Begriff. Vermutlich geschah das aufgrund des für ein Gesetz zu dogmatisch und nicht mehr ganz zeitgemäß klingenden Charakters der dinglichen oder sachenrechtlichen Handlung des Schuldners.

Weil vor dem Hintergrund des Abstraktionsprinzips die durch den Gesetzgeber gemeinten dinglichen Rechtsgeschäfte schon im § 7 KO als „Weniger" enthalten waren, stellt es einen inneren Widerspruch dar, heute das System in Frage zu stellen, während es früher befürwortet wurde. Schon unter dem Anwendungsbereich der KO sprach das Schrifttum[915] einhellig im Rahmen von § 7 KO von unwirksamen Verfügungen des Schuldners. Das hinderte die ganz h. M.[916] indes nicht, Verfügungselemente (gerade dieser Verfügung), die nicht unmittelbar mit einer Rechtshandlung des Schuldners im Zusammenhang stehen, in § 15 KO einzuordnen.

915 *Jaeger-Henckel*, KO, 9. Aufl., § 7 Rdn. 2.

916 Statt vieler: *Kuhn/Uhlenbruck*, KO, 11. Aufl., § 7 Rdn. 1, § 15 Rdn. 1; *Jaeger-Henckel*, KO, 9. Aufl., § 7 Rdn. 1, § 15 Rdn. 10.

Wird folglich nicht schon im Wortlaut des § 81 Abs. 1 Satz 1 InsO aufgrund der Bezugnahme auf den Schuldner (s. o.) dieser Wille des Gesetzgebers verkörpert gesehen, ist der Tatbestand auf „Teilstücke der Gesamtverfügung, die unmittelbar auf eine Rechtshandlung des Schuldners zurückzuführen sind“, teleologisch zu reduzieren.

Vorausverfügungsbeispiel – Abtretung

bb) Darüber hinaus könnte einem durch den Gesetzgeber selbst angesprochenen und beim Erwerbsverbot nach § 91 InsO eingestuften Verfügungstatbestand zu entnehmen sein, was mit Verfügung i. S. d. § 81 Abs. 1 Satz 1 InsO gemeint ist und wie die Systematik beider Einwendungen zu verstehen ist.

Zur Beschreibung des Anwendungsbereiches von § 91 InsO führte der Gesetzgeber aus:

> Begründung Regierungsentwurf zu § 102 (§ 91 InsO) Ausschluss sonstigen Rechtserwerbs[917]:
>
> *„Die Vorschrift entspricht § 15 KO. Sie ergänzt die Regelung über die Unwirksamkeit von Verfügungen des Schuldners (§ 92 des Entwurfs (§ 81 InsO)). Nach der Verfahrenseröffnung können Rechte an Gegenständen der Insolvenzmasse auch nicht auf andere Weise erworben werden.*
>
> *Hat der Schuldner z. B. einem Gläubiger vor Verfahrenseröffnung eine künftige Forderung zur Sicherung abgetreten und entsteht die Forderung nach der Verfahrenseröffnung für die Masse, so erwirbt der Gläubiger kein Absonderungsrecht.“*

Mit dem angesprochenen Rechtserwerb „auf andere Weise“ konnte der Gesetzgeber kaum deutlicher zum Ausdruck bringen, dass es sich bei den vom Erwerbsverbot erfassten Konstellationen um solche handelt, die nicht schon durch § 81 InsO geregelt werden.

Eine Ergänzung macht nur dort Sinn, wo der ergänzte Teil nicht bereits an anderer Stelle geregelt ist.

917 Abgedruckt bei: *Hess*, InsO, § 91 Rdn. 3.

Es fragt sich, in welcher Weise das Vorausverfügungs-Beispiel geeignet ist, die Erweiterungsthese zum Verfügungsbegriff des § 81 Abs. 1 Satz 1 InsO zu beeinflussen.

Es spricht gegen die These, wenn auch die Entstehung des Verfügungsgegenstandes – im Bsp. der abgetretenen Forderung (durch Vertragsschluss) – zum Tatbestand der Verfügung gehört, die Existenz des Verfügungsobjektes mithin ein Teilstück auf dem Weg zu ihrem Abschluss darstellt. Dann wäre mit dem Willen des Gesetzgebers der Beweis für eine Erfassung nur bestimmter Elemente des Verfügungstatbestandes durch § 81 InsO geführt. Denn der Zession müsste insgesamt § 81 InsO entgegenstehen, wenn die Vorschrift alle Teilstücke ergreift und die Existenz des Verfügungsgegenstandes eines darstellt. Dann würde das Beispiel keine konstitutive Ergänzung, sondern eine nicht zu unterstellende[918] überflüssige deklaratorische Wiederholung bedeuten. Letztere kann deshalb nicht unterstellt werden, weil der Gesetzgeber gerade beschreiben wollte, was mit dem Erwerb „auf <u>andere</u> Weise" gemeint war.

Anders wäre es, wenn die Verfügung im Beispiel bereits mit der Zession als abgeschlossen zu betrachten ist. Dann stellte die Erweiterungsthese zumindest keinen Widerspruch zur Einordnung des Beispielfalles beim Erwerbsverbot nach § 91 InsO dar. Denn die Verfügung i. S. d. § 81 InsO wäre zwar schon abgeschlossen. Am Erwerb des Rechtes (§ 91 InsO) fehlte es indes noch. Andererseits wäre selbst bei Abgeschlossenheit der Verfügung mit dem Abtretungsvertrag im Erwerbs-Bsp. keine positive Stütze für die erweiternde Ansicht zu sehen.

Ansichten zur Verfügungsgestaltung bei Vorausabtretung und -Pfändung

Zur Zusammensetzung einer Vorausverfügung werden zwei Meinungen vertreten.

[918] Für eine nur „klarstellende" Funktion: *Eckardt*, ZIP 1997, 957, 964.

Forderungsentstehung kein Bestandteil der Verfügung

Der Insolvenzsenat des *BGH*[919] vertritt den Standpunkt, das Entstehen der abgetretenen Forderung gehöre nicht mehr zum Tatbestand der Vorausverfügung. Vor dem Hintergrund des maßgeblichen Zeitpunktes differenziert er zwischen der Vornahme des Rechtsgeschäftes (Verfügung) auf der ersten Stufe und dem Wirksamwerden der Verfügung auf der zweiten Stufe. Verfügungsbefugt müsse der Zedent (späterer Insolvenzschuldner) nur bis zum Abschluss der ersten Stufe sein. Diese sei vollendet, wenn das letzte Teilstück der Verfügung realisiert sei. Dies sei bei der Vorausabtretung nicht erst die Entstehung des Verfügungsgegenstandes, sondern schon der Abtretungsvertrag. Der IX. Zivilsenat meinte hierzu: Es

> *„trifft die Aussage, die Verfügungsmacht müsse im Zeitpunkt des Wirksamwerdens der Verfügung vorliegen ... nicht zu. Richtig ist nur, dass die Verfügungsbefugnis beim letzten Teilstück der Verfügung gegeben sein muss. Die Abtretung einer zukünftigen Forderung enthält bereits selbst alle Merkmale, aus denen der Übertragungstatbestand besteht; die Entstehung der abgetretenen Forderung gehört sogar dann nicht dazu, wenn noch nicht einmal der Rechtsgrund für sie gelegt ist"*[920].

Entstehung gehört zur Verfügung

Demgegenüber rügt ein Großteil im Schrifttum[921] diese Vorverlagerung der Verfügungsvollendung. Entscheidend für die Beendigung des Tatbestandes einer Vorausabtretung sei der Zeitpunkt der Entstehung des von der Verfügung betroffenen Rechtes[922]. Deshalb sei nicht schon der Abtretungsvertrag, sondern erst die Entstehung der abgetretenen Forderung das letzte Teilstück der Verfügung[923].

Stellungnahme

Die dargestellte Begründung des Insolvenzsenates darf nicht losgelöst vom verfolgten Ergebnis betrachtet werden. Das durch den

[919] *BGH*, Urt. v. 20.3.1997, ZIP 1997, 737ff.=ZZP 111 (1998), 77ff.=*BGHZ* 135, 140ff.=NJW 1997, 1857ff.

[920] *BGH*, Urt. v. 20.3.1997, ZIP 1997, 737, 738.

[921] *Eckardt*, ZIP 1997, 957ff.; *Gerhardt* in Jaeger, InsO, § 24 Rdn. 6 f.; *Häsemeyer*, ZZP 111 (1998), 83ff.; *Kirchhof* in HK-InsO, 2. Aufl., § 24 Rdn. 6.

[922] *Eckardt*, ZIP 1997, 957, 960.

[923] *Kirchhof* in HK-InsO, 2. Aufl., § 24 Rdn. 6.

BGH erreichte Ergebnis ist teleologisch nicht zu beanstanden[924]. Nur der Weg zu ihm ist kritikwürdig, weil sich der Senat teils zu seiner Rechtsprechung im Insolvenzanfechtungs-Bereich[925] sowie zur Konvaleszenz[926] nach § 185 Abs. 2 Satz 1 Var. 2 BGB analog in Widerspruch setzte[927]. Zum Tatbestand einer Vorausabtretung gehört auch, wenn ihr Wortlaut auf eine andere Sichtweise schließen mag, die Existenz des Verfügungsgegenstandes[928]. Die Aufspaltung zwischen „Vornahme des Rechtsgeschäftes" und „Wirksamwerden der Verfügung"[929] erscheint gekünstelt. Sie führt zudem zu Rechtsunsicherheiten[930].

Verständlich wird die Argumentation des *BGH* indes bei Betrachtung des durch den Senat favorisierten Ergebnisses.

Unter dem Anwendungsbereich der KO wollte der IX. Zivilsenat einer Vorausverfügung in Gestalt der Pfändung[931] künftiger Forderungen nicht schon deshalb die Wirkung entziehen, weil das verfügungsgegenständliche Recht im Konkurseröffnungsverfahren erst nach Verhängung eines allg. Veräußerungsverbotes nach § 106 Abs. 1 Satz 3 KO über das Vermögen des späteren Gemeinschuldners entstanden ist.

Der Senat erkannte damit für Recht, was unter dem Anwendungsbereich des neuen Insolvenzrechtes in § 24 Abs. 1 InsO gesetzlichen

924 Im Ergebnis ebenso: *Pohlmann*, Befugnisse des vorläufigen Insolvenzverwalters, Rdn. 434f.; *Schimansky/Bunte/Lwowski-Ganter*, BRH II, 2. Aufl., § 90 Rdn. 425f.

925 *BGHZ* 30, 238, 240f.

926 *BGH* WM 1973, 48; *BGHZ* 88, 205, 207 = ZIP 1983, 1326, 1327; *BGHZ* 104, 351, 353f. = ZIP 1988, 1546, 1547, hierzu EWiR 1988, 1207 (*Frey*).

927 Zur Kritik: *Eckardt*, ZIP 1997, 957, 960f.; *Häsemeyer*, ZZP 111 (1998), 83, 84f.; *Kirchhof* in HK-InsO, 2. Aufl., § 24 Rdn. 6.

928 Insoweit zutreffend: *Kirchhof* in HK-InsO, 2. Aufl., § 24 Rdn. 6.

929 *BGH*, Urt. v. 20. 3. 1997, ZIP 1997, 737, 738.

930 *Eckardt*, ZIP 1997, 957, 960.

931 Entgegen der Ansicht von *Kirchhof* in HK-InsO, 2. Aufl., § 24 Rdn. 6 a. E. ist die Entscheidung des Insolvenzsenates nicht nur auf „Pfändungen durch Dritte" (die Pfändung erfolgt immer durch einen Dritten; genauso, wie der Zessionar Dritter ist) und nicht nur „für den Geltungsbereich der KO" anwendbar. Einmal hat der BGH unmissverständlich die Vorauszession der Verfügung im Wege der Zwangsvollstreckung gleichgestellt (vgl. auch § 135 Abs. 1 Satz 2 BGB). Zum anderen erfasst das nicht anwendbare Erwerbsverbot gerade Handlungen Dritter. Schließlich begründete der *BGH* seinen Standpunkt mit § 24 InsO.

Ausdruck fand. Angesichts der fehlenden Verweisung des § 24 Abs. 1 InsO auf das Erwerbsverbot nach § 91 InsO und der hierzu zu findenden Begründung des Gesetzgebers[932] ist eine andere Ansicht als das *BGH*-Ergebnis nicht mehr vertretbar. Diese begrenzte Wirkung des Verlustes der Verfügungsbefugnis im Eröffnungsverfahren, auf die sich der *BGH* in der Entscheidung stützte[933], war zur KO nicht unmittelbar gesetzlich verankert. Der *BGH* ging daher bei unterstellter absoluter Unwirksamkeit (Verlust der Verfügungsbefugnis) eines Verstoßes gegen § 106 Abs. 1 Satz 3 KO den Weg über eine „künstliche Vorverlagerung“ des Verfügungsendes, das wiederum für das Vorliegen der Verfügungsbefugnis Bedeutung erlangte.

Die Besonderheit des Vorausverfügungstatbestandes besteht darin, dass das Bezugsobjekt der Verfügung zum Zeitpunkt der Vornahme der Rechtshandlung noch gar nicht existent ist. Grds. erfordert die Erfassung des Vermögensrechtes, zu dessen Übertragung oder Belastung die Verfügung überhaupt nur stattfindet, ein über die Konkretisierung der Parteien des Rechtsgeschäftes hinausgehendes objektsbezogenes Moment[934]. Diese Konkretisierung des Verfügungsgegenstandes kann nicht mit Bestimmtheit erfolgen, zumal der Gegenstand am Anfang nicht feststeht. Um nicht die Konstruktion ganz für unwirksam zu erklären[935], fordert die h. A.[936] nur die Bestimmbarkeit. Ihr wird bei der Vorauspfändung im Wege der Zwangsvollstreckung anders Rechnung getragen als bei der Vorausabtretung (zumeist: Globalzession). Für letztere genügt die Bestimmbarkeit allein aus der Person des Gläubigers[937]. Bei ersterer wird eine „Rechtsbeziehung“ verlangt, aus der die „künftige Forderung nach Art und Person des Drittschuldners bestimmt werden kann“[938]. Denn die Vor-

[932] Begründung RegE zu § 102, abgedruckt bei: *Hess*, InsO, § 91 Rdn. 3, Zitat s. o.

[933] *BGH*, Urt. v. 20. 3. 1997, ZIP 1997, 737, 739: „Hinsichtlich der Wirkungen d. § 24 Abs. 2 Nr. 2 InsO verweist § 24 Abs. 1 zwar auf § 81 InsO, der … Rechtshandlungen des Schuldners für unwirksam erklärt; ein Verweis auf die dem § 15 KO entsprechende Bestimmung des § 91 InsO fehlt aber für das Eröffnungsverfahren“.

[934] *Häsemeyer*, ZZP 111 (1998), 83, 84.

[935] *Häsemeyer* meint, dann wäre der Rechtsordnung viel erspart geblieben: ZZP 111 (1998), 83, 84, unter Hinw. auf *von Tuhr*, AT Dt. Bg. R., II, 388.

[936] *BGH* NJW 1965, 2197; *Palandt-Heinrichs*, BGB, 61. Aufl., § 398 Rdn. 11.

[937] *Häsemeyer*, ZZP 111 (1998), 83.

[938] *BGH* ZZP 111 (1998), 77, 79; BGHZ 53, 29, 32.

auspfändung erfordert einen Drittschuldner, dem der Pfändungsbeschluss zugestellt werden muss, § 829 Abs. 1 Satz 1, Abs. 3 ZPO[939].

Wegen dieses Auseinanderfallens zwischen Rechtsgeschäft, bei dem das noch nicht existente Objekt nur i.w.S. „bestimmbar" umrissen werden kann, und späterer Konkretisierung durch Entstehung steht die Wissenschaft vor der im Sachenrecht nicht beantworteten Frage, wann die Verfügung als dingliche Rechtshandlung vorgenommen ist.

Das wurde bislang mit einer in der Tat „absurden" Trennung zwischen Verfügungstatbestand und Verfügungswirkungen beantwortet[940]. Die Entstehung des Rechtes gehöre zwar nicht zur Verfügung. Gleichwohl soll die Sicherheit erst entstehen, wenn das Recht existent wird[941].

Die damit verbundenen Zeitpunktunsicherheiten wurden durch die InsO beseitigt. Sie legt die Rechtshandlung und ihr Wirksamwerden auf einen der natürlichen Sichtweise entsprechenden Zeitpunkt zusammen. Nach § 140 Abs. 1 InsO

> *„gilt eine Rechtshandlung als in dem Zeitpunkt vorgenommen, in dem ihre rechtlichen Wirkungen eintreten".*

Das bedeutet für die Vorausverfügung zu einer künftigen Forderung, dass ihr letztes Teilstück die Forderungsentstehung ist[942].

939 *Stein/Jonas/Münzberg*, ZPO, § 829 Rdn. 4f.

940 Zu Recht kritisch: *Häsemeyer*, ZZP 111 (1998), 83, 84.

941 Den *BGH* insofern bestätigend: *Schimansky/Bunte/Lwowski-Ganter*, BRH II, 2. Aufl., § 90 Rdn. 85.

942 *Eckardt*, ZIP 1997, 957, 960, 964. Dieses Ergebnis gewährleistet die Einheitlichkeit des Insolvenzrechtes. Bei der Beurteilung der Anfechtbarkeit (§ 140 Abs. 1 InsO, früher ständige Rspr. des *BGH*) kommt es ebenso wie bei der Rechtsentstehung (§ 91 Abs. 1 InsO) auf denselben dinglichen Organismus des Rechtes an. Maßgeblich für das Wirksamwerden der Vorausverfügung ist die Entstehung des künftigen (abgetretenen) Rechtes durch Vertragsschluss. Das „Werthaltigwerden" der Forderung ist für das Entstehen des Absonderungsrechtes (§§ 81, 91 InsO) anders als bei der Anfechtung der Schaffung einer Aufrechnungslage (*BGH* WM 2001, 1470, 1472 zur KO; WM 2001, 2208, 2209 f. zur GesO) ebenso bedeutungslos, wie für dessen Anfechtung (§§ 129 ff. InsO), a.A. *Kirchhof*, WM Sonderbeilage 2/2005, S. 20, ders., Anfechtbarkeit von Sachsicherheiten, ZInsO 2004, 465, 468. Der Forderungsübergang infolge der Vorausabtretung ist regelmäßig eine kongruente Deckung i.S.d. § 130 InsO; a.A. (Inkongruenz) für den Fall der Entstehung der abgetretenen Forderung in der Zeit der gesetzlichen Krise und anlehnend an Rspr. zum AGB-PfandR: OLG *Karlsruhe*, Urt. v. 08.04.2005, ZIP 2005, 1248 f.

Dafür spricht schließlich das denknotwendige Erfordernis des Bezugspunktes der Verfügung. Eine Verfügung über ein Recht kann noch nicht abgeschlossen sein, wenn das Recht noch gar nicht existiert. Dann wäre die Verfügung „gegenstandslos“. Der Verfügende muss erst einmal das Recht haben, damit er über es verfügen kann[943]. Eine vorherige Verfügungsmachtentledigung funktioniert nicht ohne die Rechtsübertragung, § 137 Satz 1 BGB[944]. Die aus der Rechtsinhaberschaft fließende Verfügungsbefugnis geht selbst dann nicht verloren, wenn der Rechtsinhaber – Zessionar –, wie bei der Vorauszession üblich, nach § 185 Abs. 1 BGB dem Zedent eine – begrenzte – Einziehungsermächtigung erteilt[945]. Das beweist schon der Umstand, dass trotz der Einwilligung in die Verfügung nach § 185 Abs. 1 BGB der Berechtigte jederzeit selbst verfügen darf. Erfolgt das, verliert der Ermächtigte die Verfügungsbefugnis[946]. Schon der Wortlaut des § 185 Abs. 1 BGB zeigt, dass trotz der Einwilligung (die ja vorher geschehen muss, § 183 Satz 1 BGB) der Ermächtigte „ein Nichtberechtigter“ bleibt. Nur die Verfügung, die er vornehmen darf, wird wirksam.

Das für die Beurteilung der Verfügungsbefugnis maßgebliche letzte Teilstück kann folglich nur die künftige Entstehung des verfügungsgegenständlichen Rechtes sein[947]. Denn die Verfügungsbefugnis setzt ein Substrat voraus. Sie wächst einem Rechtssubjekt nicht wie die Rechtsfähigkeit oder die Geschäftsfähigkeit von selbst zu[948]. Sie ist nur ein vom jeweiligen Recht selbst abgeleitetes „gegenstandsbezogenes rechtliches Können“[949]. Ist der Gegenstand als ihr akzessorischer Bezugspunkt noch nicht vorhanden / entstanden, kann die Befugnis des Zedenten noch gar nicht existent sein. Er kann sie daher vorher weder übertragen noch kann zu ihrer Beurteilung schon die vorgelagerte auf Bestimmbarkeit gerichtete Zession das letzte Teilstück der Verfügung sein. Denn zum damaligen Zeitpunkt war nur den subjekt-

943 Gegen den *BGH*: *Schimansky/Bunte/Lwowski-Ganter*, BRH II, 2. Aufl., § 90 Rdn. 86.

944 Zutreffend: *Häsemeyer*, ZZP 111 (1998), 83, 85; unzutreffend: *Serick*, Eigentumsvorbehalt und Sicherungsübertragung, IV, S. 387ff., 390ff.

945 A. A. *Serick*, IV, § 49 I 1 b, S. 387ff., 390ff.

946 *Häsemeyer*, ZZP 111 (1998), 83, 85; *Staudinger-Gursky*, BGB, § 185 Rdn. 26.

947 *Kirchhof* in HK-InsO, 2. Aufl., § 24 Rdn. 6.

948 *Eckardt*, ZIP 1997, 957, 960.

949 *Enneccerus/Nipperdey*, AT BgR, II, 15. Aufl., § 144 I. S. 885; *von Tuhr*, AT Dt. Bg. R., II, S. 365.

bezogenen Momenten der Verfügung Rechnung getragen (s. o.). Diese beschrieben aber nur das Rechtssubjekt, dem die Forderung (Zession) oder Schuld (Perspektive des Drittschuldners bei § 829 Abs. 1, 3 ZPO) zufällt. Den Anfang jeglichen objektsbezogenen Momentes kann zeitigstens die Entstehung bilden[950].

Das letzte Teilstück aus der Perspektive der Verfügungsbefugnis ist daher das Entstehen der Forderung in der Person des verfügenden Zedenten. Für eine juristisch logische Sekunde entstehe das Recht bei ihm und könne erst danach auf den Zessionar übergehen[951]. Das Recht sei kurz in der Vermögenssphäre des späteren Insolvenzschuldners greifbar. Etwas anderes gelte nur bei der vorherigen Übertragung des Anwartschaftsrechtes. Bei ihr trete ein Direkterwerb des Vollrechtes ohne Umweg über den Veräußerer unmittelbar beim Erwerber ein[952] (vgl. auch § 161 Abs. 1 BGB).

Trotz der vergleichbaren Dogmatik einer Vorausverfügung über eine Sache wird bei ihr die Entstehung als letztes Teilstück der Verfügung betrachtet, zu dem die Verfügungsbefugnis noch vorliegen muss[953]. Das kann schwerlich mit dem hier erforderlichen Vollzugsmoment der Ergreifung vom Besitzmittlungskonstitut gerechtfertigt werden. Dieses ist ebenso wie die Forderung rein fiktiver bzw. „gedankenweltlicher“ Form[954]. Auch im vergleichbaren Parallelfall der Aneignungsgestattung ist die Trennung der Frucht von der Muttersache (Entstehung einer selbständigen Sache) der letzte Teilakt, zu dem die Verfügungsbefugnis erforderlich ist[955].

Im Interesse der Einheit des Mobiliarpfandrechtes i.e. und w.S. ist diese willkürliche Ungleichbehandlung zu vermeiden.

Die Vorverlagerung des Verfügungsendes auf die Abtretungseinigung steht darüber hinaus nicht im Einklang mit zur Anfechtbarkeit der Vorausabtretung ergangener Rechtsprechung[956]. Aus dieser ist zu fol-

[950] *Häsemeyer*, ZZP 111 (1998), 83, 84.
[951] *Häsemeyer*, ZZP 111 (1998), 83, 85; a.A. *Schimansky/Bunte/Lwowski-Ganter*, BRH II, 2. Aufl., § 96 Rdn. 66; *BGH* WM 1960, 395, 396, offen gelassen: *BGHZ* 66, 384, 385.
[952] *BGHZ* 20, 88 ff.
[953] *Schimansky/Bunte/Lwowski-Ganter*, BRH II, 2. Aufl., § 90 Rdn. 85.
[954] *Eckardt*, ZIP 1997, 957, 960.
[955] *BGHZ* 27, 360, 368; *Denck*, JZ 1981, 331, 333 ff.; *Medicus*, JuS 1967, 385, 391 f.
[956] *BGHZ* 30, 238, 240 f.

gern, dass die Entstehung der Forderung „zur Vollendung des Gesamttatbestandes“ gehört. Dies sollte einheitlich in dem Sinne praktiziert werden, dass die Entstehung des Verfügungsobjektes zur Verfügung gehört und mit dieser die Verfügung vorgenommen ist.

Im übrigen hat der *BGH*[957] schon entschieden, dass die Verfügungsmacht bis zum Wirksamwerden vorliegen muss.

Vorschlag zur Begründung des richtigen Ergebnisses

Weil § 161 Abs. 1 Satz 2 BGB mangels bedingter Verfügung über das zukünftige Recht auch nicht entsprechend anwendbar ist[958], hätte die Begründung des richtigen Ergebnisses mit dem Gesetz wie folgt lauten müssen.

Letztes Teilstück bei der Vorausverfügung ist die Entstehung des verfügungsgegenständlichen Objektes[959].

Ähnlich einem Nichtberechtigten verfügt der zukünftig Berechtigte über ein fiktives unbekanntes und noch nicht existentes Recht.

Die Konvaleszenz einer solchen Verfügung beurteilt sich nach § 185 Abs. 2 Satz 1 Var. 2 BGB analog.

Zwar ist die Vorschrift ihrem Wortlaut nach nur auf ein existentes Verfügungsobjekt anwendbar, zu dem der Verfügende nicht berechtigt ist.

Ihr Zweck realisiert sich jedoch auch dann, wenn die Verfügung ins Leere läuft, weil der Verfügende zwar später berechtigt sein wird, der Verfügungsgegenstand bei Anstoß der Verfügung aber noch nicht existiert[960].

Die Konvaleszenz setzt die Verfügungsmacht zum Zeitpunkt der Entstehung voraus[961].

957 *BGHZ* 27, 360, 367.

958 *Eckardt*, ZIP 1997, 957, 959 Fn. 18.

959 Insofern zutreffend: *Eckardt*, ZIP 1997, 957, 960f.; *Häsemeyer*, ZZP 111 (1998), 83, 84f.; *Kirchhof* in HK-InsO, 2. Aufl., § 24 Rdn. 6.

960 *RGZ* 149, 19, 22; *Flume*, NJW 1959, 913, 916; *Hahnzog*, Rechtsstellung des Zessionars künftiger Forderungen, S. 24f.; *Lieb*, Das künftige Recht, S. 121f.

961 *RGZ* 135, 378, 383; *BGH* LM BGB § 185 Nrn. 7, 9f.; *BGHZ* 36, 329, 334.

Deshalb kann grds. das zedierte Recht nicht auf den Zessionar übergehen, wenn zuvor die Verfügungsmacht des Zedenten verloren gegangen ist. § 185 Abs. 2 Satz 2 BGB schützt den Zessionar zwar vor späteren kollidierenden Verfügungen und Pfändungen. Zu einer Verbotspriorität führt er jedoch nicht[962].

Etwas anderes gilt nur dann, wenn die Verfügungsbeschränkung äußerlich oder teleologisch einen begrenzten Wirkungskreis entfaltet.

Das ist für das allg. Verfügungsverbot im Eröffnungsverfahren der Fall, §§ 24 Abs. 1, 81 InsO[963]. Das allg. Verfügungsverbot greift nicht wie der Insolvenzbeschlag in bereits vor Verlust der Verfügungsbefugnis durch Rechtshandlungen des Schuldners angestoßene Verfügungen ein[964].

Zwischenergebnis: Die Mehrzahl der Argumente spricht folglich für die Zugehörigkeit der Entstehung des Objektes zum Verfügungstatbestand. Erst mit ihr ist das letzte Teilstück der Verfügung verwirklicht. Die Ausnahme durch den Insolvenzsenat zur Begründung des richtigen Ergebnisses erfolgte ohne Not und sollte wieder auf den richtigen dogmatischen Weg gebracht werden. Das gesetzgeberische Beispiel zum Anwendungsbereich des Erwerbsverbotes beweist damit, dass das Verfügungsverbot aufgrund seines neuen Wortlautes nicht schlechthin die Gesamtverfügung, mithin jedes Merkmal von ihr erfasst. Es spricht für die Einordnung bestimmter Verfügungstatbestände in § 91 InsO. Dabei belegt das Beispiel, dass es sich um solche Verfügungstatbestände handelt, deren auf Rechtshandlungen des Schuldners zurückführbare Verfügungselemente bereits vor Verlust der Verfügungsbefugnis verwirklicht waren. Die Erfassung nur der schuldnerbezogenen Verfügungselemente durch das Verfügungsverbot wird durch die Verweisung auf §§ 7 und 15 KO sowie auf deren Systematik bestätigt.

Ergebnis: Im Bereich von mehraktigen Verfügungstatbeständen ist § 81 Abs. 1 Satz 1 InsO folglich teleologisch auf Verfügungsbestandteile zu reduzieren, die unmittelbar durch eine Rechtshandlung des Schuldners vorgenommen werden. Situationen, in denen der Schuld-

962 *Eckardt*, ZIP 1997, 957, 961; *Häsemeyer*, ZZP 111 (1998), 83, 84.
963 *BGH*, Urt. v. 20. 3. 1997, ZIP 1997, 737, 738f.
964 *BGH*, Urt. v. 20. 3. 1997, ZIP 1997, 737, 738.

ner bereits alles seinerseits Erforderliche getan hat, der Erwerb aber noch nicht vollendet ist, werden nur von § 91 InsO erfasst. Das gleiche gilt für massebelastende Verfügungen, die generell ohne ein Zutun des Schuldners erfolgen. Die äußerlich in Erscheinung tretende Begriffserweiterung des Verfügungsverbotes hatte innerlich die mehraktige Verfügungstatbestände überhaupt nicht betreffende Einengung zum Ziel.

II. Entstehung nach Eröffnung

Die Entstehung eines Gesamtgrundpfandrechtes erfordert nach § 873 Abs. 1 BGB die formlose Einigung[965] zwischen dem Eigentümer und dem Gläubiger sowie ihre Eintragung im Grundbuch, sofern ein Buchrecht vereinbart ist. Im Falle des Briefrechtes bedarf es weiterhin der Briefübergabe nach den in § 1117 BGB zugelassenen Formen. Die Entstehung einer Gesamthypothek setzt schließlich die Valutierung voraus.

Ist diesen Voraussetzungen bis zur Eröffnung nicht vollständig Rechnung getragen, kann das Gesamtgrundpfandrecht am massegegenständlichen Grundstück grds. nicht mehr entstehen[966]. Die abgesonderte Befriedigung des Gläubigers ist dann ausgeschlossen. Das ist auf die Geltung sowohl des Verfügungs- als auch des Erwerbsverbotes in diesem Verfahrensabschnitt zurückzuführen. § 91 InsO führt nach Eröffnung zu einer umfassenden Massesicherung[967].

1. Mehraktigkeit durch mehrere Grundstücke

Die Mehraktigkeit des Verfügungstatbestandes einer Einzelgrundpfandrechts-Bestellung wird bei der Entstehung eines Gesamtgrundpfandrechtes erweitert. Die Belastung der mehreren Grundstücke führt zu einer entsprechenden Vielzahl von Verfügungstatbeständen, deren Vollendung zu unterschiedlichen Zeitpunkten möglich ist. Jeder

[965] *BGH* WM 97, 1745.

[966] *Gerhardt*, Grundpfandrechte im Insolvenzverfahren, Rdn. 2; *Obermüller*, Insolvenzrecht Bankpraxis, 6. Aufl., Rdn. 6.175; *Jaeger-Henckel*, KO, 9. Aufl., § 15 Rdn. 33.

[967] *BGH*, Urt. v. 20. 3. 1997, ZIP 1997, 737, 738f.

einzelne dieser äußerlich als Einheit in Erscheinung tretenden Verfügungstatbestände ist für sich in das System von Verfügungs- und Erwerbsverbot einzuordnen. Eine vor Eröffnung bereits abgeschlossene Belastung kann folglich nicht unter das Erwerbsverbot (§ 91 InsO) fallen, weil am mithaftenden Grundstück die Eintragung danach erfolgte.

Die durch die mehreren Grundstücke hervorgerufene Mehraktigkeit unterscheidet sich von der des Singularrechtes durch das Vorliegen einer Vielzahl von Belastungstatbeständen, die grds. nicht insgesamt in das System von §§ 81, 91 InsO einzufügen ist. Das ist mit dem auf den Spezialitätsgedanken zurückführbaren einzelobjektsbezogenen Charakter der sachenrechtlichen Verfügung zu begründen. Demnach sind die Entstehungsvoraussetzungen grds. einzelobjektsbezogen.

Eine Ausnahme bildet die Entstehung der gesicherten Forderung (Valutierung). Dem Wesen des Pfandrechtes und der Ungeteiltheit der Pfandhaftung entsprechend, die alle Grundstücke der ganzen Forderung zuordnet, hat sie gesamtrechtsbezogenen Charakter. Eine zu späte Valutierung kann dazu führen, dass der Gesamttatbestand entweder dem Verfügungs- oder dem Erwerbsverbot zuwiderläuft. Soweit die Valutierung Entstehungsvoraussetzung ist, entfaltet sie demnach Wirkungen für den gesamten Haftungsverband. Bei der Sicherungsgrundschuld gilt dasselbe für die Einredebeseitigung.

Für den Umfang der Eröffnungsauswirkungen auf die Gesamtrechtsentstehung kommt es folglich auf die Unterscheidung zwischen einzelobjekts- und gesamtrechtsbezogener Verfügungsvoraussetzung an.

2. Folgen der Teilunwirksamkeit

Wird infolge der Insolvenz einzelobjektsbezogenen Belastungsvoraussetzungen zu einigen Massegrundstücken nicht mehr Rechnung getragen, fragt sich, welchen Einfluss das auf die Rechtsentstehung im übrigen hat. Diese Frage stellt sich ausnahmsweise auch, wenn §§ 81, 91 InsO gesamtrechtsbezogenen Entstehungsvoraussetzungen entgegenstehen. Das ist der Fall, wenn die Entstehung des Gesamtgrundpfandrechtes an weiteren massefreien Grundstücken zur Beurteilung steht.

Es gilt die Regel: Das Gesamtgrundpfandrecht entsteht unabhängig von der Ausgestaltung der Sicherungsgeberseite[968] immer insoweit, als Verfügungs- und Erwerbsverbot nicht entgegenstehen[969].

Bei der Begründung sind zwei Fälle voneinander zu unterscheiden.

Unproblematisch ist die Aufrechterhaltung des Grundpfandrechtes an den übrigen Grundstücken, wenn die verschiedenen Belastungstatbestände unabhängig voneinander vollzogen werden. Diesem Erfordernis ist jedenfalls dann Rechnung getragen, wenn unterschiedliche Eigentümer dem Gläubiger dieselbe Forderung in Unkenntnis voneinander besichern[970]. Auch dann, wenn die Grundstücke nacheinander mit verschiedenen Bewilligungen zur Verfügung gestellt werden, ohne dass diese miteinander stehen und fallen sollen, berührt die Unwirksamkeit eines Zweigrechtes nicht das andere.

Erweisen sich die einzelnen Bewilligungsakte als einheitliches Rechtsgeschäft, gelangt § 139 BGB zur Anwendung. Diesem Merkmal ist regelmäßig Rechnung getragen, wenn die verschiedenen Eigentümer in Kenntnis voneinander oder derselbe Verpfänder „uno actu" das Verwertungsrecht bewilligen. Die Aufnahme der speziellen Verfügungstatbestände in einer einzigen Vertragsurkunde ist zwar für die Anwendbarkeit des § 139 BGB genauso wenig entscheidend, wie die Aufnahme der Bestellungsakte in verschiedenen Urkunden[971]. Die vertragliche Fixierung in einer Urkunde begründet jedoch eine widerlegbare Vermutung mit der Möglichkeit des Anscheinsbeweises[972]. Umgekehrt sprechen viele Urkunden dagegen[973].

Für die Gesamthypothek mit unterschiedlichen Sicherungsgebern bejahte der BGH[974] die Anwendbarkeit des § 139 BGB mit der Ver-

968 Differenzierend: *Becher*, Gesamthypothek, S. 23f., kritisch bei mehreren Sicherungsgebern.

969 Richtig: *BGH* DNotZ 1975, 152; *Staudinger-Wolfsteiner*, BGB, 13. Aufl., § 1132 Rdn. 8; verfehlt: OLG *München* DNotZ 1966, 371; OLG *Düsseldorf* DNotZ 1973, 613.

970 Zu diesem Fall s. o., S. 77.

971 *Jauernig-Jauernig*, BGB, 9. Aufl., § 139 Anm. 2. a).

972 *BGH* NJW-RR 1988, 351; *BGH* NJW 1987, 2007.

973 *BGHZ* 104, 22.

974 *BGH* DNotZ 1975, 152.

mutungsregelung. Das deutet darauf hin, dass der Senat die Einheitstheorie nicht für sachgerecht hielt. Zum anderen kann aus der Entscheidung geschlossen werden, dass auch die ungeteilte Pfandhaftung in § 1132 Abs. 1 Satz 1 BGB nicht jeglichen Restzweifel des Senates für die Annahme eines einheitlichen Rechtsgeschäftes beseitigt hat. Denn für Vermutungsregeln bleibt nur Raum, soweit Zweifel übrig bleiben.

Ist die Vorschrift anwendbar, führt sie nie zur grds. bestimmten Gesamtunwirksamkeit. Das liefe dem Wesen des Gesamtpfandrechtes zuwider[975]. Unabhängig davon, ob das Recht im übrigen schon eingetragen war oder die Eintragung noch ausstand[976], steht § 139 BGB dem Rechtserwerb an den nicht betroffenen Grundstücken nicht entgegen. Das gilt für die Folgen der Teilunwirksamkeit innerhalb der Masse ebenso wie außerhalb der Masse.

War zu einigen Grundstücken die Eintragung schon vollzogen und bei anderen Grundstücken des Schuldners wegen der zwischenzeitlichen Eröffnung nicht mehr möglich, kann der Insolvenzverwalter allein mit § 91 InsO i.V.m. § 139 BGB vom Gläubiger nicht die Grundbuchberichtigung verlangen.

Ebenso wenig beeinflusst § 139 BGB das Grundpfandrecht am massefreien Grundbesitz. War der Erwerb am Massegrundstück bspw. mangels Valutierung vor Eröffnung nicht mehr möglich, hindert das nicht die Entstehung einer übrig bleibenden Einzelhypothek am massefreien Grundstück[977].

3. Dingliche Einigung

Die Bestellung des Grundpfandrechtes erfordert zunächst die dingliche Einigung zwischen Gläubiger und Eigentümer. Beim Gesamtgrundpfandrecht ist sie auf die Zahlung einer bestimmten Geldsumme aus bestimmten Grundstücken oder ideellen Bruchteilen nach

[975] S. hierzu ausführlich o., S. 47f.
[976] So in *BGH* DNotZ 1975, 152ff., s. o., S. 14ff.
[977] *BGH* DNotZ 1975, 152ff.

§ 1114 BGB zugunsten des Gläubigers gerichtet, §§ 145ff., 873 Abs. 1, 1113 Abs. 1, 1132 Abs. 1 Satz 1, 1191 Abs. 1, 1192 Abs. 1 BGB.

Bei der akzessorischen Gesamthypothek lautet die Einigung zusätzlich auf „Zahlung zur Befriedigung wegen einer“ dem Gläubiger „zustehenden Forderung“, § 1113 Abs. 1 BGB.

Bei der dinglichen Einigung nach § 873 Abs. 1 BGB i.V.m. § 1132 BGB handelt es sich um eine einzelobjektsbezogene Entstehungsvoraussetzung. Infolge des Spezialitätsgedankens liegen so viele Einigungserklärungen vor, wie Grundstücke in den Pfandverband eintreten sollen. Das wird bei einer nachträglichen Pfanderstreckung oder mehreren Eigentümern einmal wegen des zeitlichen Auseinanderfallens und zum anderen wegen der mehreren Rechtssubjekte besonders deutlich. Das Spezialitätsprinzip verlangt aber auch bei der gleichzeitigen Verpfändung durch einen Eigentümer die Aufteilung der Verfügung und ihrer Wirksamkeit in mehrere spezielle und abgeschlossene Tatbestände. Diese Abgeschlossenheit entspricht den selbständigen dinglichen Befugnissen zu jedem Grundstück[978].

Erfolgt schon die dingliche Einigung nach Eröffnung, steht der Belastung des Massegrundstückes, abgesehen vom Redlichkeitserwerb, das Verfügungsverbot nach § 81 Abs. 1 Satz 1 InsO entgegen[979].

§ 81 InsO ist einschlägig, weil die Grundschuldbewilligung ein auf eine Rechtshandlung des Schuldners bezogenes Moment des Gesamtverfügungstatbestandes darstellt.

Befinden sich alle beliehenen Grundstücke in der Masse und stand die Einigung noch aus, wird der Gläubiger regelmäßig an gar keinem Grundstück ein Vorzugsrecht erwerben können, weil die Bewilligung zu allen Grundstücken oftmals zusammen erfolgt.

Hat der spätere Insolvenzschuldner ausnahmsweise zu einem Grundstück die Bewilligung vor Verlust der Verfügungsbefugnis erklärt und stand dort nur noch die Eintragung aus, ist insofern § 91 InsO

[978] S. o., S. 88ff. (96).

[979] *Gerhardt*, Grundpfandrechte im Insolvenzverfahren, Rdn. 23f.

anwendbar. Bei der Entstehung des Verwertungsrechtes an diesem Grundstück wird der Gläubiger nicht nur durch §§ 892, 893 BGB (§ 81 Abs. 1 Satz 2 InsO), sondern auch durch § 878 BGB (§ 91 Abs. 2 InsO) geschützt.

Innerhalb der Masse kann das Gesamtgrundpfandrecht in Ansehung verschiedener Grundstücke folglich unterschiedlichen Verbotstatbeständen gegenüberstehen. Ist das Recht am einen Grundstück entstanden und am anderen nicht, gelangt man selbst bei Anwendbarkeit des § 139 BGB nicht zur Gesamtnichtigkeit.

Ist nur ein Grundstück des Gesamtpfandverbandes in der Masse, ändert sich nichts. Auch dann kommt es entscheidend nur auf den Einzelverfügungstatbestand zum massegegenständlichen Grundstück an. Ist zu diesem die Bewilligung nach Verlust der Verfügungsbefugnis erklärt worden, liegt ein Fall des Verfügungsverbotes nach § 81 InsO vor. Erfolgte sie ehe das Insolvenzgericht die Verfahrenseröffnung verfügte, ist grds. § 91 InsO anwendbar.

Wann die Einigung für nicht zur Insolvenzmasse gehörige Grundstücke stattfindet, spielt für die Absonderungsberechtigung des Gläubigers im Verfahren keine Rolle. Denn die Beschränkungen der §§ 81, 91 InsO beziehen sich nur auf Masseverfügungen.

Umgekehrt muss ein Gläubiger wegen partieller Insolvenz auf der Sicherungsgeberseite nicht die Unwirksamkeit der Rechtsentstehung im übrigen befürchten, § 139 BGB. Wirkungen über die Insolvenzmasse hinaus vermag das Regelungsinstrumentarium der InsO nicht zu entfalten.

Erfolgten die Einigungserklärungen zu den Massegrundstücken des Gesamtgrundpfandrechtes nach Eröffnung, verbleibt für den Gläubiger nur noch der praktisch unwahrscheinliche Redlichkeitserwerb nach § 81 Abs. 1 Satz 2 InsO i.V.m. §§ 892, 893 BGB.

Einer Verweisung auf die Gutglaubensvorschriften bedurfte es, weil diese vom Nichteigentümer ausgehen[980]. Hingegen bleibt der Insol-

[980] *Jaeger-Henckel*, KO, 9. Aufl., § 7 Rdn. 50.

venzschuldner Eigentümer des Beleihungsobjektes, verliert aber (absolut) seine Verfügungsberechtigung.

Die Rechtsgrundverweisung auf § 892 BGB verdeutlicht, dass die Eröffnung nicht zur Unwirksamkeit der Einigungserklärung führt. Dann wäre ein Redlichkeitserwerb, der nur die mangelnde Berechtigung heilt, nicht möglich. Insofern ist der Wortlaut des § 878 BGB hinsichtlich der Konsequenzen des Verlustes der Verfügungsberechtigung nicht misszuverstehen.

Aufgrund des öffentlichen Glaubens kann das Recht nach § 892 BGB indes nur dann entstehen, wenn weiter nur noch die Eintragung erforderlich ist. Ausgeschlossen ist der Redlichkeitserwerb von Zweigrechten im Gesamtgrundpfandrecht, wenn darüber hinaus noch die Briefübergabe[981] oder bei der Hypothek die Valutierung[982] aussteht oder der Einigungserklärung des Gläubigers[983] eine andere rechtshindernde Einwendung entgegensteht. In all diesen Fällen kann auf der ersten Stufe nur ein Recht an eigener Sache entstehen (§§ 1163 Abs. 1 Satz 1 und Abs. 2, 1172 Abs. 1 BGB). Das genügt nicht dem Erfordernis des Erwerbes i.S.e. Verkehrsgeschäftes nach § 892 Abs. 1 Satz 1 BGB.

4. Eintragung im Grundbuch

Die Entstehung des Gesamtgrundpfandrechtes erfordert weiter seine Eintragung auf den Grundbuchblättern der einzelnen für den Gesamtpfandverband bestimmten Grundstücke.

Die Eintragung als äußeres Vollzugsmoment stellt ebenso wie die Einigung eine einzelobjektsbezogene Entstehungsvoraussetzung dar.

981 *Eickmann* in HK-InsO, 2. Aufl., § 91 Rdn. 20; *Obermüller*, Insolvenzrecht Bankpraxis, 6. Aufl., Rdn. 6.175.

982 *Jaeger-Henckel*, KO, 9. Aufl., § 15 Rdn. 33.

983 Die überwiegende Ansicht im Schrifttum befürwortet im Gegensatz zum Mangel beim Eigentümer eine Eigentümergrundschuld in Analogie zu § 1163 BGB: *Baur/Stürner*, Sachenrecht, § 36 V 4b) cc); *Becher*, Gesamthypothek, S. 25; *Staudinger-Wolfsteiner*, BGB, 13. Aufl., § 1196 Rdn. 5; *Wolff/Raiser*, Sachenrecht, § 145 I 3; a.A.: *RGZ* 52, 111; 54, 83; 68, 101; 70, 353, 356f.; 78, 64; 106, 136; *Palandt-Bassenge*, BGB, 61. Aufl., § 1163 Rdn. 1.

Das Recht des Gläubigers entsteht nicht erst dann, wenn die letzte Eintragung vollzogen wurde. Die sachenrechtliche Spezialität der Verfügung und des Rechtes erfordert vielmehr die Abgeschlossenheit der einzelnen Grundstücksverfügungen, die meist mit der Eintragung beendet sind.

Ist nur noch die Eintragung erforderlich und verliert der Schuldner die Verfügungsbefugnis, liegt ein klassischer Fall des Erwerbsverbotes vor[984]. Zwar gehört auf der Grundlage des neuen Wortlautes von § 81 Abs. 1 Satz 1 InsO die Eintragung zum Verfügungstatbestand der Belastung des Grundstückes nach § 873 Abs. 1 BGB. Der Verfügungsbegriff des § 81 InsO ist aber auf Verfügungsteilstücke mittels Rechtshandlungen des Schuldners teleologisch zu reduzieren. Zwar verfügt i.w.S. noch, wer einen angestoßenen Verfügungstatbestand vollenden lässt. Entscheidend ist aber, dass die Eintragung selbst keine Rechtshandlung des Schuldners ist, sondern nur mittelbar auf sie zurückzuführen ist.

Aufgrund der Separierung der einzelnen sich aneinander reihenden Verfügungen ist die Systematik von Verfügungs- und Erwerbsverbot auch aus der Perspektive der Eintragung getrennt nach dem jeweiligen Stand der zum Einzelgrundstück gehörenden Verfügung zu beurteilen. Deshalb kann § 91 InsO nicht das Grundpfandrecht des Gläubigers beeinträchtigen, soweit es schon vor Eröffnung auf anderen Grundstücken eingetragen wurde. Selbst mit einem einzigen Recht könnte das nicht begründet werden. Schließlich führt die versuchte Erfassung eines Zubehörstückes nach Eröffnung auch nicht zur Unwirksamkeit des Pfandrechtes im übrigen.

Der o. dargestellten[985] gekünstelten anfänglichen Entstehung von Singularrechten in der Kreditsicherungspraxis bedarf es ebenso wenig wie einer i.d.Z. diskutierten Rücknahme[986] des Eintragungsantrages. Hierbei handelt es sich um entbehrliche Umgehungsformen, die auf

984 *Gerhardt*, Grundpfandrechte im Insolvenzverfahren, Rdn. 9ff.

985 S.o., S. 44ff.

986 *Wenzel* in BuB 4/2714; zweifelnd: OLG *München*, DNotZ 1966, 371, 372; diskutiert wird die Rücknahme des Eintragungsantrages insoweit, als er bei Eröffnung noch nicht ausgeführt war – hauptsächlich auch vor dem Hintergrund der Insolvenzanfechtung, siehe auch o., S. 75f.

die unzutreffende Rechtsprechung des OLG *München* und des OLG *Düsseldorf* zurückzuführen sind. Diese bedingte das „Aussterben" des Gesamtgrundpfandrechtes in der Entstehungsphase in der Rechtswirklichkeit.

Eine Eintragung nach Eröffnung kommt nur in Betracht, wenn entweder den Voraussetzungen der §§ 91 Abs. 2 InsO, 878, 873 BGB oder der §§ 91 Abs. 2 InsO, 892 BGB[987] Rechnung getragen ist.

Im Falle des § 878 BGB muss das Grundbuchamt das Pfandrecht auch dann eintragen, „wenn ihm die Insolvenzeröffnung bereits bekannt oder der Insolvenzvermerk schon eingetragen war"[988]. Das gilt nicht, wenn ein zu Recht zurückgewiesener Antrag infolge neuer Tatsachen nach Eröffnung nachgeholt wird[989].

5. Valutierung

Die Folgen der Valutierung des Gesamtgrundpfandrechtes nach Eröffnung hängen davon ab, ob es sich um eine Hypothek oder Sicherungsgrundschuld handelt.

Für die Hypothek ist die Valutierung Entstehungsvoraussetzung.

Dagegen entsteht die Fremdgrundschuld schon vor Valutierung[990].

Der durch die Eröffnung bedingte Verlust der Verfügungsbefugnis beeinflusst deshalb nicht ihre Entstehung[991]. Die Valutierung hat dann nur zur Konsequenz, dass der Masse die wirtschaftlich wertvolle Einrede der Nichtvalutierung aus dem Sicherungsvertrag verloren geht[992].

987 *BGH* V., Urt. v. 13. 10. 2000, WM 2000, 2515.
988 *Obermüller*, Insolvenzrecht Bankpraxis, 6. Aufl., Rdn. 6.176; OLG *Zweibrücken*, OLG-Report Koblenz 1999, 230.
989 *BGH* XI., Urt. v. 17. 06. 1997, ZIP 1997, 1585.
990 Statt vieler: *Gerhardt*, Grundpfandrechte im Insolvenzverfahren, Rdn. 7.
991 *Eickmann* in HK-InsO, 2. Aufl., § 91 Rdn. 28.
992 *Clemente*, Sicherungsgrundschuld, Rdn. 736; *Jaeger-Henckel*, KO, 9. Aufl., § 15 Rdn. 33.

In beiden Fällen beeinflusst die Valutierung das Schicksal des Absonderungsrechtes an allen Massegrundstücken. Sie hat folglich gesamtrechtsbezogenen Charakter.

a) Valutierung der Gesamthypothek

Fehlt es der Gesamthypothek bei Eröffnung nur noch an der Existenz der gesicherten Forderung, ist zunächst kein Absonderungsrecht des Gläubigers entstanden. Das setzt die vollwirksame Fremdrechtsentstehung vor Eröffnung voraus, die sich bei fehlender Valutierung in zwei Stufen vollzieht.

aa) Erste Stufe – Rechtsentstehung

Ist die Gesamthypothek noch nicht valutiert, entsteht auf der ersten Stufe eine vorläufige Gesamteigentümergrundschuld, §§ 1163 Abs. 1 Satz 1, 1172 Abs. 1 BGB.

Auch soweit Massegrundstücke betroffen sind, verwandelt sich die Hypothek nach § 1177 Abs. 1 Satz 1 BGB in eine Grundschuld. Trotz der Eröffnung steht auch die Hypothek dem Insolvenzschuldner zu, so dass sich Eigentum und Hypothek in einer Person vereinigen können. Die Eröffnung nimmt dem Eigentümer nur das Recht, über Grundstück und Grundpfandrecht zu verfügen und es zu verwalten, § 80 Abs. 1 InsO.

Sind weiter noch massefremde Grundstücke belastet, steht der Insolvenzverwalter mit den anderen Eigentümern in Ansehung der Gesamteigentümergrundschuld in Bruchteilsgemeinschaft[993].

Wird schon die Rechtsentstehung auf der ersten Stufe durch §§ 81, 91 InsO beeinflusst, bleibt für die Fremdrechtsentstehung kein beachtlicher Raum. Wird eröffnet, ehe sich der Schuldner mit dem Gläubiger geeinigt hat (§ 873 Abs. 1 BGB), ist der nach § 81 Abs. 1 Satz 2

[993] H. M.: Statt vieler: *RG* JW 1938, 3236; *BGH* NJW-RR 1986, 233; *Becher*, Gesamthypothek, S. 22; *Palandt-Bassenge*, BGB, 61. Aufl., § 1172 Rdn. 3; für eine **Gesamthandsgemeinschaft**: *Bruck*, Eigentümerhypothek, S. 203; *Hachenburg*, Beiträge, S. 141; *Wolff/Raiser*, Sachenrecht, § 148 VII 1b; für eine **Gemeinschaft eigner Art**: *Brinck*, Bezahlung der Hypothekenforderung, S. 149; *Planck-Strecker*, BGB, 1172 Anm. 3b.

InsO für anwendbar erklärte gutgläubige Erwerb ausgeschlossen. Ein Eigentümergrundpfandrecht kann nicht gutgläubig nach § 892 BGB erworben werden[994].

Fand auf der ersten Stufe die Einigung vor Eröffnung statt und die Eintragung danach, besteht die Möglichkeit der insolvenzfesten Entstehung der Gesamteigentümergrundschuld über § 878 BGB i.V.m. § 91 Abs. 2 InsO.

Für die Bindungswirkung i.S.d. § 878 BGB (§ 873 Abs. 2 BGB) kommt es entscheidend auf den jeweiligen Einzelverfügungstatbestand zum Zweigrecht im Gesamtrecht an.

bb) Zweite Stufe – Fremdrechtsumwandlung durch Valutierung

Wurde die Gesamthypothek schon vor Eröffnung bewilligt und eingetragen, aber erst im eröffneten Verfahren valutiert, kommt es für die Einordnung der Fremdrechtsentstehung in § 81 oder § 91 InsO darauf an, ob die Valutierung mit einer Rechtshandlung des Schuldners i.Z. steht oder nur ein Dritter bei der Unterdeckung beteiligt ist[995].

In beiden Fällen ist der reguläre Erwerb der Gesamthypothek an Massegegenständen ausgeschlossen.

Nach bisherigem Recht lag ein Fall von § 7 KO vor, wenn die Valutierung durch Auszahlung an den Schuldner erfolgte[996]. Die Entgegennahme der Valuta durch den Schuldner stellte eine Rechtshandlung i.S.d. § 7 KO dar[997]. Im übrigen war § 15 KO anwendbar[998]. An dieser Systematik hat sich für die InsO nichts geändert. Die Valutierung ist zwar als Verfügung i.S.d. § 81 Abs. 1 Satz 1 InsO einzustufen. Denn sie bewirkt unmittelbar eine sachenrechtliche Zuordnungsänderung vom vorläufigen Eigentümerrecht in eine Fremdgesamthypothek. § 81 InsO erfasst den Gesamtvorgang aber nur, weil es sich um ein Verfügungselement mittels einer Rechtshandlung des Schuldners handelt.

994 S.o., S. 277; *Eickmann* in HK-InsO, 2. Aufl., § 91 Rdn. 20.
995 *Jaeger-Henckel*, KO, 9. Aufl., § 15 Rdn. 33.
996 *Jaeger-Henckel*, KO, 9. Aufl., § 7 Rdn. 6; § 15 Rdn. 33.
997 *Eickmann* in HK-InsO, 2. Aufl., § 91 Rdn. 26.
998 *Jaeger-Henckel*, KO, 9. Aufl., § 15 Rdn. 33.

§ 91 InsO ist anwendbar, wenn nicht der Schuldner, sondern ein Dritter zusammen mit dem Gläubiger die Valutierung bewirkt[999]. Dann liegt zwar eine „Verfügung" i. S. d. § 81 Abs. 1 Satz 1 InsO vor. Diese wurde aber nicht durch den Schuldner i. S. d. § 81 Abs. 1 Satz 1 InsO vorgenommen. Einer teleologischen Reduktion des Verfügungstatbestandes bedarf es daher zur Anwendbarkeit des § 91 InsO nicht.

Das Erwerbsverbot ist regelmäßig i.Z.m. Zwischenfinanzierungen anwendbar[1000]. Der Erstkreditgeber gewährt dem Insolvenzschuldner gegen Abtretung des Endkredits ein Darlehen. Zur Absicherung des Endkredits bestellt der Schuldner dem Kreditinstitut eine Gesamthypothek. Diese bleibt bis zur endgültigen Valutierung vorläufige Gesamteigentümergrundschuld. Valutiert das Kreditinstitut nach Eröffnung das gesicherte Darlehen durch Auszahlung an den Zwischenkreditgeber, steht § 91 InsO (§ 15 KO) der Umwandlung in ein Fremdrecht entgegen[1001]. Der Insolvenzverwalter kann vom Gesamtrechtsgläubiger Grundbuchberichtigung (§ 894 BGB) verlangen.

Ausnahmsweise kann der Gläubiger nach §§ 892, 893 BGB (§§ 81 Abs. 1 Satz 2, 91 Abs. 2 InsO) geschützt sein. Ein rechtsgeschäftlicher Erwerb ist wegen des rechtsgeschäftlichen Zusammenhanges des gesetzlichen Überganges möglich.

Der Fremdrechtsentstehung der Gesamthypothek außerhalb der Masse durch Valutierung stehen die §§ 81, 91 InsO nicht entgegen. Haften außerhalb der Masse noch weitere Grundstücke, entsteht nach Valutierung ein kombiniertes Gesamtpfandrecht, das teils (Gesamt)-Eigentümergrundschuld und teils (Gesamt)Fremdhypothek ist.

b) Valutierung der Gesamtgrundschuld

Bei der Gesamtgrundschuld vollzieht sich der Erwerb des Fremdrechtes mangels Valutierung nicht in zwei Stufen[1002].

999 *Eickmann* in HK-InsO, 2. Aufl., § 91 Rdn. 27.
1000 *Jaeger-Henckel*, KO, 9. Aufl., § 15 Rdn. 33.
1001 AG *München* DNotZ 1954, 40.
1002 *Eickmann* in HK-InsO, 2. Aufl., § 91 Rdn. 28.

Früher differenzierte die überwiegende Ansicht zwischen Einredebeseitigung infolge der Valutierung an den Schuldner und der Valutierung, die ohne eine Rechtshandlung des Schuldners erfolgte[1003]. Erstere Masseverkürzungen subsumierte das Schrifttum unter § 7 KO[1004]. Letztere wurden in § 15 KO eingeordnet[1005]. Das war mit dem weiten Rechtshandlungsbegriff dogmatisch einwandfrei möglich[1006].

Heute ist die Anwendbarkeit des § 81 InsO in diesem Bereich ganz ausgeschlossen.

Die Valutierung einer Gesamtgrundschuld kann nach der gesetzgeberischen Einengung des § 81 InsO unter keinem Gesichtspunkt eine sachenrechtliche Verfügung darstellen. Sie bewirkt im Gegensatz zur Hypothek keine sachenrechtliche Zuordnungsänderung. Die Grundschuld bleibt trotz der Valutierung ein auf der dinglichen Ebene unverändertes Fremdrecht. Die Einrede der Nichtvalutierung aus dem Sicherungsvertrag ist nur schuldrechtlicher Natur. Ihre Beseitigung ist nicht anders zu bewerten[1007]. Der Masseverkürzung durch Valutierung der Grundschuld steht nunmehr immer der Auffangtatbestand des § 91 Abs. 1 InsO entgegen, „auch wenn keine Verfügung zugrunde liegt“. Auf die Beteiligung des Schuldners oder eines Dritten kommt es nicht mehr an.

Vom Erwerbsverbot sind deshalb folgende Fälle erfasst.

Mangels Verfügung <u>und</u> mangels Beteiligung des Schuldners (früher: § 15 KO):

1) Valutierungen an den Zwischenfinanzierer[1008],

[1003] *Gerhardt*, Grundpfandrechte im Insolvenzverfahren, Rdn. 6f.

[1004] *Gerhardt*, Grundpfandrechte im Insolvenzverfahren, Rdn. 6; *Jaeger-Henckel*, KO, 9. Aufl., § 15 Rdn. 33; *Schumacher*, Sicherung der Konkursmasse gegen Rechtsverluste, S. 148; *Wörbelauer* DNotZ 1965, 580, 583.

[1005] *Gerhardt*, Grundpfandrechte im Insolvenzverfahren, Rdn. 7; *Jaeger-Henckel*, KO, 9. Aufl., § 15 Rdn. 33.

[1006] *Eickmann* in HK-InsO, 2. Aufl., § 91 Rdn. 26, 28.

[1007] Insofern unzutreffend: *Eickmann* in HK-InsO, 2. Aufl., § 91 Rdn. 28, der vom einredefreien „Erwerb“ spricht und § 81 InsO neben § 91 InsO für anwendbar erklärt.

[1008] S. o., S. 281; AG *München* DNotZ 1954, 40.

2) Valutierungen bei Drittsicherungen[1009],

3) Sog. „unter Deckung Nehmen“ von Forderungen Dritter durch Abtretung[1010].

> *„Läßt sich eine Bank nach Konkurseröffnung von einem anderen Konkursgläubiger eine bis dahin ungesicherte Forderung gegen den Gemeinschuldner abtreten, die nach der zwischen der Bank und dem Gemeinschuldner bestehenden Sicherungsabrede in den Deckungsbereich der Sicherung fällt, so scheitert der Erwerb eines Absonderungsrechtes an § 15 KO.“*[1011]

Nur mangels Verfügung (früher: § 7 KO):

1) Auszahlungen direkt an den Schuldner[1012],

2) Sog. „unter Deckung Nehmen“ von Forderungen des Gläubigers durch Schuldübernahme.

6. Briefübergabe

Die Entstehung des Gesamtgrundpfandrechtes setzt schließlich die Briefübergabe nach § 1117 Abs. 1 BGB voraus, es sei denn die Brieferteilung wurde nach § 1116 Abs. 2 Satz 1 BGB ausgeschlossen.

a) Einzelobjektsbezogener Charakter

Die Briefübergabe ist ein Verfügungsteilstück mit einzelobjektsbezogener Wirkung. Grds. würde beim Gesamtgrundpfandrecht die Übergabe eines Einzelbriefes zu nur einem Grundstück, so sie ausnahmsweise trotz der §§ 59, 63 GBO erfolgte, die Fremdrechtsentstehung insoweit auslösen.

Die §§ 48, 59 und 63 GBO sind als verfahrensrechtliche Bestimmungen nicht geeignet, das materiell-rechtliche Wesen des Gesamtpfandrechtes zu beeinflussen[1013]. Sie haben reinen Ordnungscharakter[1014].

1009 *Gerhardt*, Grundpfandrechte im Insolvenzverfahren, Rdn. 7.

1010 *BGH*, Urt. v. 30. 10. 1974, WM 1974, 1218 = NJW 1975, 122; *Obermüller*, Insolvenzrecht Bankpraxis, 6. Aufl., Rdn. 6.155ff.

1011 *BGH*, Urt. v. 30. 10. 1974, WM 1974, 1218 = NJW 1975, 122, 1. LS.

1012 *Gerhardt*, Grundpfandrechte im Insolvenzverfahren, Rdn. 6.

1013 S. o., S. 77f.

1014 *Demharter*, GBO, 23. Aufl., § 48 Rdn. 2, § 59 Rdn. 10.

Insbesondere § 59 Abs. 1 und 2 GBO beinhaltet nur Soll-Vorschriften. Werden die Normen nicht beachtet, hat das keine Folgen für die einzelnen Zweigrechte. Die Bestimmungen sollen die oben dargestellte Vervielfältigung des einmaligen Haftungsbetrages verhindern.

Die Beachtung des § 59 GBO kann in der Insolvenz des Sicherungsgebers indes faktisch Auswirkungen auf die Entstehung aller Zweigrechte haben. War das Recht an einem Grundstück schon vor Eröffnung eingetragen und hätte insofern der Brief dem Gläubiger schon übersandt werden können (§ 60 Abs. 2 GBO), kann das Erfordernis der Gesamtbrieferteilung oder Verbindung dennoch zu einer verzögerten Übergabe erst nach Eröffnung führen.

§ 59 Abs. 1 GBO erfordert nämlich die Ausstellung nur eines Hypothekenbriefes, sofern die belasteten Grundstücke bei einem Grundbuchamt gebucht sind.

§ 59 Abs. 2 GBO verlangt die Verbindung der zunächst erteilten mehreren besonderen Briefe, wenn die Grundbücher der belasteten Grundstücke von verschiedenen Grundbuchämtern geführt werden.

Diesem Verzögerungsrisiko kann der Gläubiger durch eine Vereinbarung nach § 1117 Abs. 2 BGB aus dem Wege gehen. Dann entsteht das Recht schon sukzessiv mit der jeweiligen Eintragung.

Händigt das Grundbuchamt den Gesamtbrief an den vorläufigen bzw. endgültigen Verwalter oder den Gläubiger aus, ist der Brief insoweit richtig zu stellen, als das Recht insolvenzfest entstanden ist und dem Gläubiger zuzuleiten.

b) Einordnung der Briefübergabe

Welche Folgen die Briefübergabe nach Eröffnung für die Entstehung des Grundpfandrechtes hat, ist dem Schrifttum nur zum Teil zu entnehmen.

Teils[1015] wird der Standpunkt vertreten, die Aushändigung des Briefes müsse nach der Regel des § 15 Satz 1 KO vor Eröffnung erfolgt sein.

[1015] *Gerhardt*, Grundpfandrechte im Insolvenzverfahren, Rdn. 2; *Jaeger-Henckel*, KO, 9. Aufl., § 15 Rdn. 33.

Andernfalls stehe dem Gläubiger ein Absonderungsrecht nicht zu. Bei der Abtretung eines Grundpfandrechtes wird die durch den Schuldner bewirkte Übergabe in § 7 KO eingeordnet[1016].

Einer anderen Ansicht[1017] ist offenbar die Erweiterung des Anwendungsbereiches von § 878 BGB (§ 91 Abs. 2 InsO) auf die nach Verlust der Verfügungsbefugnis erfolgte Briefübergabe zu entnehmen. *Lent*[1018] meinte hierzu: „*Genügen schon Bindung und Antrag auf Eintragung, dann muss erst recht die Einigungserklärung dem Konkurs standhalten, wenn auch die Eintragung selbst schon vor Konkursbeginn vollzogen und nur ein weiteres Erfordernis, wie z. B. die Briefübergabe, erst während des Konkurses nachgefolgt ist.*“

Die zweite Meinung ist abzulehnen. Die erste geht in die richtige Richtung.

§ 878 BGB erlaubt nur ausnahmsweise die Vorverlagerung des für das Vorhandensein der Verfügungsbefugnis maßgeblichen Zeitpunktes. Das ist dann der Fall, wenn der Begünstigte alles seinerseits Erforderliche getan hat. Diesem Erfordernis ist bei noch ausstehender Briefübergabe gerade nicht Rechnung getragen.

Es ist vielmehr ebenso wie bei der Valutierung der Hypothek[1019] zwischen Rechtsentstehung und Übergang auf den Gläubiger zu unterscheiden[1020]. Ist nicht eine Aushändigungsvereinbarung nach § 1117 Abs. 2 BGB getroffen worden, vollzieht sich der Erwerb des Fremdrechtes zwingend in zwei Stufen. Zunächst entsteht immer eine Eigentümergesamtgrundschuld nach §§ 1163 Abs. 2, 1172 Abs. 1, 1177 Abs. 1 Satz 1 BGB. Denn der Brief wird erst ausgefertigt nachdem die Eintragung erfolgte. Demzufolge kann er auch erst nach ihr i.S.d. § 1117 Abs. 1 Satz 1 BGB übergeben werden.

1016 *Jaeger-Henckel*, KO, 9. Aufl., § 15 Rdn. 35.
1017 *Jaeger-Lent*, KO, 8. Aufl., § 15 Anm. 37.
1018 *Jaeger-Lent*, KO, 8. Aufl., § 15 Anm. 37.
1019 S. o., S. 280ff.
1020 *Eickmann*, Konkurseröffnung und Grundbuch, S. 80.

aa) Erste Stufe – Rechtsentstehung

Auf der ersten Stufe kann das Grundpfandrecht nur entstehen, wenn die Einigung erfolgte, ehe die Verfügungsbefugnis verloren ging. War das Recht nur noch nicht eingetragen, müssen zur Rechtsentstehung die Voraussetzungen des § 878 BGB verwirklicht sein, § 91 Abs. 2 InsO. Es gilt das oben[1021] bei der Hypothek zur Rechtsentstehung vor Valutierung Gesagte.

bb) Zweite Stufe – Übergang des Rechtes

Beim Rechtserwerb durch den Gläubiger nach Eröffnung ist zwischen der Einordnung der Briefübergabe in §§ 81, 91 InsO einerseits und der Möglichkeit der Erlangung des Briefes durch den Gläubiger andererseits zu unterscheiden.

(1) Die Briefübergabe erweist sich einmal als letztes Teilstück der Verfügung. Deshalb verhindert § 81 Abs. 1 Satz 1 InsO auf der Grundlage der den Verfügungsbegriff weit auslegenden Meinung[1022] den Rechtsübergang[1023]. Auch bei Zugrundelegung des teleologisch reduzierten Verfügungsbegriffes ist das Verfügungsverbot nach § 81 InsO anwendbar. Denn die Briefübergabe stellt ein Teilstück der Grundstücksbelastung zugunsten des Gläubigers dar, das durch eine Rechtshandlung des Schuldners (§§ 1117 Abs. 1 Sätze 1 und 2, 929ff. BGB) ausgelöst wurde. Die Briefübergabe durch den Schuldner hat unmittelbar zuordnungsändernde Wirkung.

Ob der Brief über das Grundbuchamt (§ 60 Abs. 2 GBO) dem Gläubiger übergeben wird, spielt hierfür keine Rolle. Denn das Grundbuchamt ist dann entweder Bote[1024] oder Vertreter bzw. Geheißperson des Schuldners. Rechtshandlungen des Vertreters werden dem Vertretenden zugerechnet, §§ 164 Abs. 1, 166 BGB. Sie sind damit Rechtshandlungen des Schuldners[1025].

[1021] S. o., S. 280ff.

[1022] *Eickmann* in HK-InsO, 2. Aufl., § 81 Rdn. 5f.

[1023] *Eickmann* in HK-InsO, 2. Aufl., § 91 Rdn. 20.

[1024] *Eickmann* in HK-InsO, 2. Aufl., § 91 Rdn. 20.

[1025] *BGHZ*, 22, 134; 55, 310; für die Insolvenzanfechtung: *Kreft* in HK-InsO, 2. Aufl., § 129 Rdn. 26.

(2) Praktisch bedeutsam ist andererseits die Frage, wie der Gläubiger zum Brief gelangt oder an wen der Grundbuchbeamte den ausgestellten Brief aushändigen muss.

Hierfür kommt es entscheidend darauf an, welche Verfahrensweise vereinbart wurde.

Drei Fälle sind zu unterscheiden.

(a) Am sichersten ist für den Gläubiger die in der Kreditsicherungspraxis regelmäßig zur Anwendung kommende Aushändigungsvereinbarung nach § 1117 Abs. 2 BGB[1026]. Haben sich die Parteien nach § 1117 Abs. 2 BGB geeinigt, erfolgt der Rechtserwerb nicht zweistufig[1027]. Das Fremdrecht entsteht schon mit Eintragung, falls die sonstigen Entstehungsvoraussetzungen erfüllt sind[1028]. Mit der Ausfertigung des Briefes folgt das „Recht am Papier dem Recht aus dem Papier"[1029]. Es steht folglich nach § 952 Abs. 2 BGB dem Gläubiger zu. Hierfür ist die Kenntnis des Grundbuchamtes von der Aushändigungsvereinbarung nicht von Bedeutung[1030]. Hat es von ihr Kenntnis, muss es dem Gläubiger den Brief trotz Eröffnung übergeben[1031]. Einmal ist in dem materiell-rechtlichen „Mehr" des § 1117 Abs. 2 BGB das verfahrensrechtliche „Weniger" des § 60 Abs. 2 GBO enthalten. Zum anderen wäre der vorläufige oder endgültige Insolvenzverwalter ohnehin zur Aussonderung der massefremden Gegenstände verpflichtet, gelangte der Brief entgegen der Vereinbarung an ihn. Wird der Brief mangels Kenntnis nach § 60 Abs. 1 1. Alt. GBO an den Verwalter ausgehändigt, muss dieser ihn an den Gläubiger herausgeben.

Die Vereinbarung nach § 1117 Abs. 2 BGB ist ein dinglicher Vertrag[1032]. Erfolgt sie nach Eröffnung, ist sie abgesehen von §§ 892, 893 BGB als Rechtshandlung des Schuldners unwirksam, § 81 InsO.

1026 *Eickmann*, Konkurseröffnung und Grundbuch, S. 80f.
1027 *Staudinger-Wolfsteiner*, BGB, 13. Aufl., § 1117 Rdn. 13.
1028 *RGZ* 64, 313; 66, 210; 81, 425; 89, 161; *KGJ* 40, 322.
1029 *RGZ* 66, 210; 81, 425; 89, 161; *KGJ* 40, 324; RGRK-*Mattern*, BGB, § 1117 Anm. 16; *Staudinger-Wolfsteiner*, BGB, 13. Aufl., § 1117 Rdn. 15.
1030 *Wolff/Raiser*, Sachenrecht, § 133 V 1 Fn. 24.
1031 *Eickmann*, Konkurseröffnung und Grundbuch, S. 81.
1032 *Staudinger-Wolfsteiner*, BGB, 13. Aufl., § 1117 Rdn. 16.

(b) Fehlt es sowohl an der Vereinbarung nach § 1117 Abs. 2 BGB als auch an der formellen einseitigen Anweisung nach § 60 Abs. 2 GBO, muss das Grundbuchamt den Brief bei Kenntnis der Eröffnung an den Verwalter aushändigen, §§ 80, 148 InsO. Der Insolvenzverwalter hat dann das Recht, den Übergang der Grundschuld auf den Gläubiger zu verhindern[1033]. Wird an den Schuldner ausgehändigt und übergibt dieser den Brief dem Gläubiger verhindert § 81 Abs. 1 Satz 1 InsO den Fremdrechtserwerb.

(c) Hat der Schuldner das Grundbuchamt nach § 60 Abs. 2 GBO angewiesen, kommt es für die Verpflichtung, an den Gläubiger auszuhändigen, darauf an, ob die Erklärung vor oder nach Eröffnung wirksam wurde.

Die Erklärung nach § 60 Abs. 2 GBO stellt „eine der Eintragungsbewilligung vergleichbare Willenserklärung" dar[1034]. Außerhalb des Anwendungsbereiches der §§ 81, 91 InsO, der nur für materiell-rechtliche Teilstücke eröffnet ist, wird sie wirksam, wenn sie beim Grundbuchamt eingeht (§ 130 Abs. 1 und 3 BGB)[1035]. Geht sie ein, ehe eröffnet wird, muss das Grundbuchamt den Brief dem Gläubiger übersenden. Erfolgt der Eingang danach, vertritt ein Teil des Schrifttums die Unanwendbarkeit des § 130 Abs. 2 BGB. Dem ist nur eingeschränkt zu folgen. § 130 Abs. 2 BGB ist unanwendbar auf Erklärungen im Rahmen von Verfügungen. Hier muss in der Tat die Verfügungsbefugnis im Zeitpunkt des Wirksamwerdens der Erklärung vorliegen[1036]. Die Erklärung nach § 60 Abs. 2 GBO ist aber ihrerseits nicht Verfügung, sondern eigener Art, so dass § 130 Abs. 2 BGB bei Verlust nur der Verfügungsbefugnis nach § 80 Abs. 1 InsO erst recht anwendbar sein muss. § 81 InsO ist nur auf die Übergabe selbst mit materieller Wirkung anwendbar. Das Grundbuchamt hat die Anweisung nach § 60 Abs. 2 GBO folglich zu beachten, wenn die Erklärung abgegeben wurde, ehe die Verfügungsbefugnis verloren gegangen ist. Danach abgegebene Erklärungen sind ohne Zustimmung des Verwalters unbeachtlich.

[1033] *RGZ* 77, 106.
[1034] *KG* OLG 21, 26.
[1035] *Eickmann*, Konkurseröffnung und Grundbuch, S. 81.
[1036] *BGHZ* 27, 360, 366; teilw. a. A. *BGH*, Urt. v. 20. 3. 1997, ZIP 1997, 737f.

Sind separate Anweisungen nach § 60 Abs. 2 GBO beim Gesamtgrundpfandrecht erteilt worden und diese teils beachtlich und teils unwirksam, so ist eine Aufspaltung des Briefes vorzunehmen. Der wirksame Teil ist dem Gläubiger und der unwirksame dem Verwalter zu übergeben.

III. Entstehung im Eröffnungsverfahren

Während der Insolvenzantrag auf seine Begründetheit durch das Insolvenzgericht überprüft wird, können angeordnete Sicherungsmaßnahmen die Entstehung des Gesamtgrundpfandrechtes beeinflussen.

Nach der Generalklausel des § 21 Abs. 1 InsO hat das Gericht alle Maßnahmen zu treffen, die erforderlich erscheinen, um bis zur Entscheidung über den Antrag eine den Gläubigern nachteilige Veränderung in der Vermögenslage des Schuldners zu verhüten.

Von Bedeutung ist dabei insbesondere die Auferlegung eines allg. Verfügungsverbotes über das Vermögen des Schuldners nach § 21 Abs. 2 Nr. 2, 1. Alt. InsO.

1. Rechtsnatur des allg. Verfügungsverbotes

Im Gegensatz zur früher zu § 106 Abs. 1 Satz 3 KO h. M. in Rechtsprechung[1037] und Lehre[1038] handelt es sich um ein absolutes[1039] Verfügungsverbot[1040]. Es bleibt aber durch den Zweck des Insolvenzver-

[1037] *RGZ* 71, 38, 46; *BGHZ* 19, 355, 359, „keine Rechtsbegründung im Verhältnis zur Konkursmasse".

[1038] § 136 1. Alt. BGB mit rel. Wirk. nach § 135 Abs. 1 Satz 1 BGB, statt vieler: *Hess*, KO, 6. Aufl., § 106 Rdn. 4 b; *Kuhn/Uhlenbruck*, KO, 11. Aufl., § 106 Rdn. 4 m.w.N.; *Jaeger-Weber*, KO, § 106 Anm. 4; a. A. *Gerhardt* in FS KO, 111, 123f.

[1039] A. A. relativ: *Hess/Pape*, InsO und EGInsO Grundzüge, Rdn. 625; *Hess* FLF 1995, 8, 10; *Obermüller/Hess*, InsO systematische Darstellung, 1995, Rdn. 104; *Smid* WM 1995, 785, 787.

[1040] h. M.: *BGH* ZZP 111 (1998), 77, 78; *Gerhardt* ZZP 1996 (109), 415, 417; *Kirchhof* in HK-InsO, 2. Aufl., § 24 Rdn. 3; *Obermüller/Hess*, InsO systematische Darstellung, 3. Aufl., Rdn. 150; *Uhlenbruck*, KTS 1994, 169, 179.

fahrens beschränkt[1041]. Soweit der Anwendungsbereich es erlaubt (§ 24 Abs. 1 InsO), sind verbotswidrige Verfügungen gegenüber jedermann unwirksam[1042]. Das ergibt sich einmal aus der Verweisung auf § 81 InsO durch § 24 Abs. 1 InsO. Zum anderen folgt das aus der Gesetzgebungsgeschichte. Zur Regelung der Wirkungen eines allg. Veräußerungsverbotes wurde noch im ersten Bericht der Kommission für Insolvenzrecht auf die Bestimmungen zum relativen Verfügungsverbot (§§ 135, 136 BGB) verwiesen[1043]. Diese Verweisung wurde bewusst gestrichen[1044].

2. Der Wirkungskreis des allg. Verfügungsverbotes

Zur Beschreibung der Wirkung des allg. Verfügungsverbotes verwies der Gesetzgeber nur auf § 81 InsO. Das Erwerbsverbot nach § 91 InsO nahm er nicht in Bezug.

Das hat die Vollendungsmöglichkeit des dinglichen Rechtserwerbes zur Folge, wenn die Verfügung nur noch Teilstücke erfordert, die ihrerseits nicht Rechtshandlungen des Schuldners sind[1045].

Soweit die Problematik der mehraktigen Verfügungstatbestände im Eröffnungsverfahren gesehen wird, kommen im Schrifttum[1046] teilweise Tendenzen auf, die oben dargestellte Systematik von §§ 81, 91 InsO insbes. für Immobiliargeschäfte in diesem Verfahrensabschnitt zu verlassen. Ergebnisorientiert wird argumentiert, bei konsequenter Anwendung des § 24 Abs. 1 InsO „könnten sich Erwerbstatbestände noch vollenden, selbst wenn die Voraussetzungen des § 878 BGB nicht vorliegen". Dies sei „ein krasser Widerspruch zur bisherigen Rechtslage". Dieser könne durch den Gesetzgeber „kaum beabsichtigt sein"[1047].

1041 *Gerhardt* ZZP 1996 (109), 415, 417.

1042 *Kießling/Singhoff*, DZWIR 2000, 353, 354.

1043 Erster Bericht der Kommission für Insolvenzrecht, 1985, LS 1.2.3 (5), Erläut. S. 105.

1044 *Gerhardt* ZZP 1996 (109), 415, 417.

1045 S. o., S. 270.

1046 *Eckardt*, ZIP 1997, 957, 964; entgegen den Gesetzesmaterialien und der Auffassung des *BGH* neuerdings auch: *Gerhardt* in Jaeger, InsO, § 24 Rdn. 7.

1047 *Eckardt*, ZIP 1997, 957, 964.

Als Lösung schlägt diese Meinung für das Insolvenzantragsverfahren vor:

> *„Die Gesetzesänderung sollte … zum Anlass genommen werden, die Fälle gestreckten Rechtserwerbs – zugegebenermaßen entgegen allem Herkommen und auch der Anschauung der Gesetzesredakteure – nicht mehr bei § 91 Abs. 1 InsO (§ 15 KO) anzusiedeln, sondern primär bei § 81 InsO (§ 7 KO)"*[1048].
>
> *„Wem dieser Vorschlag zu weit geht, der wird immerhin erwägen müssen, auch in Zukunft zwischen dem Verfügungsverbot und dem Übergang der Verfügungsmacht auf den Sequester zu differenzieren. Denn die Verweisungsnorm des § 24 Abs. 1 InsO gilt explizit nur für das in § 21 Abs. 2 Nr. 2 InsO geregelte Verfügungsverbot, nicht aber für die Folgen des in § 22 Abs. 1 Satz 1 InsO vorgesehenen Verlustes der Verfügungsmacht"*[1049].

Der Ansicht kann mit Rücksicht auf die Gesetzgebungsgeschichte und die Teleologie des Verfügungsverbotes im Eröffnungsverfahren in beiden Punkten nicht zugestimmt werden. Soweit andere eine analoge Anwendung des Erwerbsverbotes nach § 91 InsO im Eröffnungsverfahren befürworten, fehlt es hierfür an einer planwidrigen Regelungslücke. Erst recht kann nicht die Rede davon sein, dass der gesetzgeberische Hinweis auf § 81 InsO in § 24 Abs. 1 InsO nur deklaratorischer Natur ist.

Zum einen kann ausweislich der Gesetzesmaterialien dem Gesetzgeber nicht unterstellt werden, dass er bei Schaffung des § 24 Abs. 1 InsO die Systematik von §§ 81, 91 InsO i.Z.m. mehraktigen Verfügungen unbedacht ließ. Dagegen spricht die oben[1050] dargestellte intensive Systemerläuterung zu §§ 81, 91 InsO unter Bezugnahme auf die im Wesentlichen identischen Vorgängerregelungen §§ 7, 15 KO. Das Vorausverfügungsbeispiel bei § 91 InsO zeigt das deutlich. Es bestätigt die gesetzgeberisch beabsichtigte Erfassung von Verfügungstatbeständen nur durch § 91 InsO, bei denen der Schuldner bereits alle Rechtshandlungen vor Verlust der Verfügungsbefugnis in die Wege leitete. Nur für weitere Merkmale des Verfügungstatbestandes,

1048 *Eckardt*, ZIP 1997, 957, 964.
1049 *Eckardt*, ZIP 1997, 957, 964.
1050 S. o., S. 255ff.

die ohne ein Zutun des Schuldners danach erfüllt werden, sollte der Anwendungsbereich des § 91 InsO eröffnet sein. Es ist daher unglaubwürdig, dass der Gesetzgeber das System einerseits bei § 24 InsO nicht vor Augen gehabt haben soll, während er sich andererseits bei den Bestimmungen über das eröffnete Verfahren mit ihm so nachhaltig auseinander setzte. Diesen Widerspruch erkennt *Eckardt*[1051] selbst, soweit er seinen ersten Lösungsvorschlag als „entgegen der Anschauung der Gesetzesredakteure" bezeichnet.

Weiterhin spricht die Teleologie des Eröffnungsverfahrens gegen eine Gleichbehandlung mit den Wirkungen des Verlustes der Verfügungsbefugnis im eröffneten Verfahren. Dem unterschiedlichen Sinn beider Verfahrensstufen wird gerade durch § 24 Abs. 1 InsO gesetzlicher Ausdruck verliehen[1052]. Er kann nicht einfach dadurch umgangen werden, dass – wie *Eckardt*[1053] selbst einräumt – „entgegen allem Herkommen" die durch den Gesetzgeber nicht beabsichtigten Verfügungssituationen des § 91 InsO unter § 81 InsO subsumiert werden. Richtig ist zwar, dass auch das allg. Verfügungsverbot nach § 21 Abs. 2 Nr. 2, 1. Alt. InsO (partiell) zum Verlust der Verfügungsbefugnis führt. Welcher Wirkungskreis hierdurch ausgelöst wird, bleibt indes allein der Gestaltungsmacht des Gesetzgebers vorbehalten.

Im Eröffnungsverfahren soll zunächst nur geprüft werden, ob in Ansehung des Schuldners ein Eröffnungsgrund (§ 16 InsO) vorliegt. Dieser kann ebenso, wie das Erfordernis einer ausreichenden Masse zu verneinen sein, so dass es gar nicht erst zur Eröffnung kommt.

Während dieser Zeit kann für eine Unternehmensfortführung des Schuldners eine (weitere) Kreditbeanspruchung und eine Unterstützung der Hauptgläubiger unabdingbare Voraussetzung sein. Hierzu wird dem Gläubiger von Anfang an jegliches Interesse entzogen, wenn er das Vertrauen mangels legitimer Kreditsicherung verliert. Der gesetzgeberisch beabsichtigte Erhalt des Unternehmens nach § 1 Satz 1 InsO liefe damit leer[1054].

[1051] ZIP 1997, 957, 964.
[1052] *BGH* ZZP 111 (1998), 77, 80.
[1053] ZIP 1997, 957, 964.
[1054] *Schimansky/Bunte/Lwowski-Ganter*, BRH II, 2. Aufl., § 90 Rdn. 426.

Die vorläufige Massesicherung nach § 21 Abs. 1 InsO hat vornehmlich benachteiligende Handlungen des Schuldners im Auge[1055]. Der Tatbestand, in dem bereits vor Verlust der Verfügungsbefugnis alles Erforderliche getan wurde und nur noch Umständen Rechnung zu tragen ist, auf die der Schuldner keinen Einfluss hat, ist nicht gleichermaßen verwerflich.

Dem Insolvenzrecht lässt sich kein hinreichender Anhaltspunkt für die Geltung des Grundsatzes der gleichmäßigen Gläubigerbefriedigung schon im Eröffnungsverfahren entnehmen[1056]. Der Gedanke der par condicio gilt erst mit der Insolvenzeröffnung[1057]. Er findet seinen Ausdruck gerade im dem § 15 KO entsprechenden § 91 InsO[1058]. Die grundlose Ausdehnung des Wirkungskreises des allg. Verfügungsverbotes würde zur Bildung eines gesetzgeberisch nicht beabsichtigten Sondervermögens schon im Eröffnungsverfahren führen, dass im Ergebnis der Insolvenzmasse entspräche[1059]. Der Schutz der Masse ist in diesem Stadium nicht derart umfassend, wie nach Eröffnung[1060]. Zu Recht ermöglicht der *BGH* vor dem Hintergrund dieser Teleologie die Beendigung von Verfügungen, zu denen die Rechtshandlungen des Schuldners bereits abgeschlossen sind. Die Begründung, der Sequestrationsbeschluss greife nicht gleichermaßen in Rechtsverhältnisse ein, wie der Konkursbeschlag, trifft zu. Für das Eröffnungsverfahren führte der IX. Senat[1061] aus:

> *„Dadurch allein, daß die Verfügungsbefugnis dem Schuldner ganz oder teilweise entzogen und auf einen Vermögensverwalter übertragen wird, werden jedenfalls bereits abgeschlossene Rechtshandlungen auch insoweit nicht wirkungslos, als es um Rechtsfolgen geht, die erst nach dem Verlust der Verfügungsbefugnis eintreten.*
>
> *Dem geltenden Recht läßt sich kein hinreichend deutlicher Anhaltspunkt dafür entnehmen, daß der Grundsatz der gleichmäßigen Gläubigerbefrie-*

1055 *BGH* ZZP 111 (1998), 77, 79.
1056 *BGH* ZZP 111 (1998), 77, 79.
1057 *Gerhardt* ZZP 1996 (109), 415, 418.
1058 *BGH* ZZP 111 (1998), 77, 79.
1059 *Kleiner*, Sicherungsmaßnahmen während des Konkurseröffnungsverfahrens, S. 18; *Koch*, Sequestration im Konkurseröffnungsverfahren, S. 55.
1060 *Gerhardt* ZZP 1996 (109), 415, 421.
1061 *BGH* ZZP 111 (1998), 77, 79f.

digung in gleicher Weise wie für den eröffneten Konkurs bereits für das Sequestrationsverfahren gelten soll.

Die Sequestration … soll verhindern, daß das den Gläubigern … dienende Vermögen durch weitere Rechtshandlungen des Schuldners … geschmälert wird.

Auch aus Text und Entstehungsgeschichte der am 1. 1. 1999 in Kraft tretenden Insolvenzordnung läßt sich nichts entnehmen, was ein anderes Verständnis des geltenden Rechts nahelegen würde.

Hinsichtlich der Wirkungen der Verfügungsbeschränkungen nach § 21 Abs. 2 Nr. 2 InsO verweist § 24 Abs. 1 InsO zwar auf § 81 InsO, der damit zugleich hiergegen verstoßende Rechtshandlungen des Schuldners für unwirksam erklärt; ein Verweis auf die dem § 15 KO entsprechende Bestimmung des § 91 InsO fehlt aber für das Eröffnungsverfahren[1062]*.“*

Die Argumentation, § 24 Abs. 1 InsO würde bei dieser Auslegung der bisher h. M.[1063] zur KO zuwiderlaufen, die einen Erwerb nur noch über § 878 BGB ermöglichte, ist für sich allein nicht plausibel. Auch mit § 140 Abs. 2 ist die InsO einen ganz anderen Weg[1064] gleichfalls zugunsten des Absonderungsberechtigten gegangen, als die bislang zur KO h. M.[1065]. Das gleiche gilt für die Einengung des Anwendungsbereiches von § 147 InsO im Gegensatz zur früher h. M.[1066] zu § 42 KO.

Der o. g. zweite Lösungsvorschlag überzeugt schon deshalb nicht, weil die Anordnung eines allg. Verfügungsverbotes nach § 21 Abs. 2

1062 Hierzu bei aller Kritik *Eckardt*, ZIP 1997, 957, 964: „Etwas für sich hat zugegebenermaßen die Argumentation des Senats mit der künftigen Rechtslage nach §§ 21, 24 InsO“.

1063 *KG* JW 1932, 2441, 2442; *BayObLG* NJW 1954, 1120; *Eckardt*, ZIP 1997, 957, 963; *Kohler*, Verfügungsverbot, S. 30.

1064 I.S.e. Korrektur der st. Rspr. d. *BGH*: *Gerhardt*, Grundpfandrechte im Insolvenzverfahren, Rdn. 36.

1065 Die h. M. ließ die Kenntniserlangung bis zum Erwerb genügen: *BGH*, Urt. v. 11. 11. 1954, WM 1955, 407, 411; *BGH*, Urt. v. 15. 1. 1964, *BGHZ* 41, 17, 18 f.; *BGH*, Urt. v. 15. 12. 1994, ZIP 1995, 134; a. A. *Gerhardt*, Grundpfandrechte im Insolvenzverfahren, Rdn. 32; *Kuhn/Uhlenbruck*, KO, 11. Aufl., § 30 Rdn. 29 m. w. N.; MünchKomm-*Wacke*, BGB, § 878 Rdn. 24.

1066 Grundlegend: *RGZ* 81, 424, 427; zustimmend: *BGH*, Urt. v. 22. 12. 1982, NJW 1983, 1543, 1544; *Kilger/K. Schmidt*, Insolvenzgesetze, § 42 KO Anm. 2; a. A. *Kuhn/Uhlenbruck*, KO, 11. Aufl., § 42 Rdn. 1 m. w. N.; *Häsemeyer*, Insolvenzrecht, 2. Aufl., Rdn. 21.31; *Gerhardt*, ZIP 1988, 749, 754.

Nr. 2, 1. Alt. InsO zwingend zur gleichzeitigen Anordnung der vorläufigen Insolvenzverwaltung führt. *Gerhardt*[1067] betont zutreffend, dass für das Vermögen des Schuldners auch während des Eröffnungsverfahrens ein Verfügungsbefugter existieren muss.

3. Vom allg. Verfügungsverbot nicht erfasste Fälle

Aufgrund des begrenzten Wirkungskreises des allg. Verfügungsverbotes kann das Gesamtgrundpfandrecht im Eröffnungsverfahren insoweit noch entstehen, als keine Mitwirkung des Schuldners mehr erforderlich ist. Das gilt für die folgenden Situationen selbst außerhalb des Anwendungsbereiches der §§ 878, 892, 893 BGB. Voraussetzung ist allerdings der Erwerb bis zur Eröffnung. Denn dann gilt § 91 InsO.

a) Bei nur noch ausstehender Eintragung[1068] entsteht das Gesamtgrundpfandrecht insoweit, als es bis zur Eröffnung eingetragen wird.

b) Der Erwerb der (Fremd)Gesamthypothek im Eröffnungsverfahren ist insgesamt möglich, wenn der Schuldner nicht an der Valutierung beteiligt ist[1069].

c) Auf die Valutierung der Gesamtsicherungsgrundschuld hat das allg. Verfügungsverbot im Eröffnungsverfahren keinen Einfluss[1070]. Im Gegensatz zur Hypothek kommt es auf die Frage nach der Mitwirkung des Schuldners nicht an.

IV. Entstehung vor dem Antrag auf Eröffnung

Sind alle Verfügungsteilstücke des dinglichen Rechtsgeschäftes vor Beantragung der Eröffnung erfüllt worden, beeinflusst das Insolvenzrecht die Entstehung des Grundpfandrechtes grds. nicht.

1067 ZZP 1996 (109), 415, 419.
1068 S. o., S. 277.
1069 S. o., S. 279ff.
1070 S. o., S. 282.

Etwas anderes gilt nur für den Grundpfandrechtserwerb im Wege der Zwangsvollstreckung und nur insoweit, als später eröffnet wird. Dann findet die sog. Rückschlagsperre des § 88 InsO Anwendung.

Nach § 88 InsO wird eine Sicherung mit Eröffnung unwirksam, sofern sie durch einen Insolvenzgläubiger im letzten Monat vor dem Antrag auf Eröffnung oder nach diesem Antrag durch Zwangsvollstreckung an der Masse erlangt wurde.

Für das Gesamtgrundpfandrecht erlangt diese Bestimmung eine untergeordnete Bedeutung.

Sicherungen durch Grundpfandrechte im Wege der Zwangsvollstreckung sind nach geltendem Recht nur in der Gestalt der (Zwangs)-Sicherungshypothek nach § 866 Abs. 1, 1. Var. ZPO möglich.

Für sie gilt aber das sog. Verbot der Zwangsgesamthypothek[1071] nach § 867 Abs. 2 Satz 1 ZPO.

Auswirkungen hat die Rückschlagsperre auf ein in der Entstehung begriffenes Gesamtgrundpfandrecht allenfalls dann, wenn zu einer bereits existierenden Vertragshypothek für dieselbe Forderung eine Zwangshypothek hinzu gelangt[1072]. Dann ist mangels verbotener Doppelsicherung nach zutreffender Auffassung § 1132 Abs. 1 BGB anwendbar[1073]. In diesem Fall führt die Rückschlagsperre zur Entstehung oder zum Verbleib eines Singularpfandrechtes.

C. Rückgewähr des Gesamtgrundpfandrechtes durch Anfechtung

Die Insolvenzfestigkeit des Gesamtgrundpfandrechtes an der Immobiliarmasse erfordert schließlich seine mangelnde Anfechtbarkeit.

1071 *Thomas/Putzo*, ZPO, 24. Aufl., § 867 Rdn. 15.
1072 S. o., S. 208 ff.
1073 S. o., S. 208 ff.

Das setzt voraus, dass die vor Eröffnung vorgenommene Grundpfandrechtsbestellung nicht die Gesamtheit[1074] aller Insolvenzgläubiger benachteiligt, § 129 Abs. 1 InsO.

Ausnahmsweise kann auch eine nach Eröffnung vorgenommene Gesamtgrundpfandrechts-Bestellung durch den Verwalter angefochten werden, § 147 Abs. 1 InsO[1075].

I. Die Vornahme der Rechtshandlung beim Gesamtgrundpfandrecht

Gegenstand der Insolvenzanfechtung ist nicht, wie das Gesetz das vermuten lässt die Rechtshandlung[1076], sondern ihre gläubigerbenachteiligende Wirkung[1077]. Den Verwalter interessiert nicht, wann der Schuldner das Grundpfandrecht bewilligte oder der Gläubiger die Hypothek valutierte. Von Bedeutung ist vielmehr das mit der Eintragung oder infolge der Valutierung entstandene Fremdpfandrecht, zu dem der Verwalter im Wege der Anfechtungsklage die Aufhebung oder den Verzicht beantragen wird. Nur die Wirkung des gesamten Rechtsgeschäftes führt zur Benachteiligung der anderen Gläubiger[1078].

Deshalb kommt es zur Beurteilung der Anfechtbarkeit eines Gesamtgrundpfandrechtes entscheidend auf die Art und Weise sowie den Zeitpunkt der Wirkung einzelner Rechtshandlungen an.

1. Der **Zeitpunkt der Wirkung einer Rechtshandlung** ist für ihre „Vornahme" von Bedeutung.

Für den Erfolg der Anfechtung kommt es wiederum in zweierlei Hinsicht zeitlich auf letztere an[1079].

[1074] *BGH*, Urt. v. 23.9.1981, ZIP 1981, 1229.
[1075] *Kreft* in HK InsO, 2. Aufl., § 129 Rdn. 5.
[1076] So aber: *Obermüller*, Insolvenzrecht Bankpraxis, 6. Aufl., Rdn. 1.290.
[1077] *Henckel*, Insolvenzanfechtung in InsR im Umbruch, S. 239ff., 240f.; *ders.* in Kölner Schrift zur InsO, 2. Aufl., S. 813ff. Rdn. 98; *Kreft* in HK InsO, 2. Aufl., § 129 Rdn. 5; *BGH* ZIP 1995, 634; 1999, 406.
[1078] *Henckel* in Kölner Schrift zur InsO, 2. Aufl., S. 813ff. Rdn. 98.
[1079] *BGH*, Urt. v. 11.11.1954, KTS 1955, 140f.; *Gerhardt*, Grundpfandrechte im Insolvenzverfahren, Rdn. 34; *ders.*, ZIP 1988, 749, 753.

Die Vornahme der Rechtshandlung, also ihr Wirksamwerden i.w.S., muss einmal innerhalb der zeitlichen Grenzen des jeweiligen Anfechtungstatbestandes liegen[1080]. So setzt die Rückgewähr eines kongruenten Grundpfandrechtes bspw. voraus, dass die Bewilligung (§ 873 Abs. 1 BGB) in den letzten drei Monaten vor dem Antrag auf Eröffnung durch Eintragung wirksam wurde, §§ 130 Abs. 1 Nr. 1, 140 Abs. 1 InsO.

Zum anderen ist der „Vornahme"-Zeitpunkt maßgeblich für die Beurteilung der subjektiven Anfechtungsvoraussetzungen[1081]. Spätestens bis zu diesem Zeitpunkt muss der Grundpfandrechtsberechtigte im eben erwähnten Fall bspw. die Zahlungsunfähigkeit des Eigentümers gekannt haben (§ 130 Abs. 1 Nr. 1, Abs. 2 InsO), damit die Rückgewähr Erfolg hat.

2. Die **Art und Weise der Wirkungen einzelner Rechtshandlungen** ist für den Umfang der Insolvenzanfechtung des Gesamtgrundpfandrechtes entscheidend.

Die Insolvenzanfechtung, deren Ziel es ist, die gläubigerbenachteiligende Wirkung des mehraktigen Rechtsgeschäftes zu beseitigen, knüpft an die außerinsolvenzrechtliche Wirkungsart des Rechtes an. Diese wird durch den Typenzwang des Sachenrechtes festgelegt[1082]. Je weitreichender bestimmte Wirkungstatsachen für die Rechtsentstehung sind, um so weiter ist auch der Umfang der mittels der Insolvenzanfechtung bewirkten Rückgewähr.

Für die Anfechtung des Gesamtgrundpfandrechtes ist es folglich um so bedeutender, wann und in welcher Weise einer Rechtshandlung im Rahmen des dinglichen Rechtsgeschäftes eine gläubigerbenachteiligende Wirkung zukommt.

a) Rechtshandlungen, die zweigrechtsbezogen wirksam werden

Bei der Grundpfandrechtsbestellung ist die Rechtshandlung i.S.d. §§ 129 Abs. 1, 140 Abs. 1 InsO die Willenserklärung, die bei der ding-

1080 *Gerhardt*, Grundpfandrechte im Insolvenzverfahren, Rdn. 34.
1081 *Gerhardt*, Grundpfandrechte im Insolvenzverfahren, Rdn. 34.
1082 S. o., S. 186ff.

lichen Einigung (§ 873 Abs. 1 BGB) abgegeben wird. Sie selbst ist zwar schon mit Zugang wirksam, § 130 Abs. 1 BGB. Maßgeblich für die anfechtungsrechtliche Wirksamkeit ist jedoch die durch sie angestoßene Verfügung, die im Ergebnis zum benachteiligenden Recht führt. Deshalb ist sie insolvenzrechtlich nach § 140 Abs. 1 InsO erst mit der Eintragung als wirksam bzw. vorgenommen zu betrachten.

Wie oben dargestellt[1083], beinhaltet die Gesamtgrundpfandrechtsbestellung eine der Anzahl der Beleihungsobjekte entsprechende Vielzahl von dinglichen Einigungen (Rechtsgeschäften). Deshalb liegen ebenso viele dingliche Rechtshandlungen (Willenserklärungen) vor.

Wie sie anfechtbar sind, hängt von der Struktur ihres Wirksamwerdens ab.

Wird die dingliche Einigung zum einen Grundstück erst mit der Eintragung auf dem letzten wirksam, gilt auch die erste Rechtshandlung als am Ende vorgenommen. Die Anfechtung erfolgt dann in einem Zug für alle Rechtshandlungen, wenn nur für die letzte Rechtshandlung und zum Zeitpunkt ihrer Eintragung schon die zeitlichen und subjektiven Anfechtungsvoraussetzungen gegeben sind. Eine derart unselbständige Bedeutung der einzelnen Rechtshandlungen sowie deren rechtlichen Wirkungen für die Anfechtung misst das *OLG München*[1084] den Verfügungstatbeständen einer Gesamtgrundpfandrechtsbestellung bei. Dabei ging der Senat wie die h. M. im Schrifttum[1085] von der Einheit des Gesamtgrundpfandrechtes aus[1086].

1083 S. o., S. 73ff., 96, 183, 215.

1084 OLG *München*, Urt. v. 3.8.1965 – 4 U 409/64 –, DNotZ 1966, 371 (372).

1085 *Becher*, Bewegungsvorgänge, S. 14; *Esterhues*, Gesamtgrundschuld, S. 2; *Jauernig-Jauernig*, BGB, 9. Aufl., § 1132 Anm. 4a; MünchKomm-*Eickmann*, BGB, 3. Aufl., § 1132 Rdn. 14; *Nußbaum*, Deutsches Hypothekenwesen, S. 87; *Obermüller*, Insolvenzrecht Bankpraxis, 6. Aufl., Rdn. 6.180; *Palandt Bassenge*, BGB, 61. Aufl., § 1132 Rdn. 5; *Planck-Strecker*, BGB, 5. Aufl., § 1132 Anm. 2. a) und 4.; RGRK-*Mattern*, BGB, § 1132 Rdn. 18; *Schuster*, Gesamthypothek nach deutschem und schweizerischem Rechte, S. 26f.; *Simeon*, Recht und Rechtsgang, S. 221; *Soergel-Konzen*, BGB, 12. Aufl., § 1132 Rdn. 10; *Staudinger-Scherübl*, BGB, 12. Aufl., § 1132 Rdn. 6; *Staudinger-Wolfsteiner*, BGB, 13. Aufl., § 1132 Rdn. 8; *Westermann*, Sachenrecht, 7. Aufl., S. 778.

1086 S. o., S. 18ff.

Treten die rechtlichen Wirkungen der einzelnen Rechtshandlungen hingegen selbständig ein[1087], wäre die Anfechtung speziell zu jedem Grundstück gesondert vorzunehmen.

Die letztere Sichtweise verdient Zustimmung.

Nur sie gewährleistet die durch das Spezialitätsprinzip bezweckte abgeschlossene Zuordnungsbeurteilung der Einzelsache[1088].

Zum anderen führte die einheitliche Sichtweise zu einer unbilligen und zweckwidrigen Anfechtbarkeit eines an der Masse außerhalb der Fristen längst entstandenen Rechtes, wenn das Gesamtpfandrecht nur noch auf einem massefremden Grundstück eingetragen werden muss. Die Belastung von Vermögenswerten, die nicht mit der Insolvenzmasse im Zusammenhang stehen, beeinflusste damit in nicht gerechtfertigter Weise das Prinzip der gleichmäßigen Gläubigerbehandlung in der Insolvenz.

Folglich gilt nach § 140 Abs. 1 InsO die Rechtshandlung als Bestandteil der dinglichen Einigung zum Einzelgrundstück schon dann als vorgenommen, wenn das durch die Willenserklärung bezweckte Recht bei diesem eingetragen wurde.

Wird das Gesamtgrundpfandrecht zu unterschiedlichen Zeitpunkten eingetragen, ist deshalb jede Willenserklärung (Rechtshandlung) als Bestandteil der einzelnen Zweigverfügung gesondert auf ihre Anfechtbarkeit zu überprüfen. Für die Anfechtung der einzelnen Zweigverfügungen ist in erster Linie schon der Zeitpunkt der Einzeleintragung maßgeblich, § 140 Abs. 1 InsO. Lag dieser Zeitpunkt außerhalb der Fristen oder hatte der Anfechtungsgegner zu dieser Zeit noch keine Kenntnis von der Zahlungsunfähigkeit oder dem Eröffnungsantrag, kann insoweit die Anfechtung nicht erfolgreich sein.

1087 *Baur/Stürner,* Sachenrecht, 17. Aufl., S. 439; *Lang*, Gesamthypothek, 251 (255); *Marcusen*, Correalhypothek im modernen Rechte, 221 (232); *Predari,* Gesamtgrundpfand nach deutschem und schweizerischem Rechte, 421 (422).

1088 S. o., S. 73ff.

Ob eine Vorverlagerung[1089] des maßgeblichen Zeitpunktes nach § 140 Abs. 2 InsO[1090] in Betracht kommt, ist zu jedem Grundstück oder Bruchteil nach § 1114 BGB gesondert zu beurteilen. Es kann zu einigen Grundstücken auf den Bindungszeitpunkt (§ 873 Abs. 2 BGB) sowie die Stellung des Antrages durch den Gläubiger[1091] ankommen. Bei anderen kann für die Fristen und die subjektiven Erfordernisse erst der Eintragungszeitpunkt entscheidend sein.

Gleiches gilt für die Anwendbarkeit des § 147 Abs. 1 InsO, der nur noch für den Redlichkeitserwerb und nicht mehr für § 878 BGB[1092] gilt[1093].

b) Rechtshandlungen mit Wirkungen für das gesamte Grundpfandrecht

Anders gestaltet sich der Umfang der Insolvenzanfechtung, wenn die Wirkungen einer gesamtrechtsbezogenen Rechtshandlung angegriffen werden.

Dann führt die Anfechtung zur Rückgewähr des Pfandrechtes an allen Massegrundstücken.

Sofern nichts anderes bestimmt ist (§§ 132 Abs. 1 und 2, § 133 Abs. 1 Satz 1, Abs. 2, 134 Abs. 1, 142 InsO), kommt es im Gegensatz zu

1089 Keine Vorverlagerung bei nicht rechtsgeschäftlicher Eintragung im Wege der Zwangsvollstreckung: LG *Berlin*, Urt. v. 25.09.2001, ZIP 2001, 2293.

1090 Mit § 140 Abs. 2 InsO entschied sich der Gesetzgeber gegen die früher h. M., die auch bei § 878 BGB erst auf die Eintragung abstellte: *BGH*, Urt. v. 11.11.1954, WM 1955, 407, 411; *BGH*, Urt. v. 15.1.1964, BGHZ 41, 17, 18f.; *BGH*, Urt. v. 15.12.1994, ZIP 1995, 134; a. A. *Gerhardt*, Grundpfandrechte im Insolvenzverfahren, Rdn. 32; *Kuhn/Uhlenbruck*, KO, 11. Aufl., § 30 Rdn. 29 m. w. N.; MünchKomm-*Wacke*, BGB, § 878 Rdn. 24.

1091 § 140 Abs. 2 InsO: „der andere Teil“, anders § 878 BGB.

1092 Nach früher h. M. galt der gleichlautende § 42 KO auch für Rechtsgeschäfte mit Wirksamkeit nach § 878 BGB, grundlegend: *RGZ* 81, 424, 427; zustimmend: *BGH*, Urt. v. 22.12.1982, NJW 1983, 1543, 1544; *Kilger/K. Schmidt*, Insolvenzgesetze, § 42 KO Anm. 2; a. A. *Kuhn/Uhlenbruck*, KO, 11. Aufl., § 42 Rdn. 1 m.w.N.; *Häsemeyer*, Insolvenzrecht, 2. Aufl., Rdn. 21.31; *Gerhardt*, ZIP 1988, 749, 754.

1093 Erster Bericht der Kommission für InsR, LS 5.16, S. 433; Entw. einer InsO, § 159 und Begründung dazu: bewusster Verzicht auf Hinweis zu § 878 BGB; *Gerhardt*, Grundpfandrechte im Insolvenzverfahren, Rdn. 29.

§ 81 InsO nicht darauf an, wessen Rechtshandlung zur Beurteilung steht[1094].

Die Anfechtung der Wirkung einer mit der Valutierung der Gesamthypothek i.Z. stehenden Rechtshandlung bewirkt folglich die Rückgewähr insgesamt. Denn die Wirkung der Valutierungs-Rechtshandlung bezieht sich auf das Pfandrecht an allen Grundstücken[1095]. Mit der Entstehung des Fremdrechtes infolge der Auszahlung des Darlehens gilt diese Rechtshandlung als vorgenommen.

Gleiches gilt für die Anfechtung der Valutierung einer Gesamtgrundschuld.

Sie beeinflusst zwar nicht unmittelbar das schon vorher entstandene Fremdrecht. Die Anfechtung der Einredebeseitigung führt jedoch dazu, dass sich die zunächst dilatorische Einrede der Nichtvalutierung aus dem schuldrechtlichen Sicherungsvertrag in eine peremtorische Einrede umwandelt[1096]. Das hat das durch den Verwalter auszuübende Verzichtsrecht des Schuldners auf das Fremdrecht an allen Massegrundstücken nach §§ 1169, 1175, 1192 Abs. 1 BGB zur Folge[1097].

Schließlich kann faktisch die Anfechtung einer mit der Briefübergabe i.Z. stehenden Rechtshandlung zur Rückgewähr des gesamten Fremdrechtes führen, wenn keine Vereinbarung nach § 1117 Abs. 2 BGB getroffen wurde[1098].

II. Der Bargeschäftscharakter beim Gesamtgrundpfandrecht

Sofern die Bestellung des Gesamtgrundpfandrechtes ein sog. Bargeschäft darstellt, ist die Anfechtbarkeit mangels Gläubigerbenachteiligung i.S.d. § 129 Abs. 1 InsO ausgeschlossen[1099]. Denn bei solchen

1094 *Kreft* in HK InsO, 2. Aufl., § 129 Rdn. 24.
1095 S. o., S. 153, 279ff.
1096 *Huber*, Sicherungsgrundschuld, S. 120.
1097 *Jaeger-Henckel*, KO, 9. Aufl., § 15 Rdn. 33 a. E.
1098 S. o., S. 285.
1099 *Obermüller*, Insolvenzrecht Bankpraxis, 6. Aufl., Rdn. 1.296.

Bargeschäften fließt dem Schuldner durch sein Handeln sofort ein entsprechender Gegenwert zu[1100].

Heute findet diese frühere Rechtsfigur der Rechtsprechung in § 142 InsO gesetzlichen Ausdruck.

Nach dieser Bestimmung ist eine Leistung des Schuldners, für die unmittelbar eine gleichwertige Gegenleistung in sein Vermögen gelangt, nur anfechtbar, wenn die Voraussetzungen einer vorsätzlichen Benachteiligung nach § 133 Abs. 1 InsO[1101] gegeben sind.

Dass die Leistung des Schuldners auch in einer Absicherung der Gegenleistung des Gläubigers durch Bestellung einer Hypothek oder Grundschuld bestehen kann, ist allg. anerkannt[1102].

1. Verknüpfung von Leistung und Gegenleistung

Die Worte „für die" drücken aus, dass ein Bargeschäft nur dann vorliegt, wenn die an sich durch Anfechtung zurückzugewährende Leistung des Schuldners gerade wegen der Gegenleistung des Gläubigers erbracht wird. Es bedarf also einer inneren Verknüpfung der Grundpfandrechtseinräumung mit der Zurverfügungstellung der gesicherten Darlehensvaluta durch Parteivereinbarung[1103]. Diese Verknüpfung erfolgt beim Grundpfandrecht, wenn es der Kreditsicherung dient, regelmäßig in der Sicherheitenvereinbarung im Darlehensvertrag oder in einem gesonderten Sicherungsvertrag. Diese genügen dem Gegenseitigkeitserfordernis.

2. Unmittelbarkeit der Gegenleistung

Ein Bargeschäft stellt nach dem Parteiwillen, der Verkehrsanschauung und der tatsächlichen Abwicklung ein einheitliches Ganzes dar[1104].

[1100] *BGH* NJW 1977, 718; *BGHZ* 70, 185; 118, 173; ZIP 1988, 326.
[1101] Für die Erweiterung der Anfechtbarkeit bei inkongruenten Deckungen (§ 131 InsO): *Kreft* in HK InsO, 2. Aufl., § 129 Rdn. 46f., § 142 Rdn. 2.
[1102] *BGH* WM 1955, 404; NJW 1977, 718.
[1103] *BGHZ* 123, 328.
[1104] *BGH* WM 1984, 1430f.; *Kreft* in HK-InsO, 2. Aufl., § 142 Rdn. 5.

Deshalb muss für die Gesamtgrundpfandrechtsbestellung durch den Schuldner in engem zeitlichen – „unmittelbarem“ Zusammenhang seinem Vermögen die abgesicherte Valuta zugeflossen sein. Dem sofortigen Leistungsaustausch ist dann nicht Rechnung getragen, wenn entweder die Valutierung oder die Rechtsentstehung zu spät erfolgt. Findet die Valutierung statt, ehe das Gesamtgrundpfandrecht im Grundbuch eingetragen wurde, steht ein Zeitraum von mehr als einem Monat[1105] oder zwei Monaten[1106], der Annahme eines Bargeschäftes nicht entgegen. Weil für das Bargeschäft die Äquivalenz zwischen Leistung und Gegenleistung entscheidend ist, kommt es auf den Eintragungszeitpunkt am massegegenständlichen Grundstück an, mit dem der Wert der Kreditsicherheit insgesamt den Nennwert der Gegenleistung erreicht. Nicht entscheidend ist die letzte Eintragung. Sofern sich die Eintragung allein durch die interne Ablauforganisation beim Grundbuchamt verzögert, kann auch eine längere Zeit unschädlich sein[1107]. Maßgeblich sind die üblichen Bearbeitungszeiten für die Sicherheitenbestellung[1108] Der Gedanke des § 140 Abs. 2 InsO ist auch bei den Bargeschäftsvoraussetzungen zugrunde zu legen[1109].

3. Gleichwertigkeit der Gegenleistung

Ob die Gleichwertigkeit der zur Verfügung gestellten Darlehensvaluta zum Gesamtpfandrecht vorliegt, hängt davon ab, an wen das Darlehen ausgezahlt wird und wie hoch die Kreditsicherheit an der Masse ist.

Handelt es sich beim Gesamtpfand an der Masse um eine partielle – oder volle Dritt-Kreditsicherheit, führt die zwar gleichwertige Auszahlung an den Dritten nie zum Bargeschäft. Denn es kommt zur Beurteilung einer Gläubigerbenachteilung nur auf Vermögensumschichtungen in der Sphäre des Schuldners an. Diesem ist aber bei der Drittsicherung nichts Gleichwertiges zugeflossen.

[1105] *BGH* WM 1955, 407.
[1106] *BGH* NJW 1977, 718.
[1107] *Obermüller*, Insolvenzrecht Bankpraxis, 6. Aufl., Rdn. 6.73.
[1108] *Huth*, Kreditsicherungsrecht, S. 55.
[1109] *Obermüller*, Insolvenzrecht Bankpraxis, 6. Aufl., Rdn. 6.73; S. 712 Fn. 119.

Wird an den Schuldner valutiert, kommt es nur auf den Wert des Gesamtgrundpfandrechtes an der Insolvenzmasse an. Wird dem Gläubiger zwar mehr an Sicherheit eingeräumt, als es der Valutierung an den Schuldner entspricht, ist das gleichwohl mit dem Bargeschäft zu vereinbaren, wenn wenigstens die Massebelastung nicht bedeutend höher als der Nennwert der gesicherten Forderung ist. Überschreitet sie die Forderung wesentlich, sind alle Rechtshandlungen anfechtbar.

Zusammenfassung

Die durch den *BGH* wenn auch nur im Bereich des § 139 BGB für die Entstehung des Gesamtgrundpfandrechtes getroffene Wertung der Unabhängigkeit der Rechtsentstehung am einzelnen Grundstück wird durch die vorstehende Herleitung insbesondere entgegen dem OLG *Düsseldorf* bestätigt. Über die gegenständlich maßgebliche Entstehungsfrage hinaus spricht im Ergebnis vieles dafür, dass es sich beim Gesamtpfand um eine „Vielheit von Verwertungsrechten mit einheitlicher Erfüllungsgemeinschaft" handelt. § 1132 BGB regelt wie sein Pendant – § 1222 BGB – „lediglich" den Anspruch „aus" der Hypothek. Er beschreibt nicht den Organismus des Rechtes und erst recht nicht den Weg zu ihm. Nach dem Vorbild der *indivisa pignoris causa* trifft die Bestimmung als Wirkungsnorm nur eine Aussage dazu, in welcher Form die einzelnen Grundstücke aber auch der übrige Haftungsverband für die selbe Forderung haften. Jeder einzelne Gegenstand wird in seiner Ganzheit bis zum Ende der gesicherten Forderung zugeordnet.

Wortlaut und Systematik bestätigen diese Sichtweise.

Zwar spricht bei erster Betrachtung die Singularbezeichnung des maßgeblichen Rechtsverhältnisses für die Einheit und damit scheinbar auch für eine einheitliche Entstehung. Unabhängig vom nicht nachgewiesenen und insbesondere am Beispiel der Zubehörhaftung widerlegten Satz: Ein einheitliches Recht müsse auch einheitlich entstehen, geht der Wortlaut einmal bereits vom Bestehen aus. Das spricht gegen eine Beschreibung der Entstehung. Zum anderen beweist selbst die Bezeichnungsart durch den Gesetzgeber, dass es sich eher um eine Art Institutsbezeichnung handelt. So sprach die Kommission einerseits im Falle der Forderungsteilung von einer Hypothek, wo infolge des § 1151 BGB unstreitig von mehreren Rechten auszugehen ist. Andererseits wurde bei der Bezeichnung desselben dinglichen Gesamtgrundpfandrechtes in den Protokollen und Motiven sowohl von einem als auch von mehreren Rechten gesprochen.

Auch bei § 1222 BGB „besteht" das in der Wirkung zu regelnde Rechtsverhältnis schon.

Die Systematik des § 1132 BGB streitet für die Regelung des Anspruches aus der Hypothek bei mehreren Grundstücken und gegen Schlussfolgerungen auf die Entstehung eines solchen Rechtes. Die Regelung erfolgte erst, nachdem die Entstehung und der Inhalt des Verwertungsrechtes schon geregelt waren. Wortlaut und Systematik ergänzen sich folglich widerspruchsfrei im Sinne der gefundenen Lösung.

Eine Auseinandersetzung mit den einzelnen für und gegen den Einheits- und Vielheitsgedanken sprechenden Argumenten zeigte, dass weder die eine noch die andere Theorie geeignet ist, Rechtsfragen auf primärer Ebene, wie beispielsweise die gegenständliche Entstehungsfrage, zu lösen. Vielmehr ist der Theorienstreit als mittelbares Beurteilungsinstrument auf der sekundären Ebene angesiedelt. Sie kennzeichnet sich durch einen Rückschluss eines durch eine Mehrheit von Einzelproblemen gebildeten Leitsatzes auf ein anderes bei der Findung des Leitsatzes möglicherweise nicht erfasstes Einzelproblem. Das lässt die eingehende Auseinandersetzung *Esterhues* mit vier Einzelfragen der Gesamtgrundschuld erkennen. Um der Gefahr einer voreingenommenen Betrachtung aus dem Wege zu gehen, schlägt die hier vertretene Auffassung den „modifizierten Einheitsgedanken" vor. Dieser deutet die infolge der einzigen anlassbildenden Forderung überwiegende einheitliche Erfüllungsgemeinschaft an. Die Modifikation betont indes, dass nicht jeder Rechtsvorgang einheitlich gewertet werden muss.

Der Wille der am Gesamtrechtsbestellungsgeschäft beteiligten Parteien bekräftigt die Sukzessiventstehung. Banken gelangen hierzu durch eine dingliche Entstehungsabrede. Sparkassen erreichen dieses Ergebnis mittels getrennter Anträge und Bewilligungen bei sukzessivem Zusammenschluss der Einzelrechte zum Gesamtrecht. Auch dort, wo nicht detailliert durch Individualabrede oder AGB Einigkeit erzielt wurde, sprechen Verkehrssitte, Zweck des Realkredites sowie Wesen des Pfandrechtes im weiteren Sinne und spezifisches Wesen des Gesamtpfandrechtes gegen eine Entstehung erst am Ende. Es ist nicht einsichtig, warum bei der Entstehung eine Abhängigkeit der Rechtsverhältnisse zu den einzelnen Grundstücken der Fall sein soll, wo sich der Gläubiger im Verwertungsstadium ohne Berücksichtigung von Eigentümerinteressen aussuchen kann, auf welches einzelne Grundstück er zugreifen will. So wie der Gläubiger im für das begrenzt dingliche Verwertungsrecht prägenden Verwertungsstadium „das nehmen wird, was er schon bekommen kann“, wird das auch auf dem Wege zum Gesamtpfandrecht die Entstehungsprozedur prägen. Auch der unter den Eigentümern ausnahmsweise vereinbarte Rückgriff beim von Gesetzes wegen regresslosen Gesamtpfand ist für sich nicht geeignet, diesen Regelwillen zu widerlegen.

Die Einordnung des Gesamtgrundpfandrechtes in das System der Sachenrechtsgrundsätze und Strukturprinzipien führt zu einer Vielzahl von unter dem Gesamthaftungsverband vereinigten Verwertungsrechten. Bei ihnen vollzieht sich nicht nur der Untergang des Rechtes (§ 1175 Abs. 1 Satz 2 BGB) im Einklang mit der Spezialität der Verfügung. Diese Art der Spezialität setzt sich vielmehr auch bei der Entstehung des Rechtes durch. Ab dem Eintritt und bis zum Austritt des Grundstückes in/aus den Haftungsverband wirkt die Spezialität des durch die Verfügung entstandenen Rechtes. Letztlich konnte dies praktisch an den aus dem entstandenen Recht fließenden wesenspezifischen Befugnissen hergeleitet werden, für die keine Arbeit mit einem wesensverschiedenen Gesamtrecht als solchen erforderlich ist.

Sowohl die absolut wirkenden Befugnisse als auch die sachenrechtliche Spezialität setzen als Bezugspunkt einen Gegenstand des dinglichen Rechtes voraus. Zwar lässt abstrakt die Einzelsache als grundsätzlicher Gegenstand des Rechtes offen, ob mehrere Einzelsachen Gegenstand desselben Rechtes sein können. Es stellt sich jedoch als unwahrscheinlich dar, dass jegliche Wechselwirkung zwischen Recht und Objekt fehlt. Die Begründung, die rechtsgeschichtlich zur Einzelsache als Gegenstand des Rechtes führte, legt die Spezialität in dem Sinne, dass jeder Sache ein einzelnes Recht entspricht, nahe. Die heute ganz herrschende Meinung begreift das Wesen jeglichen dinglichen Rechtes als Befugnis einer Person zur unmittelbaren Herrschaft über eine Sache. Ausgehend von diesem Herrschaftsgedanken liegt der Schluss nahe, dass jedem für sich nur allein beherrschbaren Grundstück auch eine Herrschaftsbeziehung und damit ein dingliches Recht entsprechen muss.

Angesichts des Abspaltungscharakters des beschränkt dinglichen Grundpfandrechtes ist es widersprüchlich, dem Eigentümer mehrerer Grundstücke mehrere Rechte zuzuordnen, während dem Gläubiger, der nur ein Minus aus dem Vollrecht, nämlich die Verwertungsbefugnis, ausgeschnitten bekommt, nur ein Recht zustehen soll, was erst am Ende zur Entstehung gelangt. Dass hierfür nicht die einheitliche Erfüllungsgemeinschaft angesichts der einzigen anlassbildenden Forderung maßgeblich sein kann, zeigt insbesondere der germanische rechtsgeschichtliche Vorläufer des Pfandrechtes im engeren Sinne, das sog. Eigentumspfand. Auch heute könnte sich der Gläubiger sicherungshalber mehrere Grundstücke für dieselbe Forderung übereignen lassen. Nur weil ihm heute ein flexibleres Sicherungsinstrument zur Seite steht soll er eine unflexiblere und unsichere Rechtsposition erhalten.

Es macht beim Gesamtgrundpfandrecht auch keinen Sinn, einerseits die Spezialität der Verfügung zwar fraglos zu akzeptieren, ihr auf der anderen Seite aber dadurch wieder jegliche eigenständige Bedeutung abzusprechen, dass im Gegensatz zum Untergang bei der Entstehung der Erfolg der Verfügung von weiteren hinzutretenden Tatbeständen abhängig gemacht wird. Eine solche Konstruktion erscheint zwar denkbar, bedarf aber besonderer Begründung. Welche rechtlichen Unsicherheiten durch die Koppelung der verschiedenen Verfügungstatbestände eintreten, haben die verschiedenen Beispiele in Punkto Spezialität der Verfügung gezeigt. Sie widersprechen der durch die Spezialität bezweckten objektiven Entscheidbarkeit des Rechtsverhältnisses. Bei mangelnder Abhängigkeit würde nicht die diskutierte Verzichtskonstruktion aufgeworfen, wenn bei einer Verfügung eine Einwendung besteht. Auch die willkürliche Ungleichbehandlung zwischen „unabhängiger und abhängiger" Pfandrechtsbestellung würde vermieden. Mithin wäre ein Gleichlauf von Gesamtgrundpfandrecht und Gesamtpfandrecht nach § 1222 BGB gewährleistet.

Das Zusammenspiel von Spezialität des Rechtes und den absoluten Befugnissen aus dem Gesamtgrundpfandrecht ließ für sich selbst funktionierende Organismen erkennen. Die selbstständige und abgeschlossene Funktion der aus dem dinglichen Recht erwachsenen Befugnisse spricht für eine Abstraktion des jeweiligen als Quelle dieser Befugnisse zu bezeichnenden Rechtsverhältnisses.

Ganz entscheidend zeigt die Teleologie des § 1132 BGB, dass die Schlussfolgerungen der überwiegenden Meinung zur Entstehung und zur Gestaltung des Rechtsverhältnisses selbst, die allein aus dem unergiebigen Wortlaut dieser Bestimmung entnommen werden, nicht durch den Gesetzgeber beabsichtigt waren. Die hinter § 1132 BGB und § 1222 BGB stehende Ungeteiltheit der Pfandhaftung hat mit der Entstehung (überhaupt) nichts zu tun und spricht bei der Gestaltung des Rechtes an mehreren Sachen für seine Teilbarkeit. Denn nur die Haftung der mehreren Objekte, nicht aber das Recht an ihnen soll infolge des Grundsatzes ungeteilt sein. Das beweist der Lebenssachverhalt, den *Papinian* zu beurteilen hatte. Seine Entscheidung betraf das Herausverlangen der Pfandsache durch den Gläubiger mittels der *actio Serviana in solidum*. Insbesondere die zweite Kommission konnte auch nur an dem besagten Grundsatz festhalten wollen, weil sie ihn einmal ausdrücklich billigte und zum anderen die Ungeteiltheit der Pfandhaftung kennzeichnend gerade dann zur Anwendung gelangt, wenn mehrere Objekte derselben Forderung zur Sicherheit zugeordnet werden.

Die Ungeteiltheit der Pfandhaftung, die folglich als römisch rechtlicher Grundsatz über §§ 1132, 1222 im geltenden Recht fortlebt, hat allein vier beabsichtigte praktische Folgen, was bei der Auslegung insbesondere des § 1132 BGB nach seinem Sinn und Zweck berücksichtigt werden muss:

1. Beim Singularpfandrecht haftet das Beleihungsobjekt „ganz und in all dessen Teilen". Das Zubehör haftet folglich mit.
2. Bei mehreren Sachen haftet jede insgesamt für die ganze Forderung. Die mehreren Sachen haften, als handele es sich um ein einheitliches Ganzes. Das hängt damit zusammen, dass der Grundsatz primär aus der Teilung einer Einzelsache nach Pfandrechtsbegründung zum Schutze des Gläubigers hergeleitet wurde. Dasselbe soll gelten, wenn anfänglich mehrere Sachen in die Haftung einbezogen werden.
3. Der Gesamtpfandverband bleibt bis zur entgültigen Forderungserfüllung aufrecht erhalten.
4. Bei o.g. Forderungsteilung bleibt nach der Teilung jedem Teil der gesamte Haftungsverband zugeordnet.

Letztere Teilung zeigt, dass der Grundsatz kein einziges Recht erfordert, §§ 1151, 1152 BGB. Die mittels des Einheitsgedankens ausgelöste Entstehung erst am Ende führt insofern zum Wiederaufleben der Irrlehre von der Unteilbarkeit des Pfandrechtes. Hätte die durch *Papinian* entwickelte ungeteilte Pfandhaftung eine Entstehung erst am Ende erfordert, hätten die meisten aufgezeigten publizitätslosen römisch-rechtlichen Pfandrechte bis hin zur Generalhypothek nicht zur Entstehung gelangen können.

Dass die Ungeteiltheit der Pfandhaftung, wie sie dem geltenden Recht bekannt ist, sich mit der infolge der Spezialität der Verfügung aufgeteilten Entstehung verträgt, zeigen die durch den Gesetzgeber bei der Beschreibung des Grundsatzes in Bezug genommenen partikularrechtlichen Vorläufer der §§ 1132, 1222 BGB. Nur der außerordentlichen Regelungsdichte des preußischen allgemeinen Landrechtes war es zu verdanken, dass (deklaratorisch) der sich aus anderen Prinzipien ergebenden (auf)geteilten Entstehung unmittelbar gesetzlicher Ausdruck verliehen wurde.

Allen Entwürfen kann gesetzgebungsgeschichtlich ferner das oben bei der systematischen Betrachtung des Gesetzes gefundene Ergebnis entnommen werden. Insbesondere die Vorentwürfe zeigen mit den überschriebenen Titeln, dass das Pfandrecht erst entstehen muss, ehe eine Regelung des Rechtes aus ihm einen Sinn macht. Das Pfandrecht des bürgerlichen Gesetzbuches ist ein sowohl auf der primär dinglichen Rechtsebene als auch infolge der Forderungsteilung beim akzessorischen Recht teilbares Rechtsgebilde.

Für den Bereich der Hypothek schließen sich Doppelsicherungsverbot und Vielheitsgedanke – nicht aber auch notwendigerweise aufgeteilte Entstehung – aus. Nur eines beider Phänomene vermag für sich seine Existenz in Anspruch zu nehmen. Die Entscheidung fällt zugunsten des Vielheitsgedanken aus. Das Verbot der Doppelsicherung ist dem Hypothekenrecht nicht wirklich immanent. Insofern sind nicht aus dem Verbot Schlussfolgerungen für die Struktur oder gar Entstehung beider Gesamtrechte zu ziehen. Vielmehr sind umgekehrt Folgerungen aus der richtigen teleologischen Auslegung des § 1132 BGB auf die mangelnde Existenz des Verbotes gerechtfertigt. Damit beeinflusst die richtige Struktur das Verbot und nicht umgekehrt. Schon seine ganz unterschiedliche Begründung zeigt seine unsichere dogmatische Grundlage. Keiner der drei Begründungsansätze überzeugt jedoch, sodass mangels anderer Gründe die Verneinung des gesetzlich nicht verankerten Verbotes konsequent ist.

Nicht vertretbar ist das Argument des Typenzwanges. Denn einmal besteht teleologisch der Grund des § 1132 BGB nicht in der Schaffung eines eigenen von mehreren Rechten nach § 1113 BGB verschiedenen Institutes, das anders erreicht wird als das Aneinanderreihen mehrerer Einzelhypotheken. Der Grund besteht vielmehr in den o. g. vier praktischen Folgen. Zum anderen sprach auch die zweite Kommission von lediglich zu einem einheitlichen Zweck „verbundenen Hypotheken“. Letztlich sprechen die dargestellten zulässigen Doppelsicherungen gegen einen solchen Typenzwang.

Ferner ist die Argumentation mit der Akzessorität nicht zur Begründung des Verbotes geeignet. Dann dürfte es nicht mehrere Bürgschaften für dieselbe Forderung geben.

Das gleiche gilt für § 1154 BGB. Aus der Komplexität der Übertragung eines Rechtes darf nicht auf seine Zulässigkeit geschlossen werden.

Die teils eingeschränkte Behandlung der von der Haftungsfolge des § 1132 BGB ergriffenen Hypotheken, so im Verfügungsbereich die mangelnde Einzelübertragung oder Belastung und sonst die Gleichartigkeit der Einzelrechte, hat Gründe, die nicht auf einen eigenen Typus zurückführbar sind. Teils sind die Einschränkungen kein wirkliches aber dennoch zu begrüßendes Erfordernis. Das gilt z. B. für das Nebeneinander von vertraglicher Verkehrs- und Zwangssicherungshypothek.

Der Blick auf ähnliche Phänomene, bei denen die ungeteilte Pfandhaftung teils beschränkt und teils unbegrenzt Geltung beansprucht, verdeutlicht, dass der Grundsatz (§§ 1132, 1222 BGB) nicht die einheitliche Entstehung für ein einziges Recht erfordert. Das zeigen in der Gattung des beschränkt dinglichen Rechtes insbesondere das gesetzliche Vermieterpfandrecht, die Verpfändung eines Depots und der Haftungsverband eines Einzelgrundpfandrechtes, wobei letzterer eine Sonderstellung dadurch einnimmt, dass am Zubehörstück allein ein Grundpfandrecht nicht möglich ist. Gleichwohl betätigt sich die indivisa pignoris causa namentlich in der Zubehörhaftung, sodass die insofern zu verzeichnende aufgeteilte Entstehung in besonderer Weise der einheitlichen Entstehung infolge des § 1132 BGB zu begegnen vermag. Bei letzteren drei Pfandrechten i.e.S. gilt die ungeteilte Pfandhaftung gesetzlich, § 1222 BGB. Bei der Sicherungsübereignung ist eine Analogie gerechtfertigt. Bei ihr gilt der Grundsatz eingeschränkt. Eingeschränkt deshalb, weil er in einer seiner wesentlichen Erscheinungsform (3) durch die höchstrichterliche Freigaberechtsprechung teils durchbrochen wird. Der Grund hierfür liegt jedoch nicht in der mangelnden Anwendbarkeit des Grundsatzes, sondern in der Übertragung der ganzen Rechtsposition beim sicherungshalben Vollrecht, die es dem Sicherungsgeber im Gegensatz zum Pfandrecht i.e.S. unmöglich macht, die wirtschaftlich ihm bis zur Verwertungsreife gehörenden Sachen nochmals (zweitrangig) als Kreditunterlage zu verwenden. Schließlich unterliegt auch die indivisa pignoris causa der (restriktiven) Grenze des § 242 BGB.

Es kann daher die Sichtweise, ein Gesamtgrundpfandrecht sei ein vom Einzelgrundpfandrecht verschiedener Typ (aliud) nicht bestätigt werden. Das „Gesamtpfandrecht“ ist nur eine Aneinanderreihung mehrerer Einzelpfandrechte, sodass jedes Einzelrecht als „Minus“ im Gesamtpfandverband enthalten ist. Der Weg zur Haftungsfolge des § 1132 BGB führt folglich über mehrere eigenständig wirksam werdende Verfügungen nach §§ 873 Abs. 1, 1113 BGB.

Das Insolvenzrecht wirkt daher mittels seiner Entstehungseinwendungen, §§ 81, 91 InsO und der Insolvenzanfechtung nach §§ 129ff. InsO nicht auf eine Art Gesamtverfügung, die aus einzelnen Verfügungen besteht, sondern nur auf die einzelnen (mehraktigen) Verfügungen ein. Zum mehraktigen Belastungstatbestand beim Einzelrecht tritt folglich keine Mehraktigkeit infolge der Vielzahl der Grundstücke hinzu. Sowohl bei der Entstehung als auch bei der (Insolvenz)Anfechtung ist zwischen einzelobjekts- und gesamtrechtsbezogenen Verfügungs- bzw. Wirksamkeitsvoraussetzungen zu unterscheiden. Das Fehlen oder das Wirksamwerden einer einzelobjektsbezogenen Verfügungsvoraussetzung wie der Einigung oder der Eintragung hat nur die mangelnde Entstehung oder die erfolgreiche Anfechtung des Rechtes am betroffenen Grundstück zur Folge. Hingegen wirkt eine gegen §§ 81, 91 InsO verstoßende Valutierung oder deren anfechtungsrechtliche Wirkungsbeseitigung auf alle von der Haftungsfolge des § 1132 BGB ergriffene Grundstücke in der Masse. Im Übrigen gilt § 139 BGB und führt immer zur Aufrechterhaltung des weiteren Pfandverbandes. Die Gesamtwirkung der Valutierung folgt aus der einheitlichen Erfüllungsgemeinschaft aller Pfandrechte, die im Einklang mit der ungeteilten Pfandhaftung steht.

Das Zusammenspiel von Verfügungs- und Erwerbsverbot bei der insolvenzrechtlichen Entstehungsbeeinflussung entspricht im Wesentlichen der Systematik der beiden Vorgängerbestimmungen, § 7 KO und § 15 KO. Es ist i.S. der Erfassung von Teilstücken der Gesamtverfügung, die unmittelbar auf eine Rechtshandlung des Schuldners zurückzuführen sind, durch das Verfügungsverbot nach § 81 InsO auszulegen. Alle übrigen Verfügungsbestandteile werden von § 91 InsO – Erwerbsverbot – aufgefangen. Insoweit ist der Verfügungsbegriff § 81 Abs.1 Satz 1 InsO teleologisch zu reduzieren.

Gegen die Erweiterung des Verfügungsbegriffes spricht zwar die wörtliche Auslegung des § 81 InsO. Zur Verfügung gehört auch die Eintragung. Gegen die Erweiterung sprechen jedoch die systematische und die teleologische Auslegung.

Im Gegensatz zum Verfügungsverbot verwies der Gesetzgeber beim Erwerbsverbot auf den die Einigung vor Verlust der Verfügungsbefugnis voraussetzenden § 878 BGB. Auch bei nur deklaratorischer Natur der Verweisung zeigt sie jedoch, dass der Gesetzgeber bei der Grundstücksverfügung vom Erwerbsverbot nur Fälle erfasst haben wollte, bei denen die Einigung als Rechtshandlung des Schuldners schon geschehen war.

Dafür spricht weiter die Gesetzgebungsgeschichte zu § 81 InsO. In der Begründung des Regierungsentwurfes zum heutigen § 81 InsO heißt es, die Bestimmung entspreche im Grundsatz § 7 KO. Anders als die Vorgängerbestimmung sollte der Anwendungsbereich des Verfügungsverbotes von der auch die schuldrechtliche Verpflichtung umfassenden Rechtshandlung lediglich auf die früher schon erfasste Verfügung beschränkt werden. Hieraus kann nunmehr nicht eine Erweiterung gefolgert werden. Letztere ist nur zum Neuerwerb gerechtfertigt.

Zum anderen kann einem mehraktigen Verfügungsbeispiel, mit dem der Gesetzgeber in der Begründung zu § 91 InsO das Zusammenspiel zwischen Verfügungs- und Erwerbsverbot erläuterte, die Wirkungsabgrenzung beider Normen entnommen werden. Danach fällt eine Vorausverfügung insgesamt unter die Auffangbestimmung des § 91 InsO, wenn der Schuldner zwar vor Eröffnung eine künftige Forderung abgetreten hat, diese jedoch erst nach Eröffnung (durch Vertragsschluss) entstanden ist. Würde § 81 InsO bei mehraktigen Tatbeständen alle Verfügungsteilstücke erfassen, mithin auch die, die nicht unmittelbar auf eine Rechtshandlung des Schuldners zurückzuführen sind, könnte die Unwirksamkeit dieser Vorausverfügung nicht mit § 91 InsO begründet werden. Denn zur Verfügung gehört richtigerweise auch die Existenz des Verfügungsgegenstandes. Dem Insolvenzsenat des *BGH*, der in seiner im Ergebnis begrüßenswerten Privilegierung des Pfändungsgläubigers einer im Eröffnungsverfahren fortwirkenden Vorauspfändung zur Begründung ausführte, zur Verfügung gehöre nicht auch die Entstehung der Forderung, ist deshalb nicht zuzustimmen. Der mangelnde Einfluss des Verfügungsverbotes im Eröffnungsverfahren hätte vielmehr mit der noch möglichen Konvaleszens analog § 185 Abs. 2 Satz 1 BGB begründet werden müssen, die infolge des teleologisch begrenzten Wirkungskreises der Verfügungsbeschränkung im Eröffnungsverfahren (§§ 24 Abs. 1, 81 InsO) bei Forderungsentstehung noch möglich gewesen ist.

Dem erwähnten Beispiel in der Begründung zu § 91 InsO ist des Weiteren zu entnehmen, dass Handlungen des Schuldners insoweit unschädlich sind, als sie nicht unmittelbar Verfügungsmerkmale auslösen. Denn die Forderungsentstehung beispielsweise erfolgt regelmäßig durch einen Vertragsschluss mit dem Schuldner. Weil davon auszugehen ist, dass dies dem Gesetzgeber bekannt war, müssen auch solche Tatbestände unter § 91 InsO subsumiert werden.

Nach der Eröffnung kommt es auf die Unterscheidung zwischen § 81 InsO und § 91 InsO nicht entscheidend an. Bedeutsam ist sie allein im Eröffnungsverfahren, wo das Erwerbsverbot nach § 91 InsO keine Anwendung findet.

Register

www.ingramcontent.com/pod-product-compliance
Lightning Source LLC
LaVergne TN
LVHW010652300926
849161LV00005B/1105